广视角·全方位·多品种

权威·前沿·原创

皮书系列为
"十二五"国家重点图书出版规划项目

中国社会科学院创新工程学术出版资助项目

拉美黄皮书

YELLOW BOOK OF LATIN AMERICA AND THE CARIBBEAN

拉丁美洲和加勒比发展报告
（2012~2013）

ANNUAL REPORT ON LATIN AMERICA AND THE CARIBBEAN
(2012-2013)

主　编／吴白乙
副主编／刘维广

社会科学文献出版社
SOCIAL SCIENCES ACADEMIC PRESS (CHINA)

图书在版编目(CIP)数据

拉丁美洲和加勒比发展报告.2012~2013/吴白乙主编.—北京：社会科学文献出版社，2013.5
（拉美黄皮书）
ISBN 978-7-5097-4542-7

Ⅰ.①拉… Ⅱ.①吴… Ⅲ.①社会发展-研究报告-拉丁美洲-2012~2013 ②社会发展-研究报告-西印度群岛-2012~2013 ③经济体制改革-研究报告-拉丁美洲-2012~2013 ④经济体制改革-研究报告-西印度群岛-2012~2013 Ⅳ.①D773.069 ②D775.069

中国版本图书馆CIP数据核字（2013）第080377号

拉美黄皮书
拉丁美洲和加勒比发展报告（2012~2013）

主　　编／吴白乙
副 主 编／刘维广

出 版 人／谢寿光
出 版 者／社会科学文献出版社
地　　址／北京市西城区北三环中路甲29号院3号楼华龙大厦
邮政编码／100029

责任部门／全球与地区问题出版中心 （010） 59367004　　责任编辑／李　博　王晓卿
电子信箱／bianyibu@ssap.cn　　责任校对／苏向蕊
项目统筹／祝得彬　李　博　　责任印制／岳　阳
经　　销／社会科学文献出版社市场营销中心 （010） 59367081　59367089
读者服务／读者服务中心 （010） 59367028

印　　装／北京季蜂印刷有限公司
开　　本／787mm×1092mm　1/16　　印　张／27
版　　次／2013年5月第1版　　字　数／438千字
印　　次／2013年5月第1次印刷
书　　号／ISBN 978-7-5097-4542-7
定　　价／89.00元

本书如有破损、缺页、装订错误，请与本社读者服务中心联系更换

▲ 版权所有　翻印必究

拉美黄皮书编委会

主 任 委 员 吴白乙

副主任委员 吴国平

委　　　员（按姓氏笔画排列）

　　　　　　刘纪新　刘维广　苏振兴　宋晓平

　　　　　　张　凡　郑秉文　贺双荣　柴　瑜

　　　　　　袁东振　蔡同昌

主要编撰者简介

吴白乙 法学博士,中国社会科学院拉丁美洲研究所副所长,研究员,国务院应急管理专家组成员,国务院发展研究中心世界发展研究所、中国国际战略研究基金会、中国改革开放论坛、美国哈佛大学费正清东亚研究中心学术委员、顾问、理事等。

长期研究国际战略问题、危机管理、中国外交,曾主编《共性与差异——中欧伙伴关系评析》,《20世纪回顾丛书》(6卷本),并著有《对中国与发展中国家政治关系的再思考》《公共外交:中国外交变革的重要一环》《中国经济外交:与外部接轨的持续转变》《中国在朝鲜半岛:利益与作用》《中国对"炸馆事件"的危机管理》《后冷战国际体系变动与中欧关系》《中国的安全观念及其历史演变》等一批被广泛引用和转载的学术论文。

刘维广 法学博士,中国社会科学院拉丁美洲研究所《拉丁美洲研究》编辑部主任,编审,古巴研究中心秘书长。主要研究方向为拉美政治、拉美国际关系和古巴研究。

主要成果:《新世纪以来的中古关系》(合)、《古巴社会主义经济建设与发展》《关于拉美"21世纪社会主义"的国际评价》《切·格瓦拉及其思想在中国的影响》《墨西哥国家行动党的渐进式改革以及党政关系的非传统模式》等。

目录

导论 ……………………………………………………… 吴白乙 / 001

Ⅰ 主报告

Y.1 政治转型与"东山再起":墨西哥革命制度党的启示
　　…………………………………………… 王　鹏　谌园庭 / 001
　一　革命制度党:辉煌与困局 ……………………………… / 003
　二　政治改革与政治转型 …………………………………… / 005
　三　十二年蛰伏与东山再起 ………………………………… / 012
　四　结论 ……………………………………………………… / 020

Ⅱ 特别报告

Y.2 "后查韦斯时代"的委内瑞拉:政局变化及其影响
　　…………………… 袁东振　贺双荣　孙洪波　刘维广 / 024

Ⅲ 专题报告

Y.3 中国对拉美政策的新发展:迈向整体合作 ………… 孙洪波 / 037
Y.4 中国与拉美的地区间交往:一种次区域组织的视角 …… 朱天祥 / 051

Y.5 拉美六国近年来循环经济发展水平研究 …………………… 张　宇 / 060
Y.6 拉丁美洲与加勒比地区可再生能源与可持续发展：
　　现状、挑战与前景 ………………………………………… 王　双 / 072

Ⅳ　形势报告

Y.7 2012~2013 年拉美政治形势：稳定中的新风险 ………… 袁东振 / 089
Y.8 2012~2013 年拉美经济形势：政策刺激　增长继续 …… 吴国平 / 104
Y.9 2012~2013 年拉美社会形势：发展与冲突 ……………… 房连泉 / 125
Y.10 2012~2013 年拉美对外关系：独立自强与多元化双向发展
　　……………………………………………………………… 贺双荣 / 141

Ⅴ　国别和地区报告

Y.11 巴西：地方选举凸显政治新生态 ………………………… 周志伟 / 158
Y.12 墨西哥：三党逐鹿大选，新旧政权平稳过渡 …………… 方旭飞 / 170
Y.13 阿根廷：国有化措施惹争议 ……………………………… 林　华 / 183
Y.14 古巴：更新社会主义进程全面铺开 ……………………… 宋晓平 / 196
Y.15 委内瑞拉：总统病逝增加政治变局风险 ………………… 袁东振 / 208
Y.16 智利：市政选举削弱执政联盟 …………………………… 芦思姮 / 219
Y.17 哥伦比亚：重启和平谈判 ………………………………… 齐峰田 / 230
Y.18 秘鲁：政策趋向实用主义 ………………………………… 范　蕾 / 241
Y.19 玻利维亚：改革进一步深化 ……………………………… 宋　霞 / 249
Y.20 厄瓜多尔：平稳的 2012 年 ……………………………… 谢文泽 / 257
Y.21 乌拉圭：政治外交波澜不惊 ……………………………… 何露杨 / 266
Y.22 巴拉圭：总统被弹劾引发政局突变 ……………………… 杨建民 / 274
Y.23 哥斯达黎加：改革议程进展缓慢 ………………………… 张　勇 / 281
Y.24 尼加拉瓜：总统权力集中趋势明显 ……………………… 李　菡 / 289
Y.25 洪都拉斯：各党备战大选，经济形势稳定 ……………… 杨志敏 / 298

Y.26	萨尔瓦多：司法部门选举引发制度危机	韩　晗 / 306
Y.27	危地马拉：社会契约打造共识	魏　然 / 315
Y.28	巴拿马：马蒂内利政治经济冰火两重天	王　帅 / 323
Y.29	多米尼加：大选之年——解放党的逆转	高庆波 / 332
Y.30	海地：国家重建任重道远	赵重阳 / 341
Y.31	加勒比地区：稳中求进	张　鹏　贺　喜 / 349

Ⅵ 附录　统计资料

Y.32	附表1	GDP及人均GDP年均增长率（2003~2012年）	/ 360
Y.33	附表2	拉美地区GDP与人均GDP（2009~2011年）	/ 362
Y.34	附表3	国际收支（2010~2012年）	/ 364
Y.35	附表4	外国直接投资净额（2003~2012年）	/ 370
Y.36	附表5	外债总额（2003~2012年）	/ 372
Y.37	附表6	居民消费价格年度变化率（2003~2012年）	/ 374
Y.38	附表7	公开失业率（年度平均失业率）（2003~2012年）	/ 376
Y.39	附表8	拉美18个国家的收入集中度指数（1990~2010年）	/ 378
Y.40	附表9	拉美18个国家的贫困和赤贫指数（1990~2010年）	/ 382
Y.41	附表10	拉美21个国家公共开支总额、社会公共开支以及非社会公共开支分别占GDP的比重（2008~2011年）	/ 387
Y.42	附表11	中拉贸易统计（2007~2011年）	/ 389
Y.43	附表12	中拉非金融类外国直接投资统计（2007~2011年）	/ 395

CONTENTS

Introduction　　　　　　　　　　　　　　　　　　　　　　　　　Wu Baiyi / 001

Ⴘ I　Main Report

Ⴘ.1　Political Transformation and the Comeback of PRI in Mexico:
　　　Experiences and lessons　　　　　　　　　　Wang Peng, Chen Yuanting / 001
　　　1. PRI: Achievements and Difficulties　　　　　　　　　　　　　　　/ 003
　　　2. Political Reform and Transformation　　　　　　　　　　　　　　/ 005
　　　3. Twelve-years Dormancy and the Return of PRI　　　　　　　　　　/ 012
　　　4. Conclusion　　　　　　　　　　　　　　　　　　　　　　　　　　/ 020

Ⴘ II　Special Report

Ⴘ.2　Venezuela in the Post-Chavez Era: Political Change and its Impacts
　　　　　　　　Yuan Dongzhen, He Shuangrong, Sun Hongbo and Liu Weiguang / 024

Ⴘ III　Topical Reports

Ⴘ.3　New Development in China's Policy towards Latin America:
　　　Overall Cooperation　　　　　　　　　　　　　　　　　　Sun Hongbo / 037

Y.4 Regional Exchanges between China and Latin America:
     The Sub-regional Organization Perspective   *Zhu Tianxiang* / 051

Y.5 A Recent Study on the Development of Cireular Economy of
     Six Countries in Latin America and the Caribbean   *Zhang Yu* / 060

Y.6 Renewable Energy and Sustainable Development in Latin
     America and the Caribbean: Current State, Challenges and Prospects
                                                          Wang Shuang / 072

Y IV Sector Reviews

Y.7   Political Development in the LAC Region   *Yuan Dongzhen* / 089
Y.8   Economic Development in the LAC Region   *Wu Guoping* / 104
Y.9   Social Development in the LAC Region   *Fang Lianquan* / 125
Y.10 International Relations of the LAC States   *He Shuangrong* / 141

Y V National/Regional Reports

Y.11 Brazil   *Zhou Zhiwei* / 158
Y.12 Mexico   *Fang Xufei* / 170
Y.13 Argentina   *Lin Hua* / 183
Y.14 Cuba   *Song Xiaoping* / 196
Y.15 Venezuela   *Yuan Dongzhen* / 208
Y.16 Chile   *Lu Siheng* / 219
Y.17 Colombia   *Qi Fengtian* / 230
Y.18 Peru   *Fan Lei* / 241

Y.19　Bolivia　　　　　　　　　　　　　　　　　　Song Xia / 249

Y.20　Ecuador　　　　　　　　　　　　　　　　　Xie Wenze / 257

Y.21　Uruguay　　　　　　　　　　　　　　　　　He Luyang / 266

Y.22　Paraguay　　　　　　　　　　　　　　　　Yang Jianmin / 274

Y.23　Costa Rica　　　　　　　　　　　　　　　　Zhang Yong / 281

Y.24　Nicaragua　　　　　　　　　　　　　　　　　　Li Han / 289

Y.25　Honduras　　　　　　　　　　　　　　　　Yang Zhimin / 298

Y.26　El Salvador　　　　　　　　　　　　　　　　　Han Han / 306

Y.27　Guatemala　　　　　　　　　　　　　　　　　Wei Ran / 315

Y.28　Panama　　　　　　　　　　　　　　　　　Wang Shuai / 323

Y.29　Dominican Republic　　　　　　　　　　　　Gao Qingbo / 332

Y.30　Haiti　　　　　　　　　　　　　　　　Zhao Chongyang / 341

Y.31　The Caribbean　　　　　　　　　　　Zhang Peng, He Xi / 349

Y VI　Appendix Statistics

Y.32　Table 1　Average Annual Growth Rates of GDP and percapita GDP (2003-2012)　/ 360

Y.33　Table 2　Regional GDP and percapita GDP of LAC (2009-2011)　/ 362

Y.34　Table 3　Balance of Payment (2010-2012)　/ 364

Y.35　Table 4　Net FDI (2003-2012)　/ 370

Y.36　Table 5　Total Foreign Debt (2003-2012)　/ 372

Y.37　Table 6　Annual Variations of CPI (2003-2012)　/ 374

Y.38　Table 7　Open Unemployment Rate (average annual rate)　/ 376

Y.39　Table 8　Income Concentration Index of 18 LAC Countries (1990-2010)　/ 378

Y.40   Table 9   Poverty and Indigence Index of 18 LAC
                  Countries (1990-2010)   / 382

Y.41   Table 10   Total Public Expenditure, Social Public Expenditure and
                  Non-Social Public Expenditure as Percentages of GDP
                  of 21 LAC Countries (2008-2011)   / 387

Y.42   Table 11   Sino-Latin American Trade Statistics (2007-2011)   / 389

Y.43   Table 12   Non-Financial FDI Statistics on China and
                  LAC (2007-2011)   / 395

导 论

吴白乙*

对2012年拉丁美洲和加勒比地区形势的回顾，本卷编者推荐的主题有二，一是经济增长，二是政治改革。选择这两组关键词，既是为了找出代表该地区年度发展具象的特征，更是有意强调上述两大任务在全球范围内仍处于普遍未竟的动态之中。

不久前，国际货币基金组织前总裁斯特劳斯·卡恩来华访问。在接受中国最富影响力的经济类刊物之一《财经》记者采访时，他对2013年全球经济形势表达了不尽乐观的预测，理由是"欧洲的债务危机以及美国的财政状况会成为全球经济增长的两个重要风险"。卡恩之说无疑代表了国际经济学界的主流观点，即发达国家的增长速度将长期维持在较低的水平上，"日本病"的扩散趋势亦愈加明显：其一，债务居高不下，财政政策空间越来越小，导致金融市场及公共消费信心严重不足；其二，传统的货币政策工具基本失效，而为了增加流动性所采用的所谓"量化宽松"等非传统手段，有可能进一步扩大公共债务规模，加重国家信用危机；其三，人口结构老龄化，劳动人口红利进一步减少和社会保障进入支付高峰期的双重效应会加大经济复苏的难度；其四，国内政治更趋对立，各方力量难以在经济、社会重大改革上达成共识，却因一味热衷于权力制衡而延宕结构性调整的时机。

与此同时，卡恩也特别强调"经济的动力是信心，没有信心，要获得经济增长会非常困难"。相较于复苏迟缓并持续影响全球市场信心的欧美经济，他看好发展中国家，特别是新兴经济体对于未来全球经济增长的拉动作用，并特别指出"拉丁美洲的情况不错"。① 从某种意义上说，卡恩的乐观印象确有

---

* 吴白乙，中国社会科学院拉丁美洲研究所副所长，研究员。
① 胡维佳：《信心和协作才能战胜危机——专访IMF前总裁斯特劳斯-卡恩》，《财经》2013年第5期，第97~98页。

一定的道理。2012年年底，中国社会科学院世界经济与政治研究所发布的《世界经济黄皮书》称，该所以市场汇率计算而得出的世界经济平均3%的增长率，相对于世界银行和国际货币基金组织的同类数据要保守，但"更接近于（世界经济）实际运行（的情况）"。据联合国拉丁美洲和加勒比经济委员会发布的最新估计数据，2012年，在33个拉丁美洲和加勒比国家中，20国的经济增长率在3%以上。①

本卷的《拉美经济形势报告》则让我们进一步了解到该地区保持整体性稳定和进步确实来之不易。2012年，由于欧洲、美国等传统市场需求依然不振，中国经济增速趋缓后进口需求下降，拉丁美洲和加勒比地区的商品出口总体增速继续下滑，巴西、阿根廷等较大型经济体也因国际大宗商品价格大幅下跌等原因，增长率持续走低，经常项目逆差严重。虽然巴拿马等小型经济体取得了高达10.5%的增长，却难以抵消占全区名义GDP 45%的巴西低增长所产生的负面意义。尽管如此，2012年拉美和加勒比各国的财政收入继续保持增长，占国内生产总值的比重达到了24.3%；近一半国家货币平均升值2.7%；就业率和工资增长率也继续上升；中美洲和加勒比地区成为增长的领跑者，其宏观治理能力、财政状况、对外合作水平已明显改善。《拉美社会形势报告》也从另一个侧面证实了这一点。作者发现，拉美国家社会支出受经济周期的影响不再明显。相反，近两年来拉美各国平均社会支出大约增加了2个百分点，主要用于应对粮食和燃料等商品价格的上升，也用于社会保障和福利支出。

然而，拉丁美洲的增长依然是脆弱的。从上述事实中，我们同样可以清楚地看到，在高度全球化的背景之下，发展中国家、新兴经济体不可能全然摆脱发达经济体长期低迷的阴影而保持"一枝独秀"的小气候，更无法承担起持续推动世界发展的重任。各国GDP的增长指数在短期内可能各不相同，但面临的结构性挑战是相同的，主要原因在于第一波经济全球化红利已经透支，全球经济已步入艰难却至关重要的"再平衡"期。因此，各国（特别是新兴经

---

① 《2013年〈世界经济黄皮书〉、〈国际形势黄皮书〉发布会》，《中国网》2012年12月24日。http://www.china.com.cn/zhibo/2012 - 12/21/content _ 27481948.htm；CEPAL, *Balance Preliminar de las Economias de America Latina y el Caribe 2012*, Santiago de Chile, Diciembre de 2012, p. 54.

济体）必须充分利用国内市场条件，进一步引入外部高级生产要素，实现在内需驱动战略之下向创新型经济的转变。① 还应看到，复苏的困难、增长的起伏不定甚至某些国家倒退性的"权宜之计"都难以弱化世界经济在竞争中相互依存的本质特征，而是最终将各国推向新一轮改革的起跑线，向改革要活力、要信心、要政绩、要安全必然会成为多数政府的理性选择。

改革不仅需要温和的理性，同样也需要政治决断，关键系于其领航者。2012年是拉美地区诸多国家的大选年。在墨西哥，在下野12年之后，革命制度党以"变革"为口号在选战中最终获胜，创造了一个老牌大党"梅开二度""东山再起"的政治神话。本卷的"主报告"以此为焦点，扼要而清晰地回顾和展现该党在不同时代条件下为引领民族振兴和发展，对内外环境压力作出适应性改革的主要脉络，总结其历史兴衰的基本经验与启示。

正如作者开篇所言，革命制度党是20世纪初墨西哥政治现代化的产物。在20世纪30年代之前，经济的迅速发展并没有自动地改善贫富差别，既有的政治体系为非制度化的个人独裁和行业寡头所专有，军阀割据并胁迫国家政治的混乱现象也极为普遍。即便在革命推翻了迪亚斯独裁政权之后，新的政治权威也迟迟未能确立起来，内战、军事叛乱和宗教冲突此起彼伏，既有革命与反革命力量的继续斗争，也不乏革命阵营自身冲突与内耗。这一情形几乎是与中国现代革命同步发生的。美国政治学家塞缪尔·亨廷顿注意到了这一点。在他看来，与蒋介石及中国国民党"从政党统治向军人独裁倒退"不同，墨西哥的幸运之处在于通过建立现代化政党及其制度体系，国民革命党（即后来的革命制度党）的创始人卡列斯成功地将半合法的军人寡头统治关入"制度的笼子"，该党的建立使墨西哥政治文化发展到一个崭新的历史阶段，也为该国后来的现代政党政治奠定了坚实的基础。②

报告的作者认为，革命制度党在思想本源上属于民粹主义甚或社会主义，其制度理论则是以多元主义为特征的。通过将各类职团作为组织基础，革命制

---

① 刘志彪：《基于内需的经济全球化：中国分享第二波全球化红利的战略选择》，《南京大学学报·哲学·人文科学·社会科学》2012年第2期，第51~59页。
② 〔美〕塞缪尔·亨廷顿：《变革社会中的政治秩序》，李盛平、杨玉生等译，华夏出版社，1988，第306页。

度党不仅使自身的社会代表性实现了最大化，更重要的是成功地将这些本已具有相当程度自立性的社会体系纳入一个更为有效、平衡的党内规则框架。无论是农民、工人，还是市民、军人，各部分内部或之间的利害冲突都可以经过党组织的协调和仲裁来获得解决，妥协最终取代以往的暴力争斗，党成为主要的社会稳定器。在确立总统和党中央权威之后，地方势力和军阀（考迪罗）的政治信用日渐式微。在后来的历史演进中，革命制度党曾为国家政治体制的高度包容性、权威性、适应性而不懈努力，集中了推行社会改革所必需的权力，凝聚起最广大民众的期望，为创造战后经济腾飞的奇迹作出了历史性的贡献。这一经验表明，建立现代治理制度的先进意识，采取符合国内现实基础的行动策略，建立相对集中的权威是新兴国家在高速发展阶段对于先进政党的客观要求。

然而，"政治发展绝不可能是一劳永逸的，没有哪个政治体系可以彻底解决它所面临的问题"。长期执政以及"领袖负责、垂直领导"的体制也逐渐造成革命制度党和国家的管理边界趋同，"不但不能有助于降低社会—经济领域的不平等，反而为不平等创造了制度条件"。① 在此背景下，党内利益集团丛生、制约机制缺位进一步加重了权力腐败现象，不断危及党的执政地位的合法性。当经济繁荣的光环开始消退，这个有过无限风光的老党深陷"政绩困局"，而不期而至的债务危机更是敲响了制度改革的警钟。在试图解读2012年革命制度党"东山再起"的成因过程中，作者搜寻的目光一再回溯，最终将其源头锁定为20世纪80年代的全球政治民主化浪潮。他们发现，虽然革命制度党最初的政治改革明显暴露出主动性、超前性的不足，党内权力机制改革也一拖再拖，② 但是它最终还是选择了顺应历史发展趋势，通过引入与在野党的平等竞争机制，开始了自身改革的历史进程。"阳光总在风雨后"。经过2000年和2006年两次败选，革命制度党以下野之身不断积蓄再造之功，凭借其完整的组织结构、广泛的社会动员能力以及在基层政权取得的政绩，在2012年的大选中交出了政党转型的答卷，赢得了选民的青睐。

---

① 汪晖：《"后政党政治"与中国的未来选择》，《文化纵横》2013年第2期，第17页。
② 徐世澄：《墨西哥政治经济改革及模式转换》，世界知识出版社，2004，第130~131页。

当然，由于过去12年执政业绩乏善可陈，国家行动党也用诸多政策败笔为革命制度党的"东山再起"铺平了道路。对于这一因素，作者在研讨过程中曾给予关注，却在最后成稿时有意无意地省略了。实际上，上台后的革命制度党所面临的政治环境挑战并不逊于其前任。20世纪80年代以来政治民主化的另一后果是它造就了大众政治的时尚。大众政治尊崇"平等"，质疑既有的政治传统，挑战精英统治，对素以统合、组织、培养精英为本的政党形成有力的冲击，迫使各国各类政党都或多或少地发生着同样的嬗变——意识形态边界模糊，纲领和政策趋同；放弃对民众诉求的引导、统合或约束，而是为扩大"票源"而竞相讨好选民；蜕变为利益集团，善于用速生的政治口号掩饰自己的真实诉求。正是在同样的压力之下，墨西哥革命制度党曾在20世纪80年代被迫与长期奉行的中间偏左的政治路线渐行渐远，造成了基层党员群众的大量流失并最终败选。2012年该党候选人培尼亚·涅托得以获胜，一个重要原因在于他重拾中左主张，打出了"保障民权、发展经济、恢复墨西哥国际地位"三大竞选纲领。① 从选举策略而言，它们无疑迎合了当下墨西哥民众的强烈愿望。然而，当下墨西哥经济、社会问题积重难返，改革必须攻坚克难，处于大众政治压力之下的革命制度党能否负重前行，为人民再立新功则仍属未知。

在本卷即将付梓之时，拉美政坛发生了一件大事。2013年3月5日，委内瑞拉总统查韦斯久病不治去世，从而在全球范围内引起人们对未来该国政局的走势、对外政策的取向，乃至拉美地区左翼运动和一体化进程命运的种种推测。为了回应中国读者的关切，本卷增设"特别报告"，编入近期拉丁美洲研究所学者的相关分析和评论。他们认为，无论即将再次举行的大选结果如何，进入"后查韦斯时代"的委内瑞拉都将经历一个较长时间的政治过渡期。没有了查韦斯，马杜罗及统一社会主义党需要再建其权力模式，更需要适度调整其内外关系策略及行动的优先次序；没有了查韦斯，卡普里莱斯及身后的政治力量必将加紧在国家、地方和社会等各个层面的政治布局和博弈。即使能够在大选中获胜，反对派也须接受国家利益、经济和社会发展现状的约束，继续为

---

① 王向东：《后发国家治理与一党长期执政——以墨西哥革命制度党为例》，《文化纵横》2013年第2期，第45~46页。

中下层选民的实际利益提供一定的保障,因此其国内政策调整必将是有限的、温和的,多元化对外开放的格局也难以改变,但在对美政策以及对玻利瓦尔美洲替代计划和加勒比石油计划等问题上,反对派一旦执政则很可能"矫枉过正"。中国与委内瑞拉合作符合双方的重大发展利益,是建立在互利共赢基础上、超越意识形态的新型伙伴模式。无论委政局出现何种变化,双边关系都不致出现根本性逆转。同时,作者也强调,中国对委外交和经济合作要及时掌握和认识委国内政治动向,改进自身的政策协调、风险管理等工作机制,进一步提高未来形势下对委工作的适应性、主动性和前瞻性。

在本卷的"专题篇"中,《中国对拉美政策的新发展:迈向整体合作》在梳理全年动态的基础上,对近年来中拉关系飞速发展的经验和未来走向进行了深入思考,作出了如下归纳:其一,中国已成为影响拉美经济的独立变量。以2012年温家宝总理提出面向拉美地区的多项合作倡议为标志,中国对拉合作已不限于双边形态,而正在向多边合作框架推进;其二,中拉整体合作的条件尚不充分,既需要中方作为重要的外部推手,促进拉美国家达成共识,也可由双方视现实可能从次区域层次或单一领域取得突破;其三,未来中拉整体合作的制度性建设无先例可援,也无模式照搬,双方只能根据各自发展特点和诉求作出共同探索和创新。中拉双方既要抓住战略机遇,不失时机地推进机制化合作,也要充分顾及各自发展及相互认知的差异,确保具体合作步骤与实际相符并产生积极的效应。

与之相呼应,《中国与拉美的地区间交往:一种次区域组织的视角》对近年来中拉次区域层面互动作出了编年史式的概述,并试图为深化双方的合作提供"思想路线图"。作者认为,业已存在的拉美各次区域合作机制是中国推进对拉整体合作的最佳窗口。但是,要利用好这一资源,首先应进一步巩固与其成员国之间的双边关系,取得它们对中国与次区域机制合作的认同与支持。中国还应特别注意与拉美地区大国的协商和对话,增进彼此互信,避免引起后者的猜忌和掣肘。其次,深入了解现有各次区域机制的功能及其动态变化,对其合作条件、利弊风险作出客观评估,平衡各方关系,从而开辟"纵横捭阖"的多元化对拉区域合作格局。最后,中国应以开放的姿态处理好与西方大国在拉美地区的合作与竞争关系,有效减缓来自后者的干扰和压力。

需要特别说明的是，本卷推出的另外两篇专题报告是由来自新近成立的西南科技大学拉美研究中心和浙江外国语学院拉美研究所的学者撰写，他们结合本地实际需要和本校学科基础，分别选取"循环经济"和"可再生能源"作为视角，为读者提供了颇具专业水准的分析。经过对拉美6国循环经济发展的分类研究，作者发现拉美经济仍以资源消耗型增长为主，无论是资源利用较好的国家，还是为保护资源而欠发展的国家，都需要积极转变发展方式，引进资本和相关技术，从而有效地利用继而提高自身的比较优势，走上一条可持续发展的坦途。在可再生能源领域，作者充分肯定了拉美和加勒比地区所具有的独特优势和巨大潜力，也对拉美地区普遍存在的产业发展难点进行了归纳，指出该地区"实现可再生能源发展与可持续的环境和生态平衡将需要一个全面的管理构架，需要国际组织、政府管理部门、社区和公民等各方的长期努力，相互协调，相互认同，并采取一致的行动"。

2012年拉美和加勒比各国的外交形势可谓"稳中有升，亮点不少"。对此，《2012~2013年拉美对外关系：独立自强与多元化双向发展》从"对美外交日趋独立""一体化合作取得新进展""多元化外交成效显现""多边外交更加活跃"4个方面做了较为详尽的回顾，并由此进一步肯定在当下国际关系持续变动和调整中，拉美国家的地位和影响力都处于明显的上升阶段，这也是近年来拉美对外关系总体趋势的持续表现。在报告的结尾部分，作者点明若干挑战和局限性因素，以便于读者认识和把握2013年拉美对外关系的发展脉络。值得注意的是，部分拉美国家推出一系列"国有化"政策，其国家发展主义的基调在本质上与贸易保护主义相通，对于发展区域一体化、实现多元化对外关系格局、促进世界经济的复苏和重组等多重目标都具有消极意义。它们不仅使外部对拉投资信心严重下挫，而且也为新一年度拉美对外合作的走势增加了不确定性。

为数众多的国别和地区研究报告一直是这部集体作品的基干部分，也是其学术代表性的底色。古巴是中国读者相对熟悉的国度，其社会主义更新事业的发展不时引发人们的热议。巴西不仅与中国同在"金砖国家"之列，而且也经历着艰巨的经济结构调整和社会政策改革。2012年哥伦比亚被外界评为拉美地区开放度最高的国家之一，桑托斯总统则在访华期间与中方达成"在未来三年内完成中哥自由贸易区协定"的原则共识。为此，编者重点向读者推荐本卷对上述国家年度形势的综述。2012年，古巴更新社会主义及其经济模式的进程加快，其重要成果包括部分政府职能转变和建立大型国有企业集团，对调整企业经营方式进行试验，允许非农部门、小型国有企业实行不同程度的承包制度，提高土地利用率，推出调动劳动者生产经营积极性的新税制等。古巴共产党始终坚持对更新事业的坚强领导，坚持审慎、周密的计划和组织前提，坚持党员和人民群众的广泛参与，坚持从上到下的思想、作风、纪律检查工作的落实。正因如此，在更新任务繁重、外部压力和挑战依旧严峻、自然灾害造成严重损失的情况下，古巴能够克服困难，实现了高于3%的经济增长。

巴西的年度形势发展有三重特征，可谓"喜忧参半"：一是执政党巴西劳工党在地方换届选举中仍然获得多数选民的支持，在圣保罗市等地夺回市长席位。与此同时，党内高层腐败丑闻也极大影响了劳工党的声誉，反而让社会党将441市的领导权收入囊中，增量居各党之首，也为2014年巴西大选带来新的变数。二是经济指数不佳，全年经济增长率下降了1.5个百分点，制造业等生产部门及投资、对外贸易均出现萎缩。受罗塞夫政府扩张性财政政策的刺激，巴西内需保持旺盛，就业状况和实际工资增长尚可，通胀率得到较好的控制。三是在对外关系方面，其大国角色进一步凸显。巴西在处理巴拉圭政治危机、南共市扩大以及与阿根廷贸易争端、与海地关系等问题上均展现出其地区政策的成熟度和对一体化进程的引领作用。巴西外交的另一亮点体现在其"金砖国家"机制框架下的多重风采，特别是通过与其他成员国的双边互动，巴西作为新兴大国的影响力及实际利益都得到进一步拓展。

南美地区的中等国家哥伦比亚取得经济增速高于地区平均水平1.3个百分点、失业率有所下降、通胀指数持续走低等成绩，皆归因于桑托斯政府积极推动财政改革、扩大公共盈余以及采取灵活的货币政策等措施。此外，哥伦比亚不断加强对外资保护力度，加速推进对外多元合作格局，成为拉美地区经商环境排名上升最快的国家之一。首先，哥伦比亚积极与秘鲁、智利和墨西哥等国打造新型经济合作体——太平洋联盟，拟共同建立拉美首个联合证券交易所和贸易争端解决机制，还将取消成员之间的签证限制，推动各国教育、基础设施和能源等领域的一体化。这些目标的实现无疑会极大地促进相关经济体之间货物、服务、人员和投资的自由流动。其次,哥伦比亚积极改善与古巴、委内瑞拉等左翼力量执政国家的关系,呼吁美国等发达国家加大对拉美地区的资金、技术投入,在美国和拉美国家之间发挥独特的"黏合"作用。最后,哥伦比亚加强与西方和亚洲经济体的联系。延迟4年多的美国与哥伦比亚自贸协定终于正式生效;欧盟与哥伦比亚之间的自贸协定也于年末获得欧洲议会的批准。与此同时,日本与哥伦比亚启动自贸协定谈判。哥伦比亚政府还将商签自贸协定的目光投向亚洲、非洲等地,中国、南非、肯尼亚、俄罗斯等国均在其列。上述积极、多向的对外开放战略成效显著,使哥伦比亚投资率在过去10年内已接近国民生产总值的30%,有力地带动了后危机时期哥主要经济部门的成长。2012年,哥采矿和建筑业增长速度均超过10%,金融业和交通运输业的增速也分别达到5.9%和4.8%。

Introduction

As a general review of the situation in Latin America and the Caribbean in 2012, the themes recommended by the editors of this volume are economic growth and political reform. The choice of these two sets of keywords is to find out more about the concrete characteristics of the annual development of the region, and intended to emphasize that the above two tasks is still generally unfinished on a global scale.

Not long ago, the former Managing Director of the International Monetary Fund (IMF), Dominique Strauss - Kahn, paid a visit to China. The reporter of *CaiJing Magazine* (*Economic Periodical*), one of China's most influential magazines, did an interview with him. During the interview, he was not quite optimistic about the global economic situation in 2013 on the ground that "the debt crisis in Europe and the financial situation of the United States will become two important risks of the world's economic growth". What Kahn said undoubtedly represented the mainstream view of the international economic circles, that the growth rate of the developed countries will be maintained at a relatively low level for a long time, the tendency to spread of "Japanese Disease" is also increasingly evident. Firstly, the debt remains high, fiscal policy space is getting smaller and smaller, resulting in a serious shortage of financial markets and public confidence in consumption. Secondly, the traditional tools of monetary policy is basically ineffective, the so-called "quantitative easing" and other non-traditional means are used in order to improve money flow that may further expand the scale of public debt and increase the national credit crisis. Thirdly, the aging of population and the double effect caused by the gradual disappearance of demographic dividend and the arrival of the peak for social security payment will economic recovery more difficult. Fourthly, domestic politics have become even more polarized, with all parties reluctant to form a consensus on major economic and social reforms, delaying the opportunity for structural adjustment in order to maintain the balance of powers.

At the same time, Kahn also emphasized, "The driving force of the economy is confidence, so it will be very difficult to maintain the economic growth without confidence". Against the sluggish recovery of the United States and European economies, as well as its continual impact on the confidence in the global market, he was optimistic about the developing countries, especially emerging economies that will continue to take the lead in future global economic growth. He pointed out that "the situation in Latin America is quite good". In a sense, Kahn's optimism does have a sound basis. At the end of 2012, the Yellow Book of World Economy, released by the Institute of World Economics and Politics, Chinese Academy of Social Sciences, says that the average growth rate of 3% for the world economy at market exchange rates seems more conservative than the estimates by the World Bank and the International Monetary Fund, but it is "closer to real situation of the world economy". According to the latest estimates released by United Nations Economic Commission for Latin America and the Caribbean (ECLAC), among 33 countries in Latin America and the Caribbean the economic growth rate of 20 countries are more than 3% in 2012.

In "Economic Development in the LAC Region", we learn that it was not so easy for the region to maintain overall stability and progress. Due to sluggish demand in the traditional markets such as Europe and the United States in 2012, China's import demand was falling after its economic growth slowed down, while the overall growth rate of merchandise exports in Latin America and the Caribbean continued to decline, the growth rate of larger economies such as Brazil and Argentina remained low, current account deficit was serious because international commodity prices fell sharply. Although Panama and other small economies achieved growth of up to 10.5%, it was difficult to offset the negative effects caused by Brazil's low growth rate, which accounts for 45 percent of nominal GDP in the region. Nevertheless, the 2012 fiscal revenue in the countries of Latin America and the Caribbean continued to grow, accounting for 24.3% of GDP; nearly half of the national currency appreciated by 2.7% on average; employment rate and wage growth continued to rise. Central America and the Caribbean have become the growth leader in the region. Its macro-control capacity, financial situation, and the level of cooperation with foreign countries have significantly improved. *Social Development in the LAC Region* also confirms that from another side. The authors of the Report find that social spending in Latin American countries affected by the Economic Cycle is no longer obvious. In contrast, the average social spending of Latin American countries in the past two years has increased by about 2 percentage points, mainly used to deal with the rise of the price of commodities such as food and fuel, also social security and welfare expenditure.

However, Latin America's economic growth is still weak. From the above-mentioned fact, we can see clearly that it is impossible for the developing countries and emerging economies to fully get rid of the influence from the ongoing downturn in advanced economies, considering the high degree of globalization. They cannot shoulder the heavy responsibility of continually pushing the global development. The various countries' GDP growth index in the short term may be different, but the structural challenge is the same. The main reason is that the dividends of the first wave of economic globalization have been overdrawn, so the global economy has entered a difficult but crucial "rebalancing" period. Therefore, countries (especially emerging economies) must take full advantage of the conditions of the domestic market, and further introduce high-quality factors of production to achieve the transition to an innovation-based economy driven by domestic demand. We should also see that the difficulties of recovery, fluctuating growth, even regressive "expedient" in some countries, will not easily weaken the essential characteristics of the interdependence of the world economy in the competition. They will eventually push the countries to the starting line of a new round of reform. It will inevitably become a rational choice for the majority of governments to achieve vitality, confidence, political gain, and security through reform.

Not only do we need mild rational reform, but also do we need political resolution. The key is leadership. 2012 is an election year in many Latin American countries. Having been out of office for 12 years in Mexico, the PRI (Partido Revolucionario Institucional) won the latest election in 2012 by the slogan of "change" to create a comeback of political myth for a veteran big party. The "Major Report" in this volume focuses attention on this, reviewing and showing clearly the Party's adaptable reform of external and internal environment pressures in a different era for leading national rejuvenation and development, while summarizing its basic experience of the rise and fall.

As the authors point out, the PRI is the outcome of Mexican political modernization in the early 20th century. Before the 1930s, the rapid development of the economy didn't automatically narrow the gap between the rich and poor, the existing political system was established especially for non-institutionalized individual dictatorship and industry oligarchs. It was a very common phenomenon at that time for countries to be torn by warlords and, threatening national politics. Even after the revolutionary overthrow of the Diaz dictatorship, the new political authority was not quickly established. Civil war, military rebellions and religious conflicts broke out alternately, both revolutionary and counter-revolutionary forces continued the struggle, accompanied by conflict with and internal friction inside revolutionary camp. This situation is almost in sync with the modern Chinese revolution. American political scientist Samuel Huntington noticed this. In his opinion, Chiang Kai-shek and the Chinese Nationalist Party were retrogressed from "Party rule to military dictatorship". Unlike this, it is lucky for Mexico that Calles, the founder of PRM (Partido de la Revolución Mexicana) (later the PRI), successfully put semi-legal military oligarchy off into the cage of the system by establishing a modern political party and its institutional system. The establishment of the Party brought the political and cultural development in Mexico to a new historical stage, and laid a solid foundation for the country's modern party politics.

In the authors' opinion, the PRI is populist, even socialist, and its ideological origin theory features institutional pluralism. By the various types of vocational group as an organizational foundation, the PRI not only maximized its own social representation, but more important, it successfully brought the social system with a considerable degree of self-reliance into a more efficient, balanced framework of rules within the Party. Whether they involve farmers, workers, city residents or, soldiers, the conflict of interest within or between the various subpopulations can be resolved through coordination and arbitration by Party organization. Compromise eventually replaced violent battles, and the Party became a major social stabilizer. After establishing the authority of the President and the Party Central Committee, the political credit of local forces and political warlords (Caudillo) declined. Later, the PRI made unremitting efforts to establish a national political system with inclusiveness, authoritativeness, and adaptability, while centralizing the powers necessary for the implementation of social reforms and unifying people's expectations. It made a historic contribution to the economic boom of the miracle after World War Ⅱ. This experience shows that it is the requirements of the emerging countries in the high-speed development stage for advanced political party to have the advanced awareness with the establishment of a modern system of governance, to take action to meet the domestic reality, and to establish the authority of the relative concentration.

However, "Political development can never be a once-and-for-all, no political system itself can completely solve the problems it faces". The long-term ruling and "leadership responsibility, vertical leadership" system gradually led to the convergence of the management boundary between the PRI and the country. "It not only failed to help reduce inequality in the social and economic field, but also created the institutional conditions for inequality." In this context, the interest groups within the Party overgrew and restriction mechanism was absent, that further aggravated the corruption of power and continued to endanger the legitimacy of the Party. When economic prosperity began to fade, the veteran party became deeply trapped in an "achievement dilemma", while unexpected debt crisis has sounded the alarm for the system reform. In trying to interpret the "comeback" of the PRI in 2012, the author repeatedly traced back, and finally locked its source in the 1980's wave of global democratization. In author's opinion, although the initial political reform of the PRI has clearly exposed that they lack of initiative and lag behind with the party mechanism reform dragged on, but it eventually chose to go with the historical trends, and began the history of their own reform process by introducing opposition parties' equal competition mechanism. It is said that "Sunshine after the storm". After 2000 and 2006, twice lost the election, the PRI won the favor of the voters in the 2012 general election by virtue of its organizational structure, broad social mobilization as well as their political achievements at the grassroots level.

Of course, the PAN (Partido Acción Nacional) also paved the way for the "comeback" of the PRI with a number of policy flaws due to the lackluster performance in the past 12 years. The author once paid attention to this factor in the discussion process, but it was omitted intentionally or unintentionally in the finished draft. In fact, after coming to power the PRI will face the political and environmental challenges no less than did its predecessor. Another consequence of the political democratization since the 1980s is that it created a mass political fashion. Mass politics respected "equality", questioned the existing political tradition, challenged elitism, and had a strong impact on the party known for integration, organization, elite-oriented training, forcing all types of political parties more or less the same transmutation – ideological boundaries blurred, program and policy converged; gave up guidance, integration or constraint on the people's aspiration, but to expand the "votes" while competing to curry favor with the electorate and degenerating into interest groups who skilled at concealing their true aspirations with fast-growing political slogan. It is under the same pressure that Mexico's PRI was forced to drift away from the center-left political line they pursued for a long time, resulting in a huge loss of grassroots party members and the masses, which led to its ultimate defeat. In the 2012 election, the party candidate Pena Nieto won the election. One of the reasons is that he regained advocate of the center-left, unveiled election platform for "the protection of civil rights, economic development, and restoring the international status of Mexico". In terms of election strategy, they undoubtedly met the strong desire of the Mexican people. However, the current Mexican economic and social problems are hard to tackle. Reform need tackle difficult problems. It is still uncertain whether the PRI under the pressure of mass politics can go ahead and make new contributions.

An event took place in Latin American politics when this volume is about to hit the press. On March 5, 2013, Venezuelan President Hugo Chavez died from chronic illness. This caused worldwide conjecture about the future of the country's political situation, foreign policy orientation, even the fate of the left-wing movement and integration process in Latin America. We wrote a special column to introduce the recent analysis and commentary from the scholars of the Institute of Latin American Studies in order to respond to the concerns of the Chinese readers. They think that, regardless of the result of the forthcoming general election, Venezuela entering "the post-Chavez era" will experience a long-time political transition period. Nicolás Maduro and the PSUV (Partido Socialista Unido de Venezuela) need to build its power mode and adjust moderately its internal and external relations strategy, as well as its action priorities. At the same time, Henrique Capriles Randoski and the political forces behind him are bound to intensify the political layout at the national, local and social levels. Even if they win the election, the opposition will be subject to the constraints of national interests, the status quo of economic and social development, to continue to provide some protection for the actual interests of the middle and lower income voters. Therefore, its domestic policy adjustment is bound to be moderate. The diversified pattern of opening up to the outside world is difficult

to change, but in terms of the policy toward the United States, ALBA (Alianza Bolivariana para los Pueblos de Nuestra América / Tratado de Comercio de los Pueblos), as well as the Caribbean Petroleum Plans, the opposition in office is likely to "overkill". Sino-Venezuelan cooperation, in line with the major development interests of both side, is built on the basis of mutual benefit and win-win that forms a new partnership model beyond ideology. No matter how the political situation changes, it is impossible for the bilateral relation to be reversed fundamentally. At the same time, the authors also stressed that China should grasp and recognize the domestic political development, improve the working mechanism of policy coordination, risk management, and further improve adaptability, proactivity and foresight in the future.

In "Topical Reports", the author of "The New Development in China's Policy towards Latin America: Overall Cooperation" reflects on the experience of rapid development in recent years and the future direction of Sino-Latin American Relations on the annual dynamic basis. He draws the following conclusion. First, China has become the independent variable affecting the economy of Latin America. In 2012, Premier Wen Jiabao put forward a number of cooperation initiatives for Latin America, it can be seen as a symbol that the Sino-Latin American cooperation is not limited to the bilateral pattern, but towards the framework of multilateral cooperation. Second, conditions are not yet ripe for Sino-Latin American overall cooperation, not only is China needed as an important external pushing hard to promote Latin American countries to form a consensus, but the two sides also make possible breakthrough from the sub-regional level or single field, depending on the realistic possibility. Third, there are no precedents to follow and no modes to copy at all for the institutional building of the future Sino-Latin American overall cooperation. Both sides can only explore and experiment in accordance with their respective development characteristics and demands. Both sides should not only seize the strategic opportunity to promote the mechanism of cooperation, but also take full account of their development and cognitive differences, to ensure that specific cooperative steps are consistent with the reality and have a positive effect.

Echoing this, the "Regional Exchanges between China and Latin America: A Perspective of Sub-regional Organization" gives an annal-like overview of interaction at Sino-Latin American sub-regional level in recent years, and tries to provide the "ideological roadmap" in order to deepen cooperation between the two sides. The author believes that the existing Latin American sub-regional cooperation mechanism is the best window for China to promote the overall cooperation. However, to take advantage of this resource, first we should further consolidate bilateral relations between its member countries, obtain their recognition and support for the cooperation of China and sub-regional mechanism. China should pay special attention to the consultation and dialogue with the big countries of Latin America, to enhance mutual trust in order to avoid any suspicion of the latter and constraints. Secondly, we should deeply understand the function and its dynamic changes of the existing sub-regional mechanism, make an objective assessment of its conditions for cooperation, the pros and cons, as well as the risk, balance the relationship between the countries, thus opening up the diversified "maneuvers" in regional cooperation pattern. Finally, China should relax her attitude to cooperation and competition with the Western powers in Latin America, effectively slowing interference and pressure from the latter.

Of particular note, is that the other two feature articles introduced in this volume report are written by scholars from the newly formed Latin American Studies Centre, Southwest University of Science and Technology, and the Institute of Latin American Studies, Zhejiang Foreign Language College. They select "circular economy" and "renewable energy" as the perspective, combining local realities with the college disciplinary foundation, providing readers with a professional analysis. By classificatory study on circular economy development in six countries in Latin America, the authors find that resource consumption growth still dominates of Latin American economies so the countries with better resource utilization, or the undeveloped ones in protection for resources, both need actively change the development mode, introduce capital and technology in order to effectively use them to improve its comparative advantages and embark on the road to a sustainable development. In the field of renewable energy, the author affirms the unique advantages and great potential of Latin America and the Caribbean, and also summarizes the difficulties of industrial development of Latin America, pointing out that "the implementation of renewable energy and sustainable environment, ecological balance will require a comprehensive management framework, require long-term efforts of international organizations, government departments, community and civil organizations, realize mutual coordination and mutual recognition, and take

consistent action".

The diplomatic situation in Latin America and the Caribbean in 2012 can be described as "steadily, with many highlights". In "International Relations of the LAC States", the author gives a more detailed review in the following four aspects: "US Diplomacy Becomes Increasingly Independent", "Integration and Cooperation has Made New Progress", "Diversified Diplomacy Shows Effectiveness", and "Multilateral Diplomacy Becomes more Active". The author thus further affirms that the status and influence of the Latin American countries are on a significant rise, in constant changes and adjustment in the current international relations, which is the overall trend of the external relations in Latin America in recent years. At the end of the report, the author points out some challenges and limitations so that readers can understand and grasp the context of the development of Latin American foreign relations in 2013. It is worth noting that some of the Latin American countries launched a series of "nationalization" policy that was interlinked with trade protectionism. It made a negative sense to develop regional integration, realize diversified pattern of external relations, and promote the recovery of the world economy. It not only makes the external investment confidence suffer a severe setback, but also increases the uncertainty for the trend of cooperation with foreign countries in Latin America in 2013.

A large number of country studies have been the backbone of this collective work, and also a representative of their academic background. Cuba is relatively familiar with Chinese readers, the development of its socialist renewal business triggers hot talk in China from time to time. Brazil is not only one of the "BRIC countries" just like China, but is also experienced difficult economic structural adjustment and social policy reform. in 2012 Colombia was rated one of the countries with the highest degree of openness of the Latin America by the outside world, President Santos reached a consensus with the Chinese side during his visit to China – "Come to a Sino-Colombia Free Trade Agreement in the next three years". Therefore, the editors especially recommend to the readers the overview about the annual situation of the above-mentioned countries.

In 2012, Cuba accelerated the process of updating the socialist economic model. Important achievements include the transformation of some government functions and the establishment of large-scale state-owned enterprise group, a test for adjustment enterprise mode of operation, permission for the non-agricultural sector, small-scale state-owned enterprises to practice the contract system to varying degree, an improvement in land utilization, and the introduction of the new tax system to mobilize the enthusiasm of the workers' production and management. Cuban Communist Party has always adhered to the strong leadership of the renewal business, adhered to the prudent, careful premise of planning and organization, adhered to the broad participation of the party members and the masses of the people, adhered to the top-down implementation of the ideology style, work style, discipline inspection work. For this reason, in the case of heavy updated tasks, grim external pressures and challenges, and serious losses caused by natural disasters, Cuba can overcome difficulties and achieve economic growth higher than 3%.

In short, the development of Brazilian annual situation has three main characteristics that can be described as "mixed". First, the ruling party Brazil Labor Party still got the support of the majority of voters in the local general election, and regained mayor seats in Sao Paulo City and other places. At the same time, high-level corruption scandal within the party also greatly affected the reputation of the Labor Party. On the contrary, the Socialist Party put the leadership of the 441 cities in the bag, the increment ranked first in all parties, that brought a new variable to 2014 presidential election in Brazil. Second, economic indicators were poor, the annual economic growth rate fell by 1.5 percentage points, the manufacturing and other production departments, as well as investment, foreign trade were shrinking. Stimulated by Rousseff government expansionary fiscal policy, Brazil maintained strong domestic demand, employment status and real wage growth were kept in reasonable condition, and the rate of inflation was well under control. Third, in terms of foreign relations, its role of the big power was further highlighted. Brazil demonstrated the maturity of its regional policy and a leading role in the integration process in dealing with the Paraguayan political crisis, Mercosur expansion, the trade disputes with Argentina, as well as the relation with Haiti. Another highlight of the Brazilian foreign relations is reflected in Brazil's fine performance under the framework of the BRIC countries, especially through bilateral interaction with other member countries, the influence and practical interests of Brazil as an emerging power have been further expanded.

As a medium-sized country in South America, Colombia achieved economic growth of 1.3 percentage points above the regional average, the unemployment rate declined, inflation index remained low. The results are attributed to the Santos government's initiative in promoting fiscal reform, in expanding public surplus, as well as its adoption of a flexible monetary policy. In addition, Columbia becomes one of the countries with the fastest-rising Latin American business environment ranking by constantly increasing protection for foreign capital and accelerating the pattern of diversifying cooperation with foreign countries, Firstly, Colombia actively created a new economic cooperation body with countries such as Peru, Chile and Mexico – Pacific Union. They intend to jointly establish the Latin America's first joint stock exchanges and trade dispute settlement system, to reduce visa restrictions between member countries, and to promote the integration in fields such as education, infrastructure and energy. The achievement of these goals will undoubtedly contribute significantly to the free movement of goods, services, people and investments among related economies. Secondly, Colombia actively improved relationship with Cuba, Venezuela and other countries with the ruling left-wing forces, called on the United States and other developed countries to increase investment in Latin American funds and technology in order to play a unique role as a kind of "glue" between the United States and Latin American countries. Thirdly, to strengthen ties with the West and Asian economies. The United States and Colombia Free Trade Agreement finally came into effect, having been delayed for more than four years. The Free Trade Agreement between the European Union and Colombia obtained the approval of the European Parliament at the end of the year. At the same time, Japan started free trade agreement negotiations with Colombia. The Colombian government will negotiate and sign the FTA with Asia and Africa. China, South Africa, Kenya, Russia and other countries are in their column. The above-mentioned positive, multidirectional opening-up strategy achieves marked achievements that the Colombian investment rate is close to 30 percent of GDP in the past 10 years, forcefully driving the growth of the major economic sectors in Colombia in the post-crisis period. In 2012, the growth rate of Colombian mining and construction industry was higher than 10%, while the growth rate of the financial sector and transportation industries reached 5.9% and 4.8%, respectively.

主 报 告

Main Report

Y.1
政治转型与"东山再起"：
墨西哥革命制度党的启示

王 鹏 谌园庭*

摘 要：

墨西哥革命制度党是当代拉美政坛最重要的政党之一。1929~2000年，它连续执政长达71年之久，成为世界上连续执政时间最长的政党之一。在执政期间，它创造政治安定、经济腾飞的"墨西哥奇迹"。2012年，它再次赢得总统选举，在下野12年之后重获执政地位。在革命制度党的引领之下，墨西哥在2000年完成首次政党轮替，成功实现从一党体制向民主体制的转型。这一政治转型包含以下四个特点。第一，转型以自上而下方式进行，也就是由执政党引导而非反对派主导政治转型进程。第二，选举改革而非体制外抗争成为转型的推进力。第三，政治改革经历渐进的、多阶段的局部性制度调整，而非在短时间内全盘推进。第四，政治

---

* 王鹏，法学博士，中国社会科学院拉丁美洲研究所政治研究室副研究员，主要研究领域为拉美政党和政治制度；谌园庭，中国社会科学院拉丁美洲研究所国际关系研究室副主任，助理研究员。

拉美黄皮书

转型过程中并未出现严重的政治动乱,对于既有的社会秩序与经济发展的冲击比较小。在国家政治转型过程中,革命制度党实现自我转型,从一个长期垄断执政权的"官方党"转变为普通的议会民主政党。为适应现实政治环境,它的指导思想从革命民族主义转向民主社会主义;它的内部权力结构从"一元制"转向中央与州长协调合作的"二元制";它淡化自身的精英色彩,力求在社会中下层保持广泛的影响力;它建立和强化内部选举制度,依靠完善党内民主加强党内团结。革命制度党的重要历史经验在于,该党在创造多党竞争的民主政治空间后,仍然能够立于不败之地。即便在2000年之后,它仍然是墨西哥最重要的政党之一,并在新的历史条件下、依托新的社会环境进行自我再造,不但延续自身存在,更能够赢得选举,从而显示相当的政治智慧和创造力。从这个角度看,革命制度党最终成为墨西哥政治转型的受益者。

关键词:

墨西哥　革命制度党　政治转型　民主　政党

2012年8月31日,墨西哥联邦选举法院宣布,在野的革命制度党总统候选人培尼亚·涅托成功当选墨西哥下届总统。当年12月1日,涅托宣誓就职,这意味着曾连续执政71年的革命制度党在下台12年后终于东山再起,重返墨西哥政坛最高点。同时,革命制度党所完成的"国家权力的和平轮替"也将对墨西哥乃至整个拉美地区政治民主化进程产生深刻的历史影响。

革命制度党是20世纪留给墨西哥的最深刻印记之一。它诞生于国运动荡的关键时刻,曾以空前的勇气和自身的组织力量站立在民族发展的历史潮头,引领国家走出混乱,独立自主地探索一条民族化的发展道路,完成立国百年以来人民梦寐以求的社会革命,创造了政治安定、经济腾飞的"墨西哥奇迹"。历史为此也赋予它无上的荣耀。1929~2000年,该党连续执政长达71年之久,成为世界上连续执政时间最长的政党之一。

然而,对权力的长期垄断也逐渐使革命制度党的政治先进性发生退化,其经济和社会政策最终陷入"重控制,轻改革;重增长,轻公正"的泥潭。20

世纪80年代墨西哥债务危机的爆发则使革命制度党首度面临"江山不稳"的空前挑战，迫使该党在以后的岁月里开始了大规模的经济改革，并继而推进国内政治改革。

正是由于20世纪末期该党以及墨西哥政治体制"双重转型"最终得以实现，墨西哥能够在全球范围的第三波民主化浪潮中确保国家和社会生活在和平、稳定、渐进中发生转化，而未像部分拉美国家那样经受政变、革命、内战的重创。2000年，通过选举顺利实现1929年以来的首次政党轮替，墨国家政权在平稳之中得以顺利转移。尽管失去了长期执政的地位，然而革命制度党对创造此一"低成本"的转型模式可谓功不可没。此后，革命制度党加快自我改造的步伐，在基层组织、社会联系以及地方政权等方面与执政党和其他在野党展开新的竞争，并凭借其制度创新能力再度在2012年的墨西哥政坛上风生水起，一举赢得总统选举，实现了"东山再起"。

作为曾长期执政的大党、老党，墨西哥革命制度党从崛起、沉沦到转型的独特经历不仅是对墨西哥的国别观察中十分引人注目的一段历史，而且对于研究第三世界政治发展理论乃至全球政治趋势的人们而言，无疑具有宝贵的借鉴价值，值得予以更加深入的探究。

一 革命制度党：辉煌与困局

我们认为（革命制度党）这个名字取得非常合适，革命基本上分为3个阶段：准备阶段、破坏阶段和建设阶段。没有过渡到建设阶段的革命是失败的革命。而为了建设，只能把思想转变为法律和制度，并使它们具有灵活性和活力，成为避免暴力、有序地、合理地使社会本身发生变化的制度，从而使社会变革持续不断地进行。因此，我们既是革命者，也是制度，因为我们现在是通过制度和法律来进行革命的。……这就是我们这些革命制度主义者所追求的目的。

——墨西哥前总统德拉马德里（Miguel de la Madrid Hurtado）

革命制度党的执政地位是墨西哥近代历史发展演变，尤其是墨西哥革命（1910～1917年）的产物，其建立使墨西哥真正迈入政党政治时代。它不断推

动自身和国家的制度化建设，创造性地解决最高领导人权力交替带来的政治冲突，并为大众政治参与开辟渠道。它领导国家实行空前的社会经济变革，进而依靠进口替代工业化促进经济的增长和升级。它在执政期间创造政治稳定和经济增长两大"奇迹"。墨西哥因此一度成为广大发展中国家独立探索发展道路的学习榜样。

在一党独大的"霸权型"政党体制下，革命制度党处于权力的巅峰。但是，对权力的绝对掌控使它日趋保守和僵化，丧失了推进模式创新和战略创新的意愿和能力，却受到派系林立、任人唯亲、腐败横行等弊病的困扰。在竭力追求经济增长的过程中，它未能有效应对收入分配不公正的积弊。同时，它固守国家干预的做法导致债务激增，为债务危机的爆发埋下祸根。1982年债务危机的爆发迫使墨西哥启动经济改革。在新的外部环境下，革命制度党传统的社会—经济控制手段失效，因而陷入前所未有的危机之中。

对于长期执政的政党而言，合法性衰败是一个具有共性的挑战。通常认为，合法性是对统治权力的认可。① 合法性具有三个主要来源：意识形态基础、有效性基础和制度基础。对革命制度党而言，历史地位带来的感召力随着国家官僚体制的僵化和社会经济不平等的加剧而失去其作用。在相当长的时间里，通过选举实现政党轮替是该党所不可接受的选项。这意味着它难以依靠制度基础获得合法性资源。如同其他长期执政的政党，该党愈来愈把政绩视为合法性的主要来源。李普塞特指出："在现代世界，这种有效性主要是指持续不断的经济发展。"② 但是，对政绩，尤其是经济增长的依赖往往导致执政党陷入亨廷顿所说的"政绩困局"。③ 当执政党无法领导国家获得期望之中的经济增长，民众就会产生对现行政治体制的不满乃至敌视情绪；另外，即便它取得良好绩效（例如经济增长、社会稳定），民众便会把注意力转向其他公共问题（例如自由和民主）。

---

① 〔法〕让-马克-夸克：《合法性与政治》，佟心平、王远飞译，筱娟校，中央编译出版社，2002，第12页。
② 〔美〕S. M. 李普塞特：《政治人——政治的社会基础》，上海人民出版社，1997，第59页。
③ 〔美〕塞缪尔·亨廷顿：《第三波：20世纪后期民主化浪潮》，刘军宁译，上海三联书店，1998，第59页。

革命制度党正是面对这样一种"政绩困局"。"特拉特洛尔科惨案"让它在进口替代工业化模式尚且有效的情况下感受到来自民众的政治压力。1982年债务危机的爆发使这一模式丧失了助推经济增长的动力。革命制度党在大小选举中的选情随即恶化。德拉马德里（Miguel de la Madrid Hurtado）政府、萨利纳斯（Carlos Salinas de Gortari）政府和塞迪略（Ernesto Zedillo）政府的改革努力使墨西哥重获经济增长，经济效率得到提升。但是，改革的阵痛主要由社会中下阶层承受，既有的收入分配不公正问题因改革而更趋恶化。

面对危机和困境，革命制度党发现自己正处在一个十字路口：是继续沿着在20世纪大部分时间里所遵循的第三世界民族主义和保护主义的路线前进？还是开始深刻的政治经济变革？要么革新，要么消亡。

二 政治改革与政治转型

如果（墨西哥的）政治能够按照理论的设计演进，那么，在德拉马德里和萨利纳斯时代的经济自由化之后就应该是逐步的政治自由化，到塞迪略任期结束的时候，多元主义的政治制度应该已经建成。
——美国前国务卿亨利·基辛格（Henry Alfred Kissinger）

（一）政治改革

在这种情况下，政治改革成为革命制度党的最后依靠。亨廷顿指出，威权统治者在其政绩合法性衰落时，常常感受到日益增加的压力，并且越来越试图通过选举恢复他们的合法性。[①] 在现代社会，宪政制度是合法性的主要制度基础。宪政制度强调政治权力的获得必须遵从既定的规则，也就是使政治权力具有程序合法性。而选举被视为政治权力获得程序合法性的一个充分必要条件。选举制度在墨西哥久已有之。1917年宪法对公民的选举权作出一系列规定，规定包括总统在内的一系列重要公职均需通过直接选举产生。即便在"党国

---

① 〔美〕塞缪尔·亨廷顿：《第三波：20世纪后期民主化浪潮》，刘军宁译，上海三联书店，1998，第213页。

架构"下,具有一定程度竞争性的选举仍然能够定期举行。国家行动党这种真正意义上的反对党可以参加选举(但难以对执政党构成严重威胁)。选举成为革命制度党实行政治动员和政治控制的工具。党通过控制政府实现对公共资源的垄断,并利用其动员选民投票。作为投票行为的回报,它向选民提供从土地所有权到建筑材料之类的物质利益,有时甚至提供公共部门的职务。革命制度党通过不断赢得选举而提高自身声誉,动员大众支持自己。尽管如此,选举制度仍然为革命制度党的统治注入远远高于其他威权体制的民意含量。

在革命制度党执政时期,选举制度改革是一件较有历史传统的政治运作,实际上发挥着"安全阀"的作用。每当外部压力加剧时,该党就主动实行选举制度改革,为反对党放宽政治参与的渠道,以制度化参与的方式来化解冲突。事实上,在1982年债务危机到来之前,革命制度党已经进行过选举改革的实践,其目的是扩大反对党在国会的代表性。洛佩斯·马特奥斯政府在1963年实施选举制度改革,为国会引入党派代表制,从而使更多的反对党成员能够进入众议院。在此次改革的基础上,埃切维里亚政府进一步增加反对党在众议院的席位数量。波蒂略政府启动一场更具实质意义的改革。1977年,《政治组织和选举程序法》(LOPPE)颁布实施,把比例代表制引入选举体系,反对党成员在众议院的议席数量再度获得增加。[1] 同时,该法降低注册成为合法政党的标准,为更多政党(尤其是左派政党)参与选举创造条件。[2] 波蒂略政府希望借助当时的石油繁荣抵消激进左派的吸引力,将其纳入政治体制之内。同时,改革旨在给予革命制度党某种程度的压力,推动它以更为积极的方式应对选举带来的挑战。但是,革命制度党不断违背选举规则,以舞弊手段窃取选举胜利,导致许多反对党人士转向反体制立场,损害了这场选举制度改革的成果。

(二)从威权到民主:选举制度改革

债务危机之后,革命制度党希望通过新一轮的改革破解困局、争取主动。

---

[1] Sarah Martinez, "Changing Campaign Strategies in Mexico: The Effects of Electoral Reforms on Political Parties," May 1999. http://www.sscnet.ucla.edu/soc/groups/scr/martinez.pdf.

[2] 20世纪50年代,墨西哥仅有3个反对党存在。1979年,3个反对党获准注册成立;1981年,另外2个反对党成立。这样,在1982年大选到来时,9个政党(包括革命制度党)参与竞选。

这场改革不断走向深化，使反对党获得愈来愈大的政治空间，从而能够向执政党发起愈来愈强有力的挑战。时至 2000 年，墨西哥完成 1929 年以来的首次政党轮替。该国向民主政治的转型终告完成。20 世纪 80 年代以后，革命制度党推动实施三个阶段的选举制度改革，最终使墨西哥由威权体制走向民主体制。

第一阶段改革在 1986 年到来。以奇瓦瓦州州长选举为代表的一系列选举争议使反对党强烈呼吁进行选举改革。时至 1986 年，德拉马德里政府实施选举制度改革。宪法再次受到修改，国会众议院席位由 400 个增至 500 个。反对党席位的绝对数量有所增加，但反对党席位数量占众议院席位总数的比重并未上升。同时，改革强化政府对选举进程的控制。例如，联邦政府现在有权任命联邦选举委员会下属各选举机构负责人。民众期待的墨西哥城市长直选未能实现，但市民可以选举产生一个联邦区大会作为市长的咨询机构。反对党普遍抨击此次改革未能推动选举进程走向公开、公正。①

这一阶段选举改革更多地体现革命制度党对政治进程的一种强有力控制。改革完全由革命制度党主导，在确保其主导地位的前提下给予反对党相对更大的活动空间，而非让渡实质性的统治权力。改革并不意味着革命制度党希望启动向民主体制的转型，而是要增强现行政治体制的整合能力，把新兴的反对派纳入体制之内，转移民众的不满情绪。②

伴随 1988 年总统选举的到来，墨西哥的选举制度改革获得走向深化的动力。在选举中遭受重创的革命制度党面对历史性的抉择：要么开放政治体系，允许更高程度的大众参与和更广泛的外部监督；要么采取更多的镇压行动，压制国内的反对派。在民主化浪潮席卷拉美的大背景下，在墨西哥经济对外依赖程度加深的整体趋势中，强力镇压不是一个具有可行性的选项。革命制度党意识到萧规曹随的保守做法已经无济于事，唯有顺应历史趋势，进一步深化政治改革，才有可能延续执政地位、存续自身利益。

---

① Joseph L. Klesner, "Electoral Reform in Mexico's Hegemonic Party System: Perpetuation of Privilege or Democratic Advance?," Washington D. C., 28 – 31 August 1997. http://www2.kenyon.edu/Depts/PSci/Fac/klesner/Electoral_ Reform_ in_ Mexico. htm#N_ 7_ .

② Sarah Martinez, "Changing Campaign Strategies in Mexico: The Effects of Electoral Reforms on Political Parties," May 1999. http://www.sscnet.ucla.edu/soc/groups/scr/martinez.pdf.

在这一背景下,第二阶段改革在萨利纳斯执政期间(1988~1994年)付诸实施。在这一时期,选举舞弊阴影始终笼罩在萨利纳斯政府头上。国家行动党主席路易斯·阿尔瓦雷斯(Luis Alvarez)指出,萨利纳斯政府唯有成为推动国家走向民主化的过渡政府,才能使自己具有合法性。① 萨利纳斯承诺带给墨西哥经济增长。但是,在1988年大选之后成立的国会众议院,执政党不再控制2/3多数席位,也就无法独力修改或通过新自由主义经济改革所必需的重要法案。萨利纳斯政府在新选举法、土改法修正案、北美自由贸易协定谈判等重大问题上都不得不与反对党进行对话和协商,以争取它们的支持。

专栏一 革命制度党的分裂与民主革命党的成立

1982年墨西哥债务危机以后,革命制度党内在如何处理社会经济危机方面出现了严重的认识分歧和组织分化。1986年,以前总统拉萨罗·卡德纳斯之子夸特莫克·卡德纳斯和革命制度党前主席穆尼奥斯·莱多为首的一些党内知名人士,建立了"民主潮流派"(CD),公开批评技术官僚及其市场经济理念,认为新自由主义经济改革政策违背宪法和革命传统,要求恢复党的革命民族主义路线,继续实行贸易保护主义和福利国家政策。1987年,民主潮流派被开除出革命制度党。1989年5月,民主潮流派、墨西哥社会党、争取社会主义运动等11个政党和组织宣布联合组成民主革命党(PRD)。该党的成立意味着墨西哥政坛出现一个纯正的左派政党,因而使革命制度党对下层民众的吸引力大打折扣。

1990年,一部新的《选举法》(COFIPE)获得颁布。根据该法,反对党能够在新成立的全国选举委员会(IFE)之中发挥远较以往重要的作用;选举法庭获得成立,负责处理选举纠纷。全国选举委员会尽管仍处于内政部长的领导之下,但其成员的来源更为多元化。②

---

① Philip L. Russell, "Mexico under Salinas," Mexico Resource Center, Austin, 1994, p. 4.
② Joseph L. Klesner, "Electoral Reform in Mexico's Hegemonic Party System: Perpetuation of Privilege or Democratic Advance?," Washington D. C., 28-31 August 1997. http://www2.kenyon.edu/Depts/PSci/Fac/klesner/Electoral_Reform_in_Mexico.htm#N_14_.

为安抚反对党和美国（以便使其同意批准《北美自由贸易协定》），萨利纳斯政府在1993年再次进行选举制度改革。第一，改革进一步扩大反对党在国会的代表性。根据新规定，1/4的参议院席位属于得票数第二多的政党。这就意味着这些席位必然归属反对党。同时，改革限定一个政党至多可以获得315个众议院席位（相当于席位总数的63%）。这就意味着革命制度党不可能再控制众议院的2/3席位（完成修宪所必需的席位数量）。第二，选举过程的透明度得到提升。全国选举委员会负责监管选举过程。反对党能够监督选民登记和选民验证事宜。尽管外国观察员仍未获准监督选举，但修改之后的《选举法》允许国民观察员履职。政党必须提交年度财政报告，以便接受审计。①

1994年，金融危机爆发再度沉重打击墨西哥。与此同时，萨帕塔民族解放军（EZLN）发动武装斗争和革命制度党总统候选人遇刺使墨西哥的政治气氛趋于紧张。这些不利因素迫使萨利纳斯政府进行任内的第3次选举制度改革，以确保1994年大选顺利进行和政治形势的稳定。革命制度党进一步放松对全国选举委员会的控制，以三大党共同推选的社会贤达取代原先由总统任命产生的委员，从而使该机构更具独立性。选举舞弊被列为刑事犯罪。政府设立选举检察官机构，专门负责调查此类罪行。国际观察员第一次获得监督墨西哥选举的资格。

第三阶段改革在塞迪略政府时期（1994～2000年）付诸实施。在这一阶段，改革由革命制度党"自导自演"转变为政党合作推动。1995年1月，革命制度党与另外3个在国会拥有席位的政党（国家行动党、民主革命党和劳工党）共同拟定一份改革方案。1996年11月，该方案在国会获得通过，它主要包含四点内容。第一，1/4的参议院席位通过比例代表制方式产生，任何政党不得控制超过60%的众议院席位。这项举措使革命制度党在国会的影响力受到进一步削弱。第二，墨西哥城市长从总统任命变为选举产生。在墨西哥的民选职位之中，它的重要性仅次于总统。第三，全国选举委员会转变为一个独立机构。它的8名成员和1名主席均为无党派人士，由国会众议院选举产生。

---

① Joseph L. Klesner, "Electoral Reform in Mexico's Hegemonic Party System: Perpetuation of Privilege or Democratic Advance?," Washington D. C., 28 - 31 August 1997. http://www2.kenyon.edu/Depts/PSci/Fac/klesner/Electoral_ Reform_ in_ Mexico. htm#N_ 14_ .

第四,联邦选举法庭(TEPJF)获准成立,以解决联邦选举委员会和政党之间的选举争议、确认总统选举结果、宣布总统选举获胜者、应对有关联邦投票结果的争议和提供地方选举争端的最终裁决。①

(三)党内民主的开启

20世纪90年代以来,革命制度党受到国家选举制度改革带来的党派竞争的冲击,并面对党内斗争不断加剧的被动局面。在这种背景下,它不得不着力推动党内民主化,提升制度化建设水平,以便化解党内冲突、加强组织动员能力和提升选举竞争力。它采取的最重要改革措施是引入初选机制,以便产生党的总统候选人。1996年,塞迪略总统宣布将不再指定其继承者。1999年,他在党内压力的推动下,同意通过初选产生党的总统候选人。1999年11月7日,革命制度党进行该党历史上第一次总统候选人初选。最终,前内政部长拉瓦斯蒂达(Francisco Labastida Ochoa)获胜。

初选极大地提升了党内权力竞争的公平程度,这意味着现任总统再也无法按照一己意愿指定接班人,为广大基层党员参与党内事务开辟了新空间。总统候选人不再是少数政党"大佬"弄权的产物,而是广大基层党员投票的结果。这种制度化的权力分配方法无疑有助于形成稳定的内部激励机制,巩固政党的内部团结,减少任人唯亲和派系斗争等不良现象,从而为党的稳定和持续发展奠定重要基础。

初选机制的引入意味着革命制度党的运作模式正在由过去的封闭走向开放和透明。这实际上是一个面对现实的必然选择。随着选举制度改革的深化,革命制度党失去体制的庇护,不得不在公平公正的选举中进行竞争。在选举竞争压力不断加剧的形势下,它不得不在候选人的忠诚度和当选可能性之间作出抉择。候选人的当选可能性愈来愈成为一个至关重要的因素。它唯有设法推出具有竞争力的候选人,才能提高赢得选举的可能性。

---

① Joseph L. Klesner,"Electoral Reform in Mexico's Hegemonic Party System: Perpetuation of Privilege or Democratic Advance?," Washington D. C., 28-31 August 1997. http://www2.kenyon.edu/Depts/PSci/Fac/klesner/Electoral_Reform_in_Mexico.htm#N_14_.

（四）政治改革的后果

回顾上述几个阶段的选举制度改革，人们可以看到，前一阶段改革完全由革命制度党主导。改革的主要目标是降低成立政党的门槛，以便把新生的反对派势力纳入政治体制，同时适度扩大反对党在国会的代表性。改革旨在加强革命制度党的政治控制能力，巩固其执政地位。因此，改革的成果较为有限。随着1982年债务危机爆发，革命制度党的统治地位受到严重削弱。1988年大选表明反对党已经无可遏制地在墨西哥政坛崛起。在这一背景下后两个阶段的改革显然更具实质意义。革命制度党无法独力主导改革进程，必须与反对党进行协商、接受反对党的制约。这就使后两个阶段的改革力度远远超过以往。

后两个阶段改革的进行意味着选举制度改革的重点从调整革命制度党与反对党之间的关系转向确立两者之间的公平选举竞争条件。改革获得两大直接成果。其一，选举机构的中立化。全国选举委员会宣告成立，并在1996年获得独立地位，负责组织选举。解决选举争端的权力收归司法部门。成立于1996年的联邦选举法庭专门负责处理此类争端。其二，政党地位的平等化。政府向包括革命制度党在内的注册政党提供公共资金，使它们保持自治性。同时，法律就政党竞选费用的最高限额作出规定。这就意味着改革的主要目标就是限制革命制度党的权力。选举机构的中立化意味着总统不再拥有直接干预选举进程的权力。对党派在国会参众两院席位数量的限制使革命制度党不可能获取以往那种绝对优势地位。《选举法》对资金的限制意味着执政党不能滥用手中掌握的公共资源换取选票。革命制度党只能与反对党站在同一起跑线上，为赢得选举进行冲刺。

革命制度党采取的一系列选举改革措施最终使墨西哥的选举体制进一步走向公开、透明。选举制度改革有力地促进了墨西哥民主化进程。改革使选举实现透明化、公平化。1994年大选是在前期改革的成果上进行的。媒体对总统候选人辩论进行实况转播。外国观察员首次获准监督选举。此次大选被外界普遍视为一次较为公开透明的选举。

选举制度改革使反对党赢得愈来愈大的活动空间。来自左派和右派的反对党开始在各级选举中对执政党提出愈来愈强有力的挑战。革命制度党首先在地

方选举中作出让步，认可反对党控制市长、州长职位。在1989年下加利福尼亚州的选举中，国家行动党候选人获胜。萨利纳斯总统接受这一结果。这就使他成为革命制度党成立以来第一位公开承认反对党在州长竞选中获胜的墨西哥总统。其后，革命制度党逐渐失去在国会众参两院的绝对多数优势。在1997年举行的中期选举中，该党获得500个众议院席位中的238个。这就意味着该党在近70年间第一次失去众议院的半数优势。最终，革命制度党在最为重要的总统选举中遭遇败绩。2000年，革命制度党向赢得总统选举的国家行动党移交执政权。这一重大事件标志着墨西哥向民主政治转型的完成。

三 十二年蛰伏与东山再起

> 革命制度党是民主的创造者，我们不会离去，不会消失。我们是一支懂得变革的政治力量。……革命制度党将继续为民主而战。
> ——革命制度党前主席杜尔塞·玛丽亚·绍里（Dulce María Sauri）

2000年墨西哥大选之后，革命制度党又一次站在历史的十字路口：接受大选结果，承认自身的失败；还是用暴力的手段推翻大选结果，继续维持一党统治的状态？对于其未来命运，有人甚至预言，它要么将分裂成几个小党，要么干脆消失。革命制度党又开始了新一轮艰难的转型，与以往不同的是，此时的墨西哥已经开启了真正意义上的民主转型，革命制度党也从一个长期垄断执政权的官方党（official party）转变为普通的议会民主政党。这意味着它丧失昔日的特权，不再可以把国库资源作为自己的竞选经费，不再可以控制媒体或操纵选举。作为一个在野党，它的要务是尽快适应新的民主政治生态，转变指导思想，按照现代民主政党的建构原则实施组织改造，整固群众基础，依靠实际行动争取尽可能多选民的认同和支持，以期赢得选举。

（一）指导思想：从革命民族主义走向民主社会主义

作为官方党，革命制度党有意使其意识形态具有模糊性。它曾尊崇民族主义和职团主义，也曾实施新自由主义导向的经济改革。这种模糊性利于它调和不同社会阶层的利益，从而赢得最广泛的社会支持。一种明确的意识形态反而可能招致部分选民或部分社会集团的不满。但是，作为一个民主体制下的在野党，革命制度党需要参与和赢得选举。选举压力迫使它必须明确自己的意识形态立场，能够提出标志性的政治主张，以便尽可能地争取选民的支持。该党总统候选人罗伯托·马德拉索（Roberto Madrazo）之所以在2006年大选告负，一个重要原因就是他始终没有提出明确的政治主张，从而可以与国家行动党（PAN）总统候选人卡尔德龙（Felipe Calderón）的"自由市场"或民主革命党（PRD）总统候选人奥夫拉多尔（Andrés Manuel LópezObrador）的"民众主义"相抗衡。①

2000年之后，革命制度党明确把自身定位为中左政党。2001年11月，革命制度党举行第十八次全国代表大会。此次会议明确把该党定位为中左政党，以区别于国家行动党的中右立场和民主革命党的左派立场。这一定位表明它放弃模糊自身定位的传统做法。在此之前，它既不承认自己是左派，也不承认自己是右派，甚至不承认自己是中间派，而是让自己的立场在左右之间来回摆动，按照实际需要形成一种"动态的平衡"。

革命制度党的指导思想从革命民族主义逐步转变为民主社会主义。在2000年大选失败后，该党开始进行深刻的反思。经过一段时间的酝酿和筹划，它在2001年举行第十八次全国代表大会，对其意识形态进行大幅调整，重拾"革命民族主义"传统。"十八大"制定的《原则宣言》强调革命制度党是"民族主义的、民主的、民众的政党"。② 该党强调自己是"民众的政党"，是"多元的政党"，是"墨西哥各阶层、各种力量所组成的政党"；是墨西哥革命的产物，必须坚持墨西哥革命和1917年宪法。这一表态意味着革命制度党的指导思想从萨利纳斯时期的"社会自由主义"重新回归到"革命民族主义"。③ 重新

---

① Joy Langston，"The PRI's 2006 Electoral Debacle，" *Political Science and Politics*，Vol. 40，No. 1，January 2007，pp. 21 – 25.

② Partido Revolucionario Institucional，"Código de éticaPartidaria," Aprobadopor la XVIII Asamblea General de Delegados del Partido Revolucionario Institucional. http：//www. ordenjuridico. gob. mx/Publicaciones/CDNormatividad/pdf/PRI%2004%20CODIGO. pdf.

③ Noticieros Televisa，"Surge un PRI Renovado de la Asamblea：Sauri," Nov. 21，2001. http：//www. esmas. com/noticierostelevisa/mexico/159956. html.

举起革命民族主义旗帜的做法带有过渡色彩。它的作用在于弥合党内分歧，统一全党思想，使刚刚遭遇选举失败的党获得一个稳住阵脚的机会。

2006年大选失利迫使革命制度党进一步深化其意识形态的重塑进程，明确把自身定位为社会民主党。2008年8月，它在充分讨论、周密准备的基础上举行第二十次全国代表大会。为筹备这次大会，它先后举行64次州党代会、890次市党代会，大会组委会和议题委员会先后召开了80次会议，讨论党的基本文件（党章、原则声明和行动纲领等）的修改方案。在讨论过程中，有22500名党员共提出2500条意见和建议。[1] 革命制度党在"二十大"再次修改党章，声明该党是"一个全国性、大众化、民主、进步和包容性的政党，致力于为社会服务，为国家的最高利益、墨西哥革命的原则和体现在墨西哥合众国的政治宪法中的思想原则服务，是当代各种政治政党的社会民主潮流的一部分"，[2] 从而正式宣告加入社会民主党阵营。

（二）权力结构：从一元制转向二元制

革命制度党为适应新形势而形成新的二元权力结构。2000年以来，州长崛起为党内权力架构的一"极"；另一"极"则是作为中央领导层代表的全国执行委员会。

沦为在野党之后，革命制度党仍然在地方政治中保存强大实力，掌控大量州长职位。据统计，2012年大选前，全国31个州和1个联邦区中，有19个州的州长由革命制度党成员担任，该党领导的州和市的人口约占墨西哥总人口的60%。[3] 这就意味着，州长成为该党对国家政治进程发挥影响力、获取经济资源的重要渠道。州长权力的崛起迫使党中央向本党的州长们让渡权力，为此引入新的州长候选人产生制度，以便提高州长对党的忠诚度和工作积极性。在新制度下，州长候选人的产生不再由党的中央领导层垄断，而是由全国执行委员会、党

---

[1] PRI, "Convocatoria a la XX AsambleaNacaionalOrdinaria," http://pri.org.mx/descargas/2012/11/CONVOCATORIA_XX_ASAMBLEAPRI.pdf.
[2] PRI, "Aprobados en la XX AsambleaNacional," http://pri.org.mx/descargas/2012/11/EstatutosPRI1.pdf.
[3] Antonio Lugo Morales, *Los PartidosPolíticos en México Y la SucesiónPresidencial Del Año 2012*, Palibrio, 2012, p.97.

的现任州长和该州的地方实力派通过共同协商产生。州长负责大部分单一选区众议员的产生,全国执行委员会负责比例代表制众议员的产生。国会众议员的提名进程也由党的中央领导层独力控制转向全国执行委员会和州长协商产生。

革命制度党的总统候选人选拔原则也随之发生变化。在长期执政期间,该党通常从内阁部长之中遴选总统候选人。1932~2000年,历任墨西哥总统均为来自上届内阁的部长。① 在野之后,该党倾向于在选举经验丰富、民意认同程度较高的州长或前任州长中推选总统候选人,以便对选民产生最大程度的吸引力。在2006年和2012年,该党的两届总统候选人或是具有担任州长的经历,或是直接来自州长任上。②

全国执行委员会是最重要的党中央领导机构之一,负责党的路线、方针、政策的落实和执行。2000年以来,它的权力和作用不断提升。它作为一个多部门组成的重要权力机构,决定总统、州长候选人和议员的选择,竞选活动资金和其他资产、选举战略等重要决策。它的成员具有广泛的代表性,包括党主席、执委会总书记和委员、各州和联邦区党的主席、城市委员会主席和代表委员会主席、现任参众两院本党议员、革命制度党的现任州长,以及直接选举产生的农民部、工人部、人民部、民族区域运动、妇女、青年等普通民众代表。

新的权力结构带来新的内部平衡,从而推动革命制度党逐步实现党内团结和力量整合。革命制度党在2000年和2006年败选的一个重要原因是未能作为一个整体采取共同行动。2000年党内初选中,4位候选人公然违反党内规定,相互攻讦,引发尖锐矛盾。虽然拉瓦斯蒂达最终代表革命制度党参加大选,但许多马德拉索的党内支持者把选票投给国家行动党候选人福克斯(Vicente Fox)。在2006年大选期间,该党总统候选人马德拉索和时任党的总书记埃尔瓦·埃斯特尔·戈迪略(Elba Esther Gordillo Morales)的合作发生破裂,导致选票大量流失。最终,马德拉索的得票率仅为22.26%,在三大党候选人之中仅位列第三。革命制度党在众议院的席位由224席下降至121席,在参议院的席位由60席下降至38席。这一结果意味着该党在国会两院沦为第三大政党。

---

① Philip L. Russell, *Mexico under Salinas*, Mexico Resource Center, Austin, 1994, p.5.
② 曾任塔瓦斯科州州长(1994~2000年)的马德拉索在2006年代表革命制度党竞选总统。曾任墨西哥州州长(2005~2011年)的培尼亚·涅托在2012年代表该党竞选总统。

拉美黄皮书

2006年以来，革命制度党的内部平衡的成效逐渐显现。全国执委会与州长保持着持久稳定的合作，为该党东山再起奠定基础。即便面对2012年大选，党内团结仍然得到维系。2011年，民意支持率落后的比阿特丽斯·帕雷德斯（Beatriz Paredes Rangel）和参议员贝尔特罗内斯（Manlio Fabio Beltrones）相继退出党内总统候选人初选竞争。这就使墨西哥州前州长培尼亚·涅托（Enrique Peña Nieto）顺利成为本党的总统候选人。在三大党之中，革命制度党第一个推出自己的总统候选人，从而为迎接大选到来占据先机。

专栏二　革命制度党召开第二十一次全国代表大会

2013年3月，革命制度党在迎来84岁生日之时，召开了第二十一次全国代表大会，4300多名代表与会。在开幕式上，革命制度党全国执委会主席塞萨尔·卡马乔·基罗斯说："8个月前，我们赢得了大选，赢得了墨西哥，但这不是欢呼的时候，我们需要采取更大的行动去赢得更多的胜利。"① 涅托总统在发言中说："今天是一个喜悦和庆祝的大会，但更是一个革新、承诺和转型的大会。今天我和你们一起推动了一些必要的转型：首先，我们的党将去除以往的条条框框，让每个党员都有可能获得提名成为候选人；其次，我们的党是一个社会党，为全民开放，为国家服务；第三，我们的党将更加透明，公开接受公众监督和问责；第四，面向21世纪革命制度党的行动纲领应满足国家的需要，革命制度党的转型将带来墨西哥的转型。"② 这次代表大会对党的基本文件（党章、原则声明和行动纲领等）进行了修改，在全党范围内为革命制度党重新执政统一了思想。

（三）革命制度党代表了谁的利益

以"官方党"形象出现的革命制度党在执政71年过程中，成功地将自身

---

① http：//pri.org.mx/prensa/intervencion-del-dr-cesar-camacho-presidente-del-comite-ejecutivo-nacional-del-partido-revolucionario-institucional-en-la-sesion-plenaria-de-la-xxi-asamblea-nacional-ordinaria/.
② http：//pri.org.mx/prensa/intervencion-del-licenciado-enrique-pena-nieto-presidente-de-los-estados-unidos-mexicanos-en-la-sesion-plenaria-de-la-xxi-asamblea-nacional-ordinaria-del-pri/.

塑造为全民利益的代言人。20世纪90年代,它的党员人数曾达到1400万。①但是,大多党员是因为隶属某一工会、农会而自动入党,并非严格意义上的自愿加入者。随着新自由主义改革的启动,政治领域的多元主义日趋兴起,对革命制度党的职团主义架构产生很大冲击。社会上新兴的各类组织和社团开始分流、接管原有的职团组织的功能。例如,新成立的农村代办处(Campo Agencia)等机构分流了全国农民联合会的功能,打破它作为农民组织的垄断地位,也对党的农民部产生冲击。

如果说,执政时期的革命制度党代表了全民的利益,那失去政权后的革命制度党又代表了谁的利益,其支持基础来自哪里?沦为在野党之后,革命制度党仍然保持庞大的党员规模。目前,它没有公布确切的党员数据,但与国家行动党(175万党员)和民主革命党(176万党员)相比,它仍是墨西哥当之无愧的第一大党,仅其全国农民联合会就有450万成员。②

不同于国家行动党(代表工商金融界利益,主张同中上阶层打交道),革命制度党的政治基础来自一个横截面的社会阶层,工会、农会和国家的精英阶层共同构成其群众基础。有人指出,"革命制度党的一些成员是农民,是在粗糙地方长大的人,他们知道如何处理工人和农民的不满,因为他们是在这样的背景下成长起来的,他们之间容易达成共识"。③工薪阶层人士并不像精英阶层那样关注民主威胁、民主巩固之类的宏大命题。在他们的生活之中,面包和奶油才是更重要的问题。对他们而言,革命制度党代表一种稳定的秩序,代表改善治安和获得就业机会的希望。因此,时至今日,该党在中下阶层仍然拥有广泛的支持。

革命制度党仍延续了一些传统的好的做法,以服务于基层党员,为党员提供相应的福利:比如关注党员的健康问题,包括口腔健康、营养健康等,并提

---

① Michael S. Werner (ed.), *Concise Encyclopedia of Mexico*, Fitzroy Dearborn, Chicago, 2001, p. 571.
② Jesica Zermeño, "El PRI, Un Misterio," *Ivpressonline.com*, October 21, 2011. http://www.ivpressonline.com/adelantevalle/noticias/av-el-pri-un-misterio-20111021,0,7563204.story?page=2.
③ Chris Arsenault, "A Return of Mexico's Perfect Dictatorship?," *Aljazeera.com*, Jun 27 2012. http://www.aljazeera.com/indepth/features/2012/06/201262772020197675.html.

供看病的优惠；关注党员受教育的权利，为其上学提供机会和优惠。一个政党要想赢得执政地位，真心实意地为民众服务，替民众代言，提高民众的福利，才是他们取信于民、立于不败之地的根本。①

党内民主不断加强，内部选举制度不断出台和完善。根据"十八大"制定的领导人选举产生办法，革命制度党在2002年2月通过选举产生全国执行委员会主席和党的总书记。这是该党在其73年历史上第一次以公开选举方式产生这两大重要岗位的人选。这次选举虽然并不能根除党内长期存在的派系倾轧现象，但起到弥合人心的作用，并使党的形象得到改善。由此产生的成效是，革命制度党在2003年中期选举实现力量回升。它在众议院的席位由208席上升至222席，继续保持第一大党地位；并赢得6场州长选举之中的4场。该党制订的《全国委员会选举章程》（2011~2015）对竞选和选举活动、选举筹款、选举结果，以及违纪处分等内容作了详细规定，以保证党内选举的合法、公正、平等、客观、透明。党的各级领导都通过全国、各州和市镇的政治委员会直接选举产生，并遵循性别平等等原则。党内候选人选拔方式包括党员直接选举和党员代表大会推荐。与此同时，革命制度党注重干部年轻化原则。在它现有的20名州长之中，7名州长的年龄在45周岁以下。② 干部年轻化原则无疑有利于优化党的干部队伍结构，从而保持党的活力。

（四）负责任的反对党

2000年革命制度党71年执政历史结束后，墨西哥民主化进程进入了一个新的阶段。墨西哥政党体制已由原来多党并存、一党独大的非竞争性霸权党体制，转变成了一党执政、多党制衡的竞争性优势党体制。国家行动党、革命制度党、民主革命党形成了三足鼎立的局面。革命制度党已不再是"墨西哥政

---

① 高新军：《墨西哥革命制度党内规章制度建设情况》，http://www.cctb.net/zjxz/expertarticle/201108/t20110824_29267.htm。
② PRI, "Actualmente de los 20 GobernadoresPriístas, 7 de Ellos Son Menores de 45 Años," pri.org.mx, Nov 28 2012. http://pri.org.mx/mexico-pri/actualmente-de-los-32-gobernadores-20-son-de-extraccion-priista-y-7-de-ellos-son-menores-de-45-anos/.

治制度的代名词",在一些民众心中,革命制度党与独裁、操纵、腐败和欺诈等词密切相关。71年的执政经历在某种程度上将继续拖累革命制度党的声誉。事实上,2000年的失败使革命制度党长远受益,因为它给该党机会开始清理自己的形象。①

由于没有掌控议会,国家行动党治下的政府在一些关键领域的改革需和另外两党合作,以获取足够的支持。失去政权初期的革命制度党在议会仍占据多数席位,福克斯在执政的前3年内,一些经济改革措施在国会得到通过,但是在财税、电力和石油系统、劳工体制等关键领域的改革中,由于革命制度党、民主革命党两党的反对而没有取得进展。选民对国家经济状况及福克斯总统的改革计划没能取得关键性进展表示不满。与此同时,革命制度党背负着这样一个名声,即在福克斯执政的前3年期间,是革命制度党在阻止或妨碍改革进程的推进;并给公众造成这样一种印象,即革命制度党除了说"不",不会提出任何积极的建议。

为此,革命制度党致力于塑造负责任的政党形象,在许多政治冲突和国家的立法进程中充当了平衡的中坚力量。正如时任党主席杜尔塞·玛丽亚·绍里所强调的,革命制度党应该成为严肃的、负责的反对派,"从反对党的地位重建党,使党成为组织上包容的、政治上民主的、与民众事业一致的政党"。② 尽管卡尔德龙在执政期间控制着墨立法议程,作为一个以国家利益为先的"负责任的反对党",革命制度党在许多议程上采取了与卡尔德龙总统合作的姿态,以推进墨政治经济改革。在这种情况下,卡尔德龙总统成功地推进了财税、反垄断等在内的一系列改革。

12年在野经历,革命制度党学会了推动自身改革,也学会了承认失败,参与竞争。经过12年的沉淀,革命制度党在2012年大选中东山再起,不仅重新执政,而且在国会参众两院均成为第一大党,从而推动墨西哥实现政党的"二次轮替",从而使国家政治发展进程再上新台阶。

---

① Enrique Krauze, "Furthering Democracy in Mexico," *Foreign Affairs*, Vol. 85, No. 1, Jan. - Feb., 2006, pp. 54 – 65.

② http://www.redpolitica.mx/galeria/el-paso-de-dulce-maria-sauri-por-el-pri.

四 结论

如同其他第三世界国家,墨西哥在独立之后曾为寻找发展道路付出巨大的努力和惨痛的代价。爆发于1910年的墨西哥革命被视为20世纪拉美的第一场大规模革命运动,把墨西哥寻求自身发展道路的尝试推向一个新的高潮,最终造就革命制度党史无前例的统治地位。该党在组织上没有任何前身可言,完全依靠自身摸索建立和发展一整套组织模式,从而凝聚各派政治势力于其麾下,强有力地捍卫墨西哥革命的成果。仅此一点就使它堪称非凡。

在当时的历史环境下,革命制度党创造性地走出一条"墨西哥化"的发展道路,有步骤、有重点地完成历史赋予的两大任务——政治稳定和经济增长,因而广泛赢得社会各阶层的认同和支持。这是当时任何其他拉美国家政党所无法匹敌的成就。

作为一个长期执政党,革命制度党遭遇合法性衰败带来的巨大挑战。这一挑战迫使该党迈向真正意义上的政治改革,而改革最终带来"双重转型":在政治体制方面,墨西哥从萨托利所说的"党国架构"转型为竞争性的多党民主体制;在政党方面,革命制度党从长期执政党的霸权党转型为议会民主政党。"双重转型"互为因果,相互作用。作为执政党,革命制度党为解决国家发展进程中的问题而实施政治改革,开启政治体制转型。随着政治体制转型的到来,革命制度党不得不进行政治转型,以便适应新的政治生态。

革命制度党的政治转型是墨西哥社会发展进程的内生产物。墨西哥是一个有数千年文明历史、幅员辽阔、人口众多的大型国家。它在1821年宣告独立之后,走上一条曲折漫长的宪政之路。在此期间,战争频仍,政权迭变。但是,从1824年宪法到作为"改革战争"产物的1857年宪法,再到大革命催生的1917年宪法,宪政始终是该国国家政治的主旋律。有限任期、权力制衡、政治参与等民主要素被引入政治生活,各种各样的政党和利益集团可以合法存在,普选逐步成为产生国家最高领导人的终极方式。这一历史变迁为该党的转型奠定重要的历史基础。

革命制度党的政治转型也是时代的产物。20世纪80年代以来,经济全球化不断向纵深发展。一场经济危机迫使墨西哥走向市场经济，实行对外开放，更深刻地融入外部世界。这一变动推动政治多元主义的兴起，从而使革命制度的一党统治丧失现实基础。同时，与外部世界的更紧密联系也使墨西哥无法游离于地区的/世界的民主化进程之外。唯有走向民主化，墨西哥才能避免在本地区沦为政治体制的"异数"，从而保障对外政治经济合作的顺畅。

革命制度党政治转型的最重要意义在于，该党在创造多党竞争的民主政治空间后，仍然能够立于不败之地。就主观意图而言，它无意放弃延续数十年的执政地位。政治改革体现该党的政治控制能力，其目的是使它能够在新的内外环境中保持其执政地位。人们可以看到，革命制度党的改革措施并不具有超前性，其实质是对既有状况的一种确认。尽管如此，这种确认仍然意味着该党对历史发展趋势的一种顺应。这种顺应使它在数十年执政期间形成的既得利益得到较为完整的保存。它从未丧失参与国家政治的主动权。2000年的败选仅使它丢失总统职位。在此之后，它仍然保存完整的组织结构，其选举机器依然运转。由于长期执政，它的势力遍及全国各地，偏远山村亦无遗漏。它的社会存在如同"可口可乐"饮料和宾堡面包（Bimbo）一样广泛。即便2000年之后，它仍然是墨西哥最重要的政党之一，并在新的历史条件下、依托新的社会环境进行自我再造，不但延续自身存在，更能够赢得选举，从而显示相当的政治智慧和创造力。2012年大选，它一雪前耻、重获执政地位。从这个角度看，革命制度党最终成为墨西哥政治转型的受益者。

在墨西哥历史发展进程中，革命制度党的贡献不仅在于实施社会经济革命措施和推动经济增长，也在于它引领国家治理模式向民主体制转型。这一转型包含以下四个特点。第一，以自上而下方式进行，也就是由执政党引导而非反对派主导政治转型进程。第二，选举机制而非体制外抗争成为转型的推进力。革命制度党逐步使选举走向公开公正。选举成为凝聚支持政治改革力量的主要机制，也是引导反对派进入体制之内的关键因素。第三，政治改革经历渐进的、多阶段的局部性制度调整，而非在短时间内全盘推进。在改革的过程中，革命制度党采取渐进性、可控制型的策略，以期维护自身利益和控制选举进程。第四，政治转型过程中并未出现严重的政治动乱，对于既有的社会秩序与经济发展的冲击比较小。彼得·史密斯（Peter H. Smith）指出，墨西哥的这

一转型过程不存在突变,不存在严重的军事政变威胁,不存在大规模的街头抗议,不存在试图推翻现行体制的军事组织。①

革命制度党在 80 多年发展进程中体验过"稳坐江山"的荣耀,品尝过一朝下野的痛苦;既学会参与竞争,也学会面对失败。它在国家政治体制转型中焕发的生命力着实令人惊叹。展望未来,历史赋予该党的重任似乎尚未终结:一方面,墨西哥的民主化进程有待深化;另一方面,该党走向议会民主政党的历程才刚刚开始。重任压肩的革命制度党仍需努力前行,为国家、为大众、为自身开创新的局面。

(郑秉文 吴白乙 审读)

Political Transformation and the Comeback of PRI in Mexico: Experiences and Lessons

Wang Peng   Chen Yuanting

Abstract: In 2000, after the presidential election, the PRI lost power to the opposition party, which serves a landmark representing Mexico's completion of the transition from one-party rule to democracy. The transition has the following four characteristics. First, it was led by the PRI instead of any opposition parties; second, it was motivated by a series of election reforms instead of civil unrest; third, it was based on gradualism and a multi-phased development instead of any shock therapy; fourth, it was very smooth and peaceful instead of major political instability. As a result of political transition, the PRI achieved a self-transition from the official party to a parliamentary democracy party. Especially after 2000, it made a sustained effort

---

① Peter H. Smith, "Mexican Democracy in Comparative Perspective," Roderic Ai Camp (ed.), *The Oxford Handbook of Mexican Politics*, New York, Oxford University Press, 2012, p. 80.

to adapt itself to fast-changing political realities. Its guiding principle was transformed from revolutionary nationalism to democratic socialism. As a result of growing significance of governors, it constructed a new pattern of power allowing them to share power once monopolized by the central leadership. To promote its popularity, it attempted to make itself less elitist and took measures to enhance its influence over the lower class. In addition, it continued to strengthen its primary election institution to encourage inner-party democracy. The PRI's experience shows that a once-ruling party like it has the ability to survive as an opposition party in a competitive party system. The PRI remained to be one of the most important political parties in Mexico even after it lost ruling power in 2000. It is especially noteworthy that the party showed remarkable determination and intelligence to achieve a full rejuvenation of it. The above-mentioned facts show that the PRI is one of major beneficiaries of the political transition in Mexico that was initiated actually by the party itself.

Key Words: Mexico; PRI; Political Transition; Democracy; Party

特别报告
Special Report

Y.2
"后查韦斯时代"的委内瑞拉：政局变化及其影响

袁东振　贺双荣　孙洪波　刘维广*

摘　要：

委内瑞拉总统查韦斯病逝，在全球范围内引起人们对未来该国政局的走势、对外政策的取向，乃至拉美地区左翼运动和一体化进程命运的种种推测。无论即将再次举行的大选结果如何，委内瑞拉都将经历一个较长的政治过渡期。进入"后查韦斯时代"的各政治派别都需要接受国家利益、经济和社会发展现状的约束，适度调整其内外关系策略及行动的优先次序，其国内政策调整必将是有限的、温和的，多元化对外开放的格局也难以改变。但在对美政策以及对美洲玻利瓦尔替代计划和加勒比石油计划等问题上，反对派一旦执政则很可能"矫枉过正"。

---

* 袁东振，中国社会科学院拉丁美洲研究所政治室主任，研究员；贺双荣，中国社会科学院拉丁美洲研究所国际关系室主任，研究员；孙洪波，中国社会科学院拉丁美洲研究所国际关系室副研究员；刘维广，中国社会科学院拉丁美洲研究所编辑部主任，编审。

"后查韦斯时代"的委内瑞拉：政局变化及其影响

中国与委内瑞拉合作符合双方的重大发展利益，是建立在互利共赢基础上、超越意识形态的新型伙伴模式。无论委政局出现何种变化，双边关系都不致出现根本性逆转。中国对委外交和经济合作要及时掌握和认识委国内政治动向，改进自身的政策协调、风险管理等工作机制，进一步提高未来形势下对委工作的适应性、主动性和前瞻性。

关键词：

"后查韦斯时代"　委内瑞拉　政治过渡期　对外开放　中委合作

2013年3月5日，查韦斯总统病逝，委内瑞拉正式进入"后查韦斯时代"。这意味着，影响委内瑞拉政治走向和政策趋势的不确定因素随之增多，从而在全球范围内引起人们对未来该国政局的走势、对外政策的取向，乃至拉美地区左翼运动和一体化进程命运的种种推测。本报告综合考量委内瑞拉国家利益、经济和社会发展等各方面因素后认为，短期内委内瑞拉国内政策的调整将是有限的、温和的。长期而言，特别是在经济状况恶化，反对党执政的情况下，委内瑞拉对美和对拉美一体化政策可能会有所调整。中国与委内瑞拉关系基于双方重大发展利益，具有突出的结构性互补意义，将不会发生根本性逆转。

一　委内瑞拉将经历一个较长时间的政治过渡期

2013年3月9日，委内瑞拉副总统尼古拉斯·马杜罗·莫罗斯（NicolásMaduroMoros），宣誓就任代总统之后仅1天，国家选举委员会便宣布在4月14日再次举行总统大选。综合分析委内瑞拉当前的国内外形势，特别是以马杜罗为首的查韦斯派和以卡普里莱斯（EnriqueCapriles）为代表的反对派之间的力量对比及其政策主张，可以认为，无论即将再次举行的大选结果如何，进入"后查韦斯时代"的委内瑞拉都将经历一个较长时间的政治过渡期。没有了查韦斯，马杜罗及统一社会主义党需要再建其权力模式，更需要适度调整其内外关系策略及行动的优先次序；没有了查韦斯，卡普里莱斯及身后的政治力量必将加紧在国家、地方和社会等各个层面的政治布局和博弈。即使能够在大选中获胜，反对派也须接受国家利益、经济和社会发展现状的约束，继续为中下层选民的实际利益提供一定的保障，因此其国内政策调整必将是有限的、温和的。

（一）委内瑞拉当前国内形势

1. 两大阵营对垒的政治格局难以突破

查韦斯执政期间委内瑞拉逐渐形成查韦斯派和反对派两大阵营对立的政治格局。统一社会主义党约有600万成员，是委内瑞拉历史上规模最大的政党。查韦斯执政期间，委内瑞拉共产党、人民团结党、大家的祖国党、争取社会民主党等众多左派政治力量支持统一社会主义党。查韦斯阵营在2012年年底的地方选举中获压倒性胜利。当前，查韦斯派和统一社会主义党具有广泛的民意基础，在国会、司法机构和地方政权中均保持明显优势，基层政权组织"社区委员会"完全为查韦斯派掌控。查韦斯派在与反对派进行的政治斗争中居优势地位。

反对派总体实力偏弱。反对派是松散的多党联盟，政见、意识形态、执政理念和政策主张不一。最近几年委内瑞拉国内政治力量重新整合，反对派对政府的掣肘作用增加。整体上，查韦斯派与反对派政策主张差异较大，两大阵营对垒格局日益稳固。

2. 经济形势尚好，但政策扭曲影响经济增长的可持续性

1999年以来委内瑞拉经济增长较快，在国际油价走高的2004~2008年，年均增长率高达10%。受国际金融危机影响，2009年和2010年分别衰退3.2%和1.5%。此后经济形势向好，2011年恢复增长4.2%。据拉美经委会数据，2012年委内瑞拉经济增长5.3%，这是近年来委内瑞拉经济反弹的一个高点，与国际金融危机前的2008年（5.3%）持平。① 通胀率得到有效抑制，降至5年来最低水平；得益于国际油价相对高位，政府财政收入丰盈，国内需

---

① CEPAL, *Balance Preliminar de las Economías de América Latina y el Caribe* 2012, Santiago de Chile, Diciembre de 2012.

求增加，公共投入规模加大。

但是，从未来较长时间看，委内瑞拉经济形势仍面临风险。首先，经济陷入滞胀风险。随着刺激政策的短期效应在2013年逐步消退，加之全球经济低迷导致原油价格难以再度大幅攀升，经济增长在大选后将出现回落。据EIU对委内瑞拉2013～2017年的预测，经济增长动力减弱，增长率低于3.2%，而失业率和通胀率将分别维持在9%和25%左右的高水平。其次，货币贬值预期推高通货膨胀。2011年1月委内瑞拉撤销实施近一年的双轨制汇率，新的单一汇率为1美元兑换4.3玻利瓦尔。调整后的汇率水平将推高通货膨胀水平，持续高估的官方汇率也将加剧行政干预与市场预期的恶性循环。2013年2月8日，委政府宣布玻利瓦尔对美元的官方汇率将由4.3上升至6.3。EIU预计到2017年底官方汇率将贬值至1美元兑换12玻利瓦尔，通胀率将达到23.6%。再次，严重的财政赤字制约未来反周期政策的空间。大规模社会福利政策、汇率高估等深层次问题将使政府财政持续处于赤字状态，2010～2012年中央政府公共债务占GDP的比重连续三年超过20%。预计2012年委内瑞拉中央政府财政赤字占GDP的比重达到3.8%，已经超过3%这一国际"安全警戒线"。最后，经常账户尚有盈余但外债风险逐渐累积。贸易盈余、经常账户盈余与国际石油价格高度相关，如何摆脱石油价格波动对国内的影响是委内瑞拉经济结构调整的关键。近年来委外债负担上升较快，尽管短期经常项目顺差及与中国的"石油换贷款"计划能够保障政府的外债清偿能力，但中长期内委政府还债压力较大。

经济失衡和政策扭曲影响经济增长的可持续性。一是严重依赖石油的单一经济结构易受外部冲击影响。国际油价短期难大幅提高，委内瑞拉石油生产能力受诸多限制，经济增长回落不可避免。多年来，委石油出口额一直占总出口额的95%左右，占GDP总量的近30%，而政府收入的50%是来自石油。二是偏重社会支出的财政政策加深了经济失衡的程度。三是投资环境逐步恶化导致投资不足进而抑制增长潜力。查韦斯政府对外资越来越苛刻的约束条件，使得外国公司的投资积极性大为受挫，甚至导致资本大量外逃。国有化导致生产率降低，食品、电力等供应紧张。私有资本控制了近70%国民总收入，其对金融、建筑、交通、服务等行业的垄断仍未被打破。

短期内，无论哪一派别上台执政，其政策调整的空间有限，调整力度将是温和的。从中期角度看，委内瑞拉将逐渐对现行经济政策作较大调整。经济形势将成为影响未来政局稳定的重要因素。

3. 民众主义倾向的社会政策深得中下阶层拥护

凭借巨额石油收入，查韦斯政府不断扩大社会开支，实施旨在为弱势群体提供教育、食品、医疗和住房服务的系列"社会使命"计划，使广大中下阶层民众切实获益。这些计划包括对贫困居民实行免费医疗的"深入贫民区"计划，对贫苦民众实施免费教育的"罗宾逊计划""里瓦斯计划""苏克雷计划"，2011年年初颁布的旨在解决居民住房问题的200万套惠民计划等。2012年政府实施的新《劳工法》提高了普通劳动者的福利待遇，增强了对劳工权益的保护，如减少工作时间、增加法定休息日、提高社保金比例等。

查韦斯执政期间委内瑞拉贫困率下降，收入分配状况改善，基本普及健康保障和免费医疗，实现全民脱盲；占总人口50%以上的中下阶层可通过"人民市场"获得廉价生活品和食品；委内瑞拉已成为拉美最低工资水准最高的国家。现行民众主义倾向的社会政策深得中下阶层拥护。

（二）查韦斯派将秉承查韦斯的执政理念，但会适度调整政策

凭借现政府所具有的各种有利条件，查韦斯总统指定的"接班人"马杜罗很有可能赢得胜利，查韦斯派继续执政的可能性较大。该派将秉承查韦斯的执政理念，现行政治、经济、社会政策将保持连续性，激进的"玻利瓦尔革命"和"21世纪社会主义"建设进程也会继续下去。然而，失去了查韦斯的查韦斯派在维系内部团结、缓解社会矛盾、应对经济难题、化解反对派挑战、适应国际环境变化等方面将经受更为严峻的考验。目前，查韦斯指定继承人、代总统马杜罗和全国代表大会主席卡韦略为首的两大派系维持着执政党和政府的团结。马杜罗拥有基层民众的广泛支持，卡韦略的支持力量是军队上层及部分实力强大的工商业团体。此外，能源与石油部部长拉斐尔·达里奥·拉米雷斯掌控着国家石油公司，还负责家庭住房建设项目及许多重要的国有化计划，与马杜罗和卡韦略共同组成查韦斯最亲密盟友的"三驾马车"。但是，委内瑞拉经济、社会领域长期存在的问题，如高通胀率和高失业率、治安状况低劣、

公权力腐败和官僚主义现象严重等,有可能在"后查韦斯时代"进一步显性化,甚至失控。

为保证顺利施政和稳固执政根基,查韦斯派在坚持既定路线的前提下,必然适度进行政策调整,在平衡执政联盟内部复杂利益关系的同时,不得不更多顾及中间阶层的利益和诉求,对反对派提出的减少官僚主义和腐败现象、提高社会计划的效率、加强社会安全等诉求作出必要回应,安抚民众不断增长的不满情绪。因此,查韦斯派的激进政策将逐渐趋于温和。

(三)反对派的政策主张亦将趋于温和

以卡普里莱斯为代表的反对派即使在 2013 年 4 月 14 日大选中获胜,委内瑞拉政治走向出现转变,但发展模式将趋于温和,现行政策的调整仍然有限,在一些重要方面仍会保持延续性。

委内瑞拉一直存在两种发展模式的争论。查韦斯是"激进"模式代表,主张"超越资本主义",大力发展国有和集体经济,扶持兴办合作社;强化国家对石油、电力、通信等行业和支柱产业的控制;严格金融管理和外汇管理制度。反对派则主张"温和"模式,反对进一步国有化,主张消除"国有化恐惧症",将国有公司"去政治化";促进投资者树立信心,实现经济稳定。①

在反对派阵营中,温和主张占主流。卡普里莱斯就自称"温和派",公开认同巴西的经济模式和社会政策,只是主张修改查韦斯那些"激进"政策,特别是摒弃其"21 世纪社会主义"。其实,反对派与查韦斯派的分歧主要在政治和外交等领域,在社会政策方面并无重大差异。反对派甚至公开承诺,要继续和完善现有社会政策和计划,提高其效率,消除其内在缺陷。②同时,在委内瑞拉现行政治模式下,即使反对派执政,也必然会在很大程度上受到力量强大的查韦斯派制约,现行经济和社会政策仍会保持一定程度的连续性。

---

① Reuters,"What Does Henrique Capriles Want for Venezuela?," http://www.reuters.com/article/2012/02/12uk-venezuela.

② Capriles,"Lo que Chávez No Hizo en 14 A?os, No lo Hará en Seis Más," 10 de septiembre del 2012. http://peru21.pe/mundo/.

二 多元化对外开放格局难以改变

外交政策是查韦斯派与反对派存在重大分歧的领域。但是，无论查韦斯派还是反对派，其对外政策的调整均受国家利益、经济和社会发展现状的制约，行动的优先次序也要服从于国内局势的变化和发展。在现行权力模式下，多数选民的实际利益诉求在更大程序上决定着政府的政策选择。比较而言，查韦斯派执政将基本保持查韦斯时代的外交政策，但将进行适度调整；在对美政策以及对美洲玻利瓦尔替代计划和加勒比石油计划等问题上，反对派一旦执政则很可能"矫枉过正"。整体上，两种政策取向都不会从根本上改变委内瑞拉的多元化外交格局。

（一）政局变化难以改变委内瑞拉多元化对外开放政策

基于拉美地区特殊的地缘政治结构，委内瑞拉的对外关系主要立足于拉美。委内瑞拉是拉美众多一体化组织如美洲国家组织、南方共同市场和南美洲国家联盟的成员。从外部因素看，美洲国家组织的《美洲民主宪章》和南共市及南美国家联盟的民主条款，为委内瑞拉权力过渡沿着宪政方向发展提供了制度上的制约，也为防止美国过多地干预委内瑞拉事务提供了制度保障。委内瑞拉的民主传统、查韦斯总统的政治意愿以及拉美地区特殊的地区治理结构，都决定了"后查韦斯时代"委内瑞拉必须按照宪法程序，通过选举实现权力过渡才是确保委内瑞拉实现政治稳定的基本条件。作为地区大国，巴西在地区事务上的作用不断上升，也非常关注委内瑞拉的局势。巴西是委内瑞拉的邻国，两国有密切的关系，维护委内瑞拉的稳定是第一位的。巴西对于委内瑞拉两个政治派别上台执政都能接受，虽然更倾向于希望查韦斯派继续执政，但巴西不会无条件地支持查韦斯派，而是希望委内瑞拉按宪法程序平稳实现权力过渡。2013年1月7日，巴西表示支持委内瑞拉政府推迟新总统宣誓就职的计划。此外，委内瑞拉与相关国家推动建立了美洲玻利瓦尔联盟（ALBA，其前身美洲玻利瓦尔替代计划于2004年12月成立）、拉美和加勒比国家共同体（2011年12月成立），并在其中发挥着重要作用。拉美国家的这种立场，将不会影响委内瑞拉继续与其他拉美国家保持传统友好关系。

在世界范围内，查韦斯政府多年来实行多元化外交政策，与伊朗等与美国关系敌对的国家建立了密切联系。如果反对派上台，其外交调整将影响委内瑞拉与伊朗、叙利亚、白俄罗斯等被美国视作"邪恶轴心"或"独裁国家"的关系。但这种影响主要是政治性的。委内瑞拉与中国和俄罗斯的政治及经济关系也将受到一定影响，但影响有限。卡普里莱斯认为，俄罗斯和中国公司是获得委内瑞拉石油资源开发合同最多的国家，委内瑞拉将重新评估与中国、俄罗斯签署的所有合同，认为这些合同只有在有利于委内瑞拉的情况下才能继续实施。但是，无论哪一派别执政，吸引外国投资、继续开发委内瑞拉的石油资源和开展国际经济合作都是首要选择，所以反对派上台对中国、俄罗斯与委内瑞拉的经济合作影响有限。但是，委内瑞拉与俄罗斯的武器交易可能受到影响。卡普里莱斯认为，"委内瑞拉从俄罗斯采购武器花费了超过140亿美元……这个政策是错误的"。①

综合分析委内瑞拉的外交全局，多元化对外开放的基本格局符合委内瑞拉的国家发展战略和广大民众的实际利益诉求，任何政党执政都不会改变外交政策的基本格局。如果查韦斯派继续执政，将有可能根据国家发展的现实利益需求对其外交政策作某些有限的调整；如果反对派执政，调整的力度可能更大一些，但不会发生根本性变化。二者区别仅在于调整力度的差异。

（二）两种外交政策的选择对委内瑞拉与美国关系影响重大

查韦斯政府的"革命外交"是其"21世纪社会主义"的一部分，有强烈的政治和理想主义色彩。查韦斯提出用多极化取代美国的帝国霸权，用美洲玻利瓦尔主义替代"华盛顿共识"主张的新自由主义。如果查韦斯派上台，新政府可能继承原来的对美政策，不会彻底放弃反美立场，但反美基调会有所弱化，委美关系将进入一个新的调整过程，双方关系将逐渐走向缓和。

美国与委内瑞拉反对派关系密切。在布什政府时期，美国公开支持2002

---

① Jonathan Watts and Virginia Lopez, "Hugo Chávez Rival Pledges Seismic Shift in Foreign Policy," http://www.guardian.co.uk/world/2012/sep/30/venezuela-chavez-challenger-election-pledges.

年4月委内瑞拉反查韦斯的政变,并一直暗中支持反查韦斯的所谓"民主"的非政府组织。如果反对派上台,外交政策调整首当其冲。卡普里莱斯在竞选中明确表示,查韦斯政府的"外交政策是由政治驱动的,目标是扩大世界范围内的一场革命",但外交政策应"造福所有委内瑞拉人"。卡普里莱斯本人就是一个"西方世界的人"。因此,反对派上台,委内瑞拉的外交重心无疑将转向美国,与美国的政治、经济、安全及在国际问题上的合作将得到全面加强。

(三)委内瑞拉政局变化不足以改变拉美地区"左""右"对峙的基本格局

如果查韦斯派丧失政权,将加大拉美一些左翼政府的执政难度,古巴、玻利瓦尔美洲联盟、加勒比石油计划(Petrocaribe)等将受到直接冲击。在这些问题上,反对派一旦执政则很可能"矫枉过正"。

查韦斯时代,委内瑞拉一直推行"革命外交",通过美洲玻利瓦尔联盟和加勒比石油计划等推动与拉美左翼政府合作,以优惠价格向相关国家提供石油。目前,美洲玻利瓦尔联盟共有8个成员国,2005年开始实施的加勒比石油计划则有16个中美洲和加勒比国家参加。据委内瑞拉国家石油公司(PDVSA)的报告,2011年委内瑞拉每天向该地区的16个国家出口24.35万桶优惠石油,占其官方石油产量的8%左右。这些国家购买委内瑞拉的优惠石油后,前期只需支付5%~50%的费用,其余费用支付有1~2年的宽限期。如果石油价格每桶超过40美元,余款可以在17~25年内偿付,利率只有1%。在加勒比石油计划之下,一些成员国还用货物支付石油进口费用。①古巴是加勒比石油计划最大的受益国。通过该计划,委内瑞拉向古巴每天提供9.8万桶优惠石油。这些石油不仅保证了古巴的石油安全,而且古巴还以市场价格在国际市场转售来自委内瑞拉的4万桶优惠石油。古巴还通过向委内瑞拉提供技术及社会服务获得重要外汇收入。此外,查韦斯政府还向美洲玻利瓦尔联盟其他成员和参与加勒比石油计划的国家提供大量资金和各类援助。

---

① Pablo Ucho, "Venezuela Oil Deals: Poor Nations Worry about Future," 24 January 2013. http://www.bbc.co.uk/news/business-21081458.

上述政策遭到反对派激烈批评，被指责为滥用财力购买政治支持，损害了本国经济。如果委内瑞拉反对派上台，对外政策会发生较明显转变，美洲玻利瓦尔联盟恐有解体风险，失去委内瑞拉物质和财力支持的一些拉美左翼政府执政难度会有所加大，对古巴和那些高度依赖石油进口的加勒比小国来说，影响可能更大。尽管如此，查韦斯派即使丧失执政地位，也不足以改变拉美地区"左""右"对峙和势均力敌的基本格局。

三 中国与委内瑞拉新型合作模式不会出现重大变故

中国与委内瑞拉合作符合双方的重大发展利益，是建立在互利共赢基础上、超越意识形态的新型伙伴模式。无论委内瑞拉政局出现何种变化，双边关系都不致出现根本性逆转。

但是，反对派执政将会增加中委关系中的风险和不确定因素。

（一）委内瑞拉政局变化不会导致中委关系的重大转变

中委互利合作关系符合双方的根本利益，无论查韦斯派能否继续执政，中委关系的基本面都不会出现重大变故。对中方而言，保障能源安全、应对外汇储备增值保值压力、适应企业的国际化发展要求，都需要进一步加强与包括委内瑞拉等拉美国家的互利合作。目前中委新型合作模式的形成、发展代表了中拉关系整体进入"跨越式"发展阶段的本质要求。中委两国政府间协调机制有力地推动了中方金融机构向委方提供贷款，委方以出口石油为还款保证的合作主轴顺利运转，还有效地带动了双方在基础设施、工业、农业、科技等领域的合作。从委方来看，作为世界第一储油大国，查韦斯对国家发展怀有强烈政治意愿，视中国为发展机遇和战略合作伙伴，对华关系的经济利益和政治利益诉求兼而有之。委反对派同样高度重视中国大国地位和中委关系，主张将巩固对华合作作为外交政策的重要目标，但对当前中委合作的模式有不同解读。由委各主要反对党组成的"民主联盟"在2012年总统选举中制定的《2013~2019年执政纲领概要》对中国的大国地位给予高度重视，认为"中国经济实力的增强，中国在非洲、拉美和东南亚地区日益增长的存在"，"巴西、俄罗斯、印度、中

国和南非等新兴国家组成的金砖集团崛起"是国际地缘政治版图发生变化的最重要标志。该文件强调委内瑞拉的外交政策必须适应国际形势的新变化,把"巩固与中国等新兴国家的关系,推进与这些国家业已签署的合作协议"作为委内瑞拉外交政策的行动纲领和"近期目标"。卡普里莱斯认为,"世界上任何国家都不可能不与中国交往","不与中国交往什么也做不成",主张"将继续与北京打交道",把发展对华合作作为委内瑞拉外交政策的重要目标。

但是,委反对派却把当前中国与委内瑞拉关系解读为政治合作,不仅公开质疑中委"贷款换石油"协议的合法性,而且认为该协议的运转方式以及"中委联合基金"的做法"违宪"。反对派对中委关系提出新的期盼和诉求主要包括:(1)中委合作的领域应更加平衡。中国与委内瑞拉合作过于集中在能源和矿产部门,也造成委对中国石油和其他原材料开采企业的依赖性加大,中委合作应"在投资、技术交流和附加值等方面取得全面和均衡发展,为委内瑞拉经济发展作出更大贡献";(2)增加中委关系特别是中委金融合作的透明度,委内瑞拉公众对于贷款如何管理、如何使用、具体的还款条件、有多少石油被用来偿还贷款等问题拥有知情权;(3)适时重新审核中委有关合作协议。卡普里莱斯多次表示,支持重新审核查韦斯政府与中国签署的合作协定,甚至还表示只执行那些对委内瑞拉有利的协议。

由此可见,中委合作的最大风险是委方政治风险,而非经济风险。委内瑞拉政局一旦出现急剧变化,可能导致中委合作机制、方式出现调整,风险将更多集中在由中委融资机制派生出来的非石油贸易、工程承包等合作领域,中方金融机构的贷款风险则相对较小。

(二)中委合作风险防范的启示与政策建议

为维护中国的长远和根本利益,中国对委内瑞拉外交和经济合作要及时掌握和认识委国内政治动向,及早制定应对委政治变局的各种预案,改进自身的政策协调、风险管理等工作机制,进一步提高未来形势下对委工作的适应性、主动性和前瞻性,不断扩大和稳固中委友好合作的政治和社会基础,推进中委战略合作关系不断深入。

第一,就"走出去"风险风范而言,应有系统性的战略考虑和风险防范设计。中委合作模式是我国金融机构和企业"走出去"一次宝贵的创新努力，其意义不仅在于确保中国的能源安全、企业海外经济利益的获取，而且需要通过反思中委合作机制，总结出下一阶段实施"走出去"战略的经验启示。当前我国企业"走出去"已进入了新的历史阶段，从以前的单笔业务、个别企业、重点国家跨向了新的层次和高度，其特点是国别范围更广，企业间协同合作加强，产业内合作延伸与产业外合作拓展并举，金融机构的参与加速了"走出去"步伐。因此，应特别警惕合作对象国内部政治、经济等因素引发的系统性风险。

第二，创建国家层面、跨部门的风险管理和应对机制。针对新时期我国企业"走出去"的新特点，在政府与企业之间、银行与企业之间、不同企业之间创建系统性集体风险预警与协调和应对机制，特别是要建立国家层面上的企业"走出去"风险管理体系，包括外交、商务、国资、财政、军方等跨部门的联系工作机制。

第三，应加强对企业"走出去"行为的规范、监督。企业"走出去"不是简单的贸易、投资合作关系。无论是遵守对象国的法律法规、技术标准和文化风俗等，还是履行当地社会责任，企业都要有符合当地要求的规范、标准和流程。

第四，合作透明性不容忽视，关乎合作延续的合法性。合作协议凡是经由两国司法程序批准，自然受到当地法律的保护。在政治、社会对立严重的国家，反对派和民众对合作透明度要求较高。合作的透明性关乎合作延续的合法性问题。尽管增加合作透明度，也并不必然意味着能够确保东道国对合作项目合法性的绝对承认，但至少可以使中方企业拥有更多的法理依据，也能争取到有利的社会舆论环境。

第五，谨防潜在局部社会冲突波及合作项目和中方人员。当前委内瑞拉暴力事件较多，犯罪率居高不下。虽然委内瑞拉国内发生大规模社会失控事件可能性不大，但鉴于存在一定的社会对立以及反对派可能策划抗议活动，一旦发生局部动荡、冲突或骚乱，中方的合作项目、财产有可能遭到破坏，而且中方人员的人身安全也值得担忧。因此，应建立完善的财产、人员保护机制，以防突发事件带来冲击。

（吴白乙　审读）

Venezuela in the Post-Chavez Era: Political Change and its Impacts

Yuan Dongzhen   He Shuangrong   Sun Hongbo   Liu Weiguang

Abstract: The death of Venezuelan President Hugo Chavez aroused worldwide conjecture about the future trend of the country's political situation, foreign policy orientation, even the fate of the left-wing movement and integration process in Latin America. Regardless of the result of the forthcoming general election, Venezuela will experience a long-time political transition period. Subject to the constraints of national interests, the status quo of economic and social development, political parties in the "the post-Chavez era" will need to adjust its domestic and international strategies and priorities. Therefore, its domestic policy adjustment is bound to be limited and moderate. The diversified pattern of opening up to the outside world will probably remain. However, in terms of its policy on the United States, ALBA (Alianza Bolivariana para los Pueblos de Nuestra América / Tratado de Comercio de los Pueblos), as well as the Caribbean Petroleum Plans, once the opposition party is in office, it is likely to have an "overdone".

Sino-Venezuelan cooperation is in line with the major development interests of both sides. It is built on a mutual beneficial and win-win basis with a new partnership model beyond ideology. No matter how political situation changes, the bilateral relations are unlikely to be reversed fundamentally. China should grasp and recognize the domestic political development, improve the working mechanism of policy coordination and risk management, as well as further enhance its adaptability, initiative and foresight in dealing with Venezuelan issues in the future.

Key Words: The Post-Chavez Era; Venezuela; Political Transition Period; Opening-up to the Outside World; Sino-Venezuelan Cooperation

专题报告

Topical Reports

Ү.3

中国对拉美政策的新发展：迈向整体合作

孙洪波[*]

摘　要：

2012年是中国对拉美新一轮政策的宣示年，中拉整体合作已被提上日程。中拉贸易多年的高速增长面临中国经济增长走低的考验，中国作为影响拉美经济的独立变量作用开始显现，但仍摆脱不了全球化的外部增长环境。南美国家在中拉关系中的战略地位进一步提升，中拉关系发展的机制化、规划能力增强。中拉科技合作水平不断提高，人文交流内容和形式丰富多样。中拉经贸合作由贸易主导逐步转向贸易和投资并重，中拉"发展性"金融合作属性增强，且中拉对农业合作的重视前所未有。尽管中拉合作潜力巨大，但都面临着转变增长方式的挑战。

关键词：

中拉关系　政策倡议　整体合作　经贸合作

---

[*] 孙洪波，经济学博士，中国社会科学院拉丁美洲研究所国际关系研究室副研究员。

2012年是中拉经贸关系的考验年，也是中国对拉美新一轮政策的宣示年。中国已被联合国拉美经委会视为与欧盟、美国并列影响拉美经济增长的三大经济体之一，中国增长走低引起了拉美的高度关切。2012年6月，温家宝总理在联合国拉美经委会的演讲是中国对拉美政策的新发展和具体化，中拉整体合作已被提上日程。鉴于利益共生、融合增多，中拉关系上升态势基础日益巩固，不仅得益于全球治理结构转型的共同参与、世界经济的相互依赖以及全球增长重心向新兴经济体转移，而且也是双方长期以战略共识积极推动双边关系发展的结果。

一 中拉关系发展的新特点

无论从中拉经贸增长、发展联系，还是从彼此对全球治理改革进程的影响来看，中拉关系发展的层次、深度和合作范围都是前所未有的。胡锦涛主席于2012年6月18~19日赴墨西哥参加了20国集团领导人第7次峰会，并与墨西哥总统举行了双边会谈。温家宝总理于6月20~26日出席了在里约热内卢举行的联合国可持续发展峰会，并访问了巴西、乌拉圭、阿根廷和智利，且在联合国拉美经委会进行了演讲，宣示了中国对拉美政策的一系列新举措。

第一，对宏观经济政策的关切增强。中拉之间的政策关切已超越外交层面，更加关注彼此的宏观经济、产业改革等领域的政策动向。中国与拉美都面临着类似的转变增长方式的挑战，对外部市场的依赖都没有根本性扭转。尽管中国、拉美及其他新兴经济体对世界经济增长的贡献度都在提升，但全球增长重心仍处于向新兴经济体的转移过渡期。中国和拉美都受到了欧洲主权债务危机及美国经济低迷形势的影响，且中国的增长周期已成为影响拉美经济的独立变量。依赖初级产品出口的南美国家特别担心，中国增长周期变化影响其出口需求，并冲击其增长的稳定性。考虑到外部环境的不确定性，外部约束迫使中国与拉美都需转变增长方式，无疑加重了拉美对中国的政策关切。

第二，南美洲在中国外交格局中的战略地位进一步巩固、提升。巴西在南美的崛起、委内瑞拉和厄瓜多尔等国探索新的发展道路以及墨西哥的北美化，使得中拉关系的国别性特征日益明显。2012年6月，中巴关系已提升为全面战略伙伴关系，并建立了外长级全面战略对话，反映了两国关系的全球性和战略性。中国与智利关系模式在中拉关系中颇具特色，两国关系已由全面合作伙伴关系提升为战略伙伴关系。目前，中国在拉美的战略伙伴扩大至巴西、阿根廷、智利、秘鲁、委内瑞拉和墨西哥6国。墨西哥革命制度党东山再起，中墨关系发展前景面临新机遇，而中委关系将面临一定考验。

第三，以多边带动双边，推动中拉整体关系发展。2004~2012年，中国对拉美的高访大多数是参加在拉美举办的APEC会议、金砖国家峰会、20国集团峰会、联合国可持续发展峰会等同时进行的。在开展峰会外交的同时，中国与巴西、阿根廷、智利和秘鲁等拉美领导人的多边场合磋商与协调增多，这是近年来中拉关系的一大特点。以双边为基础，通过多边带动双边，促成中拉整体合作成为当前中拉关系发展的新趋势。从全球的多边层面看，中拉双方怀有强烈的政治意愿和共识，就全球经济治理、国际金融体系改革、多哈回合谈判、气候变化等问题保持密切协调与合作。此外，2012年，中国与美国、欧盟及俄罗斯就拉美事务进行了磋商。

从地区层面上看，中拉关系的"整体性"特征开始显现。中国对与拉美和加勒比国家建立地区性的对话或合作机制显得日益迫切。2012年8月，中国与拉美和加勒比国家共同体"三驾马车"就中国同拉共体关系、中拉合作等事宜进行了磋商；9月，中国和加勒比国家举行外交部间第5次磋商，双方同意推动中拉合作论坛尽早成立；12月，中国与巴西就拉美、非洲事务进行了第二次磋商。

第四，中拉关系发展的机制化日益完善，规划能力增强。中拉双边关系发展的机制化日益完善，制定了多个合作规划或行动计划。这不仅是共同利益的体现、合作共识的汇集，而且也是明确双方合作责任的约束机制。中墨两国常设委员会机制日臻完善，已制定了两个《共同行动计划》。中国—巴西高层协调与合作委员会对推动双边合作取得了积极成果，2012年6月，中巴两国又签署了《十年合作规划》，指导未来十年在科技创新、航天、能源矿产、基础设施、经贸、文教等领域的合作。中与阿根廷决定启动政府间共同行动计划（2013~2017年）的制定工作，该行动计划将包括两国现有及优先推动的合作领域和项目。中国和智利同意成立政府间合作机制，并着手制定共同行动计划。中国与乌拉圭同意认真规划两国各领域合作。

第五，中拉科技合作的水平和质量不断提高。中方倡议成立中拉科技创新论坛，在航空航天、新能源、资源环境、海洋、极地科研等领域加强合作。除中国与巴西的地球资源卫星合作外，中国与委内瑞拉、玻利维亚的卫星合作都有了新突破。中国与巴西还将建立中巴气象卫星联合中心和生物技术中心，推动双方在气象信息、灾害预警、生物制药、生物信息和生物材料等领域开展共同研究。中国与古巴的生物医药合作也取得了良好的市场效益。中智强调两国科技混委会及其2011~2013年行动计划的重要性，将加强在地震、天文、信息技术、新能源以及南极事务等领域的交流合作。

第六，人文交流规模不断扩大，内容和形式丰富多样。尽管利益关系是中拉关系的实质和核心，但中拉之间的人文交流必不可少。目前，拉美有21个国家成为中国公民出境旅游目的地国，拉美国家"中文热"持续升温，中国在墨西哥、巴西、智利等国共开设了25个孔子学院和10个孔子课堂。[①] 温总理在联合国拉美经委会宣布，中国政府支持在拉美设立中国文化中心，未来5年内将向拉美国家提供5000个奖学金留学生名额（见表1）。中方支持举办中拉青年政治家论坛，为双方青年提供更多交流机会。中方将向巴西每年提供200个中国政府奖学金名额，2013年在巴西举办"中国文化月"和在中国举办"巴西文化月"。推动中拉之间的人文交往可以实现以多元化的社会力量助推中拉关系，为挖潜中拉关系的社会力量，增加中拉关系发展的"软"因素日益紧迫。

表1　中国对拉美政策的新倡议

领域	双边合作	整体合作
政治	建立多种形式的政府磋商机制； 中巴关系提升为全面战略伙伴关系； 建立中智战略伙伴关系	成立中拉合作论坛，推动中拉整体合作； 同拉共体"三驾马车"建立外长定期对话机制； 适时探讨建立中国与拉共体领导人会晤机制

[①] 《我驻外大使谈中国外交十年：共享机遇　共迎挑战》，http://www.gov.cn/jrzg/2012-10/15/content_2243358.htm。

续表

领域	双边合作	整体合作
经贸	发展平衡、可持续的贸易伙伴关系； 探讨建立产业合作机制； 未来5年中拉贸易额突破4000亿美元； 未来3年中智贸易额达到600亿美元	建议举行中国与南共市外长对话； 对建立中国与南共市自贸区进行可行性研究； 与南共市的贸易额于2016年达到2000亿美元
投融资	同更多拉美国家商签本币互换协议； 开展本币贸易结算； 相互增设银行分支机构	设立中拉合作基金，中方首期出资50亿美元； 设立100亿美元专项贷款，推动基础设施建设合作
农业	设立农业科技研发中心、农业加工示范园、农业投资开发区； 未来5年互派农业专家和技术人员500人次，中拉农产品贸易额突破400亿美元	成立中拉农业部长论坛； 建立中拉粮食应急储备机制； 设立中拉农业合作发展专项资金
人文	支持在拉美设立中国文化中心； 未来五年内将向拉美国家提供5000个奖学金留学生名额； 建立中拉旅游工作促进机制	支持举办中拉青年政治家论坛
科技	在航空航天、新能源、资源环境、海洋、极地科研等领域加强合作	成立中拉科技创新论坛

资料来源：《温家宝总理出席联合国可持续发展大会并访问巴西、乌拉圭、阿根廷和智利》，http://www.mfa.gov.cn/mfa_chn/ziliao_611306/zt_611380/dnzt_611382/2012wcxlhgccxdhd_611388/。

二 中拉经贸合作的新突破

2012年，拉美经济主要受到欧洲经济衰退和中国增长放缓的双重影响。联合国拉美经委会对中拉经贸关系的判断是：中拉都是当前世界经济重要的增长极，鉴于世界增长重心的变化，应更加关注拉美与中国在全球和地区层面上的战略伙伴关系，应更加强调包含贸易、直接投资和合作在内的南南合作关系；中拉关系的发展已达到充分成熟的水平，且朝着建立共同利益联盟的"质变"跃升。①

---

① Osvaldo Rosales, Mikio Kuwayama, *China and Latin America and the Caribbean：Building a Strategic Economic and Trade Relationship*, Economic Commission for Latin America and the Caribbean, Santiago, April 2012, p. 12.

温总理访问南美4国期间，就推进贸易投资、货币金融、交通基建、能源矿产、科技创新等领域合作签署了40多项文件，特别是温总理明确提出中方倡导成立中拉合作论坛、中拉合作基金、基础设施专项贷款、中拉农业部长论坛和中拉粮食应急储备机制等多项深化中拉经贸合作的重大新举措。对拉美而言，因外部需求萎缩，中国的贸易需求和投资将对拉美的持续增长具有重要的支撑意义。

第一，中拉经贸合作由贸易主导逐步转向贸易和投资并重。中国已成为拉美第二大贸易伙伴国和主要投资来源国。① 据CEIC数据，2012年，中拉贸易额升达2612亿美元，同比增长8.16%，中方对拉美出口1352.17亿美元，进口1260.26亿美元。尽管中拉贸易额保持增长，但增速较2011年出现大幅下降。中拉贸易仍保持着较高国别集中度，但多元化的趋势已有所显露；中拉贸易的产品结构明显失衡，但积极变化已显现。② 中国与南美资源出口型国家保持贸易逆差状态（哥斯达黎加例外），而中国与中美洲和墨西哥基本保持贸易顺差状态。③ 据中拉贸易规划，未来5年中拉贸易额突破4000亿美元，未来3年中智贸易额达到600亿美元，与"南共市"的贸易额于2016年达到2000亿美元（见表1）。在贸易保障机制方面，2012年5月9日，中国与哥伦比亚签署了两国自贸协定可行性研究的谅解备忘录，同年9月，中智两国签署了自贸协定关于投资的补充协定。

据中国统计数据，2011年，中国对拉美直接投资流量119.36亿美元，其中流向开曼群岛和维尔京群岛分别为49.37亿美元和62.08亿美元，共111.45亿美元；截至2011年，中国对拉美直接投资存量551.72亿美元，其中对开曼群岛和维尔京群岛的投资存量分别为216.92亿美元和292.61亿美元，共509.53亿美元。④ 2011年，拉美对华直接投资125.05亿美元，占当年吸引外商直接投资的10.78%；其中，来自开曼群岛和维尔京群岛的对华直接投资分别为22.42亿美元和97.25亿美元，共119.67亿美元，占拉美对华直接投资

---

① 《我驻外大使谈中国外交十年：共享机遇 共迎挑战》，http://www.gov.cn/jrzg/2012-10/15/content_2243358.htm。
② 岳云霞：《2012年中拉贸易盘点与中期展望》，http://www.cpdcea.com/LatinAmerica/html/20121127/22/531.html。
③ 张勇：《中拉经贸合作回顾与展望》，《工作论文》2013年2月。
④ 《中国统计年鉴》，http://www.stats.gov.cn/tjsj/ndsj/2012/indexch.htm。

的 95.70%。①

此外，中国在拉美的工程承包也保持了快速发展。2011 年，中国在拉美承包工程完成营业额 79.17 亿美元，其中在委内瑞拉、巴西和厄瓜多尔分别完成 35.82 亿美元、14.39 亿美元和 5.39 亿美元。②

第二，中拉金融合作为实体经济服务。中拉金融合作具有"发展性金融"属性，以发展为目标，为实体经济的发展壮大服务。从金融合作方式看，主要有资源开发型、贸易推动型、基础设施建设型等多种类型。中国可成为拉美金融市场的稳定器、可靠的外部融资来源。

2005~2011 年，中国向拉美贷款共 33 笔，承诺信贷额度高达 750 多亿美元。③ 就贷款笔数和金额的国别分布看，向委内瑞拉贷款 7 笔，约 385 亿美元；向巴西贷款 4 笔，约 117.31 亿美元；向厄瓜多尔贷款 5 笔，约 63.04 亿美元；向阿根廷贷款 1 笔，约 10 亿美元。上述 4 国占中国对拉美贷款比重的 76.49%，而仅委内瑞拉就占 51.17%。④ 中国对拉美 87% 的贷款投向了能源、矿业、基础设施、交通和住房等部门，上述产业能够直接拉动增长、积累外汇和创造就业。

继 2009 年 4 月中国人民银行同阿根廷中央银行签署 700 亿元人民币（合 380 亿阿根廷比索）的本币互换框架协议后，2012 年 6 月，中国与巴西宣布两国央行建立规模为 1900 亿元人民币（合 600 亿雷亚尔）的双边本币互换机制，中阿两国也在商讨扩大货币互换规模。⑤ 中方正在考虑同更多拉美国家商签本币互换协议，开展本币贸易结算，相互增设银行分支机构。

中方倡议发起设立中拉合作基金，中国金融机构将首期出资 50 亿美元，共同投资双方在制造业、高新技术、可持续发展等领域的合作项目（见表 1）。中国国家开发银行牵头设立 100 亿美元专项贷款，推动中国同拉美的基础设施

---

① 《中国统计年鉴》，http://www.stats.gov.cn/tjsj/ndsj/2012/indexch.htm。
② 《中国统计年鉴》，http://www.stats.gov.cn/tjsj/ndsj/2012/indexch.htm。
③ Kevin P. Gallagher, Amos Irwin, Katherine koleski, "The New Banks in Town: Chinese Finance in Latin America," *The Inter-American Dialogue*, February 2012, p. 5.
④ Kevin P. Gallagher, Amos Irwin, Katherine koleski, "The New Banks in Town: Chinese Finance in Latin America," *The Inter-American Dialogue*, February 2012, pp. 7 – 10.
⑤ 《温家宝与巴西总统罗塞夫会谈》，http://news.xinhuanet.com/2012 – 06/22/c_112272235.htm。

建设合作，包括与生产和民生密切相关的铁路、公路、港口、电站、电网和电讯设施。中国企业投资拉美，将加强产业合作，同拉美国家乃至整个拉美和加勒比地区探讨建立产业合作机制，推动深化产业对接和融合。

中国进出口银行和美洲开发银行合作成立新的金融合作平台，并吸引多元化的私人投资参与，该金融合作平台资金规模18.5亿美元，由基础设施基金、中型企业基金、自然资源基金三支合作基金构成，三支基金规模分别为10亿美元、5亿美元和3.5亿美元，其中美洲开发银行对三支基金各承诺贷款5000万美元；三支基金期限为10年，可延展2年；截至2012年11月，美洲开发银行已出资1.53亿美元。[1] 中国已和美洲开发银行在贸易融资、基础设施项目融资安排、小额信贷和人员交流方面开展积极合作，美洲开发银行已成中拉金融合作重要平台。

第三，中国已成为拉美能源对外合作多元化的战略伙伴。拉美大多数国家正进行能源产业结构调整，工程技术服务和资金需求较大，中国已成为拉美对外能源合作多元化的战略伙伴，且中国与绝大多数拉美国家建立了能源合作关系。据中国海关统计，中国从拉美进口原油由2003年的83.79万吨上升到了2011年的2214.87万吨，占中国原油进口比重由0.92%上升到8.73%。[2] 显然，拉美逐渐成为中国石油进口多元化的战略替代来源地。

在能源勘探、开发和基础设施建设合作方面，拉美对中国存有战略需求。随着中国石油对外依存度不断提高，拉美对保障中国的能源安全具有战略意义。考虑到拉美的油质、运输成本等因素，中国公司参与拉美的石油产业，借助石油增产、转手贸易等手段，也可间接保障中国的石油进口安全。

第四，对中拉农业合作的重视前所未有。中国是拉美农产品长期、稳定的出口市场，双方开展农业合作，能够实现互利双赢。温总理在联合国拉美经委会的演讲中强调以农业合作为抓手，维护中拉粮食安全，并提出了中拉农业合作的五大举措。其一，中方倡议成立中拉农业部长论坛，2013年在中国举办

---

[1] Inter-American Development Bank, IDB Approves MYM153 Million in Loans to Set up IDB-China Eximbank Equity Investment Platform. http://www.iadb.org/en/news/news-releases/2012-11-29/loans-to-lacchina-equity-platform, 10231.html.

[2] 中国石油天然气集团公司，http://oilinfo.cnpc.com.cn/ypxx/ypsc/tjsj/。

首次会议；其二，建立50万吨规模的中拉粮食应急储备机制，用于应对突发自然灾害和人道救援；其三，中国政府注资5000万美元，设立中拉农业合作发展专项资金；其四，中国计划在拉美设立5~8个农业科技研发中心、农业加工示范园、农业投资开发区；其五，双方未来5年互派农业专家和技术人员500人次，力争使中拉农产品贸易额突破400亿美元（见表1）。①

特别是中国与巴西、阿根廷等国在整个农业产业链条内的合作前景非常广阔。2011年4月，中国—巴西农业科学联合实验室成立，对加强中巴农业科技合作具有重要意义。中阿两国还签署了多个农业及粮食领域合作协议，加强粮食产业链合作，扩大双边贸易，并商讨建立中阿农产品加工示范园，这一农业及粮食产品生产平台将有助于推动相关领域的技术创新。

三 中国对拉美的整体合作倡议

21世纪以来，特别是2008年国际金融危机爆发以来，中拉关系发展的非双边现象日益突出。在较长一段时期内，中国紧扣对拉美的双边外交，这是由中国的国际地位、经济实力以及拉美地区格局特点等因素决定的。中拉关系的非双边现象增加，表明中拉关系正走出双边发展轨道，中拉关系的整体性开始显现。

2012年6月，温家宝总理在联合国拉美经委会宣布了中国将加强与拉美整体合作的多项倡议，包括成立中拉合作论坛、中拉合作基金、中拉农业部长论坛等，共有十多项具体合作建议措施（见表1）。特别是中方倡议成立中拉合作论坛，能够为加强中拉整体合作搭建更高平台。未来一段时间，推动中拉整体合作将成为中拉关系发展的重要方向之一，建立双方更高层的整体合作机制，从新的高度推动中拉关系全面发展，将有利于中拉共同应对全球性挑战和实现共同发展。②

---

① 《温家宝总理出席联合国可持续发展大会并访问巴西、乌拉圭、阿根廷和智利》，http://www.mfa.gov.cn/mfa_chn/ziliao_611306/zt_611380/dnzt_611382/2012wcxlhgccxdhd_611388/。

② 《外交部发言人就建立中国—拉美合作论坛等答记者问》，http://www.gov.cn/xwfb/2012-06/27/content_2171388.htm。

中拉整体合作是中拉关系发展的非双边领域的新的重要组成部分。除此之外，中拉关系的非双边合作域还包括其他几类：第一类是在联合国、世界银行、IMF、WTO等全球多边机制下，中拉对全球治理变革的共同参与，特别是中国与拉美大国的互动增强；第二类是中国与拉美共同参与的跨地区组织，如20国集团、APEC、金砖国家等（见表3）；第三类是中国对拉美地区组织的参与，如美洲开发银行、安第斯共同体等（见表2）；第四类是中国倡议与拉美次区域建立的合作机制，如中国—加勒比经贸合作论坛；第五类是中拉民间性质的多边论坛，如中国拉美企业家高峰论坛、中拉智库大会、中拉企业家理事会等。目前，中国尚未与拉美建立整体的合作机制或平台，且中国与拉美区域或次区域组织合作尚处于浅层次阶段，中方的身份仅仅是观察员或对话国。

表2 中国参与的拉美地区组织

名称	功能	参与形式	时间
里约集团	政治、经济和社会磋商机制	对话	1990
拉美议会	地区团结和一体化	互访	1993
拉美一体化协会	地区经济一体化	观察员	1994
南方共同市场	地区经济一体化	对话	1997
加勒比开发银行	地区发展	成员国	1998
安第斯共同体	地区经济一体化	对话	2000
美洲开发银行	地区发展	成员国	2009

注：2010年2月，第21届里约集团峰会暨第二届拉美峰会决定筹建"拉丁美洲和加勒比国家共同体"，以替代现有的里约集团和拉美峰会。2011年12月，拉丁美洲和加勒比国家共同体正式成立，里约集团终止运行。

资料来源：中国外交部网站，http://www.fmprc.gov.cn/mfa_chn/gjhdq_603914/。

表3 中国和拉美共同参与的跨地区组织

名称	功能	参与形式	时间
APEC	贸易和经济合作	成员国	1991
20国集团	全球金融对话与合作	成员国	1999
东亚—拉美论坛	区域对话与合作	成员国	2001
G8+5	国际经济、金融等领域对话与合作	成员国	2005
基础四国	全球气候变化谈判	成员国	2009
金砖国家	国际经济和金融对话与合作	成员国	2009

资料来源：中国外交部网站，http://www.fmprc.gov.cn/mfa_chn/gjhdq_603914/。

然而，与非洲、中亚等地区相比，中国与拉美的整体合作相对滞后。中国对非洲政策强调了中国与非洲地区的整体合作，并把中非合作论坛定性为"集体对话"与"多边合作"的有效机制。① 由此反观，中国与拉美的整体合作刚刚起步，仍处于探索阶段。探索中拉整体合作机制不能囿于固定模式或模仿他国经验，而要针对拉美的政治、经济、国际关系等特点，关切拉美国家的利益诉求，与其一道探索、创新区域合作机制。中国推动与拉美的整体合作应坚持务实、开放、参与性原则，中国的市场规模、技术进步、资本实力以及中国的合作理念和方式，都是中拉探索新合作机制的优势。

若切实推动中拉整体合作，不仅要促成拉美的政治意愿，且仍需就合作目标、机制、领域、效果评估等具体细节与拉美国家达成合作共识。就中拉整体合作设计而言，以下几点原则、策略值得探讨。其一，务实性。从实际情况出发，坚持合作的务实性，符合中拉双方共同利益诉求。其二，有效性。确保合作项目能确实带来经济社会效益，产生良好的效益溢出效应。其三，参与性。若所有拉美国家参与的政治难度较大，可考虑建立自愿参与机制，尽可能吸引更多国家参加。其四，差异化。合作理念表达要鲜明，以凸显与欧美拉美地区合作的差异性。

简言之，若建立中拉整体合作框架平台较难，可立足于次区域或不同领域、层次的整体合作，以官方、商业或民间多渠道推进，坚持自愿、开放原则，吸纳拉美多方参与，以实际合作效果形成示范效应，提高整体合作的参与度、合作质量和水平。

构建中拉整体合作机制或平台也面临不少问题和挑战。其一，拉美内部的政治和利益分歧，如意识形态差异、发展道路选择、一体化模式的多样性、区内经贸摩擦等都是阻碍中拉整体合作的潜在因素。特别是巴西等拉美大国的政治态度对促成中拉整体合作至关重要。其二，尽管中拉关系的整体性开始显现，但中拉关系的国别差异性亦更加突出，隐性的国别差异可能要大于看起来的整体性，有可能成为中拉整体合作的潜在障碍。其三，美国因素的影响不可

---

① 《中国对非洲政策文件》，http：//news.xinhuanet.com/world/2006 - 01/12/content_ 4042333.htm。

低估。尽管美国在拉美的影响力有所下降,但美国仍是拉美地缘政治、经济关系的主导性力量,美国以美洲国家组织、美洲开发银行、美洲首脑峰会、自贸协定等多边或双边机制与拉美建立了不同层次、领域的合作关系。其四,拉美虽普遍视中国为外交和经贸合作多元化的战略伙伴,但对中国的各种疑虑依然存在。中国与拉美国家在经济上的体量差异和局部行业的同质竞争,造成拉美一些国家内部对华政策上的政治分歧,且中国与部分拉美国家的经贸不平衡及贸易摩擦问题仍尚未得到妥善解决。上述因素虽不是影响中拉整体合作的决定性因素,但其制约性影响也不容忽视。

此外,对中国而言,推动中拉整体合作,不应忽视吸取欧美的经验教训。美国、欧盟是开展与拉美整体区域合作的早期实践者,美国与拉美的区域合作机制较多,主要依托由美国主导的西半球多边机制如美洲国家组织、美洲开发银行、美洲首脑峰会等,而欧盟与拉美的区域合作则是依托欧拉首脑峰会机制。加强与拉美的区域整体合作早已成为欧美对拉美外交的战略目标,并取得不少成效。鉴于美国实力衰落、美拉之间的政治分歧以及美方的合作倡议未能符合拉美的利益诉求,近年美国与拉美的区域整体合作实质进展不大。欧、美与拉美的区域合作积累了不少经验教训,值得中国吸取、借鉴。

四 中拉未来合作值得关注的几个问题

温家宝总理访问南美时指出,中拉合作是篇大文章,双方合作潜力巨大,现在刚刚破题。关键在于政策对头,措施得力。① 党的"十八大报告"也明确提出,合作共赢就是在追求本国利益时,兼顾他国合理关切,在谋求本国发展中促进各国共同发展,建立更加平等均衡的新型全球伙伴关系。② 从战略高度认识拉美,中拉广阔的合作前景是基于对世情、区情的合理判断,但以下几个问题值得关注。

第一,中国作为影响拉美经济的独立变量作用开始显现,但仍摆脱不了全

---

① 温家宝:《中拉合作是一篇大文章》,《经济日报》2012 年 6 月 28 日,第 3 版。
② 胡锦涛:《坚定不移沿着中国特色社会主义道路前进 为全面建设小康社会而奋斗》,《中国共产党第十八次全国代表大会文件汇编》,人民出版社,2012,第 43 页。

球化背景下的外部增长环境。中拉经贸关系已受到中国增长周期的影响,中拉经贸合作的深化、质量提升和可持续性的关键已走到"贸易机遇"的临界点,需要向"投资机遇""发展机遇"转型。联合国拉美经委会明确提出,拉美对华出口应该多样化,增加技术、知识密集型产品,鼓励与中国建立更为紧密的商业、贸易和技术联系;拉美应把国内创新和提高竞争力与中国的经济联系挂钩,以积极的发展政策导向,提高劳动生产率、创新、基础设施、交通、人力资本等,并制定与中国合作的相应政策日程。①

第二,扩大对拉美的绿地投资,但拉美也需作出相应政策调整。中国与开曼群岛、维尔京群岛之间的迂回投资仍主导着中拉相互投资流向,且近年中国对拉美的大多数投资是并购欧美跨国公司的资产,主要集中在能源、矿业等领域,此类投资对资源国的资本存量增加贡献度不大。实际上,拉美资源国迫切需要的是绿地投资。从拉美角度看,则需要进一步作出政策调整,以适应、容纳包括中国在内的外部世界的深度变化。拉美的内部政治分歧、长期发展规划的缺失、政策稳定性和连续性不足,且投资环境的复杂性,都是中国扩大对拉美投资的障碍性因素。

第三,尽管中国"威胁"论不占拉美舆论主流,但对华关系的多种疑虑依然存在。鉴于中拉经济上的体量差异和政治制度不同,加之相互了解不足,拉美对华关系尚存不少疑虑,存有防范心理。其一,担心中拉合作收益具有不对称性,认为合作收益对中国实力增长贡献较大;其二,担心过度依赖资源出口而丧失了经济竞争力;其三,以其他大国在拉美的历史记忆作为经验对比,审视中国进入拉美。针对中拉金融合作的上升势头,有海外学者把中国看做"金融帝国主义"。拉美的政治、学者精英对拉美发展的反思,往往以中国崛起为参照系,思考本地区的未来。拉美不少学者担忧,中拉经贸关系会使拉美对华贸易"初级产品化""大宗产品化",并使拉美出现"去工业化"问题。

第四,夯实中拉关系的社会、民间基础。中国在拉美的上升态势并不能表明中国在拉美的社会基础就牢靠,而媒体报道往往具有放大效应,造成社会错

---

① Osvaldo Rosales, Mikio Kuwayama, China and Latin America and the Caribbean: Building a Strategic Economic and Trade Relationship, Economic Commission for Latin America and the Caribbean, Santiago, April 2012, p. 12.

觉。尽管中拉相互之间的经济利益处于上升时期,但亟须夯实中拉关系的社会、民间基础。进一步实施中国的拉美政策应考虑到拉美的社会条件,需要充分发挥华侨华人的作用,支持文化交流以及拉美的中国研究,并培养拉美对华商业精英人士等,中拉民间交流在内容、形式和机制方面都应有所创新。中国对拉美战略的推动应重视民间道路,这也是中拉关系发展的成功经验之一。

(吴白乙 审读)

New Development in China's Policy towards Latin America: Overall Cooperation

Sun Hongbo

Abstract: Chinese government announced a new round of policy towards Latin America in 2012, expecting to establish an overall cooperation framework with the region. The rapid growth of Sino-Latin American trade during the past decade suffered from the challenge caused by the world economic recession and China's lower growth. China began to demonstrate its influence on Latin American economy as an independent variable. The strategic position of the South America was strengthened in China's foreign relations. Sino-Latin American cooperation in science, technology and culture was improved continuously with richer contents and more diversified forms. Both China and Latin America attached great importance to the "developmental" finance and agricultural cooperation. Despite the great potential of cooperation, China and Latin America are also faced with the challenges of transforming economic growth mode.

Key Words: Sino-Latin American Relation; Policy Initiatives; Overall Cooperation; Economic and Trade Cooperation

Y.4 中国与拉美的地区间交往： 一种次区域组织的视角

朱天祥*

摘　要：

中国对拉美地区一体化进程一向持支持态度，并积极推进与加勒比、中美洲、南美洲次区域组织之间的联系。在中国对拉美和加勒比次区域组织的外交战略中，与成员国的双边关系、次区域组织自身发展程度及其稳定性、各组织之间的合作与竞争、区外大国的地位和作用等均是重要的考量因素。中国应在拉共体的整体框架下继续发展同拉美新老次区域组织的关系，推动中拉地区间交往更上一个新的台阶。

关键词：

加勒比　中美洲　南美洲　次区域组织　中拉关系

2008 年 11 月 5 日，中国政府首度发表《中国对拉丁美洲和加勒比政策文件》。文件第五部分特别提到，"中国政府赞赏拉美区域及次区域组织在维护地区和平稳定、促进该地区团结和发展以及一体化等方面发挥的重要作用，支持其在地区和国际事务中发挥积极影响。中方将继续加强同有关组织在各领域的交流、磋商、合作"。中国之所以如此重视拉美区域及次区域组织，就是因为中拉关系既非单一的双边关系，也不是众多双边关系的简单组合。中国同拉美次区域组织的地区间交往乃是中拉对话与合作的重要组成部分。

---

* 朱天祥，博士，四川外语学院拉美研究中心主任，讲师，主要研究领域为拉美政治与国际关系、欧亚地区间关系、次国家政府外交。

一 拉美次区域组织的发展历程

拉美次区域组织的诞生与发展是拉美一体化进程的必然产物。尽管拉美一体化从一开始就具有全洲性的特点,然而以地理位置临近和地缘利益趋同为特征,分布在加勒比、中美洲、南美洲的次区域一体化才是其主要表征。

(一)加勒比次区域一体化

1968年5月,加勒比自由贸易协会成立,标志着加勒比地区的一体化进程正式展开。1973年4月,加勒比地区国家的政府首脑签署《乔治敦协定》,决定建立加勒比共同体和共同市场,并于同年7月正式成立。1993年6月,加共体第14届首脑会议一致决定,以加勒比共同体为核心,建立加勒比国家联盟。1994年7月,加勒比地区25个国家和12个未独立实体在卡塔赫纳正式成立加勒比国家联盟。

(二)中美洲次区域一体化

1951年,中美洲5国成立中美洲国家组织和中美洲地峡经济合作委员会。1960年12月,危地马拉、洪都拉斯、萨尔瓦多和尼加拉瓜签订《中美洲经济一体化总条约》。1962年7月,哥斯达黎加加入该条约。8月,上述5国正式成立中美洲共同市场。在经历了20世纪70年代的解体危机和80年代的和平进程之后,1991年7月在第10次中美洲首脑会议上,巴拿马正式加入中美洲共同市场,而洪都拉斯也重返一体化的大家庭。1991年12月,中美洲国家首脑签署《特古西加尔巴声明》,决定筹建中美洲一体化体系以取代中美洲国家组织,并于1993年2月正式建立。1997年9月,中美洲国家特别首脑会议又决定组建中美洲国家联盟。

(三)南美洲次区域一体化

1969年5月,智利、哥伦比亚、秘鲁、玻利维亚、厄瓜多尔签署《安第斯区域一体化协议》,正式成立安第斯集团。随着安第斯自由贸易区和关税同盟的相继建成，1995年9月，安第斯集团成员国又签署《基多纪要》，决定将安第斯集团更名为安第斯一体化体系。该体系后被1997年8月成立的安第斯国家共同体正式取代。与此同时，南美洲其他国家也在酝酿并筹建新的次区域组织。以1985年阿根廷与巴西政府所签订的《一体化和经济合作纲要》为基础，1991年3月，阿根廷、巴西、乌拉圭、巴拉圭4国总统签署《亚松森条约》，宣布正式成立南方共同市场。1995年1月，南方共同市场如期启动。

二 中国与拉美次区域组织的交往

20世纪90年代以来，在经济全球化和区域集团化的双重推动下，拉美各次区域组织纷纷摒弃过去的内向型、封闭式发展模式，转而主张并实践开放的新地区主义，主动要求加强同世界上其他地区集团和域外国家的对话与合作。与此同时，基于从东亚地区合作进程中所积攒的经验，中国也开始逐步探索其自身的地区主义理念，并推动地区间关系的实践。在中拉国家间关系实现历史性突破的基础上，中国寻求在更大的区域空间内推进对拉深度合作的愿望也就更加明显和迫切。

（一）中国与加勒比次区域组织

目前，中国同加共体尚未建立正式关系。中国与加共体成员的多边交往主要通过外交部间磋商机制及中国—加勒比经贸合作论坛进行。2002年9月，中国同安提瓜和巴布达、巴哈马、巴巴多斯、圭亚那、圣卢西亚、苏里南、特立尼达和多巴哥、牙买加8个建交国在纽约联合国总部举行了外交部间的首次正式磋商。至今，该磋商共进行了五次。第六次磋商将于2014年在巴巴多斯举行。2004年，中国提议创建中国—加勒比经贸合作论坛，并得到加勒比国家的广泛响应。2005年2月2~3日，首届中国—加勒比经贸合作论坛部长级会议在牙买加金斯敦举行。除了中国的11个建交国外，未建交的伯利兹也派出政府和企业家代表团与会，加共体秘书处也派代表出席了论坛。2007年9月7~8日，加共体副秘书长阿普尔·怀特参加了在中国厦门举行的第二届论坛。

尽管缺乏直接的制度化对话机制，然而中国与加共体关于建立和加强双方关系的政治意愿却有目共睹。2006年9月，时任外交部长李肇星在对安提瓜和巴布达进行访问的过程中，就中国与加勒比共同体的关系与东道国交换了看法。双方同意共同推进中国与加共体早日建立对话机制。2008年5月，温家宝总理在同来访的巴巴多斯总理汤普森进行会谈时也表示，希望加强与加勒比共同体的对话。而汤普森总理亦表示巴巴多斯愿为促进中国同加勒比共同体的关系作出积极贡献。2008年11月，加勒比共同体前秘书长卡林顿访问中国，并代表加共体签署了2010年上海世博会参展协议。2012年5月，中国驻苏里南大使袁南生应邀出席了在帕拉马里博召开的第十五届加勒比共同体外长会议开幕式。这些均为双方未来关系的进一步确立和发展奠定了良好基础。

（二）中国与中美洲次区域组织

在中美洲的7个国家中，除了哥斯达黎加在2007年6月1日同中国建交以外，其余国家要么从未与中国建立正式外交关系，要么是在与中国台湾地区"建交"后，中国与之中止了先前的外交关系。由于缺乏必要的政治基础，中国与中美洲共同体、中美洲一体化体系建立正式关系或对话机制的条件和时机尚不成熟。对此，中国政府多次指出这是一种"不正常"的状态，并希望本着一个中国的原则，同上述组织及其成员展开正常交往。鉴于哥斯达黎加在中美洲的重要地位及其可能发挥的中介或纽带作用，中国政府高度重视中哥关系，积极推动双边关系健康、深入向前发展。2012年8月16日，在与胡锦涛主席会谈时，哥斯达黎加总统钦奇利亚就曾表示，哥斯达黎加欢迎并支持中方关于加强拉中关系的主张，愿为推动拉美和加勒比国家共同体等区域组织同中国的合作发挥积极作用。

（三）中国与南美洲次区域组织

1999年1月，中国与安第斯共同体决定建立磋商机制。2000年3月30日，唐家璇外长与访华的秘鲁外长、安共体外长理事会轮值主席德特拉塞格涅斯在北京签署了《中华人民共和国和安第斯共同体关于建立政治磋商与合作机制的协议》。2002年10月21日，唐家璇外长在哥伦比亚首都波哥大与安共体五国外长进行了首轮外长级磋商,正式启动了双方政治磋商与合作机制。2005年1月,曾庆红副主席在访问秘鲁期间,集体会见了安共体五国外长和该组织秘书长,并提出涉及双方重点合作领域的10项倡议。3月,安第斯议会议长乌尔基迪率团访华。9月,安共体议会同中国全国人大签署友好合作协议,并接纳后者为该组织观察员。

南方共同市场虽然起步较晚,但与中国的关系却发展迅速。1996年11月,钱其琛副总理兼外长致函南共市时任轮值主席国巴西的外长兰普雷亚,提议建立中国—南共市对话机制,得到南共市的积极响应和支持。1997年10月,南共市轮值主席国、乌拉圭外交部埃斯皮诺萨大使率领南共市代表团访华,同中方举行了首次对话并签署了对话纪要。双方的第二次、第三次、第四次对话分别在巴西、中国和乌拉圭举行。2004年6月,周文重副外长又与南共市代表团在北京举行了第五次对话,双方决定正式启动中国—南共市对话联络小组,并初步就中国—南共市自由贸易谈判交换了看法。

2005年12月,胡锦涛主席特使、建设部部长汪光焘应邀出席了南共市第29届首脑会议。2012年6月25日,温家宝总理在布宜诺斯艾利斯与南共市轮值主席阿根廷总统克里斯蒂娜,以及巴西总统罗塞夫、乌拉圭总统穆希卡共同出席了中国与南共市国家领导人视频会议。6月29日,第43届南共市首脑会议在阿根廷西部城市门多萨落下帷幕。中国驻阿根廷大使殷恒民作为中国政府代表受邀参加。会议发表了《中华人民共和国与南方共同市场关于进一步加强经济、贸易合作联合声明》,承诺继续加强双方在经贸领域的合作关系。

三 中国对拉美的地区间外交

如前文所述,自20世纪90年代中后期以来,中国相继与拉美的次区域组织或部分国家建立起了制度化的对话与合作机制。双方在政治互信、经贸与投资、人文交流等领域取得了显著的成绩。尽管加强同拉美次区域组织在各领域的对话与合作已是中国对拉外交的官方政策,然而中国目前是否已经拥有比较成熟的对拉地区间战略尚是一个未知之数。拉美次区域组织如此众多,中国是否需要同每一个次区域组织都建立制度化的对话与合作机制?对于已经与之建

立制度化机制的次区域组织，中国应该如何利用并扩大其效用？致力于推动创建中拉合作论坛的目标，中国又该怎样处理与各次区域组织的关系？中国是否应当像在中欧关系和中非关系中那样，通过向目标组织派驻使团及任命大使的方式，来进一步促进它与拉美次区域组织的交往？诸如此类问题均是中国规划对拉地区间战略、推行对拉地区间外交所要解决的基本问题。具体而言，中国开展同拉美次区域组织的地区间交往还需要注意以下几个问题。

（一）高度重视与各次区域组织成员国的双边关系

拉美次区域一体化成员国握有决定各次区域组织内政外交的最终决定权。因此，中国与拉美各国的关系状态实际上限定了双方关系的深度与广度。一方面，中国应处理好同拉美建交国和非建交国的关系，尤其要善于借助建交国创造同相关次区域组织建立和深化双方关系的有利条件，通过有力度、有实效的合作吸引（甚至是在某种意义上迫使）非建交国转变其对华政策与立场。中国大力推进同哥斯达黎加的双边关系，主动倡议中国—加勒比经贸合作论坛，积极参与中国和加勒比建交国外交部间磋商机制即是很好的政策作为。

另一方面，中国还应主动加强同拉美各次区域主导大国的战略合作。大国的参与和推动是20世纪90年代以来拉美一体化复苏和勃兴的一个重要驱动因素。大国的战略意图和战略利益不可避免地影响着各次区域组织一体化的方向和议程。目前，中国已同巴西建立了全面战略伙伴关系，同墨西哥、阿根廷、秘鲁、智利建立了战略伙伴关系，同委内瑞拉建立了共同发展的战略伙伴关系。这些伙伴关系在中国同相关次区域组织的关系中发挥着"火车头"或"发动机"的重要作用。然而，中国需要提防的则是各次区域内部不同大国的竞争与角力及其可能产生的冲突与矛盾。对此，中国既要避免大国之间的主导权之争祸及自身，还要懂得运用平衡之术为中国的对拉地区间外交拓展更多的空间和余地。

（二）密切关注各次区域组织自身的深化与扩大

经过半个多世纪的发展，拉美一体化早已超出经济联合的传统范畴，合作领域逐步覆盖政治、安全以及社会文化等事务。然而，拉美各次区域组织的经济一体化进程却并非想象的那样深入。虽然被冠以"共同市场""共同体"甚至是"联盟"的称号,但实际上自由贸易区和关税同盟仍旧是大部分次区域组织正在努力实现的目标。对于中国而言,"走出去"的首要诉求即是扩大市场和寻求资源。而拉美次区域组织的一体化则是一把"双刃剑":一方面,它能够为中国的出口和投资创造更有利的条件;另一方面,它可以通过区内优惠和原产地等规则,并借助其联合起来的谈判实力,减小甚至是抵消来自中国的竞争压力。这些都应当成为中国制定并推行对拉地区间经济外交的重要考量。

此外,拉美某些次区域组织在成员构成上的流动性与不确定性,也反映出其内在的诸多问题与隐患。在拉美一体化的历史上,曾多次发生过诸如洪都拉斯退出中美洲共同市场,加共体冻结和停止海地与牙买加成员资格,委内瑞拉退出安共体而加入南共市等事件,而且类似的矛盾仍将继续出现。2010年,尼加拉瓜拒绝接受洪都拉斯重返中美洲一体化体系。2012年,南共市决定暂停巴拉圭成员资格,并宣布委内瑞拉正式加入,而相关的议定书却随即遭到巴拉圭参议院的否决。诸如此类的成员变更及其矛盾冲突使得某些次区域组织陷于内耗,严重阻碍了拉美一体化进程及其与包括中国在内的外部世界的关系。

(三)积极应对各次区域组织之间的合作与竞争

玻利瓦尔关于美洲大陆的一体化思想以及新地区主义的开放性,促使拉美各次区域组织积极寻求相互之间的横向合作,努力推动拉美一体化的全面演进。早在20世纪90年代初,中美洲国家就开始加紧同加共体实现贸易一体化,并于1992年1月成立了中美洲和加勒比共同体协商委员会。2007年,第二届中美洲一体化体系和加共体国家首脑峰会将签署两地区自由贸易协定事宜正式提上议事日程。与此同时,南美洲次区域组织也在相互联合的道路上稳步前进。1995年1月,委内瑞拉贸易部长以安第斯集团的名义,邀请南共市的代表就双方组成自由贸易区的问题进行讨论,得到南共市的欣然同意。2004年10月,双方在拉美一体化协会外长理事会上正式签署自由贸易协定。

不仅如此,巴西还曾建议南共市与中美洲和加勒比国家签订类似的协定,卢拉总统甚至邀请加勒比共同体成员国加入南方共同市场。2011年11月,安共体国家领导人峰会又要求,安共体秘书处与南共市秘书处和南美国家联盟秘书处共同确定三大区域组织彼此间的共同点、互补性和不同点,以促进三者未来的融合。诚然，拉美次区域组织之间的一体化确实符合中国期望同拉美国家在整体上推进对话与合作的诉求，中国亦可借着同南方共同市场启动自由贸易谈判的契机与平台，迂回进入并加快拓宽其他次区域市场。但是，各次区域组织相互之间的政策协调与措施整合可能形成的对中国既定政策的冲击，则是中国对拉地区间外交不得不提前加以应对的问题。

（四）充分考量各次区域组织面临的外来干预

拉丁美洲常常被形容为美国的"后花园"。一方面，美国极力排斥在该地区出现任何有碍于其主导地位的国家或集团，而试图以美洲国家组织和美洲自由贸易区来淡化甚至是抵消拉美区域和次区域一体化的影响。与此同时，美国还采取威逼利诱、分而治之的方式分化瓦解拉美各次区域组织。比如，美国分别对巴西、阿根廷和智利投其所好，"将暂时平息的巴阿南美领袖之争重新点燃，直接破坏南方共同市场的轴心和基石，使地区力量平衡被打破"。① 此外，美国还通过与哥伦比亚签订自由贸易协定、签署军事合作协议，蓄意恶化后者同委内瑞拉的关系，使得委内瑞拉与安共体的关系持续倒退，并在委内瑞拉加入南共市后进而威胁到两大次区域组织之间的深入合作。

另一方面，对于试图染指其传统势力范围、危及其战略后方的外来国家，尤其是像中国这样崛起中的社会主义大国，美国更是表现得出奇地敏感和异常地警惕。随着中国在拉美地区经济筹码的不断增加，美国开始高调发展它与拉美之间的"严肃关系"。而在听闻联合国拉美经委会和美洲开发银行等机构关于未来5年内中国将取代欧盟成为拉美最大贸易伙伴的预测之后，欧盟也逐步开始认真对待中国这个强劲的竞争对手。在此背景下，西方国家及其媒体近年来大肆宣扬所谓的"中国威胁论"，不怀好意地挑拨中国与拉美各国以及各次区域组织之间的关系。尽管拉美次区域联合及其加强同中国的关系有着平衡欧美传统势力的考虑，然而中国也必须注意调整相关政策，规范自身行为，方能取信于拉美各国，从而推动中拉地区间关系持续健康向前发展。

进入21世纪以来，在原有的次区域组织深化与扩大的同时，新一批的次

---

① 方幼封、曹珺：《漫漫探索路——拉美一体化的尝试》，学林出版社，2000年，第173页。

区域组织也在拉美逐步形成。2004年12月，南美共同体成立，后更名为南美国家联盟。同年，美洲玻利瓦尔替代计划成立，并于2009年更名为美洲玻利瓦尔联盟。2011年4月，拉美太平洋联盟也在秘鲁成立。其中，南美国家联盟组织秘书长玛丽亚·梅西亚曾在2011年就宣布，希望扩大和增强同中国的合作关系，而拉美太平洋联盟成员国更是亲赴中国推介这一新兴的次区域组织。总的来讲，中国对拉美的地区间外交由此迎来了新一轮的发展机遇。中国应当顺势处理好在拉共体整体框架下与拉美次区域组织之间共同但有区别的关系，推动中拉地区间对话与合作，为中拉关系的全面提升作出重大贡献。

（吴白乙　审读）

Regional Exchanges between China and Latin America: The Sub-regional Organization Perspective

Zhu Tianxiang

Abstract: China always supports the integration process in Latin America and actively promotes its links with sub-regional organizations from the Caribbean, Central and South America. In terms of China's diplomatic strategy towards these organizations, the important considerations include bilateral relations with their member states, their development level and stability, cooperation and competition among them, and the roles of external great powers. It is suggested that China should continue to develop relationships with the old and new sub-regional organizations from Latin America within the overall framework of Community of Latin America and the Caribbean, while promote Sino-Latin American interregional exchanges to more advanced level.

Key Words: The Caribbean; Central America; South America; Sub-regional Organization; Sino-Latin American Relations

Y.5
拉美六国近年来循环经济发展水平研究

张 宇*

摘　要：

　　本文根据拉美和加勒比地区经济历年经济统计数据，建立拉美循环经济评价体系，通过因子分析与聚类研究方法，将拉美和加勒比各国分为三种类型；以拉美六国（古巴、巴西、阿根廷、秘鲁、智利和墨西哥）为例，详细分析各国的循环经济指标表现。研究认为，拉美现阶段的主要经济增长方式还是资源消耗型；拉美各国发展循环经济应根据自身所处的类型，依靠科技创新，将发展循环经济提升到战略高度，通过适宜政策引导企业与消费者参与循环经济建设。

关键词：

　　拉丁美洲和加勒比　循环经济　因子分析

　　转变经济增长方式，实现可持续发展是当今世界各国积极探索的课题，这一点对发展中国家尤其具有重要意义。循环经济是一种以资源的高效和循环利用为核心，依据"减量化、再利用、资源化"为原则，以"低消耗、低排放、高效率"为基本特征，符合可持续发展理念的经济增长模式，是对"大量生产、大量消费、大量废弃"的传统增长模式的根本变革。

一　拉美地区循环经济发展绩效分析

（一）拉美地区的循环经济发展水平分类

　　基于数据的可获性，为了全面、科学地评价拉美和加勒比地区循环经济发

---

* 张宇，管理学博士，西南科技大学经济管理学院副教授，主要研究领域为循环经济、产业组织理论。

展现状,本文从区域的经济发展、社会发展、资源利用和环境保护四个层次对该地区循环经济水平进行了分析。由于指标体系是多元的,因此在选取上要既有反映系统特征的量化指标,又有反映其过程的动态指标;既有增长指标又有效率指标;既有分层指标又有结构指标。综上,拉美和加勒比地区循环经济发展指标体系如表1所示。

表1 拉丁美洲和加勒比地区循环经济发展水平的评价指标体系

一级指标	二级指标	三级指标
经济发展	经济发展水平与结构	GDP(百万美元)
		人均GDP(美元/人)
		GDP年均增长率(%)
		第二三产业占GDP的比重(%)
社会发展	就业状况、收入状况与社会保障	失业率(%)
		人均床位数(张/千人)
资源利用	资源生产效率与能源资源利用	千美元GDP能耗(千瓦时/千美元)
		水资源使用比例(%)
		土地资源生产率(百万美元/千公顷)
		再生能源供给占比(%)
环境保护	温室效应气体排放	每千美元GDP的CO_2排放量
		臭氧层消耗物
	生态环境质量	陆地与海洋保护比例
		化肥使用强度(吨/千公顷)
		多边环境协定(个)
		十亿美元ISO14000认证企业(个/十亿美元)

注:循环经济发展水平评价体系

资料来源:作者制作。

根据联合国拉美经委会(ECLAC)发布的经济统计年鉴,采用因子分析方法可以发现,拉美和加勒比地区各个国家的循环经济发展水平相互间存在一定的差异。进一步,运用层次聚类分析法分析发现,拉美和加勒比地区23个国家大致可分为三类。第一类:巴巴多斯、牙买加和特立尼达多巴哥;第二类:古巴、哥斯达黎加、萨尔瓦多、危地马拉、洪都拉斯、尼加拉瓜、秘鲁、巴拉圭和委内瑞拉;第三类:巴西、墨西哥、阿根廷、玻利维亚、智利、哥伦比亚、厄瓜多尔、巴拿马、多米尼加、苏里南和乌拉圭。这三类国家的因子得分特征如表 2 所示，其中 F1 是环境保护因子，F2 是资源利用因子，F3 是经济发展因子，F4 是社会发展因子，F5 是企业国际标准化因子。[①]

表 2　三类国家的因子得分特征

	第一类		第二类		第三类	
	均值	标准差	均值	标准差	均值	标准差
F1	0.7515	2.6860	-0.0047	0.4861	-0.2011	0.5950
F2	1.9174	1.6482	-0.5009	0.4854	-0.1131	0.3541
F3	-0.4934	0.4401	0.3165	1.5147	-0.1244	0.3816
F4	-0.6025	0.4281	-0.7601	0.5243	0.7862	0.7966
F5	-0.0174	0.8432	-0.3697	0.5703	0.3073	1.2533

资料来源：根据联合国拉美经委会的统计数据计算得出。

从因子载荷看，拉美和加勒比地区，环境保护因子（F1）对该区域的循环经济发展贡献率最大，达到 21.65%，其次是资源利用因子（F2），其贡献率为 21.30%。从表 2 可见，第一类国家属于环境保护比较好且资源利用效率高的国家，但其社会经济发展滞后，与国际接轨、得到世界认可的企业数量少，说明这类国家需要大力发展社会经济。第二类国家属于经济发展突出，但其他方面都不如拉美和加勒比地区平均水平，说明这一类国家的循环经济发展需要在环境保护、资源利用和社会发展方面进行重点改善。第三类国家是社会发展和企业国际标准化加深比较好的国家，但这些国家需要在大力发展经济的同时，注重环境保护和资源利用效率。

（二）拉美地区循环经济发展水平绩效分析

为了更加清晰地分析拉美地区循环经济发展水平，考虑拉美国家人均 GDP 和

[①] F1 在化肥强度、CO_2 排放、人均 GDP、多边环境协定和再生能源占比五个指标上的载荷比较大，其中，F1 与前三个指标呈正相关，与后两个指标呈负相关。F2 在水资源使用比例、第二三产业比重、土地资源生产率和百万美元 GDP 的能耗四个指标上的载荷比较大，F2 与前三个指标正相关，与最后一个指标负相关。因子 F3 在指标臭氧层消耗、GDP、经济增长率三个指标上的载荷比较大，F3 与前两个指标正相关，与后一指标负相关。F4 在人均床位数、失业率、国土与海岸保护比例三个指标上的载荷比较大，F4 与前两个指标负相关，与后一指标负相关。F5 在每 10 亿美元 ISO14000 认证企业数量这一指标上的载荷比较大，且与之成正比关系，该指标反映了一国经济建设得到国际认可的程度。

国家影响力，选取古巴、巴西、阿根廷、秘鲁、智利和墨西哥六国作为分析对象，从 GDP、每千美元能耗、再生能源利用①三个方面分析其循环经济发展水平。

自 2003 年以来的多数年份中，拉美六国的 GDP 保持 5% 左右的增速，与此同时每百万美元 GDP 所消耗的石油当量以微速逐渐减小，每千美元 GDP 所排放的二氧化碳（CO_2）量基本维持在一定水平上，这表明拉美六国在循环经济发展水平上还处于较低水平，其 GDP 增长方式主要还依靠资源消耗，生产效率水平较低。根据循环经济"减量化、再利用、资源化"原则，拉美六国循环经济的发展还大有潜力，拉美六国可以根据循环经济发展的相关模式和机制进行经济转型。图 1 为拉美六国每百万美元 GDP 能源消耗总量水平图。

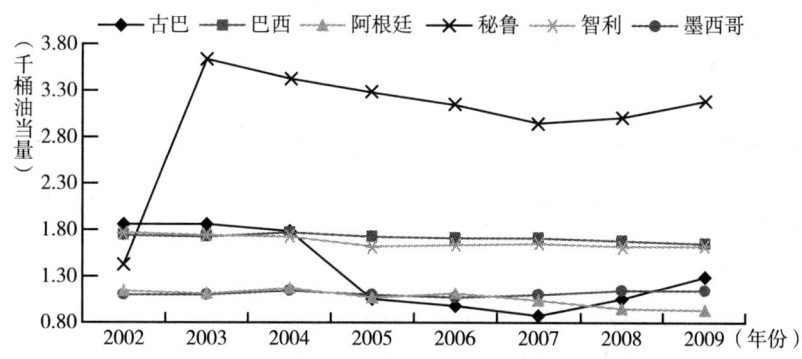

图 1　拉美六国每百万美元 GDP 能源消费总量水平图

资料来源：根据拉丁美洲及加勒比地区 2002~2012 年统计年鉴整理并绘制。

在拉美六国中，自 2002 年伊始，历年 GDP 排名第一的是巴西，其每千美元 GDP 的 CO_2 平均排放量在六国中却最低，能源消耗值排名第二，表明巴西在六国中生产技术效率较高，较符合低碳发展生产方式；GDP 排名第二的是墨西哥，其能源消耗值历年基本在六国中保持最低水平，CO_2 排放平均水平在六国中排名第四低。根据墨西哥统计年鉴中数据，这是因为墨西哥国内经济结

---

① 基于物资流分析方法，衡量一个国家或地区的循环经济水平可采用自然资源转化率、再生资源使用率等指标。但由联合国拉美经委会发布的历年拉美地区经济发展统计年鉴中，没有自然资源投入、再生资源、废弃物处理等方面的数据，为了分析拉美六国的循环经济发展效率，基于数据可获性，本文采用每千美元能耗、可再生能源密度等指标来分析。

构相较于其他五国处于较发达水平，金融服务业及其他服务业占GDP的比重较大。

二 拉美六国森林保护情况

第二次世界大战后，拉美国家主要通过增加耕地的方法使农业获得了发展。据联合国粮农组织和联合国拉美经委会专家的分析，拉美60%~70%的农业增长依靠耕地面积的提高。① 与耕地相对应的是拉美地区森林覆盖情况，该地区森林资源的砍伐和开采数量与速度令人震惊。2002年联合国环境规划署公布的《世界环境前景》报告指出，20世纪60年代以来，拉美和加勒比地区乱砍滥伐毁坏的森林面积至少有1.9亿公顷，占世界被毁森林总面积的40%。②

拉美森林面积急剧减少的主要原因与巴西和厄瓜多尔等国在亚马逊热带雨林地区开展的修公路、建电站、采矿等经济活动有关。拉美六国森林覆盖率情况如图2及图3所示。

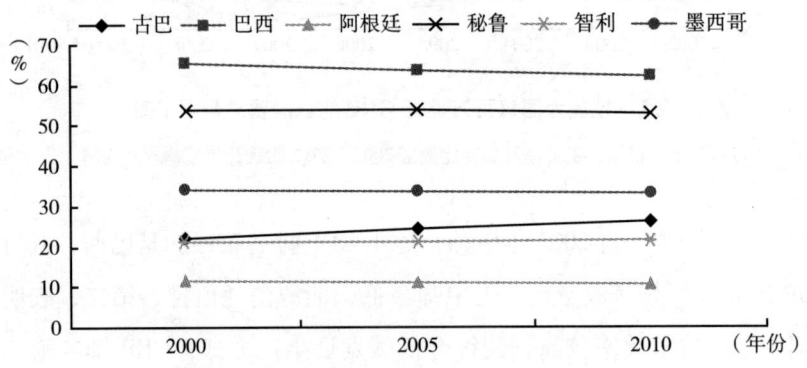

图2 拉美六国2000~2010年森林覆盖率情况

资料来源：根据拉丁美洲及加勒比地区2000~2010年统计年鉴整理并绘制。

---

① Cepal, *Cepal Review*, No. 4, 1982, p. 77.
② 赵丽红：《拉美和加勒比地区的资源环境问题与可持续发展》，载《拉丁美洲研究》2005年第27卷第6期，第22~31页。

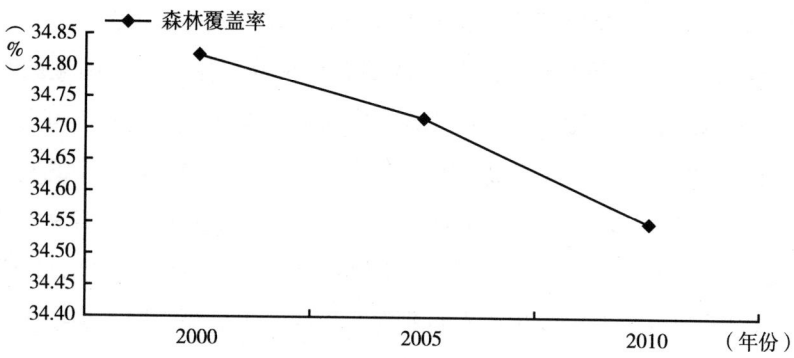

图 3　拉美六国 2000~2010 年森林平均覆盖率

资料来源：根据拉丁美洲及加勒比地区 2000~2010 年统计年鉴整理并绘制。

根据图 2，2000~2010 年，除古巴以外，其他五国的森林覆盖率都呈下降趋势，其中以巴西的情况最为严重。根据图 3，拉美六国在最近 11 年内，森林平均覆盖率以每年 2.7% 的速度递减。由于大部分被砍伐的森林是热带雨林，其生态系统非常脆弱，加之缺乏环境标准来控制，使这一地区的生态平衡和生产潜力遭受了不可弥补的损失。森林覆盖的减少造成流域保护功能的丧失，区域性气候变化以及海岸保护作用减弱和渔场的减产。

三　拉美六国可再生能源利用情况

在拉美，能源是工业化的物质基础，其中石油和天然气在拉美生产与消费的能源中居首位，两者占拉美地区全部能源消费的 80%。[1] 拉美工业化对石油的依赖程度很大，这一现象与世界其他国家在工业化进程中主要依赖固体燃料的情况截然不同，这主要是因为拉美的工业化和经济起飞期处于廉价石油期。拉美地区油气资源相对较丰富。据 BP 数据统计，2009 年拉美石油探明剩余可采储量为 210.6 亿桶，其产量占世界总产量的 12.7%，天然气剩余可采储量约占世界的 4.6%。[2]

---

[1] 〔西班牙〕塞西诺·何塞·莫拉莱斯：《拉丁美洲的能源状况》，朱立成译，载《拉美资料》1981 年第 6 期，第 21 页。

[2] BP, *Statistical Review of World Energy*, 2010.

油气作为拉美国家重要的支柱产业,是国家财政收入的主要来源。

近年来,由于投资不足、设备及技术更新缓慢,拉美一些国家的油气储量、产量和炼油能力普遍下降。拉美许多国家都把发展生物能源等可再生能源视为推动本国经济发展和参与新一轮国际竞争的重要机遇。这其中既有委内瑞拉这样的石油出口大国,也有依赖能源进口的国家,如阿根廷和智利等,还有地区大国巴西。图4为拉美六国再生能源利用情况示意图。它表明,巴西在再生能源利用方面与其他五国相比有着非常明显的领先优势。图5为拉美六国再生能源利用发展趋势图。

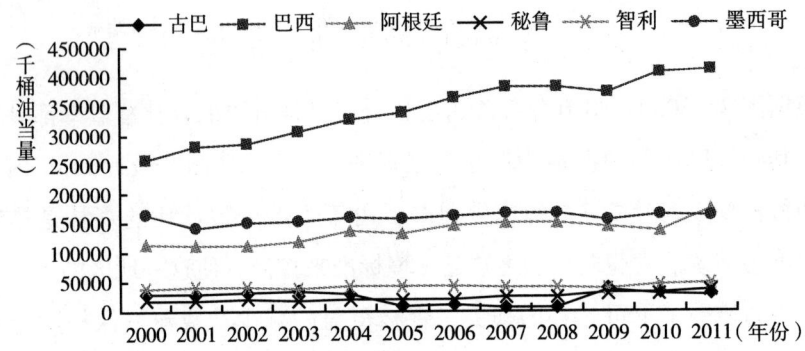

图4 拉美六国再生能源利用情况

资料来源:根据拉丁美洲及加勒比地区2000~2011年统计年鉴整理并绘制。

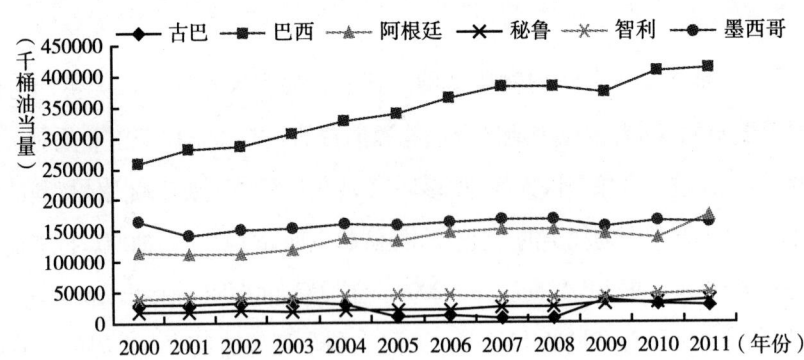

图5 拉美六国再生能源利用趋势图

资料来源:根据拉丁美洲及加勒比地区2000~2011年统计年鉴整理并绘制。

巴西长期以来一直致力于推动生物能源的开发，是世界上最早强制性规定在汽车燃料中添加一定比例乙醇的国家。目前，巴西已成为世界上生物燃料普及率最高的国家。随着近年来石油价格的上涨和对清洁能源的呼声日盛，巴西认识到，生物能源不仅能帮助自己降低对石油进口的依赖，而且能主导未来的国际生物能源市场。巴西前总统卢拉曾表示，他充分相信，"生物能源将在未来20年里对国际能源市场产生革命性的影响"。2006年，巴西乙醇产量达175亿升，约占全球乙醇产量的35%。相对成熟的技术、强大的生产能力以及多年的推广，为确立巴西在未来国际生物能源市场上的领先地位奠定了基础。

四 拉美六国 CO_2 排放情况

拉美地区的工业生产集中在大都市和沿海地区，整个地区1/3的工业生产集中在三大城市：阿根廷的布宜诺斯艾利斯、巴西的圣保罗和墨西哥的墨西哥城，在这些区域造成了严重的大气污染。一般来讲，大气污染的人为来源为：能源使用、车辆排放废气和工业生产。图6为拉美六国近年来 CO_2 排放情况。

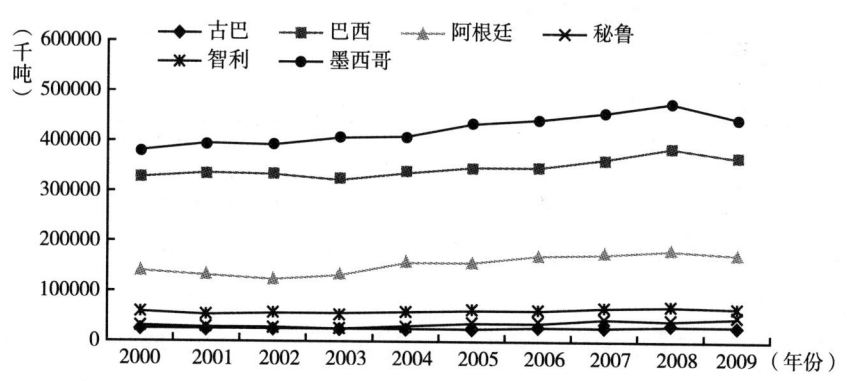

图6 拉美六国2000~2009年 CO_2 排放情况

资料来源：根据拉丁美洲及加勒比地区2000~2009年统计年鉴整理并绘制。

2000~2008年，拉美六国的 CO_2 年排放总量一直在缓慢增加；2008~2009年，墨西哥和巴西的 CO_2 年排放量出现较为明显的下降。2000~2009年这十年间拉美六国排放 CO_2 总量为 10482356.0 千吨，六国年均 CO_2 排放为 10482235.6 千吨；墨西哥、巴西的 CO_2 年排放总量高于古巴、智利、秘鲁的数十倍；墨西哥年平均排放量 424046.3 千吨，占到六国年平均排放量的 40.45%，巴西 347014.5 千吨，占到 33.1%；阿根廷年均排放量为 154353.5 千吨，占到 14.72%；其他三国只占 11.71%，其中古巴最低，年平均排放量仅 26966 千吨，占 2.57%，其次是智利年平均 61071.9 千吨，占 3.32%，秘鲁年平均 34783.4 千吨；占 5.83%。

图 7 显示了 2000~2009 年间拉美六国每 1000 美元 GDP 的 CO_2 排放量年度比较：阿根廷为 0.84 千吨，高居榜首，2004 年达到最高值 0.93 千吨；其次是古巴，年平均 0.65 千吨；智利年平均 0.51 千吨，2000 年达最高 0.58 千吨；秘鲁年平均 0.43 千吨，其中三年达到峰值 0.47 千吨。

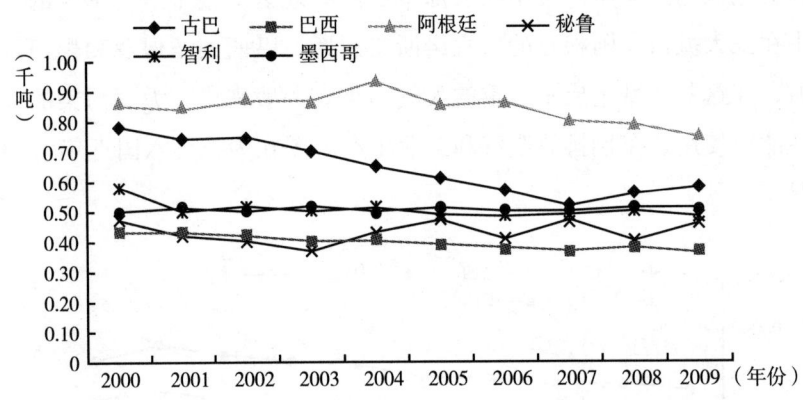

图 7　拉美六国 2000~2009 年每千美元 GDP 的 CO_2 排放情况

资料来源：根据拉丁美洲及加勒比地区 2000~2009 年统计年鉴整理并绘制。

从发展趋势上看，2000~2007 年，古巴 CO_2 排放量下行趋势明显，但在 2008 年和 2009 年又有小幅上升。同期内，墨西哥排放量十年间几乎持平；巴西、智利 CO_2 年排放量的下行趋势也比较明显。

拉美六国 CO_2 排放量明显偏高，其每实现 1000 美元 GDP 排放的 CO_2 量远远高于世界发达国家水平，这一方面说明拉美六国的 GDP 增长主要还是依靠资源消耗增长，而资源利用效率和科学技术水平还有待提高；另一方面也说明拉美六国对循环经济及低碳经济生产方式的政策导向不是很明显。根据联合国拉美经委会的统计年鉴，拉美六国中如古巴、秘鲁等国家通过国际ISO14001认证的企业数量明显偏少，导致这些国家企业在追逐经济利益的时候缺乏环境成本的约束。表3为拉美六国通过ISO14001认证的企业数量情况。

表3 2004~2011年拉美六国通过ISO14001认证的企业数量

单位：家

年份	2004	2005	2006	2007	2008	2009	2010	2011
阿根廷	408	454	862	1011	1163	676	860	784
巴西	1800	2061	2447	1872	1428	1186	3391	3517
智利	312	277	375	492	686	576	714	617
古巴	1	3	6	7	14	24	11	6
墨西哥	492	422	409	739	832	870	808	871
秘鲁	41	78	83	114	134	176	401	248

资料来源：根据拉丁美洲及加勒比地区2004~2012年统计年鉴整理。

五 结论

循环经济是环境库兹涅茨曲线（EKC曲线）理论反映的经济增长阶段的内在要求。根据EKC曲线理论，当人均GDP达到5000~10000美元时，会出现环境质量先恶化再改善的"U"型变化过程。[①] 拉美和加勒比地区各国整体经济水平基本都已达到甚至超过EKC曲线的临界值。在此背景下，分析影响拉美各国经济增长的因素，从循环经济的角度研究拉美各国的可持续发展水平，具有重要意义。本文主要结论如下。

1. 拉美各国经济增长总体上还是呈资源消耗型增长，迫切需要转变经济

---

① 李赶顺：《浅析日本"循环经济"发展战略的实施及其方案》，载《日本学刊》2002年第6期，第105~117页。

增长方式，以实现可持续发展。以拉美六国为例，其每千美元 GDP 所耗能源与中等发达国家相比差距甚远，且其能源消耗趋势与 GDP 增长趋势一致，表明拉美各国在循环经济中的"减量化"方面做得不到位，需要大力推进技术创新，确立新的经济发展模式。

2. 从循环经济的角度，拉美各国经济发展状态可以分为三类。第一类为发展型，属于环境保护比较好且资源利用效率高的国家，但其社会经济发展滞后，与国际接轨、得到世界认可的企业数量少，说明这类国家需要大力发展社会经济，如巴巴多斯等国；第二类为保护型，属于经济发展突出，但其他方面都不如拉美和加勒比地区平均水平，说明这一类国家需要在环境保护、资源利用和社会发展方面进行重点改善，如古巴、秘鲁等国；第三类为效率型，属于社会发展和企业国际标准化加深比较好的国家，但这些国家需要在大力发展经济的同时，注重环境保护和资源利用效率，如巴西、墨西哥等国。

3. 在可再生能源生产方面，拉美地区具有相对优势，应该大力发展。虽然拉美地区的石油剩余可采储量超过世界石油储量的 1/10，但由于其技术水平和商业模式的落后，限制了拉美地区更好地利用自身资源进行经济发展。拉美地区的雨林、农作物等天然地适合用于生物能源制造，在引进技术与资本的前提下，可以依靠生物能源技术，大力发展可再生能源。

4. 拉美各国的循环经济发展需要战略考量，尤其是政府对相应的生产模式应该大力引导。政府在推广循环经济生产方式时，应该首先倡导依靠科学技术创新改变生产或经营方式，通过制定相关法律、产业政策，引导企业履行社会责任，进行清洁生产，给予企业发展循环经济的推动力量；其次，政府应该加强循环经济的宣传，倡导科学消费模式，让消费者对愿意进行循环经济生产方式的企业进行"褒奖式"消费，在消费市场上给予企业发展循环经济的拉动力量；最后，政府对依靠技术创新，履行社会责任的企业予以补贴或奖励，给予更大的发展机遇，以让企业自身有发展循环经济的驱动力。

（吴国平　审读）

A Recent Study on the Development of Cireular Economy of Six Countries in Latin America and the Caribbean

Zhang Yu

Abstract: According to the LAC statistical yearbooks, this paper evaluates the level of recycling economy of the six countries in the region. Based on factor analysis and clustering methods, the LAC countries can be divided into three types. Taking the six countries of LAC (Cuba, Brazil, Argentina, Peru, Chile, and Mexico) for examples, the author analyzes the performance of recycling economy indicators in detail. Results show that the resource consumption growth of Latin American economies is still dominated. Consequentially, it is suggested that the LAC countries should enhance recycling economy to a new strategic level by scientific and technological innovation according to their respective types and lead enterprises and consumers to participate in building recycling economy by means of developing appropriate policies.

Key Words: Latin America and the Caribbean; Recycling Economy; Factor Analysis

Y.6
拉丁美洲与加勒比地区可再生能源与可持续发展：现状、挑战与前景

王　双*

摘　要：
　　拉美和加勒比地区拥有很好的可再生能源资源禀赋，近年来该地区可再生能源的开发和利用变得日益多样化，并取得了较大进展。但开发量微小、能源与环境政策之间不协调、缺乏研发投入、项目投资与融资不足、市场不成熟等问题的存在是该地区可再生能源发展进程中的重要羁绊。地区可再生能源的发展同与之相关的能源、环境与经济的可持续发展问题紧密关联，或将在长期内影响地区能源安全与可持续发展。拉美一些地区组织和国家开始积极实施与此相关的清洁能源战略与政策，应对这些挑战任务艰巨，前景却较为乐观。

关键词：
　　拉丁美洲和加勒比地区　可再生能源　可持续发展

　　拉丁美洲和加勒比地区有着极佳的可再生能源禀赋，可以很好地满足未来该地区及世界对新能源的需求。随着全球范围内气候变化造成的环境和经济危害的不断加剧，对清洁、低碳、环保的可再生能源的关注也在不断加深，该地区可再生能源取得较快发展，投资和市场活动比较活跃。

　　整体而言，金融危机对该地区可再生能源产业影响并不太大。需要指出的是，由于世界经济不稳定造成的高风险的投资环境和较低的能源价格使拉美和

---

* 王双，经济学博士，浙江外国语学院拉丁美洲研究所助理研究员，主要研究领域为拉美经济、能源、区域一体化等。

加勒比地区的可再生能源发展比较缓慢。产量仅从2008年的196.6百万吨石油当量增加到2011年的228.9百万吨石油当量。

从可再生能源的消费情况来看，图1显示出，该地区及其主要国家在2001～2011年区域整体趋势表现良好，可再生能源的消费量不断增加。其中巴西、秘鲁等国家在整个时期处于比较稳定的增长状态（除2008年有较小幅度的下降外），阿根廷、智利、哥伦比亚等国家产量在2008、2010年有小幅波动。

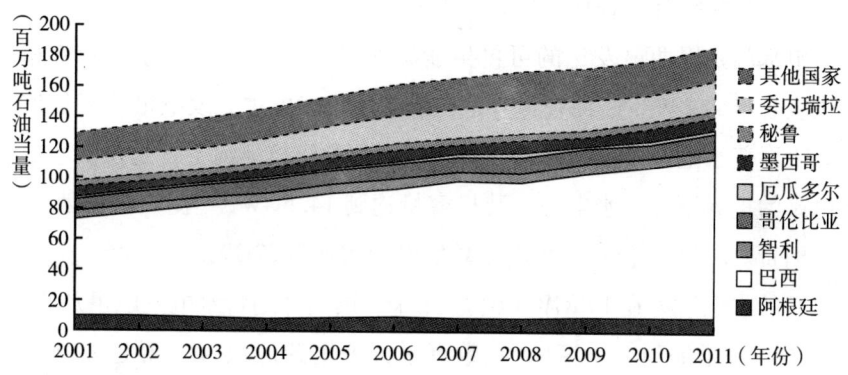

图1　拉丁美洲和加勒比地区主要国家可再生能源消费量（2001～2011年）

资料来源：BP, *Statistical Review of World Energy*, June 2012。

近些年来，该地区可再生能源的开发和利用变得日益多样化：巴西、秘鲁、委内瑞拉、巴拉圭和哥伦比亚的水能，阿根廷、巴西、哥伦比亚、哥斯达黎加的生物燃料，巴拉圭、墨西哥、萨尔瓦多、尼加拉瓜、哥斯达黎加和危地马拉的地热能源；巴西、墨西哥和智利的风能等，在地区甚至全球范围内都处于领先水平。其中一些国家，如巴西、乌拉圭、阿根廷、秘鲁、智利和巴拿马等正试图对大型项目实施更开放的竞争程序，鼓励更多的开发者投资和开发，建造更多的管道和基础设施，以促进可再生能源的开发和利用。

一　拉美地区可再生能源发展态势

（一）水电

拉美地区的水电资源潜能占据世界近20%，巴西具有最多的水电潜能，占据地区的42%，其次是哥伦比亚（16%）、秘鲁（10%）、墨西哥（9%）、委内瑞拉（7%）、阿根廷（7%）。①

由于地区内有着丰富的水电资源，加上国际组织及相关机制的扶持，如联合国清洁发展机制（CDM），因此该地区国家大都在大型水电开发建设上予以投入，这使大型水力发电在可再生能源的发电组合中占据相当大的规模。

巴西、委内瑞拉、巴拉圭和哥伦比亚在水电产量上占据重要的位置，2010年，它们的份额合计占地区水电产量总额的3/4以上。

水电部门是巴西最发达的可再生能源部门，占发电总量的近82%和初级能源供应总量的29%。② 而在世界范围内，水力发电占总发电量的平均值只有16%。伊泰普水电站坐落在巴西与乌拉圭之间的巴拉那河上，是仅次于中国三峡水电站的世界第二大水电站，装机容量达到14.5GW，③ 提供了巴西近20%的电力消费。2011年伊泰普水电站总发电量达到9.22GW。

巴西的水电潜力在140GW以上。未来，巴西计划将水电发电量从83千兆瓦时（GWh）增加到117GWh，在数百平方公里的区域（主要是亚马孙河流域）建立数个水坝。巴西政府已计划在亚马孙河流域建世界第三大水电站贝罗蒙特（Belo Monte），设在亚马孙河最大的支流之一——欣谷河，装机容量11.233GW。

巴拉圭分别与巴西和阿根廷共同拥有伊泰普水电站和亚西雷塔水电站，分别占有14000兆瓦和3200兆瓦的产量，由于该国国内用电需求较小，大部分电力用作出口，使其成为地区内最大的电力出口国。

中小型水利工程在地区内有更好的发展机会，特别是在智利、阿根廷、秘鲁、玻利维亚和哥伦比亚等国家，私有发电可以直接进入市场。在哥斯达黎加，小型私人发电项目享受特殊待遇。巴西的小水电站分布极为广泛，并有着很高的产量。根据巴西国家电力能源局的数据，2011年巴西全国有397座小

---

① Organización Latinoamericana de Energía（OLADE），*Informe de Estadísticas Energéticas* 2008 [R]，Quito，Ecuador，OLADE，2008. in Claudia Sheinbaum-Pardo，Belizza J. Ruiz，"Energy Context in Latin America," *Energy*，2012（4），p. 41.
② 根据 U. S. Energy Information Administration，International Energy Statistics 2010 [EB/OL] 数据测算。
③ 能源单位换算关系如下：1吉瓦（GW）=1000兆瓦（MW），1兆瓦=1000千瓦（kW），1千瓦=1000瓦特（W）。

水电站运行,产出近 3.5GW 的电力。由于森林保护和地理条件限制,巴西北部地区仍然是水电开发最少的地区,小水电的开发比例只有 9%,未来潜力巨大。

(二)风能

风能与小水电、地热能和生物能等一样,是一种清洁而广受欢迎的可再生能源。近年来涡轮机和其他组件的价格大幅下降,使风电行业边际成本低的优势越来越明显,因此风力发电成为了更可行的选择。相比之下,不稳定的天气条件(如降雨量)会影响水电项目的供水,促使风能成为拉丁美洲和加勒比地区国家可再生能源开发优先考虑的选项。

由于已通过验证的风电技术继续向着更先进、更经济的方向发展,以及风能产业对带动本地制造业发展和促进就业等巨大潜力,地区开发商和政府开始偏好风能开发,希望通过以风能为代表的新能源作为整体经济发展计划来刺激本国经济。

世界范围内,随着经济危机影响之下风电市场日益紧缩,风电机组产能过剩。来自廉价的天然气资源、同一价格水平却享受高补贴的化石能源和核电的激烈竞争,以及政府预算不足对现行价格机制带来的挑战等因素,都使风电行业面临严峻挑战。与此同时拉美地区开发商和企业在寻求扩张的机会。根据一项由 IHS 新兴能源研究(EER)的研究,拉丁美洲处于一个较快的增长周期的顶峰。拉丁美洲和墨西哥风能开始快速增长,但需要一段时间才能在世界的增长中占有显著地位。EER 预测未来 15 年内风力发电装机容量年增长率将达到 12.6%,2015 年整个区域风能发电将达到 46GW。①

巴西和墨西哥是该地区风电行业的领导者。2011 年,巴西成为拉丁美洲风电新增装机容量最多的国家,紧随其后的是墨西哥。这些国家虽然风能的比例仍旧很小,但它们已制定了相应的政策与产业框架,开始维持市场增长的良性循环。

---

① IHS Emerging Energy Research (IHS EER), "Latin America Wind Power Markets and Strategies: 2010 – 2025," in *Market Study Excerpt*, April 2010, p. 2.

在世界经济遭遇危机的背景下，尽管危机对贷款人流动性造成影响，并影响到大型风电项目，但地区和国家开发银行有足够的资金预留给这种新兴的能源项目，保障了拉丁美洲地区的风电等新能源项目处于活跃状态。巴西在风电发展中吸引到了地区最多的投资，2011年巴西风电新增装机容量达583兆瓦，累计装机容量达到1509兆瓦。但是其潜能还远远没有得到完全开发，预计到2025年可望占据地区风能装机总量的69%。巴西风电产值将从2009年的不到10亿美元增加到2015年的22亿美元，占地区总量的70%。① 巴西风能产业的迅猛发展得益于2002年始巴西采取的可再生能源激励项目（PROINFA），该项目建立了风力发电场连接到国家电网的基本规则。

墨西哥在地区风电产能中排在第二位，有66兆瓦的总装机容量。拉美能源协会预计该国风电潜力约3000万千瓦。墨西哥是拉丁美洲地区最大的风电项目所在地——瓦哈卡地区的特旺特佩克地峡，其三大风能场总计产能306兆瓦。墨西哥制定了地区内最具雄心的目标，拟在15年内将风能的比例从2%提高到20%。现墨西哥风电能源市场正在蓬勃发展。近期有190万千瓦风电项目在建，并计划在2015年完工。

智利拥有本地区最优质的风能资源，将会成为拉美地区风能的后来居上者。智利政府正在制定新的"20/20"法案，以期到2020年实现可再生能源达到20%的目标。如果该法案获得通过，将在未来的几年里使可再生能源市场达到450万千瓦，其中风能占20兆瓦。② 智利许多在建项目都在2012年完工，2012年新增装机容量达到33兆瓦。大型风电项目主要位于该国北部中心地区科皮亚波市附近。

哥斯达黎加可能会作为涡轮和涡轮供应设备生产中心，该国的受教育人口、有利的投资环境，以及其稳定的政治和经济状态，未来很可能成为制造组件的公司的一个目标地。尼加拉瓜风力发电总安装容量达863兆瓦，提供了比任何其他拉丁美洲国家更大份额。另一个215兆瓦的风力发电项目还在规划阶

---

① IHS Emerging Energy Research（IHS EER），"Latin America Wind Power Markets and Strategies: 2010 - 2025," *Market Study Excerpt*, April 2010, p. 4.

② Colin Bennett, "Latin American Wind Takes Shape," *Renewable Energy Focus*, September/October 2010, pp. 12 - 15.

段。但拉美风能协会（LAWEA）认为，在该国电力需求低（平均仅300兆瓦）的情况下，如何使用这些新增电量却将变得复杂。阿根廷风电发展迅速，2011年新增装机容量79兆瓦，累计装机容量同比翻了一番。

（三）太阳能

清洁先锋（Clean Edge）公司研究指出，2007～2011年，国际范围内太阳能光伏系统的成本下降了一半以上。美国能源信息署（EIA）的数据也显示出这个趋势（如图2）。

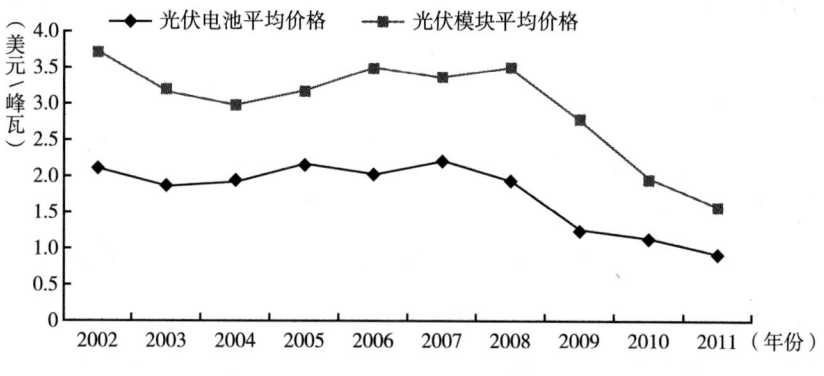

图2　太阳能光伏零件平均价格变化图（2002～2011）

资料来源：U. S. Energy Information Administration（EIA），*Annual Photovoltaic Cell/Module Shipments Report*，2012。

2011年全球太阳能系统安装的平均成本为3.47美元/峰瓦，预测到2021年该成本还将降至现有水平的近1/3。与此同时太阳能光伏产业市场还将继续扩大，将从2011年的916亿美元扩张到2021年的1305亿美元。[①]

近期来看，受经济危机的影响，世界光伏产业发展曲折。虽然装机量将继续呈现强劲上涨势头，然而从2012年形势来看却并不乐观，制造商投资失败、大多数参与者利润微薄、由于裁员造成的必要的知识资本暂时闲置等问题，给全球太阳能产业的发展蒙上了阴影。

对拉美和加勒比地区的发展中国家而言，开发太阳能可以促进地方经济

[①] Ron Pernick, Clint Wilder, Trevor Winnie, *Clean Energy Trends* 2012, Clean Edge, 2012, p. 4.

发展和本地就业、改善当地环境、提升能源系统和基础设施可靠性，并形成更高的能源安全性。在拉美和加勒比地区，零散的扶持政策和光伏模块成本的下降，为太阳能开发商创造了丰富的契机。该地区太阳能光伏产业增长正处于其第一次浪潮的顶峰，该地区有 9 个国家公布了超过 4000 兆瓦的项目。① 此外，不同层次的多边机制正在帮助和支持此类项目初级阶段的部署。

据全球能源网络研究所（GENI）估测，巴西的太阳能潜力达到 114GW。② 巴西光伏系统的一个重要组成部分是由联邦政府于 1994 年启动的州与都市能源发展项目（PRODEEM）。该项目如今已建立了总额为 3725 万美元的基金、囊括 8956 个项目，以及 5.112 千万峰瓦值（Kwp）的潜能。③ 巴西政府雄心勃勃的"全国环境气候变化计划"，目标是到 2015 年使太阳能电池板的面积扩大三倍。

（四）生物能

拉丁美洲和加勒比地区生产生物能具有良好的土壤、适宜的气候、可利用的土地和劳动力成本低廉等组合优势。以巴西为例，鲜有国家能像巴西这样具有如此好的自然资源去开发生物能源。巴西有 8.51 亿亩土地，大都处于赤道和南回归线之间。优越的气候条件、充足的降水可使巴西的甘蔗在最小或者几乎无灌溉的情况下达到最大产量。巴西有着 30 多年的燃料乙醇工业生产的经验，是世界第二大乙醇燃料生产国和最大的出口国。

巴西甘蔗生产的乙醇净能比可达 8.0（NER = 可再生能源投入/化石能源投入），意味着乙醇比普通化石能源可平均多生产 8 倍的能源。加上甘蔗产量的提高和乙醇生产技术的提升，这种效率可能进一步提高。

---

① ISH Emerging Energy Research, "Solar Developers Descend on Latin America," October 1, 2012. http://emerging-energy.com/Content/Document-Details/Solar/Solar-Developers-Descend-on-Latin-America/1409.aspx.
② Global Energy Network Institute (GENI), "Renewable Energy Potential of Brazil," Eugador, San Diego, 2010. http://www.geni.org/globalenergy/research/renewable-energy-potential-of-brazil/re-pot-ofbrazil.pdf.
③ Marcio Giannini Pereira, et. al., "The Renewable Energy Market in Brazil: Current Status and Potential," in *Renewable and Sustainable Energy Reviews*, Vol. 16, 2012, pp. 3786 – 3802.

2009年生产的汽车有90%可使用甘蔗乙醇燃料。未来乙醇在巴西运输燃料市场上的重要性还会继续增加。巴西全国一半以上汽车使用各种弹性燃料。大多数巴西汽车制造商在销售灵活燃料汽车、卡车、小型货车，可以使用从纯汽油到100%乙醇（E100）和高达25%的乙醇浓度的混合燃料。巴西国家石油公司称，乙醇占目前轻型汽车燃料需求的50%以上，而该公司预计这一比重将在2020年增至80%以上。汽车制造商已经设计生产可以更高的乙醇混合比例燃料运行的车辆。

阿根廷和巴西新近开始利用大豆生产生物柴油。巴西制定了"社会生物柴油计划"，目标是重新分配财富、扶持贫穷农村，以及改善巴西东北部的贫困农民的生活条件。2008年7月，国家能源政策理事会（CNPE）出台了强制性混合3%生物柴油的措施以增加生物柴油的使用，2009年7月上调至4%。预测表明，2013年巴西生物柴油生产将达2.5亿升/年，这意味着巴西将成为世界生物柴油的最大生产国之一。

巴西、哥伦比亚和阿根廷存在比较活跃的生物燃料市场，巴西是世界最大的乙醇燃料出口国，占有超过90%的全球出口市场份额。哥伦比亚和阿根廷也有相当规模的生物燃料出口。该地区其他许多国家都有着显著的生产运输用生物燃料的潜力，只是目前尚处于起步开发阶段。如在厄瓜多尔、秘鲁、乌拉圭和委内瑞拉等国家，燃料乙醇的生产项目处于进展之中。该地区其他国家的生物燃料市场则非常有限。

生物能源有助于使该区域的能源组合相对清洁，但应注意到一个严重问题：由于缺乏电力、石油、天然气等现代能源，使用木柴和木炭等传统生物能的人口在该地区仍占很大比例。使用现代燃料（包括现代生物能燃料）替代燃木火炉也是拉丁美洲和加勒比地区可选择的方向，把原来使用的木柴和木炭改为更高效的技术，将大大减少对环境和空气的影响。

表1显示出拉美地区生物能的发展及其趋势，从1995年到2020年，来源于生物质的能源产量、能源生产中使用的生物能在不断增多，而占总能源发电量的比例却在不断减少，主要原因在于农村电气化项目的加强、住宅部门更多地使用电力、传统生物能逐渐被替代等变化。这将使该地区未来生物能使用比例下降，而能源消费结构则变得更清洁、更高效。

表1 拉美地区生物能的发展（1995~2020年）

项目＼年份	1995	2010	2020
拉美地区来源于生物质的能源产量(兆瓦时 TWh)	9.6	13.1	17.1
占总能源发电量的比例(%)	1.2	0.9	0.8
能源生产中使用的生物能(百万吨标准煤 Mtoe)	3.3	4.5	5.8

资料来源：Dieter Holm D. Arch, *Renewable Energy Future for the Developing World*, International Solar Energy Society (ISES) White Paper, 2005, p.17。

（五）地热能

在拉美和加勒比地区，拥有近40年的发展经验和占地区的装机容量70%的墨西哥是地热开发的主要领导者。即使利用现有的技术，墨西哥可开发地热资源也多达8000兆瓦。2011年哥斯达黎加开发了35兆瓦的地热能，此外还有一些项目在建。尼加拉瓜到2015年将有超过300兆瓦的管道项目。智利的地热能项目也在成型，有超过300兆瓦的项目在建，第一批项目已于2012年完成。

虽然拉美和加勒比地区的地热能资源丰富，但是除上述几个国家以外，地区其他国家的地热开发量极其有限。不成熟的行业和市场、较低的能源价格、较高的投资风险等因素，持续困扰着包括阿根廷、玻利维亚和秘鲁等有着较高潜力的市场。此外，管理不善也阻碍了增长的步伐。国家审批机构对地热项目经验的缺乏导致项目延误、不确定性增加，从而提高了开发成本。

三 可再生能源与经济可持续发展

（一）能源消费与可持续发展

国际能源署报告指出，由温室气体排放导致的气候变化给全球带来的威胁正日益加剧，而排放的70%都是由能源生产和消费所引起的。成熟的能源政策应包含3个"E":(1)能源安全,确保对各种形式能源可依赖性地获得,包括石油、煤炭、天然气、电力、核能及可再生能源等;(2)环境保护,特别关注引起气候变化的温室气体(特别是二氧化碳)排放的减除;(3)可持续的经济发展,依赖于能源长期安全并对能源长期安全产生重要影响。① 如今,一个深入人心的理念是,能源安全、能源政策与环境、经济的可持续发展已变得日益密不可分。

拉美和加勒比地区也对此十分重视。联合国拉美经委会在哥本哈根峰会上报告指出,如果不采取防范和减排措施,到21世纪末,拉美地区环境成本将高达现有GDP的137%。② 事实上现今拉美地区的能源消费增长速度仅次于中国,该地区也是世界上遭受气候变化损失最大的地区。

表2显示的是2008~2035年该地区碳排放情形及其预测,整体上看呈现增长趋势。图3显示,中南美地区与其他发展中国家所在地区(中东、非洲、亚洲地区非OECD国家)一样,未来20年内处于世界碳排放增长率较高的行列。巴西是该地区最主要的增长源,增长水平远远高于其他国家,处于世界碳排放增长最快国家之列,与中国、印度等其他金砖国家水平相当。

表2 拉美和加勒比地区国家二氧化碳排放量及其增长趋势(2008~2035年)

单位:百万吨

	2008	2015	2020	2025	2030	2035	2008~2035年平均增长率(%)
墨西哥、智利	493	524	565	623	688	782	1.7
巴西	423	528	579	644	739	874	2.7
其他中南美洲国家	705	759	807	853	916	978	1.2
中南美洲国家	1128	1287	1386	1497	1654	1852	1.9

资料来源:U. S. Energy Information Administration (EIA), *International Energy Outlook*, 2011。

---

① IEA, *Worldwide Engagement for Sustainable Energy Strategies*, 2012, p. 4.
② Ching-Chih Chang, Claudia Fabiola Sorucо Carballo, "Energy Conservation and Sustainable Economic Growth: The Case of Latin America and the Caribbean," *Energy Policy*, Issue. 39, 2011, pp. 4215 - 4221.

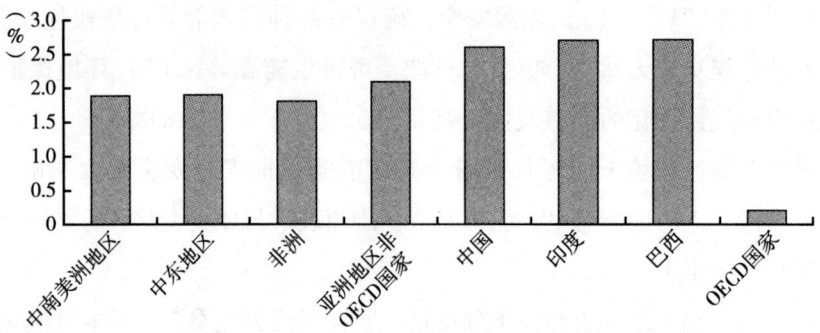

图 3　世界主要地区及国家碳排放年增长率（2008～2035年）

资料来源：U. S. Energy Information Administration (EIA), *International Energy Outlook*, 2011。

面对日益严峻的气候变化问题，该区域国家一致认为应当负担共同但有区别的责任原则。然而地区国家对待旨在应对气候变化的《联合国气候变化框架公约》上态度差异颇大，其中巴西、墨西哥（作为坎昆世界气候大会的主办方）等国家采取积极务实立场，争取达成协议。墨西哥已经向《联合国气候变化框架公约》提交了三次通讯，积极接受气候变化审查。巴西政府早在2009年11月哥本哈根气候大会之前，就批准了应对气候变化的国家政策，提出到2020年将自愿减少国家预计排放量的36.1%～38.9%。但委内瑞拉、古巴、玻利维亚等国反对《联合国气候变化框架公约》的态度比较坚决，认为只有改变资本主义制度才能解决气候变化问题。

为有效地应对气候变化，拉美和加勒比地区各国政府，特别是在碳排放强度很难再降低的国家，必须重视减少大气污染，否则该区域将在其经济的进一步发展过程中比世界其他区域产生更多的污染。除非未来碳排放强度的改善比经济增长速度更快，该地区排放总量将持续攀升。减少的二氧化碳排放量特别需要有着更高排放水平的国家（墨西哥、巴西、阿根廷和委内瑞拉等）在能源效率和可再生能源方面做出重要努力。

针对能源的可持续发展，可持续发展问题世界首脑会议（WSSD）建议各国政府、相关的区域和国际组织以及其他利益相关者，根据国家和地区的具体情况，通过发展和传播可替代的能源科技以扩大可再生能源在能源组合中的比例；加大可再生能源的使用、利用更先进的能源科技并促进传统能源的更可持续利用，实现在能源需求增加条件下的可持续发展；通过开发更先进、更清洁、更高效、更可负担和具有成本效益的能源技术，使能源供应多样化发展，并将此类技术向发展中国家优惠转让等。① 这些建议主要涉及可再生能源的使用及新能源技术的开发与传播，凸显可再生能源与新能源技术在世界未来能源、经济可持续发展中的地位。

（二）可再生能源、经济增长与可持续发展

能源消费、经济增长与可持续发展之间关系的问题需要进一步探索。拉美和加勒比地区能源组织认为：经济增长固然是发展的一个基本要素，但如果不是与为后代确保其可持续性的环境政策联系在一起，就会毫无价值。可持续发展是公共和私人投资的产品，它将产生有质量生活和社会福利。② 而可再生能源会在收入重新分配、政治权力结构、生态问题、国家能力和人力资源开发等方面对可持续发展起到重要影响。

现今拉丁美洲和加勒比地区拥有世界上最清洁的能源组合，该地区国家还在积极寻求通过地区间合作、与国际组织和国际社会共同努力应对气候变化问题，实现可持续发展，还有一些国家在国内通过国家政策和立法等促进可再生能源的使用。

针对能源与可持续发展的地区间合作，活跃的地区性组织——拉丁美洲能源组织（OLADE）的目标是促进可再生能源资源开发、技术上支持应对气候变化的调整和减排战略、促进在基础设施项目建设和能源生产发展过程中的环境综合管理。在联合国工业发展组织赞助下，拉丁美洲能源组织正在努力促进"拉丁美洲可再生能源天文台"项目的实施。该项目旨在促进拉丁美洲和加勒比地区墨西哥、巴西、厄瓜多尔、哥伦比亚、巴拉圭、乌拉圭、多米尼加共和国和哥斯达黎加等国家的可再生能源发展。目标是通过搜集各个国家现有的各

---

① Dieter Holm, D. Arch, *Renewable Energy Future for the Developing World*, International Solar Energy Society (ISES) White Paper, 2005, p. 48.
② OLADE, *Latin American and Caribbean Energy Organization (ENERLAC) Magazine*, Vol. 2, No. 2, Oct. 2010, p. 71.

种能源技术、发展水平、不同的融资机制信息,开发一种可再生能源的信息基地平台。

拉丁美洲地区是与联合国清洁发展机制(CDM)项目紧密联系和积极实施的主要受益者。清洁发展机制在阿根廷最新的项目之一是2010年年底开始实施的使用堆填区垃圾生产沼气。"垃圾填埋场沼气"项目的目标是每年减少大约260吨二氧化碳当量。2007年2月1日,阿根廷颁布了"26.190"号法案,以促进、推广可再生能源发电。该法律规定,到2016年至少有8%的总电力消费量应来自可再生能源组合,该组合包括风力发电、太阳能光伏发电、潮汐、小规模水电和沼气等。①

一方面,可再生能源的生产与消费也会引起负面经济问题,如生物原料在用于生产食品和生产生物燃料之间的竞争是最主要的关注领域之一;另一方面,也有穷人潜在受益于生物燃料生产。对生物燃料的需求可能扭转最近几十年里困扰许多发展中国家的问题:农业产品的实际商品价格下降的趋势。因此,生物燃料为发展中国家急需的投资提供了一个机会,有利于农业部门发展和减除贫困。因此重要的是在可再生能源发展与经济发展之间找到平衡,需要进一步促进使用闲置土地或者牧场来扩大甘蔗等生物原料的种植,以限制间接利用土地的影响,以便在最小的环境影响下实现可持续的生物能源发展。

由包括消费品公司(如可口可乐)、商品交易商(如嘉吉)、非政府组织(如世界自然基金会)、国家和地方生产者(如甘蔗生产者联盟)和石油公司(壳牌、英国石油公司)等多方利益相关者组成的"更好的甘蔗倡议"(BSI),是一个开放式、自愿性的非营利组织,旨在减轻拉美地区生物能源生产对社会和经济的负面影响,改善全球范围内社会、经济和环境可持续性。

巴西一直奉行可再生能源组合战略,发展并提供深入低碳创新的激励机制。根据巴西2030年国家能源计划,到2030年可再生能源和甘蔗衍生品将提供能源组合的27.6%。考虑到所有部门将减少能源消耗的基本情景,该计划

---

① Claudia Sheinbaum-Pardo, Belizza J. Ruiz, "Energy Context in Latin America," *Energy*, No. 4, 2012, p. 46.

预计到 2030 年能耗将降低约 8%。此外，电力部门将减少能耗 53 亿千瓦时，接近 5% 的最低预测限度。①

哥伦比亚没有促进可再生能源的专项法律，然而由于具有较大的水电潜力，其发展重点是促进中型水电系统发展。委内瑞拉政府于 2000 年推出试点项目"可再生能源执行计划"（PODER），2004 年转为可再生能源项目（PER）。② 作为 2012 年新能源计划的一部分，该项目计划在该国四个不同地区建设风电公园，以及重点在农村地区安装光伏发电系统。智利是拉丁美洲和加勒比地区唯一采用可再生投资组合标准（RPS）的主要市场，RPS 为项目开发提供长期的信心。

节能和提高能效也是该地区促进可持续发展的重要手段之一。该地区国家通过实施国家项目来促进合理、高效的能源使用，还包括用技术先进的设备替代旧的、过时的、能效低的设备等战略和行动方针。例如巴西在国家环境部和联合国计划开发署（UNDP）的支持下，制订了主要更换冰箱的战略。这类项目采用了清洁发展机制（CDM）和量化碳信用额，以期通过接收捐赠资金购买更高效的冰箱。哥斯达黎加、哥伦比亚、厄瓜多尔实施国家试点项目，以大量取代国内旧冰箱。厄瓜多尔的项目除了政府的直接支持和低息贷款外，还允许旧冰箱折价为新产品采购成本的一部分。古巴通过所谓的"能源革命"，更换了大量能效低的冰箱、风扇、微波炉、热水器等旧电器。

墨西哥能源转型和可持续能源的国家战略在 2011 年发布，该文件计划通过提高能效，到 2030 年减少 4017 亿千瓦时的用电量。③ 2009 年 7 月 1 日由墨西哥总统签署实施"更换电器以节省电力"的计划，其目标是用更节能的冰箱和空调取代使用了 10 年以上的旧家电。该项目从 2009 年 1 月 9 日实施至 2010 年 6 月 30 日，淘汰了 470155 台冰箱和 40703 台空调，共计 510858 件电

---

① Ministerio de Minas e Energia（MME），*Plano Nacional de Energia*，*2030*，Brasilia，Brazil，MME，2007. in Claudia Sheinbaum-Pardo，Belizza J. Ruiz，"Energy Context in Latin America，" *Energy*，No. 4，2012，p. 46.

② Claudia Sheinbaum-Pardo，Belizza J. Ruiz，"Energy Context in Latin America，" *Energy*，No. 4，2012，p. 46.

③ Secretaría de Energía，"Estrategia Nacional para la Transición Energética y el Aprovechamiento Sustentable de la Energía 2011，" SENER，México，Mexico，2011. http：//www.sener.gob.mx.

器被取代。该项目总共节省了 2.62 亿千瓦时的电能消耗和 5.113 万千瓦的电量需求,这意味着避免了燃烧 467800 桶石油和 174.8 吨二氧化碳排放。①

四 问题与挑战

在拉美和加勒比地区可再生能源的发展及与之相关的能源、环境与经济的可持续发展问题是紧密关联的,其中存在的问题或将在长期内影响地区能源安全与可持续发展,因此需要特别注意。

一是丰富的可再生能源潜力与微小的开发量之间的矛盾。目前拉美和加勒比地区的发电组合仍然主要依靠燃烧化石能源特别是石油来发电,相对于该地区丰富的可再生能源潜力,这些国家的开发量显得非常渺小。如巴西、秘鲁、委内瑞拉、巴拉圭和哥伦比亚在该地区水电产量上占据重要的位置,2010 年它们总份额占到地区水电产量的 3/4 以上。该区域水力发电潜能高达 661GW,而区域水电装机容量仅有 153GW,只有 23% 的潜力被利用。② 巴西、墨西哥和智利这三个国家已安装的风力发电能力超过地区总装机容量的 80%,而整个区域的风能利用率却低于预测风能潜力的 1%。

二是能源政策的不配套,能源与环境政策之间不协调。经验证据表明,在可再生能源发展中施以适当的能源政策可以促进可再生能源的快速发展。国家的能源政策与此特别相关,不管是什么政策工具,政府的作用至关重要。在拉美和加勒比地区,大多数国家都没有鼓励可再生能源开发和利用的积极的能源政策。到目前为止,该地区国家的环境政策与能源政策之间缺乏协调。这种缺乏协调的政府行动的实际效果不理想,造成获取环境许可证和水电开发权的成本较高。此外,在能源政策的制订和规划中,联邦政府在环境领域权力分散,使协议难以达成、联合行动难以开展。

三是缺乏研发投入,项目投资与融资不足。困扰拉丁美洲可再生能源行业

---

① OLADE, *Latin American and Caribbean Energy Organization* (*ENERLAC*) *Magazine*, Vol. 2, No. 2, Oct. 2010, p. 95.

② OLADE, *Latin American and Caribbean Energy Organization* (*ENERLAC*) *Magazine*, Vol. 2, No. 2, Oct. 2010, p. 18.

的最大问题之一是缺乏相应的科技研发,这对可持续能源的发展产生了直接的影响。因此需要研究开发、技术信息收集与传播,以促进相关利益者(各类组织、企业和政府等)对可再生能源项目的推广和投资。

四是可再生能源本身特点所造成的结构性问题。值得注意的是,如风能和太阳能等可再生能源还面临周期性问题,使这些能源发电不能轻易地集成到电网。此外,相比现有传统发电机,可再生能源发电的负荷能力较小,其操作规模比传统技术往往要小得多,这就意味着这些可再生能源不太容易产生规模效益。这就使其在与传统化石能源的价格竞争中不能占据优势。

五是市场不成熟。拉美及加勒比地区风能市场相对不成熟。在现有电力需求日益增加、电力生产迫切需要提高的背景下,拉美及加勒比地区风力资源虽丰富,但却只有少量得到开发。各国政府明确表示支持可再生能源的发展,但在大多数国家却未能转变成为可行的、透明的实施框架。缺乏经验的本土开发商往往会低估成本,建造线路不清晰的不经济管道项目,这会阻碍行业发展。

(柴瑜 审读)

Renewable Energy and Sustainable Development in Latin America and the Caribbean: Current State, Challenges and Prospects

Wang Shuang

Abstract: Latin America and the Caribbean have great resources endowments of renewable energy. Although the development and utilization of renewable energy have been increasingly diversified and made great progress these years, a series of challenges remain, including the small amount exploitation of renewable energy, incoordination between the energy and environmental policies, insufficient investment in research and development, inadequate investment and financing on projects, and the immaturity of the regional market. The development of renewable energy is closely related to the sustainable development of energy, environment and economy, which would affect the region's energy security and sustainable development in the long term. Some sub-regional organizations and countries in this region have implemented positive clean energy strategies and policies, as a result, the prospects of renewable energy could be optimistic despite great challenges.

Key Words: Latin America and the Caribbean; Renewable Energy; Sustainable Development

形势报告

Sector Reviews

Y.7
2012~2013年拉美政治形势：稳定中的新风险

袁东振[*]

摘 要：

2012年拉美地区政治稳定的局面进一步巩固，政治生态基本均衡。"左""右"翼的公开争论趋缓，代之以"温和""激进"发展道路之争。拉美国家程序民主趋于完善，有利于稳定的因素进一步增多，但体制性矛盾进一步暴露，公共安全风险趋于"常态化"。左翼政府执政环境有所改善，但执政压力依然很重。2013年拉美地区将继续保持政局基本稳定的趋势，但一些不确定因素值得关注。

关键词：

政治格局　政府更迭　程序民主　政策风险

---

[*] 袁东振，法学博士，中国社会科学院拉丁美洲研究所政治室主任，研究员，博士生导师，主要研究领域为拉美政治。

本报告主要从政府更迭、发展模式、政治体制、安全形势、执政环境等方面，分析2012年拉美政治形势的新变化，并对2013年发展动向作初步展望。

一 政府更迭情况

2012年拉美地区各国的选举基本有序，政府和执政党更迭大致正常。只有巴拉圭因政府非正常更迭引发政治危机。基本情况如下。

1. 尼加拉瓜总统就职

2012年1月10日丹尼尔·奥尔特加（Daniel Ortega）宣誓就职尼加拉瓜总统，任期5年。奥尔特加是在2011年11月大选中成功连任总统的。

2. 伯利兹执政党继续执政

在2012年3月7日大选中，执政的统一民主党（United Democratic Party）在众议院31个席位中获17席，取得连续执政地位。本届政府于2012年3月14日组成，迪安·巴罗（Dean Barrow）连任总理，任期5年。

3. 巴哈马执政党更迭

在2012年5月7日大选中，进步自由党（PLP）战胜执政的自由民族运动（FNM），在众议院38个席位中获29席，佩里·克里斯蒂（Perry Christie）出任总理。

4. 多米尼加执政党继续执政

在2012年5月20日总统选举中，执政的解放党（PLD）候选人达尼洛·梅迪纳（Danilo Medina）以51.24%得票率当选，并于8月16日就任，任期4年。

5. 巴拉圭总统遭弹劾引发危机

2012年6月22日巴拉圭参议院以"严重渎职"罪通过对总统费尔南多·卢戈（Fernando Lugo）的弹劾案。副总统费德里科·佛朗哥（Federico Franco）随后宣誓就任总统，将完成卢戈的剩余任期。新总统承诺继续执行卢戈政府的政策，并将如期于2013年进行大选。巴拉圭政府非正常更迭后，卢戈的支持者举行大规模抗议活动，南美国家拒绝承认佛朗哥政府的合法性。

6. 墨西哥革命制度党重新执政

在2012年7月1日大选中,革命制度党候选人培尼亚·涅托(Enrique Peña Nieto)以38.21%的得票率当选总统。曾连续执政71年的革命制度党在失去政权12年后重新执政。涅托于12月1日就职,任期6年。在议会选举中,革命制度党继续保持第一大党地位,但所获席位未过半数,政府施政将面临反对党制约。各党在新一届议会席位见表1。

表1 墨西哥各党派在本届国会席位

政 党	众议院席位(个)	百分比(%)	参议院席位(个)	百分比(%)
革命制度党	213	42.6	52	40.6
国家行动党	114	22.8	38	29.6
民主革命党	102	20.4	22	17.1
绿色生态党	28	5.6	9	7.0
劳动党	18	3.6	5	3.1
公民运动	15	3.0	1	1.5
新联盟党	10	2.0	1	0.7
合 计	500	100	128	100

资料来源:IFE,"Integración del Congreso de la Unión,"http://pac.ife.org.mx/boletin6_nota2.html; Camara de Diputados,"Composición por tipo de elección y Grupo Parlamentario,"http://www.diputados.gob.mx/inicio.htm。

墨西哥之所以出现执政党更替,主要是因为国家行动党执政业绩不佳。卡尔德龙(Felipe Calderon,2006~2012年执政)政府时期,墨西哥宏观经济虽取得稳定增长,但社会矛盾未见缓解,收入分配状况未见明显好转。贫困率从2008年的44.5%上升到2010年的46.2%,贫困人口净增320万人,总数达5200万人。卡尔德龙执政后发动"反毒战争"效果不佳,反而造成社会暴力升级,治安环境恶化,5万多人死于与毒品相关的暴力活动。上述情况无疑给革命制度党再度执政留下了难题。

7. 委内瑞拉总统查韦斯再次连任

在2012年10月7日总统选举中,由执政的统一社会主义党领导的"爱国联盟"候选人、时任总统查韦斯(Hugo Chavez)获得55.26%选票,以领先主要对手恩里克·卡普里莱斯(Henrique Capriles)11个百分点的较明显优

势,连续第四次当选总统,已连续执政 14 年的查韦斯将再执政 6 年。查韦斯连任有利于委国内变革和"21 世纪社会主义"建设进程的连续性。然而,查韦斯病情再度恶化,并于 2013 年 3 月逝世,增加了委内瑞拉政治变局的风险。

8. 萨尔瓦多举行国会选举

2012 年 3 月 11 日选举中,反对党民族主义共和联盟(ARENA)在国会 84 个席位中获得 33 席,成为国会第一大党。执政的马蒂阵线(FMLN)获 31 席,民族团结大联盟 11 席,民族和解党 6 席。本届议会于 2012 年 5 月 1 日就职。

二 意识形态之争趋缓,发展模式之争凸显

(一)地区政治生态继续维持均衡状态

拉美地区继续维持"左""右"相互对峙、竞争和共存的总体格局。一方面,"左""右"分野的基本态势依然明显。阿根廷、巴西、乌拉圭、委内瑞拉、玻利维亚、厄瓜多尔等国左翼或中左翼政府执政地位较稳固,智利、哥伦比亚等右翼或中右翼政府也取得较好执政业绩。无论在执政理念、意识形态取向还是在具体执政措施方面,"左""右"之间差异犹存。另一方面,"左"和"右"在拉美仍基本平分天下,双方力量对比大体保持均衡状态。无论是墨西哥执政党更迭,还是查韦斯再度连任,抑或是其他国家的各类选举,都难以改变整个地区"左""右"分野、相互对峙和势均力敌的基本政治态势。

(二)实用主义成为各类政府政策的基本取向

无论是智利、哥伦比亚等中右翼政府还是巴西、阿根廷等中左翼政府均坚持既定发展战略,基本政策未有重大变动。虽然各国社会经济政策及执政理念仍有差距,但多数政府的意识形态色彩进一步淡化,实用主义特色更加明显。无论是左翼还是右翼政府,都强调从本国实际出发,将政治稳定、经济增长和社会安定作为首要执政目标,注重争取更广泛社会阶层的支持。在地区事务中,"左""右"双方都尽力摒弃政治和意识形态分歧,强调拉美地区团结和自强,在南美洲国家联盟、拉美和加勒比国家联盟及其他区域组织框架内加强合作。

（三）"左""右"之争转化为"温和"与"激进"模式之争

近年来拉美地区"左""右"之间的争斗逐渐由明转暗，争斗主要不是体现为意识形态和政策主张的公开争论，而是更多地体现为"温和"与"激进"两种发展模式和发展道路的较量和选择。"激进"模式以查韦斯、莫拉莱斯、科雷亚等"激进派"为代表，主张进一步强化国家干预经济的程度，如查韦斯"2013～2019年执政纲领"强调继续"深化社会主义"，推动社会所有制建设，建设合作社经济。阿根廷、玻利维亚等国政府继续把一些外国和私人企业国有化，加强国家主导。"温和"模式的代表有两类，一类以巴西、秘鲁、乌拉圭等"温和"左翼政府为代表，强调在坚持市场经济模式前提下大力关注民生，在政策取向上与"激进"模式有较大差异；另一类是以哥伦比亚、智利等中右翼政府为代表，主张市场经济路线和加大社会政策力度，甚至公开赞同巴西的经济模式，其经济社会政策有与"温和"左翼趋同之势。在基本政策取向和实践上，拉美"激进"左翼政府与"温和"左翼政府之间的差距，在很大程度上要大于"温和"左翼政府与所谓中右翼政府之间的差距。

在"温和"与"激进"模式之争过程中，有一个值得注意的现象，即拉美左翼和右翼政府的政策均趋于稳定化。无论是在智利、哥伦比亚等中右翼政府执政的国家，还是巴西、乌拉圭等"温和"左翼政府执政的国家，政府政策的稳健化已成常态。即使在委内瑞拉、厄瓜多尔、玻利维亚等"激进"左翼执政国家，政策也趋于稳定，因为在将能源等战略部门收归国有后，政府在其他领域的政策变动受到众多限制，政策调整空间已相当有限。

三 程序民主趋于完善，体制性矛盾不断显露

（一）民主观念和意识进一步增强，但在民主的评价标准方面存在分歧

最近30年，随着"拉美进入长期的民主统治时期"，军事政变频仍、军人和文人交替统治的历史周期被打破，民主政治已具有更深厚的社会和经济基础，政治民主化的根基更加坚实，民主价值和观念更加深入人心。民意调查显

示，拉美国家绝大多数民众支持民主，认为民主是最好的国家形式。① 与此同时，拉美人在民主评价标准方面存在明显分歧，并具体体现在对委内瑞拉等国家政治实践的评价方面。查韦斯1999年执政后在委内瑞拉开展一场以"和平和民主"方式进行的"玻利瓦尔革命"，对国家政治、经济和社会结构进行全面调整，并渐渐把寻求新发展道路的路径转向社会主义。在查韦斯的推动下，委多次修改宪法，取消连选连任限制，允许总统和各级民选职务无限期连选连任。围绕查韦斯的改革特别是其频繁修宪和寻求无限期连任等举措，无论是在国际、拉美地区还是委国内，都引发了对民主问题的激烈讨论。不少保守或右翼政党、政治家、权贵精英阶层及媒体将查韦斯视为"专制"和"独裁"的化身，认为其修宪和取消连选连任的终极目的是为自己担任终身总统扫清法律限制，其做法与民主原则格格不入。一些左翼政党和组织、政治家、学者和委内瑞拉中下阶层民众则认为，委内瑞拉的民主"充满生机且坚实稳固"，查韦斯连任是委内瑞拉"完美"民主的明证。查韦斯本人也表示，委内瑞拉实施的是"确定无疑的民主政治，它是一个完全透明、敏捷、高效的体系"。由于民主评价标准不同，对民主或非民主行为的理解和态度也必然不同，而这可能成为不同利益集团相互攻伐的口实或借口，可能会对民主体制构成潜在或现实威胁。

（二）维护民主的共识增多，但主权与民主时有冲突

为防止军事政变的发生和巩固拉美地区脆弱的民主，美洲国家组织成员国2001年曾签署《美洲民主宪章》，主张对军事政变等违反民主的行为采取集体行动。该宪章的签署表明拉美国家在民主问题上取得共识，客观上有助于拉美政治民主化局面的巩固。但如上所述，由于对民主和民主体制理解不同，以及民主评价标准不一致，经常造成一国国家主权与地区民主之间的矛盾和冲突，甚至引发拉美国家间的矛盾和分化，损害拉美国家的团结。拉美国家围绕洪都拉斯和巴拉圭总统非正常下台所引发的矛盾和冲突是典型案例。2009年6月洪都拉斯总统曼努埃尔·塞拉亚被罢免。这本是洪都拉斯主权范围之事，却遭

---

① "The Latinobarómetro Poll: The Discontents of Progress, As Latin Americans Become Less Poor, They Want Better Public Services," *Economist*, Oct. 29th 2011. http://www.economist.com/node/21534798.

到拉美国家普遍谴责，洪还为此被逐出美洲国家组织。2012年巴拉圭又遇到同样困境。6月巴拉圭参议院认为卢戈总统"严重渎职"和"有罪"，遂通过对总统的弹劾案，总统被解职。拉美特别是南美国家对巴拉圭政府非正常更迭作出强烈反应。巴西总统罗塞夫建议将巴拉圭驱逐出南美洲国家联盟和南方共同市场；阿根廷、厄瓜多尔和委内瑞拉等国家总统明确表示，将采取集体行动制裁巴拉圭新政府；随后巴拉圭被暂停南方共同市场成员国资格。

围绕洪都拉斯和巴拉圭政府非正常更迭所造成的事态表明，虽然拉美国家有维护民主的共识，但在捍卫民主过程中，经常会出现维护主权和推进地区民主的矛盾。如何在尊重和维护一国国家主权前提下协调和解决上述矛盾，是拉美国家需要应对的现实问题，因为类似的情况还可能在该地区一些国家发生。

（三）选举制度进一步完善，固有缺陷亟待修正

得益于选举制度和选举规则日益完善，拉美国家对选举结果出现争议的情况越来越少，选举结果的权威性与合法性不断增强。但在少数对选举结果仍经常出现争议的国家（如墨西哥），选举制度的缺陷日益暴露，亟须改革和修正。墨西哥2006年和2012年连续两次出现得票率居第二位的总统候选人公开抵制大选结果的情况。2006年7月投票结束后，民主革命党总统候选人洛佩斯先是认为计票过程中有舞弊行为，不承认大选结果，向联邦选举法院提起诉讼，要求重新计票；继而在首都墨西哥城等地发动大规模抗议行动，长期不承认选举结果，并成立平行内阁与政府对立。2012年类似一幕再次重演。联邦选举委员会在宣布初步选举结果后，民主革命党总统候选人洛佩斯即向联邦选举法院提起上诉，认为革命制度党候选人涅托存在贿选和竞选经费超支等问题，要求该院宣布本次总统选举结果无效。该院以证据不足为由驳回其上诉，并在8月底正式宣布涅托当选总统。洛佩斯仍拒绝承认选举结果，并宣布退出民主革命党以及由该党与劳动党、公民运动党等组成的左翼政党联盟。

对大选结果屡屡出现争议，说明墨西哥政治制度存在缺陷，选举制度既缺乏解决政治争端的能力，也无法保证当选者的合法性基础。例如2012年涅托只获得了约38%的有效选票，如果考虑到投票率只有60%这一因素，这意味着支持涅托的选民实际上只占总选民的20%多一点，涅托当选总统明显缺乏

合法性基础。早在2006年墨西哥大选后欧盟就向墨西哥有关当局提出包括修改选举法在内的49项具体建议，建议改革选举制度，在总统选举中采用两轮选举，以提高当选者的合法性。卡尔德龙总统执政后也曾提出进行两轮总统选举的建议，但这一进程未得到实质性推进。拉美国家的经验表明，那些将总统一轮选举制度改为两轮选举的国家，对选举结果的争议相对较少，当选者也具有更大合法性。墨西哥的选举制度若不进行必要改革，类似的争议还将会出现。从这个角度讲，该国选举制度改革已迫在眉睫。

四 有利于和平与发展的因素增多，公共安全风险趋于"常态化"

2012年，尽管拉美地区有利于和平与发展的因素进一步增加，但公共安全形势继续恶化且呈现"常态化"趋势，对民主体制的稳固构成威胁，各国积极寻找应对措施。

（一）哥伦比亚和平进程重启，但困难重重

哥伦比亚政府和游击队举行10年来首次谈判，和平进程取得新突破。"哥伦比亚革命武装力量"（FARC）建立于1964年，是哥伦比亚最大的游击队组织，也是拉美地区仅存为数不多的反政府武装之一。1984年以及1998~2002年，哥伦比亚政府和FARC曾举行数次和谈，但都以失败告终。此后双方一直处于交战状态，但均不能完胜对方。2012年1月FARC宣布准备与政府对话，此后双方代表在古巴进行6个月直接会谈，并于8月签署和谈与对话的初步协议。10月双方在挪威宣布正式重启和平谈判，表达了通过和谈结束国内武装冲突、恢复和平的愿望。11月双方在古巴首都哈瓦那继续和谈，并达成首项共识，同意举行"农业综合发展政策论坛"，探讨该国农业领域的问题。

哥伦比亚政府和游击队重开和谈的原因主要包括以下几个方面。（1）双方在国内和平问题上取得新共识。近10年来FARC连遭政府军重创，多名领导人丧生，活动范围被压制在边境地区。然而，FARC仍有近万名成员，有能力对国内能源等基础设施采取袭击行动，并对政府军攻势进行有效反击。由于

双方均不能迅速完胜对手，通过和谈解决旷日持久的冲突逐渐成为双方的新共识。(2) 哥国内民众人心思和。长期的武装冲突造成巨额财产损失和人员伤亡，越来越多的民众希望双方通过和谈解决冲突。此次和谈得到80%以上哥伦比亚人赞成。① (3) 和谈气氛基本成熟。政府和游击队均为和平解决冲突创造条件。桑托斯政府2010年颁布"土地法"和"受害者法"，有可能使游击队和平遣散的法律框架基本具备，客观上为和谈创造了条件。游击队也作出姿态，释放被其长期扣押的多名军人和警察，并作出不再绑架平民的承诺。(4) 国际环境更为有利。近年来哥伦比亚与支持游击队的拉美国家的关系相继得到改善。挪威、古巴、委内瑞拉和智利作为和谈保证国极力斡旋，为谈判顺利进行提供了重要保障。

然而，哥伦比亚和谈进程仍面临不少困难。虽然绝大多数哥伦比亚人支持和谈，但也有一些人持反对态度，为和谈制造不和谐气氛和障碍，甚至"搅局"，如前总统阿尔瓦罗·乌里韦认为与游击队实现和平将把古巴和委内瑞拉模式引入哥伦比亚。② 双方积怨甚深和长期缺乏信任，即使在和谈期间，也未实现停火，双方的冲突仍在不断造成新的人员和财产损失。③ 和谈需解决的议题众多，包括结束国内武装冲突，游击队员重返正常生活，扩大政治反对派和公民参与，推进农村和边远地区均衡发展，解决农民土地问题等。要想彻底解决持续半个世纪的武装冲突，绝非几轮谈判所能奏效，谈判的艰难程度可想而知。

哥伦比亚国内冲突持续数十载，不仅危及本国稳定，也给拉美地区特别是邻国带来许多安全隐患。哥国内和平进程的前景将对整个地区安全形势产生不可低估的影响。

（二）秘鲁反政府武装残余再遭重创，但隐患并未完全解除

"光辉道路"是秘鲁主要反政府武装，20世纪80年代至90年代初曾控制

---

① Javier Casella, "Negociador del Gobierno Colombiano con FARC Es Moderadamente Optimista," http://www.elnuevoherald.com.

② "Uribe: Paz con las FARC Llevará Modelo de Cuba y Venezuela a Colombia," http://www.elnuevoherald.com.

③ Cesar Garcia, "Piden Tregua Navideña en Colombia," http://www.elnuevoherald.com/2012/10/30/.

该国大片地区。其创建者古斯曼1992年被捕后，该组织的力量和活动能力大为削弱，但其活动一直没有停止。2012年"光辉道路"又遭重创，秘鲁安全部队不仅抓获其重要领导人阿特米奥（Camarada Artemio），[1] 捣毁该组织部分营地，而且破获其在利马等地区的外围支持组织。目前该游击队对秘鲁国家安全的威胁基本消除，主要表现为四个方面。第一，国内和平局面日益稳固，该组织在民众中已丧失传统的支持基础。第二，该组织基本失去与政府对抗的能力，活动范围被压缩在秘鲁两大古柯叶产地，即瓦亚加谷地区以及阿普里马克河与埃内河谷地区。第三，该组织领导人已公开认输。2011年12月阿特米奥公开承认武装斗争失败，称愿停止暴力活动和与政府谈判，并希望国际红十字会或教会做调解人；表示一旦实现停火，该组织将从事非武装的政治斗争。第四，秘鲁政府对该组织残余力量继续保持高压态势，不断加大打击力度，防止其死灰复燃。

尽管如此，"光辉道路"残余力量对国家安全仍有一定威胁。该组织仍有数百名武装人员，在边远地区仍有很强活动能力，时常公开与政府"叫板"，不断造成军警人员伤亡。游击队占有地利因素，政府对其鞭长莫及，要将其完全剿灭也非易事。值得注意的是，该组织有向城市地区渗透的迹象，对其影响仍不可低估。

（三）公共安全风险"常态化"，损害民主体制的稳固

暴力活动升级威胁拉美国家的发展。民调机构的报告显示，社会暴力和犯罪已成拉美最严重社会问题，多数拉美人认为自己的国家越来越不安全。[2] 拉美有识之士认为，社会暴力加剧不仅造成巨额经济损失，而且破坏本地区民主的巩固，是拉美民主的失败。联合国发展计划署拉美地区负责人埃拉尔多·穆尼奥斯甚至认为，"拉美的首要问题已不是就业和经济危机，而是公民安全"。因为反对有组织犯罪的斗争占用了本应用于卫生或教育的资金，犯罪已成为拉

---

[1] 真名埃莱乌特里奥·弗洛雷斯（Florindo Eleuterio Flores Hala），长期化名何塞·弗洛雷斯·莱昂（José Flórez León），2012年2月与政府军交战受伤后被俘。
[2] Marta Lagos, Lucía Dammert, "La Seguridad Ciudadana: El Problema Principal de América Latina," Corporacion Latinobarómetro, 9 de Mayo 2012. http: //www.latinobarometro.org.

美国家发展的重大障碍。

社会暴力和公共安全风险"常态化"的根源非常复杂,但武器滥用或泛滥、毒品犯罪增加无疑是重要原因。武器滥用和不受控制或非法武器交易加重拉美地区的武装冲突、暴力犯罪乃至各类腐败现象。联合国"和平、裁军和发展中心"拉美地区负责人雷吉巴尔认为,拉美"是因武器滥用导致谋杀率最高的地区"。[①] 中美洲和墨西哥既是世界毒品集团主要据点,也是毒品流入美国的主要通道,并日益成为毒品重要消费地。贩毒集团的影响力已渗入这些国家的司法系统和政治生活。秘鲁、哥伦比亚和玻利维亚是世界可卡因主要生产国,毒品走私活动猖獗,并催生各种犯罪和暴力活动。毒品已经成为拉美国家社会和国家安全的重大隐患,对民主政治体制的稳固构成严重威胁。

拉美各国除继续实施应对毒品、犯罪和暴力活动的传统措施外,积极寻求跨国合作,维护国家和地区安全。首先,加强安全领域合作。2012年初巴西和哥伦比亚向"南美国家联盟"提出打击跨国犯罪的计划,拟加强成员国合作。其次,加大反毒力度,提出反毒新建议。墨西哥、秘鲁、哥伦比亚、委内瑞拉等国警方加大扫毒行动规模和力度,多国政府出台多项打击种毒、制毒、贩毒和吸毒政策。2012年2月危地马拉总统莫利纳提出"毒品合法化"建议,以降低贩毒收益,达到打击有组织犯罪和贩毒集团的目的。该提议得到萨尔瓦多、哥伦比亚等国领导人支持,中美洲国家峰会和美洲国家首脑会议均对该建议进行专门讨论,乌拉圭总统甚至向国会提交大麻合法化法案。然而这些建议是否会有效遏制拉美地区毒品泛滥和暴力升级问题,仍值得怀疑。

(四)社会冲突趋于频发,危及政治稳定

拉美国家社会问题历来突出,社会矛盾和民族矛盾相互交织,造成社会冲突频发。近年来拉美地区社会冲突继续呈增长之势,旧冲突尚未完全解决,新冲突不断出现。特别是一些国家的政府在积极推进能源开发过程中,没有充分考虑当地居民利益和诉求,导致社会冲突事件明显增多。例如在秘鲁,尽管经

---

① 管彦忠:《拉美武器交易每年达700亿美元引起关注》,http://world.people.com.cn/n/2012/0713/c1002-18514394.html。

济一直保持较快增长，但社会冲突数量一直处于上升态势，造成许多不稳定因素。官方统计显示，2012年10月前后全国有社会冲突233件，其中167件处于活跃状态，66件处于潜伏状态，由社会环境引起的冲突占64%（149件）。①在玻利维亚、巴西和厄瓜多尔等，一些能资源型开发项目侵犯了印第安人和当地居民利益，造成土著居民与开发公司及政府间冲突增多。引发拉美国家社会冲突最根本的原因是社会矛盾和民族矛盾激化，但具体原因异常复杂，有些是当地居民对中央或地方政府政策不满引起的，有的是跨国公司、当地政府和居民利益冲突造成的，还有因环境、劳工、社区财产、地界划分引起的。社会冲突不仅造成严重经济损失，还经常酿成流血事件，加剧相关国家的政治动荡，例如巴拉圭农民占地引发的冲突导致总统下台，秘鲁社会冲突加剧迫使总统频繁改组政府，玻利维亚等国的社会冲突导致政府支持率下降。

五 左翼政府执政压力有所减轻，但难度依然较大

（一）执政环境改善

无论是"温和"还是"激进"左翼政府，执政环境均有不同程度改善。巴西、秘鲁、乌拉圭等温和中左翼国家在坚持市场经济模式前提下大力关注民生，国内矛盾有所缓和，政府执政空间较大，国家领导人有较高民意支持率。例如巴西总统罗塞夫民意支持率超过70%，秘鲁总统乌马拉支持率一直保持在50%以上。值得注意的是，委内瑞拉、厄瓜多尔、玻利维亚等"激进"左翼政府的执政环境也有所改善，政府执政压力减轻。

拉美左翼政府执政环境改善的主要有三个方面的原因。（1）宏观经济形势保持平稳。拉美国家经济抵御外部冲击的能力增强，在欧债危机和美国经济不景气的环境中，仍展示出良好增长前景和发展潜力。与2011年拉美平均4.3%经济增长率相比，2012年增速虽放缓，但仍达3.1%。除阿根廷和巴西外，其他左翼执政国家的增长率均高于地区平均水平，其中秘鲁达到6.2%，

---

① La Defensoría del Pueblo, "Reporte de Conflictos Sociales," No. 104, Lima, noviembre de 2012.

委内瑞拉 5.3%，玻利维亚 5.0%，厄瓜多尔 4.8%，尼加拉瓜 4.0%，乌拉圭 3.8%。① （2）就业形势较好。目前拉美地区失业率为 20 多年来最低水平。国际劳工组织的报告显示，2010 年拉美地区失业率为 7.3%，2011 年为 6.7%，是 1990 年以来最低水平。2012 年进一步降到 6.4%。② （3）社会领域取得持续进步。贫困、不平等和人文发展指数继续好转。阿根廷、巴西、委内瑞拉和玻利维亚等左翼执政国家，均采取诸如提高最低工资和增加就业等积极社会政策，各项社会指标持续改善。

（二）激进左翼政府执政地位相对稳固

委内瑞拉执政党和查韦斯政府政治基础牢靠，地位相对稳固，社会基础深厚，民意支持率较高。厄瓜多尔国内有利于稳定的因素增多，科雷亚总统的执政地位基本稳固，并在 2013 年 2 月成功实现连任。莫拉莱斯总统已连续执政 7 年，仍保持着较高支持率，创造了玻利维亚政治发展中的"奇迹"。

（三）各国政府仍面临不同程度压力

值得注意的是，受欧美经济不景气影响，拉美地区经济增长趋缓，各国政府面临的困难、阻力、制约和不确定性增多。特别是在一些"激进"左翼执政的国家，国内各派政治力量对基本国策仍缺乏共识，政策变动的风险依然很大，尽管各国情况不尽相同。

六 2013 年拉美政治走向

（一）即将举行的重要选举影响拉美政治走向

2013 年拉美地区将举行一系列重要选举，比较重要的有：厄瓜多尔大选

---

① CEPAL, *Balance Preliminar de las Economías de América Latina y el Caribe 2012*, Diciembre de 2012, Santiago de Chile. http://www.eclac.cl.

② CEPAL y la OIT, *Coyuntura laboral de América Latina y el Caribe*, No.7, Octubre de 2012. http://www.cepal.cl.

(2013年2月，总统和议会选举），①巴拉圭大选（4月，总统和议会选举），委内瑞拉市政选举（4月），洪都拉斯大选（11月，总统和议会选举），智利大选（12月，总统和议会），巴巴多斯和格林纳达等加勒比国家也将举行大选。②厄瓜多尔、巴拉圭、洪都拉斯和智利的选举尤为重要，这些国家左右翼力量的争夺历来激烈，选举结果不仅决定这些国家的政治走向和国内政治力量对比的变化，也会对拉美地区政治生态产生重大影响。

（二）欧债危机对拉美政治的影响值得关注

拉美国家经济虽依然保持增长势头，但欧债危机及世界经济衰退的影响开始显现，经济增速趋缓。经济增速放缓在政治、社会、人民生活等方面的影响虽然具有滞后性，但其后果不可低估。拉美国家能否在增长率减缓的条件下继续加大社会政策力度，保持贫困下降、就业增长的势头，不仅是对这些国家政府执政能力的考验，也事关政治和社会安定。从这个意义上说，欧债危机对拉美国家政治的影响及其后果值得关注。

（三）古巴改革动向及其意义

古巴是西半球唯一的社会主义国家，其社会主义建设经验是世界社会主义运动的宝贵财富。2011年"六大"召开以后，古共推出一系列"更新社会主义经济模式"的措施，力图在社会主义制度前提下提高经济效率；2012年古共全国会议通过限制高级公职人员任期的决定，在政治改革方面迈出重要一步。目前古巴处于非常关键的历史时刻，领导班子新老更替也迫在眉睫。古巴改革的方向不仅关系古巴社会主义的前途，也对拉美社会主义实践产生决定性影响，其动态值得关注。

（吴白乙　审读）

---

① 在2013年2月厄瓜多尔大选中，科雷亚已超过56.7%的有效选票成功连任总统，执政的"主权祖国联盟运动"获得议会137个席位中的91席。
② Departamento para la Cooperacion y Observacion Electoral（DECO-OEA），*Calendario Electoral*. http：//www.oas.org/es.

Political Development in the LAC Region

Yuan Dongzhen

Abstract: Since 2012, the political stability in Latin American region has been further consolidated, and the political ecology has been balanced basically. The open debate between the left and right wings has slowed down, replaced gradually by peaceful competition between the moderate and radical development models. Procedural democracy in the region has been improved while the structural contradictions of political system were further exposed and the public insecurity tends to be "normalized". The ruling environment in many left-wing countries has been much better than ever before, but the governing pressure is still very great. Looking into 2013, the political stability could be maintained in many Latin American countries, but it is still possible that some political uncertainties would appear.

Key Words: Political Pattern; Governmental Changes; Procedural Democracy; Policy Risk

Y.8
2012～2013年拉美经济形势：
政策刺激　增长继续

吴国平*

摘　要：

2012年拉美和加勒比经济继续维持增长趋势，但是下行压力有所增大，增速明显放缓，全年经济增长3.1%，人均国内生产总值增长2%。2012年地区大国经济增长缓慢影响整个地区经济增长，对外贸易增长趋缓，宏观经济指标没有出现大的波动。拉美和加勒比国家实行的谨慎的宏观经济政策和积极的货币政策主导了经济走势，但各国间的政策和目标取向存在一定差异。展望2013年，拉美和加勒比国家仍将面临外部不确定因素的影响，地区内主要大国的经济走向及委内瑞拉政治经济变化也都将是影响未来经济增长的重要因素，值得持续关注。

关键词：

经济形势　拉美经济　加勒比经济　经济前景

2012年拉美和加勒比经济克服了全球经济不确定因素所带来的各种不利因素的影响，继续维持增长趋势，但其下行压力有所增大，增速明显放缓。2012年，拉美和加勒比经济面临的外部经济环境没有出现积极变化，美国经济复苏缓慢乏力且存在不确定因素；欧元区的主权危机依然难有明显缓解，内部的政策调整与协调仍面临不少阻力，经济继续徘徊在衰退的边缘；新兴经济体的经济增速明显放缓，其对全球经济增长的动力明显减弱。在这样的背景下，外部经济对拉美和加勒比经济增长的牵制作用不断显现，外部市场原有的

---

* 吴国平，中国社会科学院拉丁美洲研究所研究员，博士生导师。

有利因素也发生了相应的变化。为此，拉美和加勒比多数国家采取了谨慎的宏观经济政策和相对宽松的货币政策，积极抑制外部经济不利影响的扩散，刺激国内市场和需求，使拉美和加勒比经济继续保持在增长的通道内，避免出现大的波动。展望 2013 年，拉美和加勒比经济仍将面临各种不确定因素的挑战，灵活的政策调整和稳定的宏观经济基础将对未来一年经济走向具有重要影响。就整个地区经济而言，目前的增长格局不会发生明显逆转。

一 2012 年经济基本形势：经济增长的主要动力源自国内市场

2012 年拉美和加勒比经济继续延续了全球金融危机之后的增长趋势，在外部市场对经济增长的拉动作用持续减弱的情况下，通过政策导向刺激国内需求，使得经济增长的基本格局没有出现大的波动，宏观经济继续保持相对稳定。尽管整个地区的经济增长速度继续放缓，但在全球经济持续低迷的情况下，拉美和加勒比经济仍能保持一定速度的增长实属不易。2012 年拉美和加勒比经济增长 3.1%，与 2011 年的增速相比下降了 1.2 个百分点，增速放缓的幅度有所收窄；人均国内生产总值增长 2%。① 但是，由于整个地区内各次区域及各国的经济结构不同，其经济与外部经济以及主要经济体的联系程度也不同，因此不同的次区域与国家间的经济走势存在明显的差异。

（一）地区大国拖累，经济增速放缓

2012 年拉美和加勒比经济延续了 2011 年的趋势，继续维持在上行的通道，但增速进一步放缓。2012 年除巴拉圭、圣基茨和尼维斯、牙买加外，其余拉美和加勒比国家经济都实现了增长。但就整个地区而言，经济增长面临下行的压力明显地大于上年。2012 年，全地区仅有 9 个国家的经济增速超过上年，这个比例与 2011 年相比缩小了一半以上，其中 6 个国家都是经济复苏中

---

① 本文数据主要来自于 CEPAL, *Balance Preliminar de las Economias de America Latina y el Caribe 2012*, Santiago de Chile, Diciembre de 2012。

的加勒比地区小国;与2011年相比,经济增速下降幅度在1个百分点之内的国家有13个,涵盖了南美、中美和加勒比地区;经济增速降幅在1个百分点以上的国家有11个,其中南美国家就占了6个。这一基本格局显示,2012年拉美和加勒比经济增长出现了一些新的特点。

其一,阿根廷和巴西经济增速下滑对地区经济增长具有重要影响。2012年巴西和阿根廷经济变化直接导致了整个地区经济增速放缓。作为主要地区大国巴西经济在整个地区经济中占有较大的权重,其经济活力强弱变化对整个地区经济增速都有直接影响。2012年,受全球经济低迷造成的外部需求下降的制约和国内需求活力不足的影响,巴西经济的主要支柱产业都出现了程度不同的下降,尤其是2011年巴西政府开始采取的适度抑制国内需求、防止经济过热的政策产生了超出预期的影响,使得国内需求受到明显抑制。数据显示,2012年头10个月,巴西的工业生产下降了2.9%,资本品生产下降了11.8%,耐用消费品生产下降了4.3%,汽车生产下降了3.3%;矿业仅增长0.7%,建筑业增长放缓至2.2%。尽管巴西政府在保持宏观经济稳定的基础上,采取了积极的政策导向,试图改变经济增速持续下滑的局面,但收效甚微,难以阻止经济增速走低的趋势。2012年巴西经济仅增长1.2%,与上年的增长率相比下降了1.5个百分点,不仅远低于当年地区平均水平,而且进一步创下了近年来除2009年外的增长新低。

另一地区大国阿根廷经济受"后选举经济"的困扰,其增长也出现了大幅下滑局面。2011年在"选举经济"的刺激下,阿根廷经济实现8.6%的高速增长,仅次于巴拿马之后领跑拉美和加勒比经济。但是,2012年阿根廷经济呈现明显的"后选举经济"的疲软态势,不仅在外部因素的影响下出口严重受限制约了国内经济增长,而且在胜选之后现政府的政策调整导致国内市场缺乏活力,从而使得国内经济在内外因素的制约下逐季走低。尽管2012年阿根廷经济继续维持增长,但其增长率仅为2.2%,比2011年的增速下降了6.7个百分点,从而成为当年整个地区经济增速下降幅度最大的国家。2012年头3个季度,阿根廷经济的主要产业都现疲态,工业下降了1.3%,基础冶金工业和建筑业分别下降了7.6%和11.7%,农业生产下降了16%。

作为地区大国及在整个地区经济中所占的权重,巴西和阿根廷经济增长乏力、增速大幅度放缓,对整个地区经济增长产生了不利的影响,也严重地拖了南美小地区经济增长的后腿。2012年南美地区经济增长2.7%,低于整个地区的平均水平。然而,按照联合国拉美经委会的分析,如果将巴西和阿根廷排除在外,2012年拉美和加勒比国家的经济增长率将可以达到4.3%,基本与上一年增速持平。①

其二,不同小地区间经济增长的差距有所缩小。2012年南美洲、中美洲和加勒比3个小地区的经济表现与此前的趋势相比发生了新的变化。这一年,受巴西和阿根廷经济低迷的影响,南美地区不再领跑拉美和加勒比经济增长,其国内生产总值增长率为2.7%,比整个地区的平均水平低了0.4个百分点。除了地区主要大国经济增速下滑外,该地区的厄瓜多尔、乌拉圭和哥伦比亚的经济增速也都明显放缓。尽管这3个国家的当年经济增长率都远高于整个地区的平均水平,但与2011年相比,它们的增速下降幅度也在1.4至3个百分点之间。南美的巴拉圭成为2012年拉美和加勒比地区中仅有的3个负增长国家之一。这同2002~2011年南美经济在拉美和加勒比经济增长中稳居领头羊的地位,形成了明显的反差。2012年整个地区经济增速明显放缓,甚至出现负增长的国家共有11个,其中南美洲国家占了6个,其经济增速下滑的幅度在1.4个百分点以上,其中阿根廷经济增速下降了6个百分点以上。

与此相反,中美洲(9国)② 经济继续保持中速增长。2012年中美洲9国的经济平均增长率为4.2%,基本与2011年的经济增速持平,连续第三年保持4%的中速增长,比整个拉美和加勒比地区平均水平高出1个百分点之多,也是多年来该次区域经济增速首次超过南美高居3个小地区之首。在该地区国家中,仅尼加拉瓜的经济增速比上年下降了1个百分点,并且只有萨尔瓦多的经济维持1.2%的低速增长,其余国家的经济增长基本都在整个地区平均增速之上。

加勒比经济继续改善,保持了2011年经济复苏的趋势,2012年加勒比

---

① CEPAL, *Balance Preliminar de las Economias de America Latina y el Caribe 2012*, Santiago de Chile, Diciembre de 2012, p. 9.

② CEPAL, *Balance preliminar de las economias de America Latina y el Caribe 2012*, Santiago de Chile, 2012. p. 11.

国家平均经济增长率为1.1%，与2011年相比提高了0.7个百分点，缩小了与整个地区平均水平以及与南美和中美洲地区经济增长水平的距离。2012年，整个拉美和加勒比地区经济增长好于上一年度的国家共有9个，其中加勒比地区就占了6个，安提瓜和巴布达、多米尼克、特立尼达和多巴哥的经济都走出衰退实现增长，仅有牙买加及圣基茨和尼维斯经济出现了负增长。①

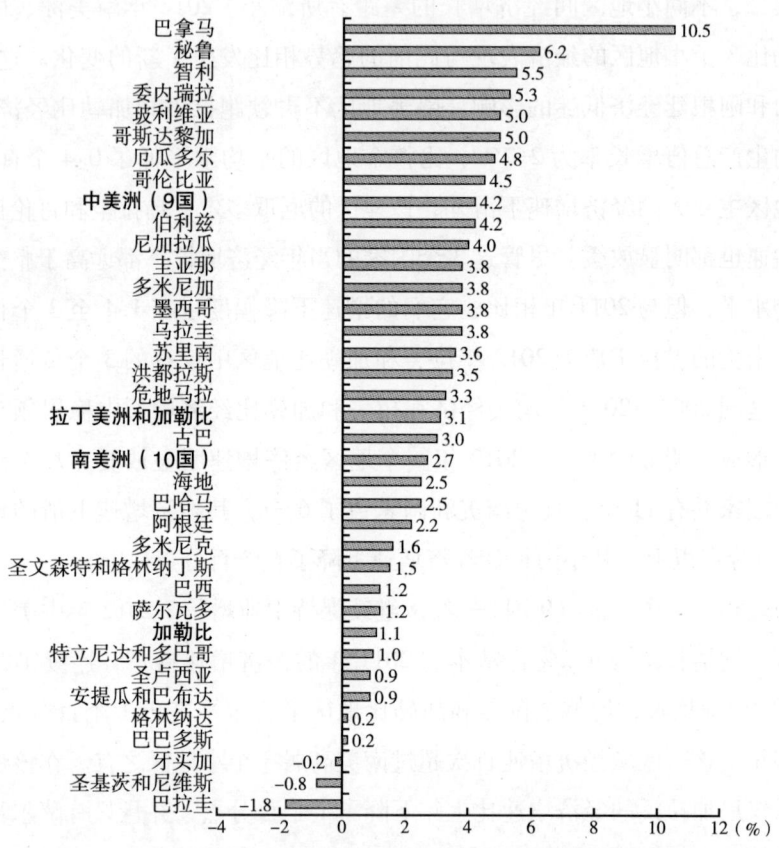

图1　2012年拉美和加勒比国家国内生产总值增长率（预计数）

资料来源：CEPAL, *Balance Preliminar de las Economias de America Latina y el Caribe 2012*, Santiago de Chile, Diciembre de 2012, p. 54。

---

① CEPAL, *Balance preliminar de las economias de America Latina y el Caribe 2012*, Santiago de Chile, 2012. p. 11.

（二）对外贸易形势变化不容乐观，经常项目有所恶化

2012年拉美和加勒比的对外贸易形势发生了明显的变化。全球经济低迷，尤其是美国经济复苏乏力，欧元区主权债务危机迟迟难以缓解，新兴经济体经济面临结构性调整的压力增速明显放缓，外部需求疲软使得拉美和加勒比国家对外出口面临较大的压力，无论是主要出口产品价格和数量都发生了相应的变化，从而使得拉美和加勒比对外贸易对整个地区经济增长的贡献率大大降低。按照2012年1~9月的数据初步计算，拉美和加勒比当年商品出口增长仅为1.6%，远远低于2011年的增长水平（22.3%），全年商品出口额预计将达到11218.79亿美元，商品进口额预计为10738.92亿美元。商品出口增长的大幅放缓对整个地区的对外贸易平衡和经常项目都产生了不利的影响，导致贸易顺差减少和经常项目逆差增加。但是，由于不同的小地区和国家的对外贸易结构和主要贸易对象都存在很大的差异，因此各国对外贸易状况有很大的差异。

商品出口增速大幅度下降。2012年拉美和加勒比主要出口产品的国际价格出现了不同的变化，矿和铜产品价格大幅下跌，粮食产品价格先跌后涨，石油价格先涨后跌，咖啡和可可等热带产品价格下跌，使得拉美和加勒比对外贸易条件处于相对不利的地位。2012年整个地区的对外贸易比价下降了2.2%。但是，南美洲、中美洲和加勒比地区由于各自的出口结构不同，各自的贸易比价变化也有差异。以资源型出口为主的南美国家，由于外部需求的严重疲软，与上年相比其主要出口商品的价格都出现了非常明显的下降，因此该地区当年的贸易比价下降了3.5%，是3个小地区中下降幅度最大的地区，降幅高于整个地区平均水平1.3个百分点。但是，该地区各国的具体情况却有差异，石油出口国（厄瓜多尔、委内瑞拉等）的全年贸易比价略有改善，农产品生产和出口国（阿根廷、巴拉圭和乌拉圭）的对外贸易条件也相对有所改善。加勒比地区的对外出口受其结构相对单一的影响，其2012年贸易比价也下降了3.2%。相对而言，中美洲地区的情况相对略好，2012年其对外贸易比价下降了近1.7%，好于整个地区的平均水平。面对相对不利的贸易条件，多数国家和地区是依靠扩大出口数量拉动对外贸易增长，但是个别国家同时也面临量、

价同跌的不利局面,这同2011年的状况形成了明显反差。

拉美和加勒比主要贸易伙伴欧盟、美国和中国经济增长的差异,同样对拉美和加勒比地区的出口产生重要影响。就整个地区而言,2012年对欧盟的出口出现了4.9%的负增长;对中国的出口额也出现了0.9%的负增长,对美国的出口则增长了4.8%,拉美和加勒比区域内的贸易出口增长了1.4%。具体到不同区域和主要国家,情况有所不同。2012年南美洲(不包括巴西)、中美洲、加勒比和巴西、墨西哥对美国的出口全部呈现增长的趋势;而对欧盟的出口却出现了分化,除了墨西哥和中美洲对欧出口增长外,其余地区和巴西对欧出口明显受阻。受此影响,拉美和加勒比地区全年贸易出口额增速大幅放缓,由2011年22.3%的增长率急剧下降到2012年的1.6%。

拉美和加勒比地区主要大国的对外商品出口都发生了明显的变化。2012年头3个季度,阿根廷的商品进出口分别下降了8%和3%,从而导致进出口商品贸易顺差减少,政府采取了限制进口的贸易保护主义措施。按照初步数据统计,2012年阿根廷的商品出口额预计为819.03亿美元,低于2011年的水平。作为地区第一大经济体的巴西,2012年其商品出口价格和数量都出现了下降的趋势,截至同年10月,巴西的基础产品出口下降了7.3%,中间产品出口下降了9.2%,制成品出口下降了2%;其对主要贸易伙伴出口也都出现了下降,巴西对南共市的出口下降了13.6%,对欧盟的出口下降了8.5%,对中国的出口下降了6.1%,唯有对美国的出口增长了9.6%。初步数据显示,2012年巴西商品出口额为2445.49亿美元,与上一年相比有明显的下降。该地区的另一个大国和第一大出口国墨西哥的出口形势也有显著的变化。2012年头9个月,墨西哥的商品出口增长明显放缓(增长6.3%),与上年同期增长19.5%相比,增速下降了近13个百分点,其中石油出口下降了3.4%,制成品出口增长7.8%,但与其在2011年同期增长15.4%相比,增幅下降也是非常明显的。

国内需求刺激商品进口增长。受国内市场和需求的拉动,拉美和加勒比国家的进口增长高于出口,2012年整个地区的商品进口额预计103738.92亿美元,与2011年相比增长4%左右,整个地区只有7个国家的商品进口比上一年减少。就各国商品进口的具体情况进行分析,国内经济增长活力的强弱,对一国进口增速的变化具有较为重要的影响。由于不少国家出于拉动国内需求以弥补外部需求疲软并保持经济增长的需要，这些国家的出口都出现了不同程度的增长。比如，2012年智利和秘鲁的商品出口额与上年度相比都有小幅下降，但其国内5.5%和6.2%的经济增长使得它们的商品进口需求仍具有增长空间，2012年智利和秘鲁的商品进口额分别为736.86亿美元和402.2亿美元，各自比上年增长了4%和9%。南美地区商品进口额出现下降的2个国家恰恰是经济增速大幅度下降的阿根廷和巴拉圭。阿根廷2012年的商品进口额为657.74亿美元，与2011年相比减少了近50亿美元，下降幅度接近8%；2012年巴拉圭的商品进口额为111.23亿美元，比上年下降了8%左右。巴西经济增长放缓也使其商品进口受到一定程度的制约，其燃料和耐用消费品的进口也都出现了不同程度的下降，降幅分别为6.8%和5.4%，但是资本品进口仍有2.6%的增长，2012年商品进口额为2263.85亿美元，基本与上一年2262亿美元的水平持平。2012年墨西哥商品进口继续保持增长，但其头9个月的增长仅为5.1%，与2011年同期18.8%的增长相比，出现了明显的下降。

对外贸易继续保持顺差，但经常项目有所恶化。2012年拉美和加勒比地区出口增长低于进口增长，一些国家的商品出口形势相对较为严峻，使得该地区的国际收支也出现了相应的变化。尽管整个地区的商品贸易继续保持顺差，但其占国内生产总值的比重却由2011年的1.4%下降到了2012年的1%，南美洲的商品贸易顺差占国内生产总值的比重由2.7%下降到了2.2%。整个地区的商品和服务贸易则由过去的顺差变为逆差，2012年其逆差达到了204.13亿美元，从而对经常项目平衡造成较大的压力。2012年，拉美和加勒比地区的经常项目连续第5年出现逆差，且逆差数量呈现持续扩大的趋势，2012年经常项目逆差额达到了886.06亿美元，比上年有较大幅度的增长。就不同地区而言，南美地区经常项目赤字占国内生产总值的比重增加了0.4个百分点，而墨西哥和中美洲的经常项目逆差却略有改善或维持现状。2012年墨西哥经常项目赤字占国内生产总值的比重由0.8%降低到0.7%，中美洲地区的经常项目赤字占国内生产总值的比重也下降了0.1个百分点，但其比重仍高达7%。

（三）宏观经济指标没有出现明显的波动

尽管2012年拉美和加勒比经济面临外部不确定因素挑战及其维持经济增

长的压力都增大了,但各国政府通过政策调整积极应对国内外经济环境的变化,避免经济出现大的波动。虽然整个地区的经济增速明显放缓,一些国家经济增速的降幅相对较大,一些宏观经济指标出现了变化,但是就整体宏观经济指标而言,依然保持了相对稳定,没有出现大的波动。但就具体国家而言,各国情况不完全相同,有些国家随着经济增长的大起大落,宏观经济也相应出现了明显波动,其中暴露的一些问题值得关注。

通货膨胀有所下降,但一些国家仍面临通胀压力。从整体上分析,2012年拉美和加勒比地区的通胀趋势有所缓和,在全年的大部分时间中,多数国家的通胀压力有所减轻。但是,2012年下半年随着国际粮价的上涨,一些国家的食品价格上升逐渐加大了通胀压力,尤其是在个别实行通货膨胀目标制的国家中,2012年的通胀率已经接近或达到了当年通胀目标的上限。尽管如此,2012年拉美和加勒比通货膨胀仍然呈现缓和趋势,全年通胀率为5.8%,是近3年来通胀率最低的一年,也是近10年来的第三个最低点,只有7个国家的通胀率高于上年。2012年10月,巴西的通胀率维持在5.45%,与2011年的通胀率相比(6.5%)下降了约1个百分点;同期哥伦比亚的通胀率为3.1%,低于2011年同期水平,仍然处于央行通胀目标范围之内。但是,南美洲仍是拉美和加勒比通胀率最高的地区,2012年拉美和加勒比通胀率最高的3个国家(委内瑞拉、阿根廷和乌拉圭)都在该地区。尽管2012年委内瑞拉是全地区通胀降幅最大的国家(降低了近10个百分点),但是其当年的通胀率仍高达18.5%;阿根廷的通胀继续上涨,并达到了10.2%,比上年上升了0.7个百分点,也是近10年来的第三个高位。但是,国际上对阿根廷政府公布的通胀数据存在较大争议,国际货币基金组织甚至给出最后期限要求其作出说明并予以调整。如果按照该国的工资实际上涨率来衡量,该国的通胀率应该是高于政府公布的官方数据。2012年乌拉圭的通胀率达到了9.1%,比上年提高了0.5个百分点,创下了近4年来的新高。[①] 南美地区的阿根廷、巴西和乌拉圭还都面临相对较高的食品价格上涨压力,截至2012年10月,上述3国的食品

---

① CEPAL, *Balance Preliminar de las Economias de America Latina y el Caribe 2012*, Santiago de Chile, Diciembre de 2012, p. 43.

价格年上涨率都达到了两位数,并且都超过了各自的年通胀率。相比较而言,中美洲和加勒比地区的食品价格上涨压力有明显的缓解,从而也使得其通胀压力相对减轻。① 墨西哥的通货膨胀压力有所增大,2012年10月通胀率为4.6%。按照该国央行规定的3%的通胀目标(上下可浮动1个百分点),目前的通胀率已经高于政策目标的上限。

财政形势稳中有变,财政赤字有所增加。2012年拉美和加勒比地区的财政指标没有随经济增速的变化出现大的波动,尽管有些国家受到不利因素的制约,财政收入相对减少或者增幅有限,但是出于刺激国内需求和社会保障的需要,政府财政支出却明显扩大,从而使得财政赤字有所增加。但就整个地区财政形势看,继续具有可持续性。2012年拉美和加勒比地区中央政府的财政收入继续保持增长趋势,其中税收占国内生产总值的比重为18.6%,与上年相比增加了0.3个百分点;总收入占国内生产总值的比重略有增加,达到了24.3%。与整个地区的趋势相反,当年加勒比地区中央政府的税收占国内生产总值的比重略有下降,由上年的23.1%降低至23%,从而导致中央政府的总收入占国内生产总值的比重也相应地减少了0.1个百分点(28.2%)。然而2012年拉美和加勒比国家中央政府的财政支出占国内生产总值的比重增加了0.8个百分点,达到了27.2%;其中加勒比地区的中央政府的财政开支占国内生产总值的比重达到了32.2%。2012年,拉美和加勒比国家中央政府的初级财政由上一年度的盈余变为赤字,其占国内生产总值的比重为0.4%;总的财政赤字有所增加,其占国内生产总值的比重为2.9%,比上年增加了0.7个百分点。加勒比地区中央政府初级财政赤字由上年度占国内生产总值的0.1%提高到0.5%,总的财政赤字则由3.6%上升到4%。②

2012年拉美国家的公共财政收入增长相当于国内生产总值的0.6个百分点,公共开支的增长则相当于国内生产总值的1个百分点,远高于财政收入,一些国家出现了财政收入下降,而财政开支增加的状况。在有统计数据的19

---

① CEPAL, *Balance Preliminar de las Economias de America Latina y el Caribe 2012*, Santiago de Chile, Diciembre de 2012, p. 44.

② CEPAL, *Balance Preliminar de las Economias de America Latina y el Caribe 2012*, Santiago de Chile, Diciembre de 2012, pp. 97 - 99.

个拉美国家中，有9个国家的初级财政有顺差（占47%，接近一半）。但是资源型国家，尤其是矿产品生产国的财政收入受到来自矿业收入减少的影响，财政收入状况有所恶化。此外，中美洲有些国家的财政形势也不容乐观，个别国家财政赤字占国内生产总值的比重达到了4%以上。拉美国家财政状况继续呈现分化的趋势，一些国家的初级财政得到改善，而另一些国家的初级财政继续恶化。2012年尽管受到资源性出口收入减少的影响，由于国内需求表现较好，消费和投资都呈现增长趋势，因此这部分税收有所增加。19个拉美国家中，有13个财政税收都有增加。

固定资本形成增长创下了债务危机以来的新高。2012年拉丁美洲和加勒比地区的私人消费和公共消费分别增长了3.7%和3.9%，其中私人信贷对私人消费增长的拉动作用明显，尤其是建筑业的投资增长较快。固定资本形成增长了4%，其占国内生产总值的比重达到了22.9%，创下了1981年债务危机以来的新高。在国际贸易受外部需求制约增长困难的情况下，拉美国家主要依靠国内贸易、建筑、金融服务等部门的活力拉动投资的增长，进而达到刺激经济增长的目标。2012年，拉美国家投资相对活跃，对经济增长起了积极的推动作用。在有统计数据的18个拉美国家中，仅有阿根廷、巴西、巴拉圭和多米尼加的固定资本形成占国内生产总值的比重比上年下降了，其余国家都保持了持续增长的趋势。其中玻利维亚、智利、哥伦比亚、厄瓜多尔、墨西哥、尼加拉瓜、巴拿马、秘鲁和乌拉圭的固定资本形成占国内生产总值的比重都创下了近十多年来的新高，秘鲁更是以32.2%的指标高居18国之首，紧随其后的是哥伦比亚和智利，其当年投资占国内生产总值的比重也分别达到了27.9%和27.7%。[1]

实际汇率维持升值的趋势。尽管2012年实行浮动汇率的拉美国家采取了相应的措施以减轻本国货币升值的压力，但是受通货膨胀变化的影响，本币名义汇率贬值仍难以阻挡其实际升值的趋势，2012年头10个月与上年同期相比，实际汇率升值2.7%，[2] 除巴西以外的南美地区货币升值4.8%，其中主要

---

[1] CEPAL, *Balance Preliminar de las Economías de América Latina y el Caribe 2012*, Santiago de Chile, Diciembre de 2012, p. 74.

[2] CEPAL, *Balance Preliminar de las Economías de América Latina y el Caribe 2012*, Santiago de Chile, Diciembre de 2012, p. 48.

是受委内瑞拉固定汇率和高通胀的影响，该国当年的汇率实际升值17.2%。按照拉美经委会的数据，同期内拉美有15个国家的实际汇率呈现升值的趋势，除委内瑞拉外，特立尼达和多巴哥、秘鲁和玻利维亚的汇率也都出现了相对高的升值，其幅度分别达到了7.6%、7.7%和5.8%；与此形成对照的是，同期内有6个拉美国家的本币汇率实际贬值，其中包括了地区主要经济体，巴西雷亚尔同期实际贬值了11.1%，墨西哥比索实际贬值5.4%。①

（四）就业形势继续趋好

在2008年全球金融危机爆发之后，尤其是2009年拉美和加勒比经济出现明显衰退，整个地区的失业率达到了8.1%。此后，随着经济的恢复，地区经济保持增长的势，该地区的就业压力逐渐缓解，失业率出现下降趋势。按照联合国拉美经委会的统计，拉美和加勒比地区经济每增长1个百分点，其失业率就可以减少0.2个百分点左右。2012年拉美经济继续保持增长趋势，也使其失业率延续了2010年以来的下降趋势。2012年拉美和加勒比地区的城市失业率为6.4%，比上年减少0.3个百分点，相当于减少了30万的失业人口。②

2012年拉美和加勒比的就业形势好转，在一定程度上得益于政府采取了相应的举措，将保障就业作为其主要的政策目标之一。巴西政府采取的给劳动密集型部门减负的举措受到明显效果，尽管该国经济增长持续放缓，但其就业形势不但没有恶化相反还有所改善。2012年头3个季度，巴西就业率呈现增长趋势，尤其是在服装、建筑等劳动密集型部门以及公共部门的就业都有所增长，从而使得其6个主要城市的失业率为5.5%，创下了近10年来的新低。从就业形式看，2012年头9个月拉美和加勒比地区的自由就业者同比增长2.2%，比上年增加了0.4个百分点；同期领取工薪的就业者增加了2.7%，与上年相比减少了0.5个百分点。但是，各国在就业形式的具体表现方面有明显的差异，一些国家如巴西、智利、哥伦比亚、秘鲁、委内瑞拉和巴拿马等国

---

① CEPAL, *Balance Preliminar de las Economias de America Latina y el Caribe 2012*, Santiago de Chile, Diciembre de 2012, p. 74.

② CEPAL, *Balance Preliminar de las Economias de America Latina y el Caribe 2012*, Santiago de Chile, Diciembre de 2012, p. 59.

的领取工资的就业者增长略高于自由资本的就业者,而另一些国家的情况则相反。同时,面对经济增长的压力,一些国家不断加大政府投入,从而使得公共部门的就业也有明显增长。2012年头3个季度,拉美有9个国家的公共部门对新增就业的贡献率接近25%,远远高于上年度的比例。

2012年拉美和加勒比地区的工资收入有所改善。按照拉美11个国家头3个季度的数据,正规部门就业职工的平均工资增加了2.5%,但是国别之间同样存在明显的差异。一些国家的正规就业的工资增长4%(乌拉圭和委内瑞拉),而另一些国家正规就业工资增长不足1%(墨西哥、哥伦比亚等)。2012年1~10月,拉美21个国家的最低平均工资同比实际增长3.5%,其中有16个国家的最低工资增长了,实际增幅超过5%的国家有玻利维亚、巴西、厄瓜多尔、巴拿马、秘鲁、乌拉圭和委内瑞拉。①

二 政策调整应对外部经济环境变化的不利影响

2012年拉美和加勒比经济面临较大的增长压力,尤其是面对来自外部经济环境变化的挑战,仍能保持宏观经济的基本稳定,并在此基础上延续了经济增长的趋势。从全年整个地区的经济走向看,外部因素对经济增长的影响几乎随处可见,一些国家政府依靠政策导向不断遏制来自外部的不利影响。然而随着时间的推移,外部因素的影响也随时在发生变化,因而实行灵活的政策调整也就成为政府的常态。同时,外部冲击对一国经济的影响也同该国经济结构有密切联系,因此从各国的实际出发进行政策调整成为2012年拉美和加勒比经济发展的另一个重要特点,各国的政策和目标取向存在明显差异。

(一)全球经济不确定性对整个地区经济增长具有重要影响

2012年外部经济存在着明显的不利因素,由此造成世界经济的不确定因素增加,使得曾经有利于拉美和加勒比经济增长的外部因素发生了逆转。欧元

---

① CEPAL, *Balance Preliminar de las Economías de América Latina y el Caribe 2012*, Santiago de Chile, Diciembre de 2012, p. 65.

区的主权债务危机迟迟未能有实质性的缓解,深陷其中的主要国家的政策调整措施难以得到民众的支持,欧洲经济一直在衰退的边缘徘徊。与此同时,美国经济复苏缺少人们预期的活力,其刺激复苏的政策对全球经济的利弊影响也是显而易见的,某些政策分歧甚至导致其经济未来走向存在很大的不确定因素,进而影响经济复苏的力度及其可持续性。面对外部经济的冲击,中国经济同样面临调结构、转方式的挑战,经济增速出现明显放缓的趋势。由于这三者是拉美和加勒比地区的主要贸易伙伴,其内在的经济变化通过贸易及其他渠道向拉美和加勒比经济扩散,从而影响该地区的经济运行。从2011年南美、中美、巴西和墨西哥出口地域分布的数据看,欧盟在上述地区和国家中的比重分别为14%、13%、21%和5%;美国所占的份额分别是:23%、39%、10%和79%;中国在其中所占的比重分别是11%、1%、17%和2%。①

拉美国家现有的商品出口结构使其容易受到外部经济低迷引起的需求疲软的影响。从2011年拉美商品出口的结构看,其具有相对集中的特点,其中10种主要产品占其全部出口的42%,在这10种产品中石油、铜矿和铁矿产品占了75%。② 因此,一旦外部对拉美主要出口产品的需求减弱,其出口就不可避免地会受到冲击。前些年经济繁荣期带来的资源型产品出口迅速扩张的结果,使得一些国家的出口结构逐渐趋于集中。结果当2012年主要贸易对象需求减弱时,资源型产品出口为主的国家,就首当其冲受到冲击。以巴西为例,其对欧盟和中国的出口占其全部出口的比重相对较高,因此外部需求的减弱就不可避免地使该国的出口下降。按照联合国拉美经委会的预计,欧元区的经济衰退导致拉美和加勒比地区对欧盟的出口下降5%左右,而南美地区对欧盟的出口下降7%。与此相反,以制成品或其他产品出口为主的墨西哥和中美洲,对欧盟的出口不降反增,其增幅可能达16%左右。③ 由此可见,外部需求变化在不同的贸易结构国家中或地区中所产生的直接影响是有明显差异的。

---

① CEPAL, *Balance Preliminar de las Economías de América Latina y el Caribe 2012*, Santiago de Chile, Diciembre de 2012, p. 18.
② ECLAC, *Latin America and the Caribbean in the World Economy 2011 – 2012*, Chile, 2012, p. 13.
③ CEPAL, *Balance Preliminar de las Economías de América Latina y el Caribe 2012*, Santiago de Chile, Diciembre de 2012, p. 16.

外部经济变化通过价格波动对拉美出口产生直接或间接影响。2012年,受到外部经济低迷的影响,拉美和加勒比的许多出口产品的国际价格都出现了不同程度的下跌,从而使得整个地区的贸易比价出现了恶化的趋势,据统计2012年拉美和加勒比地区的贸易比价下降了2.2%,南美地区的贸易比价下跌了3.5%,其中主要受到智利、秘鲁和巴西的矿产品价格下跌的影响。拉美主要出口产品的国际价格向下波动,抑制了地区出口额的增长,进而影响一些国家的财政收入(减少了出口税收)。由于在一些市场开放度较高的国家中,对外贸易在国内生产总值中占有较大的比重,其增长缓慢对经济增长的直接和间接影响也是显而易见的。

此外,作为主要的对外劳工输出地区,欧盟和美国经济的变化对来自这一地区和国家的侨汇收入也有直接影响。2012年,尽管美国经济保持低速增长,其劳工市场却有一定的改善,这使得来自美国的侨汇收入相对增加,从而对中美洲国家具有一定的积极影响。相反,以西班牙为主的移民国家厄瓜多尔和哥伦比亚的侨汇收入仍是下降的。此外,由于欧元区经济低迷,美国经济短期内也难出现大的起色,新老移民面临养老或就业的难题,一些拉美国家已经开始出现移民回流,由此也给这些国家带来社会保障和就业的新问题。

(二)政策调控主导经济走势

2012年,拉美多数国家加强了政策调整的力度,多管齐下,在稳定宏观经济的基础上刺激国内需求。因此,一些国家采取了谨慎的宏观经济政策和积极的财政及货币政策相结合的灵活组合,应对世界经济不确定性对国内经济的冲击。与此相应,有些国家还将政策调整的范围延伸到贸易、劳工等多个领域,使得经济继续保持增长的趋势。

根据国内经济变化的实际需要,增强政策调整的灵活性,是2012年拉美和加勒比国家政策调整的特点之一。2012年经济下行压力逐渐增大,巴西政府的政策目标相应地从稳定经济转向拉动增长,其政策调整出现了明显变化。政府采取降息、减税等多项举措。2012年先后多次降息,央行的基准利率由2011年中期的12.5%降至历史最低点的7.25%。在税收政策方面,再次采取了临时降低汽车、手机、家电、建筑材料的销售税;改革企业社保费用缴纳的方式，对微小型企业减税，减轻企业的负担，对个人信贷金融业务的税率也由3%降至1.5%。为了确保国内需求的增长，巴西政府还出台了多项涉及民生的政策，增加社会开支，提高了用于农业、农工业和农村家庭的财政补贴，增加了对弱势群体的有条件的转移支付。2012年头10个月，巴西政府的社会支出增长13%，实际最低工资增加8%，社会救济增长18.4%，使得受助群体中处于赤贫状态的人群比例由13%降低至5%左右。2012年，哥伦比亚政府同样根据国内经济形势的变化对经济政策及时进行了调整。2012年年初，哥伦比亚中央银行提高了利率。但是，当下半年国内经济受制于外部经济变化，下行的压力不断增大时，哥伦比亚央行先后3次调低利率，每次下调了25个基点。

拉美国家的外贸政策调整出现了贸易保护和贸易自由的不同目标取向。面对国内外经济环境的变化，阿根廷政府采取了具有保护主义倾向的贸易政策调整，加强了对本国市场的保护和进口的限制。自2012年2月开始，阿政府要求所有进口商品都需要提前申报，获得政府有关部门的许可方可进口；6月，阿根廷政府重新审核了南共市与墨西哥的汽车自贸制度，对源自墨西哥的汽车进口征收35%的关税，对进口汽车配件等征收16%~18%的关税；同年7月，阿根廷政府要求国内相关的进口企业采取措施用出口平衡其贸易，并增加阿根廷产品中的本地化配件的比重，否则不能向外转移其收入；对来自非南共市的资本品进口征收14%的关税，对产自南共市的非本国生产的资本品征收2%的关税。除此之外，阿根廷还对本国企业在外进行的商品采购、贷款和劳务等业务征收15%的附加税，包括使用信用卡等在海外购物同样加收15%的附加税，并且对通过因特网在海外进行的商务也实行一定的限制。

2012年3月，巴西政府修改了此前在南共市框架内与墨西哥签署的汽车自贸协定，规定小型汽车的进口在达到一定的限额时将征收累进税；同年5月，巴西政府出台了针对阿根廷产品的进口限制措施，对部分阿根廷易损商品停止实行进口自动许可制度。针对阿根廷对墨汽车进口的限制，墨西哥也采取了相应的报复措施，2012年6月将来自阿根廷的汽车及其配件的进口关税提高至20%。除此之外，在2012年的年初和年中，南共市还先后两次扩大了提高共同关税的进口商品种类。2012年1月,厄瓜多尔政府对多达627种进口商品实行贸易限制措施。

与此相反,还有一些拉美国家则进一步推进了自由贸易政策。2012年,哥伦比亚与美国的自贸协定正式生效,该协定仅生效百天,哥伦比亚向美国的工业品出口就增长了20%,同时其与欧盟的自贸协定也进入了实施阶段。墨西哥政府也进一步深化了自由贸易政策,加快了其南下、北进建立跨区域自由贸易区的战略,推动其贸易结构多样化的调整。2012年,墨西哥与南美的智利、秘鲁和哥伦比亚建立的太平洋联盟正式启动,墨西哥与中美洲的自贸协定在已经完成法律程序的部分中美洲国家中正式运行,2013年有望在整个中美洲地区全面推进。

拉美和加勒比国家间在经济政策上存在明显差异。尽管2012年整个地区实行的是谨慎的宏观经济政策和积极的货币政策,但就具体国家而言,各国间的政策导向和目标取向存在明显的差异,这与各国经济的具体表现密切相关。2012年,面对经济大幅下滑,阿根廷政府实行了扩张的财政和货币政策,试图扭转经济低迷的趋势。头9个月,阿根廷政府的初级财政支出增加了29%,超过了同期收入增长的水平(26.2%);公共开支由上一年占国内生产总值的21.9%提高至22.9%,增加了1个百分点。政府经常性开支增加了31.6%。同时,阿根廷政府还实行了扩张的货币政策,使得货币基础增长加速,头10个月累计增长了34%,M2和M3也都出现了较大幅度的增长,私人贷款增长了37.5%;阿央行要求银行将非金融私人部门存款的5%用于中长期贷款,并规定其中50%的资金必须用于中小企业。

2012年面临增长压力的国家大都实行了宽松的货币政策,其流动性增长都高达30%以上,包括实现中速增长的秘鲁、委内瑞拉等国也实行了扩张性的货币政策,货币基础分别增长了38.4%和43.3%,位居拉美和加勒比地区的前两位。委内瑞拉的M2增长了60%,比2011年增加了近20个百分点。①不少国家的国内信贷,尤其是私人信贷也出现了较大幅度的增长,

---

① CEPAL, *Balance Preliminar de las Economias de America Latina y el Caribe 2012*, Santiago de Chile, Diciembre de 2012, p.42.

按照拉美经委会的统计,在有数据的31个国家中,有近2/3的国家信贷增长超过了10%以上,委内瑞拉国内私人信贷增长甚至高达50%以上。但是,也有一些国家则继续维持稳定的利率政策不变,2012年保持了利率的相对稳定,另有国家(智利、洪都拉斯和乌拉圭)却在某一时间段内相应地调高了利率。

有一些国家的央行通过调整准备金率对金融体系进行宏观调控,防止流动性过快地增长,降低银行的信贷风险。哥伦比亚央行调高了准备金率。厄瓜多尔则提高了金融企业向流动性基金缴纳的比例,由以往的3%提高至5%,并规定此后还将逐年递增1%,直至达到10%的存款准备金率的目标,并要求金融系统采取逆周期国内供应的措施,改革对风险资产评级的监管。2012年,秘鲁先后4次提高了银行的准备金率,头3次提高了50个基点,第4次提高了75个基点,以控制流动性的增长。玻利维亚、秘鲁等国还通过调整法定的准备金或外币存款的准备金率,以有效地控制外币存款的增长。玻利维亚还针对外币业务采取了其他调整措施。阿根廷修改了央行的组织法,扩大了央行的监管内容和范围。

税收政策调整是拉美国家政策调整的重点。多数国家试图通过税收政策调整,达到增加财政收入、减轻企业负担、刺激国内需求、拉动经济增长的目的,但在政策调整的具体内容上,各国的侧重点不尽相同。2012年,智利政府正式通过了完善税收立法的法律,对企业税、烟草税、印花税等都进行了相应的调整,并向低收入家庭提供税收信贷。厄瓜多尔修改税法,取消了对私人金融机构再投资资金收益的税收优惠,提高了海外资产税的税额,将其税额由当前的13%提高至23%。萨尔瓦多的税改,对年度利润超过15万美元的企业将其所得税由原来的25%提高至30%,但对连续两年亏损的企业,则一律实行最低1%的税率;将分期付款的税率由10%调低至5%。乌拉圭政府在第四季度取消了饭店和酒店服务的增值税,对不动产的租赁实行退税制,对某些商品取消了特别税。2012年7月,秘鲁政府对税收进行了改革,通过了5项专门的法令,对所得税、销售税、海关税等统一进行了调整。玻利维亚针对外币为主的业务进行相应的税收调整,设立了外币销售税,约相当于全部交易的0.7%。

三 2013年拉美经济增长趋势

按照目前的趋势分析,2013年拉美和加勒比经济将能继续维持增长,其增速有可能将略高于2012年。联合国拉美经委会初步预测,2013年拉美经济将有可能实现3.8%的增长,与2012年增长率相比将提高0.7个百分点。但是不能否认,外部经济的不确定性及其未来的演变趋势,仍将是2013年影响拉美和加勒比经济的重要变量之一。拉美和加勒比国家如何应对来自外部的挑战,其政策调整的合理性和灵活性也将直接影响未来一年的经济走向,尤其是拉美和加勒比国家自身某些因素的变化,及其结构性调整和成效的可持续性,决定了未来该地区经济能否如人们所愿实现加速。从当前的现实出发,未来一年影响拉美和加勒比经济的下列因素值得我们关注。

拉美和加勒比地区大国的经济走向。对2012年整个地区增长具有重要影响的巴西和阿根廷经济在2013年能否改观,将对整个地区经济提速有直接影响。从目前的情况,阿根廷的情况并不令人乐观,政府经济政策的多变直接影响人们对经济未来的预期和信心,尤其是阿根廷政府近年采取的民族主义和保护主义的做法带来的负面影响短期内难以消失。政府出于自身目的需要导致重要的经济数据"失真",也在一定程度上影响了政府对经济内在问题的判断,并且也带来了负面的效果。尤其是历史遗留的债务问题,使得阿根廷至今还难以融入国际资本市场,2012年阿根廷仍是资金对外净转移国,其数量位居拉美第二位。从目前来看,这些问题很难在短期内得到有效解决,在此情形下阿根廷经济未来面临的挑战将是严峻的。作为另一个地区大国巴西,2013年将是其迎接世界杯建设的关键一年,政府投入和建设都将全面提速,因此巴西经济增速加快将存在一定的机遇。

委内瑞拉政治和经济变化的不确定性将对其国内和地区经济产生重要影响。"后查韦斯时期"的开启使得委内瑞拉政局面临新的挑战,不同政治派别的博弈难以避免,这将使该国未来经济形势变化蒙上阴影。其内在的"后选举经济"问题将变得更加突出,在政府财政赤字高企、资金外流高达285.98亿美元、本国货币实际严重升值、通胀仍居两位数高位的情况下,查韦斯时期

(尤其是2012年选举前后)高投入式刺激经济增长的模式将难以持续。2013年委内瑞拉经济将如何调整,这是我们值得关注的重要因素。如果"后查韦斯时期"委内瑞拉经济出现问题,其对"美洲玻利瓦尔联盟"成员国的经济援助和低价石油供应都将难以为继,这对这些国家的经济将会产生不利的负面影响。

外部经济不确定性如何演变将直接影响拉美和加勒比经济的未来走向。在外部经济不确定性中,与拉美和加勒比地区经济增长密切相关的主要是,美国经济如何演变,尤其是针对其经济内在问题,奥巴马政府的应对举措将直接影响拉美和加勒比地区的政策取向。欧元区的主权危机及其相应的政策调整走向,也将与拉美和加勒比经济的未来走向休戚相关;中国与新兴经济体的经济增长趋势将对拉美和加勒比国家的出口具有举足轻重的影响。面对全球经济的未来演变,拉美和加勒比国家的宏观经济政策走向将继续影响本国经济的未来发展趋势,宏观政策如何避免本国货币不可持续地升值,推动公共金融在税收方面的可持续性,为公共投资增长创造可持续增长的条件,都将是拉美和加勒比经济无法回避的挑战。

(柴瑜　审读)

Economic Development in the LAC Region

Wu Guoping

Abstract: Latin America and the Caribbean continued its economic growth in 2012, but the slowing-down pressure increased with apparently moderate growth of 3.1% of GDP and 2% of GDP per capita. In 2012, the slower growth of major economies in the region affected the whole region's economy, resulting in foreign trade growth slowing down and macroeconomic indicators not generating large fluctuations. Prudent macroeconomic policies and positive monetary policies dominated the economic tendency of the whole region, but there was a difference

between policy and goal orientation in different countries. In 2013, Latin America and the Caribbean will still confront some uncertainties such as the economic tendency of major countries in the region and Venezuela's political and economic dynamics.

Key Words: Economic Situation; Latin American Economy; the Caribbean Economy; Prospects of LAC Economy

Ɏ.9
2012～2013年拉美社会形势：
发展与冲突

房连泉*

摘　要：

尽管2012年拉美经济增长放缓，社会形势仍呈现微幅转好态势。危机以来的各项社会政策取得一定成效，各项社会发展指标的改善突出表现为：失业率达到历史最低水平、社会工资水平上涨、贫困率进一步缩减，以及社会公共支出的顺周期性减弱等。同时，拉美地区社会发展中的一些历史沉疴，例如公共安全和社会腐败等问题仍难以从根本上扭转。伴随经济社会形势的变化，一些新的社会冲突和矛盾也应运而生。

关键词：

拉丁美洲　社会形势　劳动力就业　社会贫困　公共安全

一　经济增长放缓，社会政策显现效果

2008年以来的经济危机给全球经济带来了深刻影响。比较而言，拉美国家在后危机时代的恢复速度是比较快的。2012年受全球经济不景气的影响，拉丁美洲和加勒比地区（以下简称拉美地区）的经济发展放缓，增长率为3.1%，但仍高于全球2.2%的平均增长率。从表1可以看出，2010、2011和2012年拉美地区的经济增长速度分别为5.9%、4.3%和3.1%，人均GDP增速则分别为4.8%、3.1%和2.0%，虽然增速在逐年减缓，但总体上反映了该地区的反弹性增长态势。从政府外债和财政结余水平上看，近3年的债务和财政赤字已较

---

* 房连泉，博士，中国社会科学院拉丁美洲研究所社会文化研究室副主任，副研究员。

2009年有所收敛,这为社会支出水平的上升创造了条件。从失业率上看,近3年来整个地区的失业率逐步下降,由2009年的8.1%下降到2012年的6.4%,是近10年的历史最低点;从社会平均工资水平上看,近3年保持了2%左右的增长速度;从社会贫困率上看,2012年也是历史最低水平。①

表1 拉美国家主要经济社会指标(2009~2012年)

单位:%

指标＼年份	2009	2010	2011	2012
GDP增速	-1.9	5.9	4.3	3.1
人均GDP增速	-3.0	4.8	3.1	2.0
社会平均工资增速	-0.5	2.8	1.6	2.4
消费价格指数	4.6	6.5	6.9	5.8
失业率	8.1	7.3	6.7	6.4
社会贫困率	32.8	31	29.4	28.8
政府外债/GDP	20.2	20	18.2	—
财政收支结余/GDP	-2.7	-1.7	-1.6	-2.0

注:2012年数据为预测数据。
资料来源:ECLAC, *Preliminary Overview of the Economies of Latin America and the Caribbean 2012*, Santiago Chile, December 2012。

自2009年以来,由于粮食和燃料价格的上升,许多拉美国家的物价水平呈现上涨趋势。2010和2011年拉美地区的平均消费价格指数分别为6.5%和6.9%。2012年预计为5.8%左右,虽然较上年微幅下降,但仍高于2009年。针对近几年物价水平的上升,许多拉美国家实施了积极的宏观调控政策,采取的主要措施有以下几类:一是引入了现金转移支付计划;二是采取直接物价补贴;三是采取间接保护措施,例如对进口食品给予低关税优惠;四是实施食品发放计划。这些措施对于消减贫困,保护弱势群体都起到了一定积极作用。表2进一步列出自2009年金融危机以来,拉美国家在扶助就业、保护贫困以及扩大社会救助项目等方面所采取的劳动力市场和社会扶贫措施,可以看出这些国家所采取的社会干预政策是多方面的,这为社会发展指标的改善提供了条件。

---

① 除特别标注外,此节数据均引自ECLAC, *Preliminary Overview of the Economies of Latin America and the Caribbean 2012*, Santiago Chile, December 2012。

表 2　拉美国家主要的社会公共政策（2009~2012 年）

主要社会政策项目	实施国家
1. 对雇用或保留工作岗位给予补贴	阿根廷，哥伦比亚，哥斯达黎加，牙买加，墨西哥，尼加拉瓜，乌拉圭
2. 调整失业保险计划	阿根廷，巴哈马，巴西，智利，厄瓜多尔，墨西哥，乌拉圭
3. 实施培训项目	阿根廷，巴哈马，伯利兹，智利，哥伦比亚，墨西哥，秘鲁，乌拉圭
4. 增加临时性就业	阿根廷，巴哈马，玻利维亚，智利，哥斯达黎加，墨西哥，秘鲁，巴拉圭，多米尼加，萨尔瓦多，乌拉圭
5. 引入或扩大社会转移支付项目	阿根廷，巴哈马，玻利维亚，巴西，智利，哥伦比亚，哥斯达黎加，危地马拉，洪都拉斯，尼加拉瓜，巴拿马，巴拉圭，多米尼加，萨尔瓦多，乌拉圭
6. 调整养老金	阿根廷，巴西，厄瓜多尔，巴拿马，巴拉圭，苏里南，萨尔瓦多
7. 食品支持计划	伯利兹，哥斯达黎加，萨尔瓦多，危地马拉，洪都拉斯，牙买加，尼加拉瓜，巴拿马，多米尼加

资料来源：ECLAC, *Economic Survey of Latin America and the Caribbean 2012*, Santiago Chile, December 2012。

社会公共支出（public social spending）是衡量一个国家（地区）经济发展水平和公共财政能力的重要指标。图 1 说明了自 1991 年以来拉美国家社会支出不断上升的趋势，期间社会公共支出占 GDP 的比重由 1992 年的 11.2% 上升到 2010 年的 18.6%，而社会支出占全部政府公共支出的比重也由 1992 年的 45.7% 上升到 2010 年的 62.6%，两项指标说明社会支出的绝对规模及其在整个政府支出结构中的地位都在不断上升。

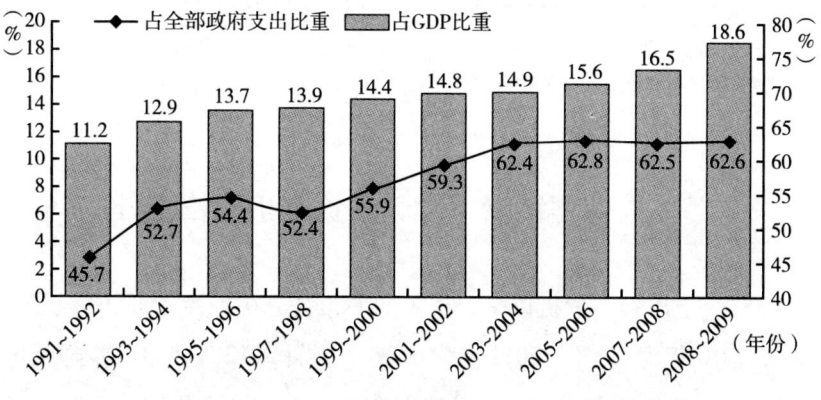

图 1　1991~2010 年拉美社会公共支出的变化

资料来源：ECLAC, *Preliminary Overview of the Economies of Latin America and the Caribbean 2012*, Santiago Chile, December 2012。

近3年来,拉美国家社会公共政策的一个变化是支出的顺周期性特点在减弱。传统上,大部分拉美国家的社会支出是顺周期性的,支出规模受经济周期的影响明显。从图2中可以看出,在2005年以前,拉美国家社会支出明显受到经济发展速度的制约,支出的波动频率大约滞后于经济增长率1年,并且波动幅度要大于经济增长率;近7年来(尤其是2008年经济危机以来)这种波动性发生了明显转变,这说明社会公共政策的稳定性和反周期性都在增强。根据拉美经委会的统计,在2011和2012两年中,拉美国家平均社会支出大约增加了两个百分点,其主要原因在于应对以下几个问题:一是过去两年中粮食和燃料等商品价格的上升;二是社会保障和福利支出的上升,不少国家近年来引入了非缴费型的社会救助计划;三是经济危机带来的不确定性和后续社会影响。

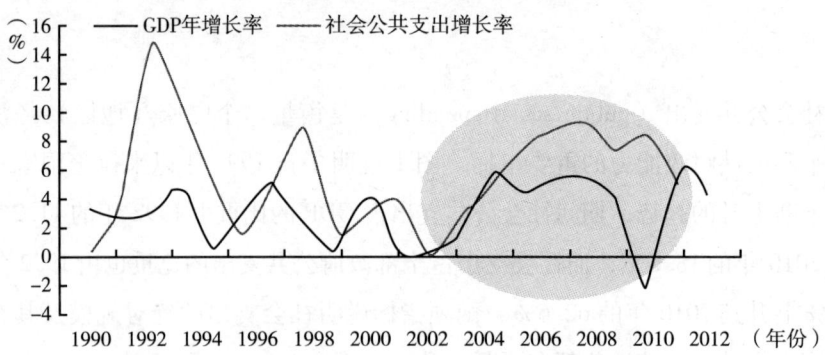

图2 1990~2012年拉美社会公共支出的周期性变化

资料来源:ECLAC, *Preliminary Overview of the Economies of Latin America and the Caribbean 2012*, Santiago Chile, December 2012。

二 失业率缓慢下降,工资水平微幅上升

自2009年走出经济危机以来,拉美的城市公开失业率逐年下降:2009年为8.4%,2010年为7.3%,2011年为6.7%,预计2012年则进一步降至6.4%,回落到20世纪90年代初的水平。从绝对数量上看,2012年拉美地区的失业人口大约为1500万人,较上年减少30万人。失业率的下降与近年来拉美国家的经济平稳增长、就业机会增多相关。此外,一些拉美国家为消减贫困现象,增加了

对低收入家庭的生活资助,帮助贫困家庭子女入学,接受教育和职业培训,也对提高社会就业率发挥了作用。根据拉美经委会的统计,在过去12年中,经济增长1个百分点,带动失业率下降约为0.2个百分点。从国别分布上看,在大多数南美国家,失业率已降至2008年以前的水平;但是在墨西哥和部分中美洲国家,由于受经济危机的影响较深,2012年的失业率仍高于危机前。总体上看,虽然拉美国家的失业率仍然处于下降趋势,但经济增长放缓已明显影响到失业率下降幅度。①

从就业的行业分布上看,2012年拉美就业率的上升主要归功于一些劳动密集型产业,尤其是服务业和建筑业就业岗位的增多,而农业和工业部门的就业岗位增速则较缓,反映了经济危机的后续影响。与2011年不同,在一些拉美国家,例如阿根廷、巴西、智利、委内瑞拉、巴拉圭和多米尼加等,公共部门的就业岗位增长率要高于私人部门,这主要得益于公共部门支出水平的上升。

近年来,拉美就业增长的另一特点是妇女就业参与率的持续上升。表3说明了自2009年以来拉美14国就业率分性别情况的变化率。可以看出,近3年来女性的劳动参与率、就业率增长速度明显高于男性。2012年上半年的数据显示,女性就业率上升了0.8%,而男性就业率则仅为0.4%。与之对应,2012年女性群体的失业率下降了0.3%,超过男性失业率的下降速度(0.2%)。

表3 2009~2012年拉美14国男、女性就业率变化对比(较上年增长速度)

单位:%

	劳动参与率		就业率		失业率	
	男性	女性	男性	女性	男性	女性
2009	-0.2	+0.3	-0.9	0.0	+1.0	+0.8
2010~2011	-0.1	+0.4	+0.5	+0.7	-0.8	-0.8
2012上半年	+0.1	+0.6	+0.4	+0.8	-0.2	-0.3

资料来源:ILO, *The Employment Situation in Latin America and the Caribbean 2012*, http://www.ilo.org/americas/publicaciones/WCMS_192597/lang-en/index.htm。

---

① 如无特别说明,本节说明均引自 ECLAC, *Economic Survey of Latin America and the Caribbean 2012*, Santiago Chile, December 2012。

在劳动力需求上升和失业率下降的同时，拉美地区的工资近两年来呈现持续上升势头，在2012年前三个季度，11个拉美主要国家的正规部门平均工资上升了2.5%。但在不同国家工资上升率呈现一定差异性，例如，委内瑞拉和乌拉圭两国的工资上涨率超过了4%，而在哥伦比亚、墨西哥、尼加拉瓜三国则低于1%。同样，一些国家最低工资水平的调整也相应提高了总体工资水平。根据拉美经委会统计，2012年，拉美有16个国家提高了最低工资标准。在2012年前10个月中，21个拉美国家的实际最低工资增加了3.5%，其中增幅超过5%的国家包括委内瑞拉、巴西、厄瓜多尔、巴拿马、秘鲁、玻利维亚和乌拉圭。

在劳动力市场政策方面，2009年经济危机以来拉美国家采取的主要政策措施：一是稳定工作岗位，缩减工时，降低社保缴费水平，给予补贴；二是强化一些应急性计划，创造劳动密集型就业，建设社会基础设施；三是加大对失业保险的进入机会，提高待遇水平；四是实施就业培训计划，增加就业岗位和工人寻找工作的机会；五是针对来自低收入家庭的年轻就业人口给予补贴，以鼓励年轻人就业；六是提高社会最低工资水平，保护实际购买力；七是引入非缴费型养老金，或提高社会保障待遇水平；八是针对贫困人口扩大缴费型社会保障服务机会。近3年来许多国家仍维持了危机期间的劳动力市场政策，随着一些国家就业状况的好转，自2011年下半年以来，大部分国家并没有出台新的劳动力市场干预措施。2012年的就业政策主要落脚点在于促进经济发展，降低劳动密集型企业中的雇主缴费负担，扩展一些临时性就业项目，从而为促进就业提供市场条件。

2012年，不少拉美国家对劳工立法进行修改，劳工法调整主要分为四类措施（见表4）：一是提高家庭雇工的工资待遇（包括尼加拉瓜，乌拉圭和厄瓜多尔）；二是增强对儿童照护工作的保护（委内瑞拉，厄瓜多尔和墨西哥）；三是调整社会保障缴费，促进劳动密集型产业发展（巴西）；四是引入新型劳动合同和劳务转包协议等（墨西哥）。总体来看，这些国家劳工法规修订的主要目标在于加强对非正规就业的保护，同时降低正规部门的劳动力成本，增强劳动力市场的灵活性。

表4 2012年拉美国家主要劳工法规调整措施

委内瑞拉	加长女性劳工产假
巴　西	重新制定社会保障缴费率
智　利	对女性工作岗位和雇佣贫困家庭女性劳工的雇主给予补贴
哥伦比亚	对网络家庭办公实施监管
厄瓜多尔	对家庭雇工实行同等工时限制,对育儿妇女给予津贴
墨西哥	引入新型劳动合同和小时工资制,管制分包劳务和远程办工合同,修改工会条例,限制14岁以下童工,提高工作环境保障条件
尼加拉瓜	修改家庭佣工法,制定新的社会保障法
乌拉圭	修改家庭佣工法,引入失业补贴计划
委内瑞拉	将法定工作时间缩减至每周40小时,提高离职退休金水平,提高公休期待遇

资料来源：ECLAC, *Preliminary Overview of the Economies of Latin America and the Caribbean 2012*, Santiago Chile, December 2012。

三　社会贫困缩减，收入不平等依然突出

自1990年以来，拉美地区的减贫效果是非常明显的，尤其是近10年来，贫困率和贫困人口总量都呈逐年下降趋势。预计2012年拉美地区总贫困人口数量为1.66亿，较2011年下降200万，其中赤贫人口为6500万，较上年下降100万；预计2012年贫困率为28.8%，其中赤贫率为11.4%，分别较上年下降0.5和0.1个百分点。虽然2012年度贫困率减幅不大，但仍保持了持续转好的总体态势。①

从收入分配形势看，近10年来拉美地区的不平等状况也得到了不断改善。2002~2011年，阿根廷、玻利维亚、委内瑞拉、尼加拉瓜等国基尼系数年均降幅超过了2%。值得说明的是，2008年以来的经济危机并没有阻止拉美地区收入不平等持续改善的态势。2011年在阿根廷、巴西、哥伦比亚和乌拉圭等国家，收入分配不公的改观尤为突出。

尽管拉美地区近年来的收入分配状况有所缓解，但该地区收入不平等的结

---

① 如无特殊说明，本节资料均引自ECLAC, *Social Panorama of Latin America 2012*, Santiago Chile, November 2012。

构性问题仍非常明显,突出表现在分配结构中的"过度不平等",儿童贫困、妇女贫困等弱势群体贫困等方面。根据联合国拉美经委会的报告,在拉美地区18个主要国家中,最富裕的10%人口大约占据了全部收入的32%,而最穷的40%人口获得的收入仅为15%,这种财富高度集中于少数人手中的"过度不平等"现象是拉美社会不公的一大特点。[1] 2011年,拉美约有一半的贫困人口年龄处于0~17岁之间;拉美国家作为一般工薪收入者的雇员并没有摆脱贫困陷阱,一半贫困人口仍为工薪阶层;一半以上的赤贫人口未完成初等教育,80%的贫困人口未完成中等教育。

尽管基尼系数在不断下降,但拉美国家民众认为社会分配不公平程度越来越高。在2011年的调查中,该地区97%的人口认为本国的收入分配是不公平的或极度不公平的,6/10的被调查人口认为政治体制和国家机构是不合理的。图3和图4显示了拉美被调查人口对社会收入分配不公和政府机构信任感的

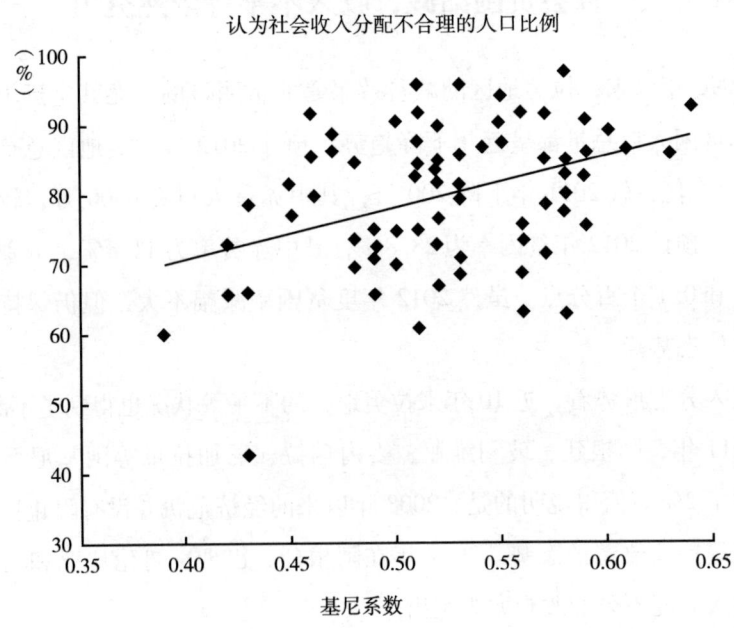

图3 2011年拉美调查人口对基尼系数的理解

[1] ECLAC, *Social Panorama of Latin America 2012*, Santiago Chile, November 2012.

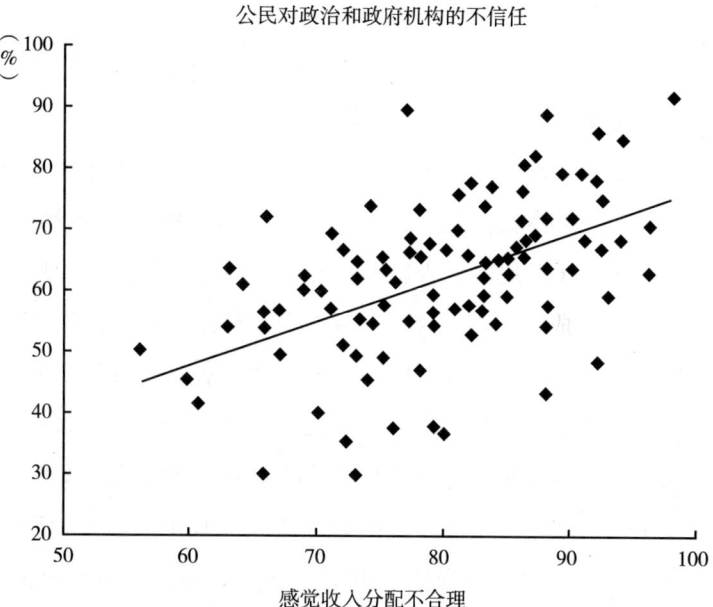

图 4 2011 年拉美调查人口对政府机构的不信任感

资料来源：ECLAC, *Social Panorama of Latin America 2012*, Santiago Chile, November 2012。

调查数据，其反映出的结论是，公民对宪法、司法机构和政治党派的不信任与收入不平等现象具有高度关联性。从国别分布上看，在委内瑞拉、哥斯达黎加和乌拉圭等国家，公民的不信任感相对较低，哥伦比亚和墨西哥两国处于中等水平，而在阿根廷、危地马拉和秘鲁等国家，收入分配差距较大，相应的公民不信任感也较高。

四 公共安全形势堪忧，社会冲突深化

尽管从总体上看，拉美地区的社会发展指标取得了一定进步，但是公共安全、政府腐败等社会发展中的顽疾根深蒂固，难以有效治理。从 2012 年发生的重大社会事件中，可以看出拉美地区的社会冲突在不断上升。

（一）社会治安形势不断恶化

近年来各种毒品、谋杀、抢劫、绑架等犯罪活动十分猖獗。2012年的公共安全形势并未见明显好转，主要表现在以下几方面。

第一，毒品暴力活动不断升级，美国在拉美的扫毒活动面临挑战。根据美国官方的统计数字，从南美洲运往美国的毒品90%是将中美洲地峡作为通道和储藏地的，这使中美洲地区成为世界上暴力最多的地区。虽然美国在中美洲和部分南美国家投入大量资源，致力于与这些国家合作开展反毒品活动。但近年来，墨西哥、中美洲国家和哥伦比亚等国的毒品暴力活动不断升级。不少拉美国家认为美国支持的"镇压式"扫毒战已经失败。实行毒品合法化消除毒品走私带来的暴利，以抑制与毒品走私相关的暴力犯罪问题的政策建议应运而生。这些建议不仅引起越来越多拉美国家领导人及政治家公开和广泛的讨论，而且开始成为一些国家的政策选择。2012年9月，拉美一些国家的总统在联合国大会上要求检查和改变目前的反毒战略。11月，乌拉圭总统正式向国会提交了大麻合法化的法案，美国明确表示反对。

第二，谋杀犯罪居高不下。近年来，拉丁美洲已成为世界上谋杀案件最多的地区。2012年，拉美地区发生的谋杀案件占到了世界同类案件的42%，谋杀案件发生率高出美国4倍。[1] 例如，在巴西，2012年全国约有230名警察被黑帮杀害，平均每32个小时就有一名警察被杀，其中圣保罗州发生的袭警案最多。[2]

第三，对移民的绑架活动猖獗。绑架移民已经成为拉美地区的一种有组织犯罪，也是赢利最多的犯罪之一。据统计，每年有2万多移民在前往美国途中，在墨西哥被黑帮组织绑架，绑架的对象主要是妇女、老人、中学生和儿童等弱势群体。[3]

第四，监狱暴动活动频繁发生。高犯罪率使拉美国家监狱人满为患，而管理混乱和腐败现象造成监狱暴动活动频发。2012年2月，危地马拉中部城市

---

[1] 《拉丁美洲成为世界上发生谋杀案件最多的地区》，http://world.people.com.cn/n/2012/1217/c57507-19925155.html。
[2] 《巴西黑帮袭警案频发》，http://news.xinhuanet.com/world/2012-11/01/c_113574001.htm。
[3] 《每年有2万多前往美国的移民在途径墨西哥时被绑架》，http://www.chinanews.com/gj/2012/11-14/4329307.shtml。

科马亚瓜监狱发生火灾，造成至少 358 人死亡，成为全球范围内因监狱火灾导致死亡人数最多的一次。①

（二）腐败问题难以有效治理

根据"透明国际"的最新报告，2012 年拉美国家的腐败现象并没有明显改观，依然是全球腐败的重灾区。从表 5 拉美 12 国的清廉指数得分中可以看出，除智利、乌拉圭和哥斯达黎加三国的得分超过 50 分外，其余 9 个国家得分都在 50 分之下，在全球排位中处于中下游位置，最低的委内瑞拉仅为 19 分，说明这些国家公共部门的腐败程度是非常严重的。②

表 5 2012 年拉美主要国家的清廉指数

国别	得分	国别	得分	国别	得分	国别	得分
智利	72	秘鲁	38	古巴	48	玻利维亚	34
乌拉圭	72	墨西哥	34	巴西	43	厄瓜多尔	32
哥斯达黎加	54	阿根廷	35	哥伦比亚	36	委内瑞拉	19

资料来源：Transparency International,"Corruption Perceptions Index 2012," http：//files. transparency. org/content/download/535/2221/file/CPI2012_ Infographics. zip。

近两年，拉美最突出的反腐案例为巴西。2011 年 10 月巴西总统迪尔玛·罗塞夫上任以来高举反腐大旗，仅在当年 2 个月中就有 6 名部长因曝出腐败丑闻而辞职。进入 2012 年，巴西的反腐力度进一步加大。2 月，城市部长马里奥·内格罗蒙特因涉嫌腐败辞职；3 月，巴西银行高官被证实违反保密条款。5 月，巴西颁布《新信息法》，规定任何一个巴西公民都有权在网络上查询公共行政领域的文件和资料，行政、立法和司法机关都必须公开说明其工作职能和资金使用情况等。8 月，巴西联邦最高法院开庭审理第 470 号刑事案，指控 38 人犯有行贿罪、受贿罪、洗钱罪、组织犯罪等，其中包括巴西前总统府民事办公厅主任迪尔塞乌、巴西劳工党前主席热诺伊诺、劳工党前财务总管德努

---

① 《洪都拉斯监狱火灾致 358 人亡死亡人数史上最多》，http：//www.chinanews.com/gj/2012/02 - 16/3673831. shtml。

② 清廉指数（Corruption Perceptions Index）评价总分为 100 分，得分越低说明国家的腐败程序越高。

比奥、巴西工党前秘书长埃梅松以及十几位前国会议员等。该起案件被称为巴西"历史上最大的政治腐败案"。经巴西国会、联邦警察局和总检察院历经数年的调查取证，发现这个集团通过挪用公款和收取企业贿赂，向其他政党的国会议员送钱，以换取这些议员在国会审议政府提案时的支持。11月，巴西最高法院对被称为"世纪审判"的"月贿案"的判决震撼巴西政坛，前总统卢拉也因此受到影响。

11月，全球反腐大会在巴西利亚举行，来自中国等140多个国家的1900多名代表出席了大会。会议主题包括全球反腐治理，动员社会参与反腐，使用网络等科技手段加强反腐防腐监管，对政治腐败、有组织犯罪、洗钱等进行严厉惩处等。作为会议东道主，巴西进一步表达加强反腐力度的决心。

（三）印第安人运动影响扩大

近年来，伴随政治觉悟的不断提高和民族意识的增强，拉美印第安人组织间的合作有所加强。2012年4月，拉美印第安人联合团体"亚马孙流域印第安组织"在巴西和秘鲁边境召开会议，协商反对跨国公司在印第安人居住区建设影响生态环境的大型工程。该机构包括厄瓜多尔、玻利维亚、巴西、哥伦比亚、圭亚那、法属圭亚那、秘鲁、苏里南和委内瑞拉的印第安团体。除了通报成员国存在的争端情况，该组织还安排印第安团体之间举行会议，讨论诸如为土地划界向政府施加压力的方式、如何要求国际机构支持印第安人的权利、大型工程对传统的印第安社区的影响等。12月，中美洲印第安委员会在萨尔瓦多举行气候变化和自然资源的讨论会，目标是保护环境和减少气候变化的不利后果，来自巴拿马、危地马拉、伯利兹、尼加拉瓜、哥斯达黎加、洪都拉斯和萨尔瓦多的80多名印第安人代表出席会议。①

近年来，拉美地区印第安人反对外来公司占有土地和开发活动的抗议活动越来越频繁发生。在巴西，土著部落过去几年内因土地纷争引发的暴力事件不断增加，由2006年的82起上升到2011年99起。随着土著居民声音的加强，

---

① 《中美洲印第安人制定减少气候变化后果的计划》，http://world.people.com.cn/n/2012/1204/c1002-19790921.html。

近年来巴西政府批准的土著占有土地量大幅减少。在秘鲁北部边境卡哈马卡地区，自 2011 年末以来，由美国跨国公司开发的康加铜金矿项目引发了持久的大规模抗议活动。2012 年因冲突升级，乌马拉政府宣布项目所在地卡哈马卡大区进入紧急状态。康加冲突进一步导致执政的"秘鲁胜利"联盟内部出现分裂，反对派力量整合并逐渐加强。继 2011 年 12 月内阁成员"大换血"后，秘鲁内阁再度改组。

（四）社会冲突趋于多样化

虽然，近年来拉美地区的经济增长、劳动就业和减贫形势取得了一定成果，但社会转型过程并不顺利，突出反映在不断上升的社会冲突事件上。从数量上分析，拉美地区是社会冲突事件的"高发"区，根据联合国拉美经委会统计，仅在 2009 年 9 月至 2010 年 9 月的一年期间，拉美地区就发生了 4724 起社会冲突事件，发生次数较多的国家有阿根廷、秘鲁、玻利维亚等，次数较少的国家为智利、哥斯达黎加和萨尔瓦多等。表 6 对拉美地区的冲突事件按

表6 2010 年拉美国家的社会冲突事件

单位：%

社会冲突分类（按激进性）	冲突类型	所占比例
一 暴力冲突	1. 占领城市公共设施、机构	6.1
	2. 袭人事件	2
	3. 围攻、拦截事件	1.1
二 社会对抗	1. 行业性停工/罢工	21
	2. 毁坏财产	1.7
	3. 私刑	0.2
	4. 恐吓	0.08
三 游行示威	1. 绝食罢工	5
	2. 集会/警戒	16
	3. 路障阻挡	12.8
	4. 游行活动	10.6
四 冲突前预兆	1. 抗议宣言	21.9
	2. 最后通牒	1.2

资料来源：ECLAC, *ECLAC Review*, No. 107, http://www.eclac.org/publicaciones/xml/3/48713/RVI107Completa.pdf.

"激进性"破坏程度进行了划分，可以看出在各类社会冲突中，处于第二和第三层级的罢工、集会以及游行示威等公众性社会对抗活动占据了绝大多数，这充分说明了拉美公众对社会的不满情绪和对政府机构的不信任感。引起拉美社会冲突的社会原因有：收入不平等、社会分层加快、社会管理的日益分散化、政府腐败和公共部门效率低以及文化缺乏认同感等。值得引起关注的是，随着信息化和网络化的发展，社会媒体和互联网络对公民信息来源、生活方式、交往互动乃至社会政治的影响越来越大，随之引起了新的社会冲突方式，并进一步加快了社会分层化进程。

五 2013年拉美社会形势走向

2013年拉美地区的经济发展速度在很大程度上取决于全球经济走势的影响。尽管全球主要经济体发展存在着很多不确定性，联合国拉美经委会预测，2013年拉美的经济增长将超过2011年，增长率上调0.7个百分点，升至3.8%，这主要得益于拉美地区内大国（例如巴西和阿根廷）国内需求的上升。[1] 从社会发展的总体趋势判断，在危机后的三年内，拉美主要社会指标处于不断调整中的转好态势，但随着经济发展速度的放缓，社会发展指标增速度也在趋缓。预计2013年拉美地区的社会发展仍将延续这种惯性，经济增长率的预期提升有助于就业、扶贫以及社会政策的改善。

在劳动力市场方面，近年来拉美就业率呈持续上升势头，成为防止危机后经济增长速度下滑的一个主要驱动力。就业率的上升与该地区劳动力市场的结构性变化相关，自2000年以来大部分拉美国家的就业参与率（尤其是妇女群体）逐步上升，同时劳动力市场的非正规性特点越来越明显。在危机期间，拉美大部分国家实施了积极的劳动力市场政策，创造就业岗位，同时加大调整劳工法规，以保护就业，提高劳动力市场的灵活性。随着拉美地区宏观经济环境的改善和国内需求的上升，预计2013年拉美的劳动力市场仍将呈现好转势头，失业率断续微幅下降0.2个百分点左右。在促进就业方面，拉美国家

---

[1] ECLAC, *Preliminary Overview of the Economies of Latin America and the Caribbean 2012*, Santiago Chile, December 2012.

（尤其是中美洲和加勒比地区）需要面对的一个突出难题是应对青年人的高失业率问题，从就业扶助、教育培训等多方面为青年人创造就业机会。

在减贫方面，预计2013年拉美地区的贫困率和贫困人口仍会持续下降，但减贫幅度在很大程度上将取决于政府的公共政策。近3年来，拉美国家贫困人口减少的主要原因在于贫困家庭收入水平的提高：一方面，政府的各种就业政策和刺激措施推动了就业率的上升；另一方面，危机期间各种扶贫计划和社会救助项目在一定程度上缓解了贫困人口的增加。从社会支出水平上看，大部分拉美国家的财政支付能力有所提高，支出的顺周期性减弱，这种趋势有利于促进这些国家社会公共政策的稳定性。针对收入不平等问题，2013年拉美国家面临的挑战是如何应对越来越突出的收入分配结构性问题，例如妇女、儿童群体以及从事非正规就业弱势群体的贫困问题。

在其他社会领域，拉美国家仍面临诸多挑战。一是教育水平的总体落后和结构性不平等。拉美经委会的最新统计表明，2011年末拉美国家初等教育入学率平均为94%，而中等教育入学率则仅为75%，该项指标不仅落后于发达国家，与同等水平的发展中国家也有较大差距。同时，从接受高等教育的人数看，拉美富人高出穷人的比例大约3倍，充分说明教育的不平等性。① 二是腐败和公共安全问题已根深蒂固，这些问题很难在短期内有明显的改善。三是伴随全球化和经济社会形势的变化，新的社会矛盾和冲突在拉美地区将不断出现，例如社会媒体和互联网对公民表达和参与社会治理的影响等。

（袁东振　审读）

Social Development in the LAC Region

Fang Lianquan

Abstract：In spite of slower economic growth in 2012, Latin American

---

① ECLAC, *Statistical Yearbook for Latin America and the Caribbean*, 2012, Santiago Chile, January 2013.

countries have made some progress in social development as a result of effectual social policies implemented in the past years. In 2012, unemployment rate was the lowest in history, social wage rose, while poverty rate was further reduced and the procyclicality of social public expenditure became weaker in most Latin American countries. However, some traditional social problems, such as public insecurity and corruption, are difficult to be reversed fundamentally. In addition, some new social conflicts have emerged with the economic and social transformation.

Key Words: Latin America; Social Situation; Employment; Poverty; Public Security

Y.10
2012～2013年拉美对外关系：
独立自强与多元化双向发展

贺双荣*

摘　要：

　　国际关系格局的加速调整和拉美地位的提升，为拉美国家实施独立自主及多元化外交提供了机会和选择。拉美国家对美外交日趋独立，美国在拉美的影响力进一步下降；地区一体化合作成为拉美国家外交的优先目标，并取得一定进展；拉美国家大力推动外交多元化，积极发展与欧盟、俄罗斯、亚太、中东和非洲等区域外国家和地区的关系；多边外交也日益成为拉美国家特别是巴西、墨西哥等大国提升国际地位、参与全球治理的外交手段。然而，受拉美国家间政治分野、发展差异和地缘政治等因素影响，地区一体化合作进一步呈现碎片化特征。领土争端、贸易保护主义和经济民族主义、国内政治以及国际政治经济的不确定性等对拉美国家独立自主外交构成一定挑战。

关键词：

　　拉美　外交政策多元化　一体化

　　随着世界多极化日趋发展及实力地位的提升，拉美国家独立自主的外交政策更加活跃，其多元化对外关系格局进一步显现。同时，拉美国家所面临的外交问题和挑战也有所增多。

一　美拉合作进展有限，矛盾亦有所减缓

　　经济实力下降及战略重心向亚太转移使美国对经营对拉关系显得有心

---

* 贺双荣，中国社会科学院拉丁美洲研究所国际关系研究室主任，研究员。

无力,许多拉美国家包括美国盟友也开始寻求其他对外关系选择,拉美左翼执政的国家则加速实施"去美国化"的外交进程。总体上看,拉美国家对美外交的独立意识更加突出,美国在拉美地区的影响力进一步下降。

(一)拉美国家与美国的共识减少

由于经济实力下降,美国难以继续对拉美国家推出大规模的合作及援助计划,近年来美拉合作一直缺乏重头戏。2012年4月14~15日,在哥伦比亚卡塔赫纳召开的第六届美洲国家首脑会议上,美国与部分拉美国家在接纳古巴、毒品合法化、马尔维纳斯群岛(英国称福克兰群岛)主权等问题上发生对立,使本届峰会最终没有通过任何声明。这是继2009年第四届美洲国家首脑会议的第二次"无果而终"的峰会。

此外,美国推出货币量化宽松和贸易保护主义政策以及诸如"财政悬崖"等国内政治危机给拉美经济的稳定带来负面影响,美拉经济摩擦增多,拉美国家不满情绪也更加强烈。3月26日,美国因阿根廷未遵守世界银行国际投资争端解决中心(ICSID)的裁决,中止了阿根廷的普惠制待遇。这项制裁措施将使阿根廷出口到美国的葡萄酒、牛肉、糖和橄榄油等受到影响。巴西多次警告和指责美国实施扩张性货币政策将引发全球性"货币战争"。哥伦比亚总统桑托斯要求美国解决好"财政悬崖"问题,因为"它不仅是一个国内问题,而是一个有国际影响的问题"。① 2012年6月巴拉圭发生政治危机后,南共市和南美国家联盟中止了巴拉圭的成员国资格。尽管由美国主导的美洲国家组织没有中止巴拉圭的成员国资格,但也未能按美国旨意对此事进行调查,原因是南美国家均对此反应冷淡。

(二)拉美左派执政国家加快"去美国化"进程

2012年6月,玻利维亚、厄瓜多尔、委内瑞拉和尼加拉瓜对外宣称,1947年美洲国家签署的泛美互助公约是"冷战"的产物,在英阿马岛争端中

---

① http://colombiareports.com/colombia-news/news/27529-santos-warns-of-us-fiscal-cliff-impact.html, 25 December 2012.

没有起到应有作用,"实际上已经失去合法性和有效性",为此,4国宣布退出该组织。此外,美洲玻利瓦尔联盟(ALBA)成员国对美洲人权委员会(IAHRC)利用非政府组织干预拉美国家内政的做法表示强烈不满,提出该委员会应将签署但没有批准美洲人权公约的美国纳入其管辖范围,同样对美国违反人权的行为进行监督才能使公约更具合法性。巴西与墨西哥、阿根廷也要求推动美洲人权委员会的改革。委内瑞拉政府则于9月10日致函美洲国家组织,声明将退出《美洲人权公约》。

(三)美扫毒战略进一步受到拉美国家的质疑

2012年墨西哥等拉美国家涉毒暴力活动加剧还引发了拉美国家对美国扫毒战略的质疑和批评。9月24日,墨西哥时任总统卡尔德龙在美国对外关系委员会发表讲话时指出,"只要这一(非法毒品)市场继续成长,钱就会继续流入到罪犯口袋。最好的方法是减少美国对非法毒品的需求。"① 10月2日,哥伦比亚总统桑托斯、危地马拉总统奥托·佩雷斯·莫利纳和墨西哥总统卡尔德龙请求联合国秘书长号召所有成员国重新评估毒品政策,承认现有政策的局限性和毒品生产、贩运和消费引起的犯罪问题。11月6日,美国华盛顿州和科罗拉多州通过使用大麻合法化的法令,引起拉美国家对美国扫毒战略的进一步质疑。

尽管对美外交独立性有所增强,但多数拉美国家仍与美国保持对话与合作。智利、哥伦比亚、秘鲁与美国的磋商与合作则未减反增。7月13日,美国、智利举行双边政治磋商;美国、秘鲁也加强了对话与合作。10月初,美国防部部长莱昂·帕内塔(Leon Panetta)访问秘鲁,更新了两国在1952年签署的防务协定,双方承诺在反恐、扫毒及应对自然灾害等领域加强合作。10月中旬,国务卿希拉里到访利马。巴西、墨西哥等拉美大国在地区及全球事务上与美国保持对话。2012年4月,巴西总统罗塞夫访问美国,两国将一年前建立的"美巴面向21世纪的伙伴关系"从部长级提升到总统级。除经济和金融对话、能源战略对话之外,又增加防务合作对话。4月中旬,希拉里访巴西

---

① *Latin American Security and Strategic Review*, October 2012, p. 3.

并参加在巴西利亚举行的第一届"开放的政府伙伴关系"（OGP）年会。10月24日，"美国—巴西全球伙伴关系对话"第4次会议如期举办。巴美合作基于双方不同的战略考量。对巴西而言，在提高其国际地位，特别是争取成为联合国安理会常任理事国的问题上，寻求美国的承认与合作无疑十分重要。巴国内发展问题，如"科学无边界计划"、防务现代化等同样需要美国的支持、协作。美国加强与巴西的合作有三重战略考虑：其一，巴西是公认的新兴大国，密切美巴经济关系有望使美从巴西经济增长中获得好处。其二，在地区治理层面，美国需要借重巴西的综合影响力在扫毒、维和、控制非法移民等非传统安全领域取得进展。此外，美国还需要政治上比较温和的巴西在拉美左派与美国之间充当桥梁。其三，从全球层面讲，美将巴西视为"全球摇摆国家"。鉴于其"国际作用处在不断变化之中"，"对于现存国际秩序的立场更具变化和开放"，[①]美国试图利用巴西引领拉美和其他发展中国家实行"开明政治"，从而起到分化新兴国家并削弱其对美挑战的作用。

虽然继续采取反美立场和加速实施去美国化进程，拉美激进左派政府与美国冲突有所减缓，对美关系略有改善。2012年5月，美驻厄瓜多尔大使亚当·纳姆（Adam Namm）返回基多。11月21日，时任委内瑞拉外长马杜罗与美国负责拉美事务的助理国务卿雅各布森（Roberta Jacobson）通电话，双方同意从扫毒开始，改善两国的关系。7月13日，一艘名为"安娜·塞西莉亚"号的装满人道主义援助物资的货船从迈阿密出发，前往哈瓦那港，这标志着古巴与美国中断半个世纪的海上货运恢复。

二 一体化取得新进展，但合作格局趋于"碎片化"

在欧债危机继续恶化、美国无暇和无力推动对拉合作的情况下，促进地区和平和共同发展，加强一体化合作，建立面向世界的对外合作平台日益成为拉美国家的普遍共识。墨西哥推动建立拉美—加勒比共同体和参与创建太平洋联盟，即是出于此战略考量。9月，"东山再起"的墨西哥革命制度党候选人涅

[①] *Latin American Security and Strategic Review*, October 2012, p. 3.

托（Enrique Peña Nieto）在当选总统之后不久，就访问了危地马拉、哥伦比亚、巴西、智利、阿根廷和秘鲁拉美6国。对于拉美左翼政府来说，加强拉美国家团结和一体化则代表其对抗美国各种干涉，用拉美体系取代泛美体系的政治诉求。然而，拉美国家之间的政治分野、发展水平和发展模式的差异，以及巴西、墨西哥等地区大国间的传统政治竞争也加剧了本地区一体化合作进一步"碎片化"的现象，各类一体化组织交叉存在，复杂多样，既相互补充，又相互竞争，"面条碗效应"①更加突出。

（一）南方共同市场、南美国家联盟的治理作用上升

由巴西主导的南方共同市场（以下简称"南共市"）和南美国家联盟的地位不断加强，日益成为地区合作和地区治理的平台。2012年6月，巴拉圭议会通过快速弹劾程序迫使总统卢戈下台，南共市和南美国家联盟成员认定这一做法"不符合民主程序"，属于"议会政变"。为维护本地区民主政治大局，南共市、南美国家联盟先后中止了巴拉圭的成员国资格。不过，对于南共市干预巴拉圭内政以及委内瑞拉加入南共市的合法性等问题，乌拉圭、巴西国内存在不少争议。在安全合作方面，两大组织也取得重要进展。5月初，南美国家联盟国防部长在哥伦比亚卡塔赫那举行会议，决定建立地区性机制，对付有组织犯罪、毒品贩运、武器和人口走私及洗钱等共同挑战。在基础设施建设方面，11月31日在利马举行的南美国家联盟首脑会议通过了2012～2022年一体化战略行动计划。决定投资137亿美元兴建31项跨国或共享性工程。为加强区域治理机制的建设，南美国家联盟于10月首次派选举观察员实地监督委内瑞拉总统选举，并在12月的首脑会议上同意设立选举理事会，加强对成员国选举的监督。

在取得上述进展的同时，南美地区合作显然不能一蹴而就。在南共市内部，成员国存在不同的内外利益，经济一体化合作也遇到诸多困难，被迫停止实行部分产品的共同对外关税。此外，乌拉圭与阿根廷在巴拉圭通过阿电网向乌拉圭输出能源及两国交换税收数据等问题上存在着一系列经济纠纷。

---

① 指各种一体化协定相互交织，就像碗里的意大利面条，一根根地相互交叉，绞在一起。

（二）太平洋联盟建立，次地区一体化组织加快重组

6月6~7日，太平洋联盟在智利的安托法加斯塔举行第4届首脑会议，墨西哥、哥伦比亚、秘鲁和智利四国签署《太平洋联盟框架协定》，宣布该集团正式建立。该集团的建立反映这些国家对巴西主导的南美一体化发展进程心存芥蒂，主张拉美地区合作应重新回到偏重经济流通，特别是自由贸易的轨道，同时应根据世界形势的变化，建立面向亚太地区的合作平台。

太平洋联盟一经成立便呈现快速发展的势头。巴拿马、哥斯达黎加已完成与太平洋联盟4个成员国的双边自由贸易谈判，有望于不久成为该联盟的正式成员，其余中美洲国家也加快了入盟谈判的步伐。新西兰、澳大利亚、加拿大、西班牙及南共市成员国乌拉圭已被接纳为太平洋联盟的观察员国，被中止南共市成员国资格的巴拉圭也向该联盟提交了入盟申请。7月9日，在东南亚国家联盟—拉美商务论坛上，东盟受邀成为太平洋联盟的正式观察员。

太平洋联盟占拉美地区国内生产总值的33.94%、人口的35.83%，是目前居世界第9位、拉美第2位的联合经济体，其活力、开放度、发展势头及面向亚太的区位优势都对南共市构成了一定挑战。因此，成立21年来从未有新成员加入的南共市被迫加快扩容速度。7月31日，南共市正式接纳委内瑞拉。随着委内瑞拉的加入，南共市实力增加，成为世界第5大和拉美第1大经济体，占拉美GDP的59.22%、人口的47%。从地缘意义上看，"随着委内瑞拉的加入，南共市将从巴塔哥尼亚延伸至加勒比"。[①] 正如巴西外长帕特里奥塔所言，委内瑞拉的加盟对整个南共市来说具有经济、政治和战略利益，南共市必将"成为世界权力的一极"。[②] 委内瑞拉也为其他安第斯国家敲开了南共市的大门。12月7日，玻利维亚签署加入南共市的议定书，启动其加入南共市的进程；厄瓜多尔也提出了相关申请。可以预见，随着哥伦比亚和秘鲁加入太

---

① http://en.mercopress.com/2012/07/11/with-venezuela-mercosur-will-extend-from-patagonia-to-the-caribbean.
② http://en.mercopress.com/2012/07/31/with-venezuela-mercosur-has-become-a-new-pole-of-world-power.

平洋联盟,委内瑞拉退出和玻利维亚、厄瓜多尔可加入南共市,安第斯共同体已受到严重削弱,解体的危险增大。

(三)美洲玻利瓦尔联盟继续推进,成员国有望进一步扩大

随着拉美左翼力量的加强,由委内瑞拉总统查韦斯主导,以团结合作为宗旨的美洲玻利瓦尔联盟(ALBA)继续推进合作。2月5日,ALBA在委内瑞拉首都加拉加斯举行第11次首脑会议,决定建立共同经济区,8个成员国同意将其外汇储备的1%注入ALBA银行(2008年1月成立)。通过这个多边金融补偿机制,苏克雷(SUCRE)作为联盟内部单一货币的目标可望逐步实现。2012年1月,洪都拉斯重新加入加勒比石油计划(Petrocaribe)。2月,ALBA首脑会议启动3年来首次扩盟日程,批准了海地的入盟申请,同意启动苏里南、圣卢西亚加入ALBA的程序。然而,查韦斯的逝世不仅标志着拉美左翼运动进入了一个新的历史阶段,而且也给美洲玻利瓦尔联盟的合作前景带来一定变数。

(四)拉美和加勒比国家共同体继续构建覆盖整个地区的合作平台

2011年12月成立的拉美和加勒比国家共同体(CELAC),成员包括所有拉美和加勒比国家。2012年,这一新生的地区合作组织在对外关系、内部建设等方面都迈出了坚实的步伐。8月,拉美和加勒比国家共同体"三驾马车"[①]代表(智利外交部长莫雷诺、委内瑞拉外交部长马杜罗和古巴外交部副部长谢拉)先后访问印度和中国。12月14日,首届拉美和加勒比国家共同体33国财长会议召开,通过了"比尼亚德尔马声明",同意建立本地区财政和金融合作、协调和援助机制,决定成立地区财政工作组,向各成员国提出旨在加强本地区金融体系的战略性建议。

---

① "三驾马车"是拉美和加勒比共同体的协调和领导机构。它由查韦斯总统在2011年12月第一届拉美和加勒比国家共同体首脑会议上倡议建立的。委内瑞拉和智利作为本次首脑会议的两个临时主席国及下届临时主席国古巴共同组成了"三驾马车"。2013年1月第二届拉美和加勒比首脑会议后,接任临时主席国的古巴将与海地和哥斯达黎加组成新的"三驾马车"。2015年厄瓜多尔将接任临时主席国后,并将与其他2个拉美国家组成新的"三驾马车"。

三 多元化外交成效显现

多元化外交一直是拉美国家外交政策的目标。在欧美国家经济持续低迷和世界经济不确定性增加的形势下,加强与新兴大国、亚太、非洲的关系成为许多拉美国家外交政策的优先目标之一。墨西哥革命制度党候选人涅托当选后明确表示,"将利用墨西哥与美国地缘接近的有利优势。若那里的经济形势仍不好转的话,墨西哥有权利寻找其他市场以促进增长。"值得关注的是,随着拉美实力地位的整体提升,欧洲、亚洲乃至非洲国家对拉美国家重视的程度也迅速提高。拉美国家对外关系多元化的主要目标是促进对外贸易和投资,而部分左翼执政国家也追求一定的政治目标,巴西则抱有大国崛起的多重目的。

(一)拉美对欧"反哺",拉欧合作取得进展

欧盟持续受欧债危机影响,经济形势仍不容乐观。为了从拉美的经济增长中获得好处,欧盟加快与拉美国家经济合作的步伐。2012年6月27日,欧盟与秘鲁、哥伦比亚签署综合贸易协定。与此同时,与中美洲国家伙伴关系协定生效。11月8日,欧盟与巴西、哥伦比亚、哥斯达黎加、厄瓜多尔、危地马拉、洪都拉斯、墨西哥、尼加拉瓜、秘鲁和委内瑞拉等结束在世界贸易组织框架下长达20年的香蕉贸易争端,拉美国家获准以更优惠条件进入欧盟市场。

值得注意的是,欧拉经济关系发生"力学"改变,拉美对欧投资快速增加。2012年,拉美公司并购欧洲资产超过127亿美元。11月16~17日,第22届伊比利亚美洲国家首脑会议在西班牙加的斯举行,西班牙首相拉霍伊(Mariano Rajoy)在会上呼吁拉美国家参与西班牙重振经济计划。此外,由于欧债危机加剧,拉欧之间出现移民的反向流动。在过去4年间,巴西、秘鲁、厄瓜多尔三国的西班牙籍人口分别增长25%、54%和150%。[1]

---

[1] Michael Shifter, "Sea Change in Spain," Foreign Policy, November 27, 2012. http://www.thedialogue.org/page.cfm?pageID=32&pubID=3159.

欧洲还进一步提升了与拉美国家的双边关系。1月，英国外交大臣黑格（William Hague）访问巴西等国，表示英国"从拉美的外交退却时代"已经结束。随后，英国在巴西的累西腓设立了领事馆，在萨尔瓦多重开使馆。6月，西班牙国王卡洛斯一世访问智利和巴西。

（二）拉美与俄罗斯保持密切交往，合作领域扩大

2012年7月，古巴国务委员会主席劳尔·卡斯特罗对俄罗斯进行了工作访问，俄、古决定建立定期磋商机制。9月，在俄罗斯主办APEC首脑会议期间，普京总统与秘鲁总统乌马拉就加强双边经济、科技、技术、文化和人文关系举行了会谈。12月13~14日，巴西总统罗塞夫访俄，两国决定促进贸易多样化，深化战略伙伴关系，加强科技合作及人文领域的合作。

俄罗斯与拉美国家的能源合作取得新进展。7月，俄罗斯国家石油天然气公司（Gazprom）与厄瓜多尔政府签署在厄瓜多尔南部沿海开发天然气田的谅解备忘录。9月，Gazprom与刚实行国有化的阿根廷国家石油公司（YPF）签署了加强在天然气和非常规石油开发合作的协定。委内瑞拉与俄罗斯的能源合作仍是双方合作的重点。9月27日，俄罗斯5家大型石油公司组成的国家石油联盟参与开发的委内瑞拉胡宁6号区块项目正式开始工业开采。为此，俄罗斯将在4年内投资200亿美元。同时，俄罗斯国家石油天然气公司还将为委内瑞拉卡拉沃沃2号区块的开发投资160亿美元。

由于俄罗斯的毒品滥用问题日益严重，每年从拉美进入俄罗斯的可卡因约为3吨，但截获量仅为半吨，扫毒合作已成为俄罗斯与拉美国家合作的新领域。2012年2月，俄罗斯联邦麻醉药品与精神药物流通监管总局局长维克托·伊万诺夫访问墨西哥、尼加拉瓜、萨尔瓦多、巴拿马和古巴等国，寻求与这些国家"采取联合缉毒行动、交换缉毒信息和控制毒品交易量"。12月6日，俄罗斯正式与萨尔瓦多签署了有关合作打击贩毒的协议。

（三）拉美与亚太经济合作积极和富有成果

拉美国家高度重视亚太，特别是东亚地区作为全球经济增长中心的地位，越来越明显地将其列为多元化外交的优先目标，多国首脑密集造访这

一地区。2012年3月，智利总统皮涅拉访问越南、韩国和日本。4月，时任巴拉圭总统卢戈访问了印度、日本、韩国、中国台湾和泰国，力推巴拉圭牛肉和大豆等食品的出口。5月，哥伦比亚总统桑托斯访问新加坡和中国。秘鲁总统乌马拉访问日本和韩国。7月4~7日，古巴国务委员会主席兼部长会议主席劳尔·卡斯特罗访问中国和越南。8月，哥斯达黎加总统钦奇利亚访问中国和韩国。9月，墨西哥总统卡尔德龙对新加坡进行国事访问，智利总统皮涅拉访问澳大利亚。10月，巴拿马总统马蒂内利访问日本和越南。

拉美国家近年的经济增长也推动了亚太国家对拉美外交。6月，时任韩国总统李明博参加在墨西哥举行的20国峰会和在巴西里约召开的联合国可持续发展峰会后，访问了智利和哥伦比亚。越南重点加强了与古巴和委内瑞拉的关系。4月，越共领导人阮富仲（Nguyen PhuTrong）访问古巴，两国交流了改革的经验，商讨越在古巴种植2万英亩大米项目。4月18日，越副总理访问委内瑞拉，两国签署50多项合作，涉及电力和农业等多个领域，两国石油公司在2010年联合成立的合资企业也宣布将加强石油勘探开发的合作，委方同意每季度向越南石油公司出口200万桶石油。

秘鲁、智利和哥伦比亚与亚太国家的自由贸易谈判取得进展。5月7日，哥伦比亚与中国和日本启动自由贸易谈判，9月与韩国草签了自由贸易协定。6月，秘鲁与印度启动贸易优惠贸易协定谈判，9月秘鲁与马来西亚决定开始自由贸易谈判。8月，智利外长宣布将开始对印自由贸易谈判。

韩国与拉美的其他合作也备受瞩目。一是与秘鲁的军事合作。11月7日，韩国与秘鲁签约向秘出售20架KT-1型教练机，协助秘制造KT-1飞机模拟飞行器，研发无人机，合同金额2亿美元。此外，韩国与拉美国家的能源合作取得新进展。8月，三星工程公司从玻利维亚国有能源公司YPFB获得标价为8.439亿美元的建设合同，为玻兴建一座化肥厂。浦项制铁与玻国有矿业公司也达成协议，共建一座研发锂电资源的实验厂。

除双边关系外，拉美和亚洲地区的多边交流有所增加。7月9~10日，东南亚国家联盟—拉美商务论坛在印尼首都雅加达举行。各国贸易代表、企业家和学者参加了会议。

（四）拉美国家加强了与中东国家的经济合作，并在中东政治问题上坚持独立自主的政策

因埃及等阿拉伯国家发生政治动荡，原定于 2011 年举行的第三届南美—阿拉伯首脑会议（ASPA）被迫推迟到 2012 年 10 月初在秘鲁首都利马举行，会议宗旨是推动拉美与中东国家的经济合作。

在双边关系方面，拉美国家特别是左派执政国家不顾美国的反对，与伊朗保持密切关系。2012 年 1 月，伊朗总统内贾德访问古巴、委内瑞拉、尼加拉瓜和厄瓜多尔 4 国。6 月，内贾德在巴西参加联合国可持续发展峰会后，访问玻利维亚和委内瑞拉，与玻利维亚签署了反毒协定。5 月，伊朗副总统和国际事务部长赛义德卢（Ali Saeedlu）访问古巴、厄瓜多尔和尼加拉瓜，免除了尼加拉瓜在冷战时期所欠的 1.64 亿美元债务，并提供 2.5 亿美元新贷款，在尼新建一座奶厂。5 月，厄瓜多尔外长帕蒂诺（Ricardo Patino）访问伊朗，伊同意向厄提供 4 亿美元的信贷用于促进两国的贸易。随着阿根廷成为伊朗大豆和大豆油重要的出口市场，两国关系出现改善迹象。10 月 29 日，阿根廷、伊朗外交代表在日内瓦举行会议，讨论 1994 年阿犹太人社区爆炸案的问题，以消除改善关系的政治障碍。尽管美国及西方加大对伊朗制裁，但拉美与伊朗的密切关系为伊提供了"逃生门"。①

在中东政治问题上，巴西等部分拉美国家反对欧美国家用武力干涉叙利亚内部事务。6 月 1 日，罗塞夫总统表示，"解决叙利亚危机不能通过军事手段，叙利亚不是利比亚。"② 委内瑞拉则不顾西方国家制裁令，于 2 月向叙利亚运送了价值达 500 万美元的柴油。5 月，美国等西方国家指责叙利亚政府制造了造成 100 多个平民死亡的"胡拉惨案"，并驱逐叙利亚大使。不过，除巴拿马暂时终止与叙利亚的外交关系外，其余拉美国家都未追随美国等西方国家而采取相同做法。11 月 29 日，第 67 届联大通过决议，给予巴勒斯坦国联合国观

---

① "Latam Is Well Aware of the US Position Regarding Iran, Says State Department," January 5th 2012. http://en.mercopress.com/2012/01/05/latam-is-well-aware-of-the-us-position-regarding-iran-says-state-department.

② *Latin America Weekly Report*, June 7, 2012, p. 5.

察员国地位。其中，25个拉美和加勒比国家投票支持，巴拿马1国反对，巴拉圭、危地马拉和哥伦比亚则投了弃权票。

（五）非洲成为拉美外交新边疆

2012年5月，阿根廷总统克里斯蒂娜率400人的商业代表团访问安哥拉，推进贸易和投资，特别是商谈两国食品换石油协定。厄瓜多尔也希望开辟非洲市场。在2月初举行的"厄瓜多尔在非洲"研讨会上，厄外长帕蒂诺表示希望借鉴巴西、古巴和阿根廷的经验，加强与非洲的关系，未来两年内厄将在肯尼亚、阿尔及利亚、埃塞俄比亚、尼日利亚和安哥拉开设使馆。目前厄瓜多尔在非洲只有加蓬和南非2个使馆。[1]

巴西与非洲的关系开始最早，发展最快、合作规模最大，"非洲日益成为巴西的新边疆"。[2] 2012年巴西在马拉维开设了第37个使馆，并继续加大对非援助和投资。巴西合作署外援拨款的55%流向非洲。7月，巴西在莫桑比克开办了一家生产治疗艾滋病的药厂。5月，巴西投资银行BTG Pactual拟再增加10亿美元用于扩大对非投资。巴西向肯尼亚提供1.5亿美元修建道路，以缓解首都内罗毕的交通拥堵。7月，巴西与安哥拉建立战略伙伴关系，双方签署新的安全协定，巴允诺帮助安哥拉培训军事和技术人员。2012年，巴西同莫桑比克共同推出了"光明计划"，巴提供技术合作方案，帮助莫桑比克边远地区使用电力，推动其清洁能源的发展。

在多边安全合作方面，9月25日~10月10日，乌拉圭、阿根廷和巴西与南非举行两年1次的海军演习。

四 拉美国家的多边外交更趋活跃

国际关系格局的调整为拉美国家特别是大国提供了更多参与全球治理和改革国际权力机构的机会。

---

[1] *Latin America Weekly Report*, February 9, 2012, p.9.
[2] Simon Romero, "Brazil Gains Business and Influence as It offers Aid and Loans in Africa," *New York Times*, August 7, 2012.

（一）积极参与各种多边机制，提升自身影响力

2012年6月18日，20国集团（G20）峰会在墨西哥洛斯卡沃斯举行，这是G20峰会首次在拉美国家举行。除阿根廷、巴西、墨西哥三个正式成员参会外，智利和哥伦比亚作为受邀国也派外长参加了会议。

3月26~27日，第二次核安全峰会在韩国首尔召开，目标是清除和减少"武器级核物质"、加强对核能设施的保护、防止核物质非法交易、打击核恐怖主义以及捍卫世界和平与安全。巴西、阿根廷、墨西哥和智利作为拉美拥有核电站和核材料的国家应邀参加了在韩国举行的核峰会。

一直以来，拉美和加勒比国家是不结盟运动的创建者和积极参与者。8月26~31日，拉美多国参加了在伊朗首都德黑兰举行的第16届不结盟运动首脑会议，会议决定下届会议将于2015年在委内瑞拉加拉加斯召开。目前，不结盟运动有120个成员国、17个观察员国。其中，拉美有26个成员国、7个国家观察员（乌拉圭、巴拉圭、巴西、阿根廷、墨西哥、萨尔瓦多和哥斯达黎加）。

巴西积极参与新兴大国的机制。3月28~29日，在印度首都新德里举行的金砖国家第4届首脑会议，不仅进一步推动了金砖国家在金融、贸易自由化等领域的合作，而且对世界银行和国际货币基金组织改革和提高发展中国家话语权问题制定了时间表。2月，巴西派官员参加了在印度新德里举行的第10次基础四国部长会议，会议达成反对欧盟强征航空碳排放税的共同立场。12月，巴西与其他基础四国代表在联合国气候大会上敦促发达国家兑现出资承诺，提高减排目标。

9月2~9日，秘鲁、墨西哥和智利首脑参加了在俄罗斯符拉迪沃斯托克市举行的亚太经合组织（APEC）会议。11月13日，巴西、委内瑞拉和阿根廷当选2013~2015年度联合国人权理事会成员，厄瓜多尔代表拉美担任联合国人权理事会的副主席。

（二）推动全球治理结构的变革

2009年20国峰会以来，欧美国家为了维护自身利益，在推动世界银行和国际货币基金组织（IMF）等国际金融机构改革方面并没有兑现承诺。2012年7月，美国人金墉（Jim Yong Kim）担任世行行长一职，令一直主张打破世

行行长由美国人担任这一惯例的巴西及其他新兴国家很失望。在落实2010年承诺的份额改革方面，IMF也缺乏进展。随着欧债危机不断加深和对世界经济贡献率下降，欧洲国家在IMF的代表权受到质疑。巴西还拒绝直接援助欧洲国家，而是主张通过IMF向欧洲稳定基金注资。巴西还坚持把增加对IMF缴款与IMF改革挂钩，以便向美欧方面施加更大的压力，加快推动国际金融机构改革，提高发展中国家的代表性。10月，巴西财政部长曼特加在日本参加IMF年会时批评美国拖延改革，表示"IMF应成为一个真正的多国参加的、有代表性的组织"。针对IMF提出集资5000亿美元帮助欧洲国家解决债务危机的提议，墨西哥则表现积极。时任总统卡尔德龙在参加冬季达沃斯论坛时表示，墨西哥将响应IMF的集资号召，协助欧洲国家渡过难关。随后，墨西哥参议院授权将墨西哥对IMF的缴款增加146%，从3625700特别提款权（SDR）增加到8912700（相当于14亿美元），墨西哥在IMF的出资份额也将从1.52%增加到1.87%。墨西哥采取上述积极立场与希望借担任G20轮值主席国和主办G20峰会之机推动各方取得积极成果推动IMF改革，提升墨的参与性、话语权及表决权，摆脱总是被巴西"压低一头"的被动地位。

五 拉美对外关系面临的挑战

尽管拉美国家对外关系的自主性显著增强，多元外交活跃，国际地位提升，合作面进一步得到拓展，但它们或多或少仍面临着困难和挑战。

（一）贸易保护主义抬头，经济摩擦有所增加

受国际金融危机以及世界经济低迷不振、全球贸易保护主义有所抬头等因素的影响，拉美国家之间和拉美国家与区外贸易伙伴之间的摩擦、争端均有所增多。根据世界贸易组织（WTO）的统计，自2008年国际金融危机以来的4年间，巴西设置的进口壁垒高达17项，甚至超过了阿根廷（14项）。[①]

巴西、阿根廷采取的贸易保护主义措施，首先引起南共市内部的矛盾。乌

---

① *Latin American Economy & Business*, May/June 2012, p.6.

拉圭前总统桑吉内蒂指出，巴西和阿根廷单方面提高共同对外关税，造成乌拉圭失去与许多国家签署自由贸易协定的机会，乌已成为南共市的囚徒。① 其次，巴、阿的行为还加剧其与区域外国家的贸易争端。12 月 6 日，欧盟向 WTO 起诉阿根廷。12 月 12 日，巴拿马向 WTO 提出针对阿根廷的诉讼，指责阿根廷实施不公平的进口限制。这是自 2012 年 5 月以来，WTO 涉及阿根廷的第 8 起争端，与上年 WTO 所有诉讼数量持平。

此外，阿根廷和玻利维亚等国还加快实施国有化措施，招致许多国家对其提出诉讼和采取制裁措施。4 月 16 日，阿根廷宣布对西班牙能源公司 REPSOL 所有的 YPF 石油公司实施国有化。5 月、6 月和 12 月，玻利维亚先后对西班牙国家电力公司旗下的西班牙输电公司、瑞士嘉能可公司所属的科尔基里矿业公司和西班牙伊维尔德罗拉公司所有的 2 家电力公司实施国有化。欧盟采取措施，限制从阿根廷进口生物能源。

（二）资源和领土使区内外矛盾加剧，相关国家军备增长较快

由于历史原因及近年对近海资源的争夺，拉美国家之间的边界争端有加剧之势。2012 年 11 月 19 日，海牙国际法院对哥伦比亚与尼加拉瓜部分争议领土及海域作出最终裁决，裁定圣安德烈斯群岛属于哥伦比亚，该群岛以北和以南的部分海域为尼加拉瓜专属经济区的延伸，属尼加拉瓜所有。哥伦比亚总统桑托斯拒绝接受此裁决，认为"这与 1928 年两国签订条约所规定的西经 82 度海域疆线不符"。目前，存在领土争端的国家还有智利与秘鲁、委内瑞拉与圭亚那、玻利维亚与巴拉圭等。

随着英阿马岛战争 30 周年的到来，双方在马岛问题上的争端日益加剧。由于马岛具有周边近海石油资源丰富、临近南极等重要经济和战略价值，双方会进一步加大政治、军事和外交上的博弈。

出于维护资源和领土主权、防止美国干涉等目的，近年来拉美国家的军事支出大幅增加。根据斯德哥尔摩国际和平研究所 3 月 19 日发布的报告，2002～2006 年和 2007～2011 年，美洲的武器进口增长了 61%。其中，北美增

---

① *Latin American Economy & Business*, April 2012, p. 9.

长54%，南美增长77%。委内瑞拉是增长最快的国家，增长555%，成为世界第5大武器进口国。① 拉美地区有关资源和领土主权争端的增加以及军费支出的增长，对地区稳定、军事互信和对外合作构成了一定挑战。

（三）影响拉美国家对外关系的不确定性因素有所增加

近年来，奥巴马政府对拉美的政策饱受国内强硬派批评，指责他对拉美左派领导人态度过于软弱，在促进拉美民主进程方面行动不力，若不及时调整相关政策，美国将永远失去拉美。美国国会也一直对奥巴马政府的对拉外交任命不予配合和支持，致使美国驻巴巴多斯、萨尔瓦多、尼加拉瓜、厄瓜多尔、乌拉圭和委内瑞拉等国大使长期空缺。② 2011年7月，负责西半球事务的前助理国务卿巴伦苏埃拉辞职后，直至2012年3月末美国参议院才通过对罗伯塔·雅各布森的任命。面对国内保守派的压力，奥巴马政府被迫作出反应。2012年12月28日，奥巴马签署"回击伊朗在西半球的法案"尽管可使拉美与伊朗关系受到一定制约，但这一做法也会增加拉美左派政府与美国直接冲突的几率。

2013年3月5日，执政14年、于2012年10月再次成功当选的委内瑞拉总统查韦斯病重不治而辞世，不仅给委内瑞拉政治发展带来的不确定性，而且也将为拉美左翼运动的发展带来许多困扰和挑战。

（吴白乙　审读）

International Relations of the LAC States

He Shuangrong

Abstract：The accelerated adjustment of international relations pattern and rising

---

① "19 March 2012: Rise in International Arms Transfers Is Driven by Asian Demand, Says SIPRI," http://www.sipri.org/media/pressreleases/rise-in-international-arms-transfers-is-driven-by-asian-demand-says-sipri.

② Nicholas Casey, "U. S. Sway Clipped in Latin America," *The Wall Street Journal*, February 7, 2012.

status of Latin America provided more opportunities and choices for Latin American countries to pursue a more independent and diversified diplomacy. Latin American foreign policy toward the U. S. was increasing independent while the United States' influence on Latin America went further down. Regional integration cooperation became priority objective of Latin American countries and made progress. At the same time, Latin American countries strongly promoted the foreign policy of diversification, actively developed relations with countries outside the region, such as the European Union, Russia, Asia-Pacific, Middle East and Africa. Multilateral diplomacy was also increasingly becoming the diplomatic means of Latin American countries, in particular, Brazil and Mexico, improving their international status and participating in global governance. However, fragmentation further featured in regional integration cooperation, affected by the political dispute between the Latin American countries, developmental difference and geo-political competition. Some problems, such as territorial disputes, trade protectionism, economic nationalism, domestic politics, as well as international political and economic uncertainty, posed some challenges to independent and self-governed foreign policy.

Key Words: Latin America; Diversification of Diplomacy; Regional Integration

国别和地区报告

National/Regional Reports

Y.11
巴西：地方选举凸显政治新生态

周志伟*

摘　要：

  2012年，地方选举和劳工党的腐败丑闻是巴西政治的两大关键词。重新"洗牌"后的政党格局有了新变化，但传统大党仍维持强势，而对劳工党腐败丑闻的审判虽未危及现政府的执政，但劳工党的形象受到损害。受国际经济低迷的影响，2012年巴西经济增长乏力，国内需求成为经济的重要支撑。社会政策使贫困、两极分化、教育等问题得到缓解。在对外关系方面，罗塞夫政府"务实外交"的风格得到体现，其"大国参与"的意识有所强化。

关键词：

  巴西　地方选举　经济低迷　金砖国家　汇率战争

---

* 周志伟，法学博士，中国社会科学院拉丁美洲研究所国际关系研究室副研究员，巴西研究中心秘书长。

巴西：地方选举凸显政治新生态

一 政治形势

2012 年是巴西地方选举年，各级政府和各政党均以此作为本年度的工作要务，选举结果体现了当前巴西政治格局的特点和趋势。此外，对劳工党腐败丑闻的判决虽未危及罗塞夫政府的执政基础，但可能使劳工党在未来巴西政治角逐中面临信任与道德的考验。

10 月 7 日巴西举行了地方选举。全国 5568 个城市的新一届市长和市议会议员均在此次选举中产生。选举结果使巴西的政治生态有了些许变化。从当选市长数量来看，民主运动党（PMDB）仍以 1026 个席位居首位，但较 2008 年减少 175 个；在野党社会民主党（PSDB）居第二位，共获 702 个市长席位，较 2008 年减少 89 个；执政党劳工党（PT）居第三位，共获得 635 个市长席位，较 2008 年增加 77 个席位；由从民主党（DEM）脱离出来的吉尔伯托·卡萨比（Gilberto Kassab）组建的民主社会党（PSD）居第四位，共获 497 个席位。从获选市长数量看，传统大党仍维持优势，而曾经的传统大党民主党的地位则被民主社会党取代。

巴西社会党（PSB）的崛起是本次选举中的重要现象。2012 年，该党在 441 个市获胜，较 2008 年增加 131 个，增量居各党派之首。① 在获选市长数量排序上，巴西社会党从 4 年前的第九位升至第六位，逐渐进入大党行列。值得关注的是，在州府市长选举方面，巴西社会党的表现甚至优于传统大党，该党赢得 5 个州府的市长席位，数量超过了劳工党（4 个）和社会民主党（4 个）。在竞争最激烈的圣保罗市长选举中，劳工党候选人费尔南多·阿达德（Fernando Haddad）战胜社会民主党候选人若泽·塞拉（José Serra），帮助劳工党夺回自 2005 年失去的市长席位，为 2014 年大选赢得先机。此外，从获得的选民支持数量来看，劳工党在本次选举中共获得 2759.8 万选民的支持，居各党派之首，较 2008 年选举增加约 761.8 万张选票。民主运动党、社会民主党和巴西社会党分列第二、第三和第四位，但支持巴西社会党的选民数量较

---

① 除新党民主社会党（PSD）之外，民主社会党成立于 2011 年 9 月，未参加 2008 年的地方选举。

2008年增加769.4万,选民支持数量增幅超过了劳工党。随着巴西社会党的壮大,该党主席爱德华多·坎波斯(Eduardo Campos)表示,巴西社会党将参与2014年总统选举。这无疑将给2014年大选(尤其是党派联盟)带来变数。

2005年爆出的"月费案"在2012年10月有了初步定论。"月费案"指劳工党在卢拉的第一任期内为争取盟党支持向对方议员行贿,后经盟党曝光的丑闻。该案牵涉劳工党创始人及时任总统府民事办公室主任若泽·迪塞乌(José Dirceu)、劳工党前主席若泽·热诺伊诺(José Genoino)等政界要人,以及自由党、进步党、民主运动党、巴西工党等盟党。经过漫长的审判,该案核心人物若泽·迪塞乌以组织犯罪团伙和主动犯罪罪名被判处10年零10个月监禁。腐败丑闻成为竞争对手对劳工党攻击的矛头所在,极大影响了劳工党在2012年地方选举中的表现。

二 经济形势[①]

据联合国拉美经委会的预测,2012年巴西经济增长率仅为1.2%,不及2011年的增速(2.7%),也低于本地区的平均值(3.2%)。2011年下半年以来,巴西受全球经济低迷的影响日益明显,生产部门(尤其是工业部门)及投资均出现萎缩。但由于就业市场延续良好增势,失业率保持低位,实际工资的适中增长,通胀趋于稳定,以及系列财政和货币政策的刺激,国内消费依然是巴西经济的主要引擎。

2011年下半年实施的刺激性货币政策在2012年得到延续。截至2012年10月底,巴西央行连续8次降息,基准利率达到自设立基准利率制以来的最低值(7.25%),累计下降525个基点。扣除通胀因素,巴西的实际利率已降至2%左右,也达2003年以来的最低值。与此同时,利率下降使巴西2012年还贷情况有所恶化,全年金融系统的欠贷率约为3.8%,私有银行则从2011年的4.8%升至5.2%。受此影响,信贷发行量在2012年放缓。截至2012年9

---

① 本节数据除特别注明外均引自 ECLAC, *Economic Survey of Latin America and Caribbean 2012*, November 2012。

月的1年间，信贷同比增长10.2%，不及上年度同期19%的增幅。其中，个人信贷的增幅从16.3%降至8.0%，企业信贷从16.9%降至9.1%。

表1　2010~2012年巴西主要经济指标

指标	2010	2011	2012ª
年增长率(%)			
GDP	7.5	2.7	1.2
人均GDP	6.6	1.8	0.4
消费价格指数	5.9	6.5	5.5ᵇ
平均实际工资ᶜ	2.1	2.4	3.6
M1供应量	17.3	6.2	4.3ᵈ
实际有效汇率ᵉ	-13.4	-4.7	11.7ᵍ
贸易条件	16.0	7.9	-4.5
年均百分比(%)			
城市失业率	6.7	6.0	5.5
联邦政府财政收支余额/GDP	-1.7	-2.6	-2.2
名义存款利率	9.9	11.8	8.8ᶠ
名义贷款利率ᵍ	38.5	40.7	33.5ᶠ
金额(百万美元)			
商品和服务出口额	233515	294250	284373
商品和服务进口额	244202	302395	305071
经常账户	-47272	-52481	-54087
资本和金融账户ʰ	96373	111118	76451
国际收支余额	49101	58637	22364

注：a为预测值；b为2012年10月之前12个月的变化值；c为包括社会、劳动法所界定的就业者及私有部门的就业者；d为2012年1~10月较2011年度同期的变化值；e为负值表示实际升值；f为2012年1~10月数值；g为企业预定利率；h为含误差和遗漏。

资料来源：CEPAL, *BalancePreliminar de las Economías de América Latina y el Caribe* 2012, Diciembre 2012。

2012年巴西汇率政策的核心是维持美元兑雷亚尔的比价在2∶1左右的高位，以实现控制通胀、刺激消费和出口等目标。为此，巴西央行通过增持美国国债积极干预汇市。2011年8月至2012年10月，巴西央行增持244亿美元的国债，其外汇储备增至3778亿美元。汇率干预措施使美元兑雷亚尔的比价从2011年7月的1.6升至2012年11月的2.09，累计贬值超30%。

财政政策方面，巴西采取的主要措施是减税和扩大开支，这与2008年和2010年的政策调整相仿。如降低对汽车、货车、手机、家用电器和建筑材料等产品的税率，调整社会保障征税办法以降低企业成本，通过优惠税收政策鼓励对工业的投资（尤其是创新工业）。但这些政策使巴西税收自2012年6月开始明显下滑，前10个月的税收总额同比仅增0.7%。公共开支领域受最低工资增长的影响（同比增8%），2012年1~10月的社会保障总支出同比增长13%。此外，其他社会福利支出均有所增长，失业保险开支同比增长13.8%，社会援助（包括"家庭救助金计划"）开支增长18.4%。个人开支方面，2012年前10个月同比增长3.3%。公共投资因"我的房子，我的生活"住房项目的实施在2012年前10个月同比增长23.3%。

受扩张性的财政政策影响，2012年1~10月公共部门初级财政盈余占GDP的比重约为2.4%，较2011年同期（3.5%）大幅下降，未实现3.1%的预期目标。

从实体经济增长情况来看，工业萧条是巴西经济低迷的主要因素。2012年前10个月，工业产值同比下降2.9%，几乎所有工业部门均存在下滑。如资本货工业部门降幅达11.8%，耐用消费品工业下降4.3%，汽车工业虽受惠政府的税收政策，但仍下降3.3%。工业产值下降一方面是受2010年经济"过热"后政策调整的影响，另一方面是与消费信贷增速放缓以及国际经济危机的不确定性存有较大关系。与此同时，由于国际市场对初级产品需求下降，采矿业增速也明显放缓，截至2012年9月，同比仅增长0.7%。民用建筑业虽同样面临增速下滑局面，但同比依然保持2.2%的增长率。农业方面，2012年农业产量达1.63亿吨，较2011年增长1.5%。

就业市场需求虽有所放缓，但延续了近几年的增势。由于工业和建筑业相对低迷，贸易等服务行业成为就业市场的主要增长点。截至2012年10月，正规就业岗位净增130万个，失业率降至5.3%，这也是年失业率首次降至6%以下。同时，实际收入同比增长4.8%，而就业工人实际工资同比增长8.1%。

巴西在2011年上半年面临的通胀压力在2012年有所减弱，通胀率从2011年度的6.5%回落至2012年10月的5.45%，达到了政府的预期目标。但是，农产品及食品价格增长明显，2012年10月同比增幅达10.4%，而燃料价格的稳定以及汽车价格下降是促使巴西2012年通胀趋缓的主要因素。

国际收支方面，国际经济危机和国内经济放缓对巴西外贸影响明显，截至2012年10月，其货物贸易顺差约为173亿美元，同比下降32.2%。其中，出口总额约2023亿美元，同比下降5.5%。究其原因，出口价格和出口量均有所下降，如出口价格下跌4%，出口量下降1.5%。出口市场方面，除对美出口增长9.6%以外，对其他市场的出口均有所下降。进口方面，进口总额约为1850亿美元，同比减少1.9%。进口价格略有上升（0.5%），但进口量则萎缩3.3%。进口额的减少主要反映在燃料和耐用消费品进口的减少，两者同比分别减少6.8%和5.4%。相反，资本货进口额则增长2.6%。从进口来源来看，中国依然是巴西第一大进口来源国，占巴西进口总额的15.5%。

2012年前10个月，巴西服务贸易赤字约为335亿美元，高出2011年同期的315亿美元。其中国际旅游净支出约129亿美元，而海外汇款净收入约177亿美元，较2011年同期的292亿美元大幅下降。这使2011年1~10月的经常项目赤字基本与上年度同期持平，约占GDP的2.2%。

资本和金融账户方面，2012年前10个月的外国直接投资净额约为569亿美元，低于上年度同期的599亿美元。此外，受国际经济危机、巴西国内政策调整（对流入外资加征金融交易税）以及雷亚尔贬值等因素影响，2012年前10个月的证券市场投资明显萎缩，从2011年同期的166亿美元降至122亿美元。同期，巴西的海外投资降至64亿美元，不及上年度同期（143亿美元）的一半。综合上述因素，2012年前10个月的国际收支盈余额约为234亿美元，较上年度同期（539亿美元）减少56.6%。

外债方面，截至2012年10月，巴西外债总额约为3085亿美元，较上年度同期的2980亿美元有小幅上升。由于同期巴西的外汇储备为3778亿美元，其外债净额占GDP的比重维持在4%的水平。

2013年，巴西计划通过扩大投资刺激经济增长，启动了"投资扶持项目"（PSI），其中包括将企业年贷款利率从5.5%降至5%，2013年投资目标达1000亿雷亚尔（巴西开发银行投资为850亿雷亚尔）。① 为拓宽企业和银行从国际市

---

① 巴西财政部网站，http://www.fazenda.gov.br/portugues/documentos/2012/PSI%202013%20V8.pdf。

场的融资渠道，巴西于2012年12月初将向外国投资征收6%金融交易税（IOF）的最短借贷期限从720天减至360天。随着巴西工业自2012年第三季度逐渐恢复增长，巴西经济有望摆脱最近两年低速增长局面，加之刺激性的财政和货币政策以及有利的汇率条件，巴西国内消费有望保持活力，其出口局面有望改观。

三 社会形势[①]

在过去10年间，巴西的贫困率和赤贫率有了明显下降，其中贫困率从2001年的37.5%降至2011年的20.9%，赤贫率则从13.2%降至6.1%，两者均低于拉美地区的平均水平（29.4%和11.5%）。即便在最近两年间（2009～2011年），其降幅同样明显，其中贫困率降幅达4个百分点，而赤贫率下降了0.9个百分点。从要素分析来看，劳动收入是促成贫困率持续下降的主要因素。据巴西《2011年全国入户抽样调查》统计，2011年，巴西就业者实际人均月收入[②]从2009年的1242雷亚尔增至1345雷亚尔，增幅约8.3%。其中，10%的最低收入群体的月均收入增幅达29.2%，从2009年的144雷亚尔增至186雷亚尔。随着低收入阶层收入的快速增长，基尼系数持续下降，从2009年的0.518降至2011年的0.501。[③]

除上述的劳动收入因素以外，社会转移支付的增加也是促成巴西贫困率下降的重要因素。最近几年随着社会政策力度的加强，巴西社会支出规模逐年增长，并未因国内经济的波动而出现萎缩。1995～2010年，扣除通货膨胀因素，巴西政府的社会支出增长172.9%，从1995年的2340亿雷亚尔增至2010年的6385亿雷亚尔，人均社会开支则从1471.5雷亚尔增至3324.8雷亚尔，联邦政府社会支出占GDP的比重从1995年的11.24%增至2010年15.54%，其中社会保障项目的社会开支约占联邦政府社会开支总量的47.5%（2010年）。[④]

[①] 本节数据除特别注明外均引自Cepal, *Panorama Social de América Latina 2012*, Noviembre de 2012, pp. 13-14。

[②] 指10岁以及10岁以上、有就业岗位且获得工资报酬的巴西人。

[③] IBGE, *Pesquisa Nacional por Amostra de Domicílios 2011*, vol. 31, 2011.

[④] IPEA, *Gasto Social Federal: Prioridade Macroeconômica no Período 1995-2010*, *Nota Técnica*, n°9, setembro de 2012, pp. 8-13.

据巴西国家地理统计局（IBGE）的统计，2011年，巴西文盲人数约为1290万①，文盲率约为8.6%，较2009年下降1.1个百分点。从年龄结构来看，25岁以及25岁以上的文盲人数占总文盲数的96.1%，而50岁以及50岁以上的文盲人数占总文盲数的比重达63.6%。从地区分布来看，北部地区文盲人数约为680万，约占全国总文盲数的52.7%，该地区文盲率高达16.9%，约为全国文盲率的两倍。②

四 外交形势

2012年巴西外交突出深化地区一体化、落实"金砖国家"合作、推进国际科技合作、强化巴西的国际参与等重点。另外，罗塞夫总统注重对大国的外交，在与大国的互动中，罗塞夫"务实外交"的风格得到体现。

巴拉圭政治危机、巴西与阿根廷贸易争端、南共市扩大以及巴西与海地关系是本年度巴西地区政策的重要内容。2012年，巴拉圭议会弹劾卢戈总统，巴西与阿根廷等国相继召回各自驻巴拉圭大使，谴责巴拉圭议会所采取的程序破坏南共市和南美洲联盟的民主条款，拒绝承认巴新政府，暂时中止了巴拉圭的南共市和南美国家联盟的成员国资格。除此之外，巴西并未采取诸如经济制裁和政治干预的手段。贸易争端是近年来巴西与阿根廷关系的焦点，并在2012年表现得更明显，"消除贸易壁垒"成为两国政、商界多回合磋商的核心议题。虽然南共市存在上述困难，但该组织在扩大成员国方面实现突破。2012年7月，委内瑞拉成为南共市的正式成员国，尽管巴拉圭尚未批准委内瑞拉的申请，但鉴于其对南共市的依赖程度，委内瑞拉加入南共市的事实难以改变。此外，南共市首脑会议还讨论了吸收玻利维亚、厄瓜多尔成为正式成员国的问题，并且玻利维亚已正式签署加入南共市议定书。巴西与海地两国领导人在2012年的两次会晤备受关注，缩编海地维和部队规模和规范海地移民是巴西与海地关系中的两个核心议题。其中，在维和问题上，巴西认为随着海地局势的稳定，维和部队应逐渐撤

---

① 此处指15岁及15岁以上的群体。
② IBGE, *Pesquisa Nacional por Amostra de Domicílios 2011*, volume 31, 2011.

出,而海地总统致信罗塞夫则请求巴西与联合国协商"保持维和部队在海地存在的可能性",因为海地"尚不具备维护本国治安的条件"。①

"金砖外交"在巴西近期外交中处于优先位置。所谓"金砖外交"既包括"金砖国家"机制的建设,"金砖国家"在国际重大事务上的协调一致,也包括"金砖国家"之间的双边关系内容。2012年3月,第4届"金砖国家"首脑峰会中"金砖国家开发银行"的提议备受关注。针对该银行的定性,罗塞夫强调应致力于符合5国共同利益的议题,比如基础设施项目和科技与创新项目。此外,本次峰会再次明确了5国在国际重大事务上的共同立场。除机制化的首脑峰会外,"金砖国家"在诸如世界银行总裁选举、气候谈判、叙利亚危机、20国集团峰会等重大国际事务上以及国际多边机制中保持着密切的磋商和协调,且均形成了相对一致的立场。总体而言,经过最近几年的推动,"金砖国家"的整合度有了提升,成员国的合作意愿得到强化,合作效果逐渐有所体现,正由于此,"金砖国家"已成为全球治理中的重要力量,且正改变着原有国际关系格局的力量对比。在双边关系层面,巴西与"金砖国家"成员国之间的互动也存在新动向。在巴印关系方面,2月,巴西国防部长塞尔索·阿莫林(Celso Amorim)访问印度,其目的旨在加强双边防务合作,重点则是学习印度在武器和军事服务技术领域的自主发展,向印度咨询有关法国"阵风"战斗机的军购细节,以及向印度进一步推销ERJ-145系列支线飞机。在罗塞夫3月底的访印期间,两国签署多项协议与文件,而科技合作占相当大的比重。针对双边贸易,巴西提出"2015年贸易规模达150亿美元"的目标。在对俄罗斯关系方面,科技合作与贸易推广同样是重点。在12月中旬罗塞夫对俄的访问中,双方在经贸、能源、科技创新、和平开发太空以及人文方面签署7个协议,包括巴西空中汽车出租公司从俄直升机公司购买7架Ka-62直升机的合同。同时,罗塞夫访俄也促成巴西航空公司的ERJ-190支线飞机获准在俄罗斯及独联体国家试运行。② 但在对俄猪肉出口方面,罗塞夫此行并未

---

① Renata Giraldi, "Presidente do Haiti Pede que Dilma Apoie Manutenção de Força de Paz para Evitar Riscos à Estabilidade," *Agência Brasil*, 11 de dezembro de 2012.
② Víktor Kuzmín, "Após visita de Dilma a Moscou, Brasil e Rússia Fortalecem Parceria Tecnológica," *Gazeta Russa*, 18 de dezembro de 2012.

获得对方的市场准入许可。

2012年的巴美关系经历一些起伏，这反映两国关系复杂化的趋势。在双边关系层面，两国政府在货币和贸易政策上存在激烈争论。首先，罗塞夫及其财长基多·曼特加（Guido Mantega）批评美国和日本采取的量化宽松政策助推了全球的"汇率战争"。其次，针对巴西提高100种产品进口税的做法，美国贸易代表罗恩·科克（Ron Kirk）致函巴西外长批评巴西的贸易政策，称巴西和南共市的保护主义政策将影响巴美间的贸易合作，并暗示如巴西执意提高关税，将同样采取限制巴西出口的做法。美国的此番做法引起巴西的强烈不满，表示美国的保护主义比巴西更严重，不仅采取明显的保护主义措施，还利用量化宽松政策操纵汇率，实现美元贬值并以此带动美国的出口。① 在国际多边层面，两国立场偏差较大。美国针对伊朗核问题和叙利亚动乱对巴西的"拉拢"未见成效，巴西总统府国际事务特别助理马尔科·加西亚（Marco Garcia）明确表示"巴西反对大国对伊朗的制裁"，"解决叙利亚的方式应有别于利比亚"②；而罗塞夫也在9月举行的联合国大会上针对叙利亚危机呼吁"不存在军事解决危机的办法，外交和对话才是可行之道"③。因为上述分歧，罗塞夫将科技及教育合作确定为4月访美的核心议题，访问麻省理工学院、哈佛大学两所高等学府，推介巴西的"科学无国界"④ 计划，并与美国的高等教育机构签署教育交流协议。此间，罗塞夫重申发达国家量化宽松政策是"转嫁危机"的行为，是以牺牲发展中国家利益为前提，所有国家都应以"负责任"的态度实现全球经济的恢复。美洲国家对话组织荣誉主席彼得·哈基姆（Peter Hakim）认为，教育和科技属长期性议题，按常理不应纳入"总统外交"的核心议题，因此对该议题的强调实际反映两国在重要议

---

① Luciana Coelho, "Em Carta, Patriota Rebate Acusações Dos EUA sobre Protecionismo," *Folha de São Paulo*, 21 de setembro de 2012.
② Catarina Alencastro, Luiza Damé e Fernando Eichenberg, "Brasil Dirá a EUA que Estava Certo sobre Irã," *O Globo*, 16 de fevereiro de 2012.
③ Renata Giraldi, "Dilma Condena Internação Military na Síria," *Agência Brasil*, 25 de setembro de 2012.
④ 2011年7月，巴西颁布"科学无国界"（Ciência sem Fronteira）计划，计划在未来3年提供10万个奖学金名额，资助巴西学生到国外大学学习，培养科学、技术和工程领域的精英，提高国家创新能力、竞争能力和战略部门的领导能力，而留学美国的学生约将占总数的1/5。

题上的分歧。① 此外,巴西在2012年与德、英、西、法等欧洲大国的互动中,科技合作同样处于显要位置,其中"科学无国界"项目成为罗塞夫访欧期间的重要内容。

2012年,中巴关系延续平稳发展趋势。除在"金砖国家"机制内的宽领域互动外,两国在诸叙利亚危机、伊朗核问题、气候谈判、20国集团等国际重大事务上和多边机制内保持着密切协商。此外,在温家宝总理参加联合国可持续发展大会期间,两国政府将中巴关系提升为"全面战略伙伴关系",并签署指导两国务实合作的《十年合作规划》。此外,两国央行建立规模为1900亿人民币/600亿雷亚尔的双边本币互换机制;两国签署有关建立中巴气象卫星联合中心和生物技术中心的合作文件以及经贸、海关、农业、科技、文化、教育交流等多项双边合作文件。两国还决定力争年内发射中巴地球资源卫星03星、2014年发射04星,并将共同推动03星和04星卫星数据的国际分发。这些项目也使两国此前签署的《共同行动计划》逐步得到落实。经贸关系方面,据中国海关统计,2012年中巴双边贸易额约857.1亿美元,同比增幅仅1.8%,其中,中国对巴西出口约334.1亿美元,同比增长5%,中国从巴西进口约523亿美元,同比下降0.2%。② 投资方面,据中巴企业家委员会(CEBC)的统计,中国对巴投资约占中国对外投资总量的5%,在2007年至2012年6月期间已宣布的60项且单笔超5000万美元的投资计划中,39项已得落实,确认投资存量达240亿美元,且农业和服务业正成为中国开拓巴西的新领域。③ 相比而言,巴西对华投资仅占巴西对外总投资的0.06%,占中国市场外资总量的比重仅为0.04%。④

(贺双荣 审读)

---

① Caio Quero, Relação Distante Deve Ser Desafio para Dilma nos EUA, *BBC Brasil*, 9 de abril de 2012.
② 中国海关总署网站,http://www.customs.gov.cn/publish/portal0/tab44602/module108994/info412938.htm。
③ Sergio Leo, "Investimento Chinês Confirmado no Brasil Chega a USMYM24 Bilhões," *Valor Econômico*, 21 de novembro de 2012.
④ Beatriz Olivon, "Investimento do Brasil na China são Modesto," *EXAME*, 21 de novembro de 2012.

巴西：地方选举凸显政治新生态

Brazil

Zhou Zhiwei

Abstract: Municipal elections and PT's scandal were two keywords of Brazilian politics in 2012. After the 2012 election occurred some changes in the power structure of political parties, but the traditional major parties still maintained their relative advantage. The trial for PT's corruption scandal didn't endanger the Dilma Rosseff's ruling, but greatly hurt PT's image. In 2012, the Brazilian economy lacked increasing power, affected by the international economic downturn , but the domestic demand played a role of "engine of growth". Social policy mitigated issues such as poverty, polarization, and education. In foreign relations, Rousseff Government's "pragmatic diplomacy" was reflected and sense of participation was enhanced.

Key Words: Brazil; Municipal Elections; Economic Downturn; BRICS; Exchange Rate War

Y.12
墨西哥：三党逐鹿大选，新旧政权平稳过渡

方旭飞*

摘　要：

> 涅托当选总统，革命制度党东山再起。新旧政权实现平稳交接。劳工、教育、反腐等领域的改革取得进展。反对涅托当选的社会运动席卷全国，左派政党发生重大变动。政府将保护本国经济免受外部不利因素影响、刺激经济增长作为经济工作重心。第三季度开始经济增长速度放慢，全年实现3.8%的增长率。公共安全形势有所改善，但扫毒斗争仍面临严峻挑战。卡尔德龙政府试图重返拉美，并加深与亚太国家的经贸联系。涅托政府将改变对美合作基调，更加关注拉美。

关键词：

> 墨西哥　革命制度党　涅托　结构改革　公共安全战略

一　政治形势

2012年是墨西哥的选举年。革命制度党东山再起，夺回了失去12年的政权，但是遭到以"YoSoy132"为代表的社会运动的抗议。卡尔德龙政府积极推动结构改革，在执政的最后阶段促使国会通过了劳工市场改革法案。新旧政权实现平稳过渡。革命制度党与国家行动党和民主革命党签署条约，为顺利实施各项改革做准备。民主革命党分裂，奥夫拉多尔酝酿新党。

---

* 方旭飞，法学博士，中国社会科学院拉丁美洲研究所政治研究室副研究员，主要研究领域为拉美左派、阿根廷政治等问题。

（一）革命制度党在抗议声中东山再起

2012年7月1日，6年一度的大选如期举行，选举总统、全部128名参议员和500名众议员，瓜纳华托州、哈利斯科州和莫雷洛斯州及联邦区长官等2000多名公职。共有4名候选人参加了总统竞选，他们是：由革命制度党和绿色生态党组成的"对墨西哥承诺"竞选联盟候选人、革命制度党人恩里克·培尼亚·涅托；民主革命党、劳工党、公民运动组成的选举联盟"进步运动"候选人洛佩斯·奥夫拉多尔；国家行动党候选人巴斯克斯·莫塔；新联盟党候选人加布里埃尔·夸德里。总统竞选从3月30日正式开始，共持续了90天。与往年不同的是，4名候选人分别于5月6日和6月10日进行了两次电视辩论，阐述自己的政策主张。经过激烈争夺，涅托以38.21%的得票率当选总统。得票率排名第二的是洛佩斯·奥夫拉多尔，得票率为31.59%。巴斯克斯·莫塔得票率为25.41%。大选结果揭晓后，奥夫拉多尔拒不承认选举结果，认为革命制度党在竞选中有买票行为，要求废除选举结果，重新举行大选。8月31日，墨西哥联邦选举法庭正式宣布大选结果有效。

三大政党在国会中三足鼎立的局面仍未改变。在国会选举中，革命制度党在参议院获52席、众议院213席，仍稳居国会第一大党地位。民主革命党在参、众两院分别占22席和102席，其联盟党劳工党和公民运动在众议院占15席和18席。国家行动党在参、众两院分别占38席和114席。革命制度党仍未掌控国会两院绝对多数议席。革命制度党的联盟党绿色生态党在众议院获得28个席位，两党共占众议院241个席位，距简单多数席位相差10席，与进行宪法改革所需的2/3席位相距甚远。因而革命制度党想在国会中通过政府议案，还需与各党进行谈判和协商。

反对涅托当选总统的大规模社会运动席卷全国。5月11日，涅托在墨西哥城一所私立大学发表演说，遭到数百学生抗议。革命制度党主席佩德罗·华金质疑他们因受反对党指使而故意搅局，要求校方对所有参与抗议的学生进行调查。此举激起了该校学生走上街头，并把矛头指向了涅托和一家支持革命制度党的电视网络频道Televisa。在一个名为"YoSoy132"网站上，来自该大学的131名抗议学生张贴身份证来证明自己是学生。该运动得到诸多艺术家、媒体和作家的支持。6月,"YoSoy132"学生运动席卷首都和全国各大城市,反对涅托在竞选中领先。

大选结果揭晓之后,"YoSoy132"运动与奥夫拉多尔领导的反涅托当选运动合流。7月中旬,包括印第安人和农民团体在内的反对涅托当选总统的社会运动组织在墨西哥州召开了"全国反对被迫接受大会"。22日,"YoSoy132"学生运动成员及其他社会团体,发起了一系列游行示威活动,抗议革命制度党在竞选中的舞弊和违规行为。12月1日,涅托在抗议声中宣誓就职总统。

(二)卡尔德龙政府积极推进结构改革

2012年9月1日,卡尔德龙在国会做最后一次政府工作报告,强烈辩护其政府的反毒战略和促进经济发展的措施。同时,卡尔德龙向国会提交了劳工改革议案,旨在提高劳动力市场的灵活性,工会的透明度和民主程度。因工会是革命制度党的重要利益集团,革命制度党迫于压力,在参众两院提出废除有关提高工会透明度和民主性等有违工会利益的条款。在参议院的讨论中,国家行动党和民主革命党、劳工党结成同盟,强烈要求把这些条款纳入改革法案。经过2个月的激烈讨论和协商之后,11月13日,革命制度党成功废除了有违工会利益的条款,并使这个有争议的劳工法案获得通过。尽管如此,但这是过去40年在劳工市场领域的第一次重要改革。

(三)新旧政权平稳交接

2012年9月1日,新一届国会宣誓就职。同时,涅托组建的新老政府过渡团队正式开始运转,为政权平稳过渡铺平了道路。

12月1日,涅托宣誓就任总统。在就职演说中,涅托宣布未来6年的首要任务是实现和平,"公民及其家庭是公共安全政策的核心"。新政府还将集中精力消除贫困,为所有人提供高质量教育,实现经济稳定增长,恢复墨西哥的国际地位。涅托还宣布了完成以上任务的13项措施,包括颁布全国预防犯罪计划、实施全国统一的刑法、2013年实现政府零赤字、控制地方政府债务、进行教育改革、强化通信部门竞争、为妇女户主实行人身保险等。

为避免重蹈过去两届政府在改革方面几无建树的覆辙,革命制度党积极与各大反对党谈判协商。12月2日,涅托与国家行动党和民主革命党领袖签署了《墨西哥条约》,就如何实行改革达成共识。该条约包括96项承诺,涉及公民基本权利、促进经济增长、就业和竞争力、安全与司法、政府透明度、打击腐败和民主治理等几个方面。条约的签署将促进涅托政府的改革议程。但是该条约是非约束性的,两大在野党并没有做出实质性承诺。国家行动党虽在某些领域与革命制度党持有共同立场,但党内卡尔德龙派反对与其建立过密关系。民主革命党内也存在反对之声,不可能完全支持革命制度党主张的改革。

新政府公共安全战略日渐明朗。10月13日,新政府过渡团队在《改革报》刊登《公共安全快速诊断》一文,系统阐述了新政府的公共安全战略。它指出,新政府公共安全战略的主要目标是任期第一年内,将凶杀案和绑架案发生率降低50%。实现该目标的途径是:把主要资源和精力用于最暴力的地区和城市;实现司法体系现代化;建立一支致力于打击有组织犯罪的职业警察部队(即宪兵队);强化打击犯罪的情报组织的职能,加强国际合作;把布置在全国各地扫毒的4万名士兵转变为联邦警察;建立一支从事科学研究的警察单位和进行警察培训的地区警察学院;提高犯罪数据平台效率,加强不同官方资源之间的协调。新政府过渡团队的安全与司法副协调员豪尔赫·卡洛斯在一次会议上声明,新政府战略的重要目标是实现警察的职业化及各州警察部队与联邦警察部队之间的协调;军队仍将在必要的时候在街头巡逻。

12月17日,新政府正式宣布公共安全战略,对过渡团队提出的文件内容进行了完善和补充。其主要内容包括:(1)模仿法国宪兵队和西班牙国民卫队模式建立一支准军事组织宪兵队。宪兵队的最初成员是从军队中抽调的1万名军官,到2015年将增加到4万人,其主要任务是代替军队扫毒,主要部署在有组织犯罪最猖獗的地区,启动资金为1.18亿美元。(2)宪兵队成立之前,仍由军队负责打击有组织犯罪。(3)联邦警察部队撤出扫毒战争,经过培训后专门负责反绑架和敲诈勒索犯罪。(4)对各州警察部队实行统一指挥。(5)强调预防犯罪的重要性,2013年将为此配置90亿美元资金。(6)改革机构设置,压缩公共安全部,把其部分功能转移到内政部;彻底改革联邦总检察长办公室;改革移民局等。

教育改革拉开大幕。12月10日,涅托宣布教育改革计划,主要内容包括：成立评估教师工作业绩的独立机构；建立雇佣、评估和培训教师的专业化体系；废除教师职位可买卖或继承的规定。12月22日，教育改革案在国会通过。该法案严重削弱了教师工会对教育政策的影响，结束了教师职位可买卖和继承的制度。教育改革是新政府主张推进的最重要的改革之一，对于墨西哥未来发展将产生重要影响。

（四）国家行动党的反思和民主革命党的重大变动

国家行动党就总统竞选失败原因、如何重振力量及如何作为主要反对党在新国会发挥建设性作用等方面进行了反思和讨论。卡尔德龙认为国家行动党总统竞选失败的主要原因是，未建立稳定的地域结构和利益集团，政府未能对取得的经济社会成就进行广泛宣传。国家行动党还成立了由20名议员组成的委员会，负责起草党员入党、退党程序及党领导层选举程序的改革建议。2012年8月13日，现任党主席古斯塔沃·马德罗宣布前财政部长埃内斯托·科尔德罗为国家行动参议院党团主席，路易斯·阿尔韦托·维拉利尔为众议院党团主席，负责与革命制度党就结构改革议程进行谈判。

墨西哥左派出现重大变动。长期以来，墨西哥左派政党民主革命党党内派系林立，矛盾重重。2012年大选，联邦区长官马塞洛·埃夫拉尔德和奥夫拉多尔争当总统候选人，进一步加剧了该党的分裂。大选过后，奥夫拉多尔领导全国左派抗议涅托当选，民主革命党支持奥夫拉多尔宣告选举无效的努力。联邦选举法庭裁决涅托当选后，民主革命党在党主席赫苏斯·桑布拉诺领导下接受这一裁决，并决心致力于建设一个具有建设性的反对党。此举遭到奥夫拉多尔的反对。9月9日，在墨西哥城中心广场举行的公开会议上，奥夫拉多尔宣布退出民主革命党，另成立国家新生运动（Movimiento de Regeneración Nacional，MORENA）。11月19～20日，MORENA举行了第一次全国代表大会，通过了运动的基本文件和行动计划，选举了全国委员会和执行委员会，奥夫拉多尔和马蒂·巴特雷斯·瓜达尔拉马分别当选主席。全国委员会决定该运动将参加2013年和2014年的地方选举，待正式登记为政党后，将推出自己的候选人参加2015年国会选举。奥夫拉多尔指出，MORENO将把自己定位成一个争取透明度和好治理的"道义上的参考"，反对能源部门私有化。涅托宣誓就任总统期间，墨西哥城发生抗议活动。奥夫拉多尔认为抗议者的行为是公民拒绝"威权主义和腐败制度"的"合法权利"，谴责涅托政府镇压抗议者，要求内政部长和主管公共安全的副部长辞职。与此形成鲜明对照的是，马塞洛·埃夫拉尔德谴责抗议者破坏公民财产的行为。目前，MORENA已成为墨西哥极左派的代表，而民主革命党则继续向着一个实用主义的温和左派政党迈进。

二 经济形势①

2012年，墨西哥政府把保护本国经济免受全球经济减速影响、促进经济增长作为经济工作的主要任务。上半年，墨西哥政府颁布了一系列刺激消费和贷款、鼓励私人投资及推动就业的措施。前3个季度，墨西哥经济实现4.2%的增长率。但是，受外部需求减少等因素的影响，从第三季度开始，墨西哥经济开始减速。2012年全年经济增长率为3.8%。

2012年，墨西哥农业、林业和渔业从2011年恶劣天气的影响中复苏，实现了6.5%的增长率。在汽车行业的巨大推动下，制造业增长5%。建筑业持续了2011年的反弹势头，实现了4.8%的增长率。服务业增长4.4%，其中金融服务业和保险业表现非常活跃，增长率高达10.3%。1~6月，在资本形成大幅扩张（增长了7.5%），尤其是公共投资增长较快的推动下（增幅为10.7%），总需求增长4.6%。消费保持了适度活力，增长3.6%。

消费价格通货膨胀持续上升，农产品价格上涨幅度尤为明显。10月，因供应紧张，农产品价格指数年均增长率高达15.6%。主要原因是禽流感引发鸡蛋价格急剧上涨，干旱天气引发小麦和玉米等其他主要农产品价格上涨。8月22日，政府宣布降低鸡蛋进口关税，为养鸡户提供30亿比索（2.22亿美元）的贷款和援助。为平抑农产品价格，政府还采取了设置玉米价格上限等措施。2012年10月，通胀率为4.6%，大大超出了央行设置的

---

① 除特别标明以外，该部分主要经济数据均来源于拉美经委会：*Balance Preliminar de las Economías de América Latina y el Caribe*，2012。

3%的目标。

2012年，墨西哥出口总额3859.32亿美元，比上一年增加206.89亿美元；进口总额为3997.96亿美元，比上一年增加191.52亿美元。出口增长主要来源于非石油产品，尤其是农产品、矿产品、汽车及非汽车制造业出口增长较快。石油部门出口比上一年减少了3.4%。2012年全年贸易逆差138.64亿美元，比上一年减少15.37亿美元，主要原因是进口增幅较慢。1~9月，墨西哥进口增长5.1%，与2011年同期增长18.8%相比有较大幅度的减速。经常项目逆差78.6亿美元，占GDP的比重为0.6%，比上一年减少12.93亿美元。

近年来，墨西哥对外投资急剧上升，主要集中在制造业和食品、电信行业。据墨西哥央行统计，2012年上半年，墨西哥对外投资达114.99亿美元，比去年同期增长112.6%，历史上首次超过吸引外商直接投资总额。同期，墨西哥外国直接投资总额为96亿美元，比上年同期减少19%，在拉美居巴西、智利之后。预计2012年全年外国直接投资总额将达180亿美元。

为降低公共部门收入对石油部门的依赖，提高税收，政府采取了简化税制的改革措施：将企业税的预付项目从每年的12个减少至6个；允许纳税人用信用卡付税；提高小企业免税门槛等。2012年，包括对墨西哥石油公司的投资在内，公共部门财政赤字占GDP的比重为2.4%。1~9月，公共部门实际收入比上一年同期增长了8.3%。因国际油价上涨，石油收入实际增加了4.9%。非石油税收增加了3.6%，其中增值税收入增长幅度高达9%，生产税和服务税等特别税增加了1.9%，销售税、营业税和现金存款税增长了2.4%。因电力销售和社会保障缴税的较大幅度增加，墨西哥被纳入预算直接控制的公共机构和企业的收入实际增长幅度达14.6%。据估计，到2012年底墨西哥税收占GDP的比重为9.8%，比2011年9.9%的水平略有降低。2012年1~9月，公共部门支出总额与去年同期相比实际增长了6.9%。用于经济和社会发展的支出分别实际增长了11.8%和4.3%，公共资产投资增长了9.6%。

截至2012年9月底，联邦政府公共部门负债率比上一年有所增加，净债务额占GDP总额的比重为32.2%，2011年底为31.7%，而世界金融危机之前的2008年仅为26.8%。与往年一样，发行债务的主要渠道主要依赖国内部门。截至2012年10月31日，外国投资者持有的联邦政府债券占债券总额比重为33.1%，2011年底为26.3%。国际储备持续增长，至11月中旬，墨西哥国际储备总额为1626.4亿美元，比2011年底增加了201.7亿美元。

考虑到外部冲击和压力，墨西哥央行在通胀压力上行形势下仍未改变目标利率。2012年，墨西哥银行的参考利率即同业银行隔夜拆借利率为4.5%，已连续41个月保持稳定。到10月底，墨西哥联邦国库券（CETES）实际年平均利率为-0.4%，而去年同期为1.1%。

2012年，墨西哥外汇市场波动较大。截至11月中旬，比索兑美元的同业银行汇率平均为13.2∶1，比2011年底升值了5.3%。为了降低汇率升值的压力，自2011年11月30日起，墨西哥央行每日以比上一工作日汇率高2%的汇率销售了4亿美元的外汇。受国际金融市场不确定性的影响，2012年全年墨西哥股票交易所价格和报价指数（IPyC）波动较大。10月，IPyC指数平均为41832点，比上年年底提高了4410点。

2012年1~9月，受美国经济减速、墨裔居民向美国移民减少及墨货币比索升值等因素的影响，墨西哥侨汇收入增长率下降了0.3%，9月侨汇收入16.64亿美元，成为近3年来的最低值。

据联合国拉美经委会估计，2013年墨西哥经济将实现3.5%的增长率。美国财政调整和欧洲部分国家债务危机将通过对外贸易、侨汇和外国直接投资对墨经济产生直接影响。国内需求将是推动经济增长的主要因素。2013年，墨西哥通胀率将回到央行规定的目标3%的范围之内。另据墨财政部预计，包括对国家石油公司的投资在内，公共部门财政赤字占GDP的比重预计为2%左右；若不包括此项投资，2013年可实现财政平衡。未来，涅托政府的经济改革将围绕能源和财政两大方面展开。

三 社会形势[①]

公共安全形势出现改善迹象。墨西哥全国公共安全委员会公布的数据显

---

① 除特别标明以外，该部分主要经济数据均来源于拉美经委会：Panorama Social de América Latina 2012。

示，2012年上半年，全国与毒品有关的凶杀案发生率降低了9%，降低最明显的是奇瓦瓦州（27%）、锡那罗亚州（22%）、下加利福尼亚州（18%）、新莱昂州（11%）和米却肯州（8%）。这是6年以来凶杀案发生率首次下降。主要原因在于奇瓦瓦和锡那罗亚等州贩毒集团内部斗争渐趋平息。公民对墨西哥公共安全环境的看法也发生了积极的变化。墨西哥国家统计局发布的数据显示，2012年9月墨公民对安全的看法指数同比提高了8%，这说明公民对本国公共安全环境的评估比过去更为积极。①

扫毒斗争仍面临严峻考验。卡尔德龙政府时期扫毒战略的重点是打击贩毒集团头目，即"斩首战略"。该战略没有达到预期目标，反而导致规模较小却更为暴力的帮派实施猖獗的绑架、敲诈勒索和收取保护费等犯罪行为。2007～2012年，共约7万人死于与有组织犯罪有关的凶杀案，仅2012年就有12394人死于此类案件。② 高凶杀案发生率严重影响墨西哥经贸活动的开展。涅托政府上台后，其公共安全战略将发生变化。新战略主要致力于警察部门改革和快速降低犯罪率，将预防犯罪、打击绑架和敲诈勒索作为重点。但是，这些措施将经过几年时间的酝酿才能执行。因而短期内涅托政府仍将依赖军队保证公共安全和抑制毒品暴力的威胁，扫毒斗争仍面临严峻考验。

反腐工作迈出重要步伐。腐败问题是墨西哥政治和社会文化的毒瘤。在2012年全球清廉指数176个国家的排名中，墨西哥居第105位，比2011年的排名降低5位。公众对政府、警察部门及企业中普遍存在的腐败问题的关注不断提升。2012年11月14日，革命制度党向国会提交了建立全国反腐委员会的议案。该委员会建立后将主要负责调查联邦政府及地方政府具有全国性影响的腐败案件，不受银行或财政私密性限制，可处理洗钱等重要案件。非联邦级政府腐败案件由州一级的反腐委员会负责调查。涅托及PRI的国会议员将此法案看成打击腐败的重要步骤。

反贫工作任重道远。2010年，墨西哥贫困人口总数为5200万，占拉美贫困人口的1/3。近10年来，拉美地区贫困人口比重已从43.9%下降到28.8%，而

---

① EIU, *Country Report*: *Mexico*, November 2012, p. 21.
② "México: el Crimen Organizado Causó 12.394 Muertos en 2012, según Milenio," http://www.infolatam.com/2013/01/02/mexico-el-crimen-organizado-causo-12-394-muertos-en-2012-segun-milenio/

墨西哥受经济危机影响，侨汇减少，鸡蛋、牛奶、玉米等基本农产品和能源价格上涨，导致贫困人口比重下降幅度不大，仅从52%下降到49.9%。墨西哥极端贫困人口占本国人口总数的13.3%，比拉美地区平均水平高1.9个百分点。

失业率虽有所下降，但非正规部门就业人数达到历史最高水平。2012年1~10月，劳动力参与率为59.3%，比上年同期增加0.7个百分点。全国就业率为56.4%，比上一年增加1个百分点。1~9月，失业率为5.1%，比2011年同期下降0.3个百分点；非充分就业率为8.7%，比2011年同期稍有增加（8.4%）。根据传统的统计方法，2012年第三季度，非正规部门就业人口比重达到了29.2%的历史最高水平。而根据最新的劳动力市场统计方法，墨西哥非正规部门就业人数达3000万人，约占经济活跃人口的60.1%，每小时平均工资仅为8.24比索（65美分）。①

实际最低工资基本保持稳定。近年来，墨西哥根据通胀率调整最低工资标准，致使最低工资增长缓慢。2000~2010年，墨西哥最低工资年增长幅度仅为0.1%。

义务教育延长至15年。2012年2月，卡尔德龙批准国会对宪法第三条和第三十一条所作的修正，正式将高中阶段教育纳入义务教育体系，义务教育阶段由12年延长至15年（3~18岁）。目前，墨西哥是世界上为数极少的实行15年义务教育的国家。

四　外交形势

卡尔德龙政府时期将墨美关系置于对外关系的核心位置。2012年，为了降低对美经济依赖，强化对外贸易多样化，卡尔德龙政府试图重返拉美，加强与亚太国家的经贸联系。涅托上台后，美国仍将是对外政策的重点，但是两国关系的基调将发生变化。此外，涅托政府将更加重视对拉美国家的关系。

（一）卡尔德龙政府深化与拉美和亚太国家的经贸联系

一系列自贸协定相继生效，深化了与拉美国家的经贸联系。2012年2月1

---

① EIU，*Country Report*：*Mexico*，January 2013，p. 29.

日,墨西哥—秘鲁自由贸易协定生效,该协定的宗旨是有利于双方贸易不断增长和多样化。9月1日,墨西哥与中美洲5国签订的自贸协定开始生效,但生效的部分仅限于与尼加拉瓜和萨尔瓦多。2013年1月1日,墨西哥—洪都拉斯自贸协定生效。危地马拉和哥斯达黎加与墨西哥的自贸协定于2013年第一季度生效。

2012年6月6日,墨西哥、智利、哥伦比亚和秘鲁四国总统举行首脑会议,共同签署了《太平洋联盟框架协议》,"太平洋联盟"正式成立。会议通过的《帕拉纳尔宣言》,承诺将继续推进有关消除关税和原产地规定的谈判,共同建立"机构事务技术小组",通过磋商构建联盟内部贸易纠纷解决机制。

墨古关系实现正常化。4月11日,墨西哥总统卡尔德龙访问古巴,与劳尔·卡斯特罗进行了会晤。卡尔德龙访古力求改善两国长期疏远的关系,加深两国在共同贸易和投资领域的对话。

墨西哥与阿根廷重新谈判并签署汽车贸易协定,结束了长达6个月的汽车贸易争端。2011年,在两国汽车贸易中,阿根廷赤字约10亿美元,因而单方面停止了双边协定,墨西哥将之诉诸世界贸易组织。涅托上台后不久,两国重新签署协定,恢复汽车自由贸易,并规定未来3年阿根廷从墨西哥进口汽车配额将减少至6亿美元。

墨西哥将加入跨太平洋战略经济伙伴关系协定(TPP)作为其实现贸易多样化、摆脱对美国贸易依赖、稳定与拉美和亚洲国家经贸联系的重要步骤。2011年11月,墨西哥首次表达了加入TPP谈判的兴趣。2012年6月,在20国集团峰会上,墨西哥接到了TPP成员国的正式邀请。10月9日,墨西哥宣布加入TPP谈判。

与印度的经贸联系不断加强。2006年两国贸易额仅为18亿美元。2010~2011年,双边贸易额增长了48%,从28.06亿美元增至41.54亿美元。2011年,墨西哥从印度进口17.69亿美元,对印度出口19亿美元。[①] 2012年前5个月,墨西哥对印度累计出口13.63亿美元,[②] 出口产品主要为石油、手机、

[①] 《印度或将正式考虑与墨西哥的自由协定》,http://www.cacs.gov.cn/news/newshow.aspx?articleId=95368。

[②] 《墨西哥加大对印度出口》,http://www.mofcom.gov.cn/aarticle/i/jyjl/l/201207/20120708259879.html。

集成电路以及一些化学产品。印度已成为墨西哥第八大出口目的国。2月,印度驻墨西哥大使表示,将正式考虑墨西哥政府关于签署两国自贸协定的请求。

与新加坡的贸易关系日渐紧密。墨西哥是新加坡在拉美的第二大贸易伙伴国。2011年,两国双边贸易显著增加,增幅达63%,贸易总额为53亿新元。①新加坡在墨西哥的投资主要集中在电子业和旅游业,未来两国将在科学、科技和生物医药科学等新领域开展合作。

中墨关系发展顺利。2012年2月14日,中墨两国建交40周年,中国国家主席胡锦涛与卡尔德龙总统互致贺电。4月6日,国家副主席习近平会见墨外长埃斯皮诺萨,双方表达了不断深化政治互信、夯实政治基础,推动中墨战略伙伴关系持续、健康、稳定发展的愿望。6月17日,胡锦涛主席在墨西哥洛斯卡沃斯同卡尔德龙会晤,讨论了发展中墨关系和其他共同关心的问题。12月1日,全国人大常委会副委员长路甬祥作为胡锦涛主席的特使出席了涅托的总统就职仪式。涅托表示,墨西哥政府高度重视发展对华关系,愿进一步加强中墨各领域友好交流与合作,推动中墨战略伙伴关系迈上新台阶。

(二)涅托政府对外关系展望

美国作为墨西哥主要的贸易和投资伙伴,仍将是涅托政府外交政策的重点,但是双方合作基调将发生变化。卡尔德龙政府重点强调两国在移民和打击毒品暴力方面的合作,而涅托试图将经济和贸易合作作为两国关系的核心。2012年11月27日,涅托正式就任总统前一周访问美国,与美国总统奥巴马举行了会谈,双方就移民、经济、就业和安全等双边、地区和全球性问题交换了意见。双方表示将重新考虑《北美自由贸易协定》内容,以提升两国的国际竞争力、创造更多的就业岗位。

新政府将更加关注拉美。9月14~25日,涅托访问危地马拉、哥伦比亚、巴西、智利、阿根廷和秘鲁拉美6国,这是他当选总统后的第一次出访,预示着新政府将更加关注拉美。涅托分别与6国总统举行了会晤,强调与危地马拉

---

① 《新加坡与墨西哥双边贸易不断扩大,探讨在科学领域合作》,http://finance.ifeng.com/roll/20120914/7033965.shtml。

和哥伦比亚进行安全合作的重要性,以及与巴西、智利、秘鲁和阿根廷加强经贸联系的重要性。

新政府将更加重视与欧洲国家的经济关系。卡尔德龙政府时期,墨西哥注重发展同欧盟的关系,将其看成是世界力量的平衡因素和本国对外关系多元化战略的重要组成部分。但是,长期以来墨西哥企业在与欧洲的贸易关系中受益不大。为了加深与欧洲国家的关系,2012年10月,涅托访问西班牙、英国、法国和德国,重点探讨了经济议题,并重申了能源部门向私人投资开放的目标,这预示着新政府将更重视与欧洲的经贸合作。

(吴国平 审读)

Mexico

Fang Xufei

Abstract: Enrique Peña Nieto was elected as president of Mexico in 2012, which marked the comeback of the Institutional Revolutionary Party. The new regime and old one achieved a smooth transition. The reforms in labor, education and anti-corruption made some progress. The social movement against Nieto's election swept throughout the country. The left-wing political parties made significant changes. Government took it as an economic focus to protect its economy from the impact of external adverse factors and stimulate economic growth. The growth speed slowed down since the third quarter while the growth rate for the whole year reached 3.8% in 2012. The public security has improved a little, but anti-drug warfare still faced serious challenges. The Calderón government tried to focus on Latin America and deepen economic and trade ties with Asia-Pacific countries while the Nieto Government will swift the basis of cooperation with the United States to pay more attention to Latin America.

Key Words: Mexico; Institutional Revolutionary Party; Enrique Peña Nieto; Structural Reform; Strategy of Public Security

Y.13
阿根廷：国有化措施惹争议

林 华*

摘 要：

2012 年阿根廷政局稳定，反对派力量有限，无法形成强势的反政府联盟。政府与私营媒体企业号角集团的争端引发关注。受外围经济疲软的影响，阿根廷经济增长速度放慢。政府加强了外汇管制和对经济的干预。阿根廷第一大石油公司 YPF 被收归国有。社会不满情绪增强，罢工和抗议活动频发。马岛争端仍是重要的外交问题，贸易摩擦和国有化造成的关系紧张也值得关注。

关键词：

阿根廷 号角集团 工会 国有化 外汇管制

一 政治形势

2012 年阿根廷政局稳定，执政联盟的地位得到巩固。2012 年是阿根廷总统克里斯蒂娜·费尔南德斯（Cristina Fernández）连任后的第一个施政年。由于她领导的执政联盟"胜利阵线"及其支持派别占据了参议院 72 个席位中的 38 席、众议院 257 个席位中的 135 席，因此反对派难以在议会掣制政府，这为政府施政提供了便利。

在经历了 2011 年大选和议会选举的双重失利后，反对派的力量大大削弱，分裂倾向明显，无法形成一个强势的反政府联盟。2012 年 5 月，政府提交的

---

* 林华，中国社会科学院拉丁美洲研究所社会文化室副研究员，主要研究领域为拉美社会问题和阿根廷。

将阿根廷最大石油公司 YPF（Yacimientos Petrolíferos Fiscales）国有化的议案在参、众两院分别以 63 票和 208 票赞成获得快速通过。支持国有化议案的不仅包括执政联盟，还包括反对派中的左翼政党"广泛进步阵线"、中右翼政党"激进公民联盟"和其他一些左翼小党。只有右翼政党"共和国提议"（Propuesta Republicana）和正义党中的持不同政见派反对国有化。另有少数反对派议员投了弃权票。政府的议案能在议会获得多数反对派的支持并不多见。10 月，政府提交的关于改革劳动风险保险制度的议案，在议会也出人意料地得到了"共和国提议"的支持。上述情况表明，反对派之间在很多问题上意见相左，其利益诉求和价值取向难以趋同。

政府与阿根廷总工会之间的矛盾有所加剧。2011 年，双方关系开始出现裂痕。总工会负责人乌戈·莫亚诺（Hugo Moyano）试图扩大在政坛的影响力，并不断煽动工人罢工，想借此迫使政府接受他的条件。这些举动遭到总统的公开指责。政府与阿根廷最大工会之间的结盟由此瓦解。2012 年，莫亚诺辞去了正义党内的职务，并多次组织罢工活动，使阿根廷的生产活动受到很大影响。7 月中旬，莫亚诺再次当选总工会主席，政府表示不承认选举结果，并号召工人重新举行选举。莫亚诺随即宣布将成立总工会自己的统计机构，负责计算可靠的通货膨胀数据，以此作为工资谈判的依据。在政府与总工会关系破裂的同时，总工会内部也发生了分裂，形成了支持政府和支持莫亚诺的不同派别。在通货膨胀率居高不下、劳动者不断要求增加工资的情况下，政府与工会的不和将进一步加重未来工资谈判和维护社会稳定的难度。

政府与阿根廷最大的私营媒体企业号角集团（Clarín）之间重燃战火。2008 年，号角集团因在农业危机中批评政府、支持罢工而与政府产生摩擦。2009 年 10 月，阿根廷议会通过了一项旨在反垄断的媒体改革法，即《视听媒体服务法》。它规定国家将对广播电视许可证进行重新分配，私人部门只能占用 1/3 的广播和电视波段。号角集团拥有 240 个有线电视频道、10 个广播频率，以及 1 份全国销量最大的日报。按照规定，号角集团必须自行出售旗下部分广播电台和电视频道，否则其"多余的"许可证将被强制拍卖。如果这项法律得以实施，号角集团的利益将严重受损。为避免解体，号角集团就新媒体法的宪法合法性向法院提出了诉讼，并获准暂缓执行相关拍卖。2012 年 5 月，

阿根廷：国有化措施惹争议

高等法院裁定号角集团必须在12月7日前完成资产清理工作。12月6日，在强制令到期之前，联邦民事和商业法庭作出决议，要求政府延期3个月对号角集团进行制裁，以等待法院就新媒体法的部分条款是否违宪作出判决。在经历了几轮拉锯战和法律交锋后，12月17日，政府向号角集团发出最后通牒，要求其依法拍卖部分视听许可证，并表示有可能诉诸高等法院以保证新媒体法的顺利实施。政府与号角集团之间的争端在阿根廷国内引起了广泛关注，引发了一系列关于司法独立性、舆论自由、媒体多元化、反垄断等问题的讨论。由于号角集团规模庞大，在阿根廷具有广泛的舆论影响力，因此不管这一事件最终结果如何，都将对阿根廷未来传媒产业的发展产生重要影响。

2013年，阿根廷即将举行议会中期选举。由于政府采取的宏观调控政策没有得到多数民众的认可，费尔南德斯总统的支持率有所下降。因此，执政联盟能否保持对议会的控制将在很大程度上取决于政府提振经济、控制通货膨胀的能力。而反对派要想获胜就必须在选举前改变群龙无首、四分五裂的被动局面，塑造新形象，推举新领袖，但从目前形势来看，反对派的弱势地位尚难以扭转。

二 经济形势

2012年，阿根廷经济增速明显放缓，全年GDP增长率仅为2.2%，[①] 不仅远低于2011年的8.9%，而且也低于拉美和加勒比国家3.1%的平均增长水平。造成经济不景气的主要原因在于世界经济整体走弱，而且巴西经济的疲软导致阿根廷产品的外部需求严重下降。为拉动经济，阿根廷政府对宏观政策进行了一系列调整，加强了对经济的干预。

在财政方面，政府虽然面临着较大的财政压力，但仍然采取了宽松的财政政策。2012年前9个月，财政收入同比增长26.2%，其中税收增长24%。在工资水平提高和正规就业增多的带动下，社保缴费收入增长了30.1%。初级

---

① 除特别注明外，本部分数据均来自CEPAL, *Balance Preliminar de las Eeconomías de América Latina y el Caribe 2012*, Santiago de Chile, diciembre de 2012。

财政支出的增幅达到29%,其中经常性支出增长了31.6%,工资和社保支出均有大幅度提高。近年来,由于政府向公用事业提供了巨额补贴,财政向私人部门的资金转移逐年上升。但2012年前9个月,这项支出的增长率下降到18%。这与政府从2011年年底开始实施的削减补贴措施有直接关系。未来政府还有可能进一步减少补贴,以减轻财政压力。2012年,初级财政状况有所改善,恢复到盈余状态,但财政总收支仍为赤字,占GDP的1.6%,低于2011年的赤字水平。

2012年9月,政府公布了2013年预算草案。按照计划,财政政策将适度收紧,以实现财政转亏为盈。初级盈余和总盈余将分别占GDP的2.2%和0.2%。但是,考虑到2013年是议会中期选举年,财政投入很难有较大幅度的缩减,因此预算计划执行起来将有一定难度。

由于经济增长放缓,地方税收收入减少,阿根廷各省也面临着较大的财政困难。部分省份不得不进行财政调整。圣克鲁斯省准备提高工人退休年龄;布宜诺斯艾利斯省决定分4次支付公务员的年中奖金,降低对私立学校的补贴,还进行了农业税收改革。但财政紧缩政策遭到公众的强烈反对,引发了广泛的抗议活动。其他省份因担心出现类似的社会动荡,同时出于中期选举的需要,大都希望避免进行财政调整。科连特斯省和圣菲省要求联邦政府支付拖欠的转移资金,以帮助它们弥补养老金体系的资金缺口。但是联邦政府更倾向于各省自行解决资金困难,因而不愿提供资金支持。

为避免经济下滑,中央银行继续采取扩张性的货币政策。到2012年10月,基础货币投放量同比增长38.2%。造成基础货币扩张的主要原因在于央行大量购买美元以充实外汇储备,以及为满足财政需要而不断向财政拨付资金。2012年政府制定的广义货币供应量的增长目标是26.4%,上限定为31.5%。① 而2012年前10个月,广义货币增发已达31%。这表明,货币扩张的速度高于预期。

2012年3月,阿根廷议会批准了改革中央银行的议案。议案对央行章程进行了修改,将推动与社会公正相结合的经济增长列入了央行目标。改革后,

---

① EIU, *Country Report*: *Argentina*, London, United Kingdom, February 2012.

央行货币发行量的基础不再是通货膨胀率,而是经济增长。也就是说,央行为实现经济增长可扩大货币发行量。改革还取消了基础货币必须由外汇储备支撑的规定,使央行可以动用更多的外汇储备偿还外债。央行向财政提供的短期贷款的额度上限也有所扩大,由基础货币的12%提高到20%。[①] 总的来看,改革后的央行将拥有更多的权力和空间推行货币政策和向财政提供资金。

由于经济增速放缓,投资者和民众对经济前景缺乏信心,普遍希望持有美元以规避风险。市场对美元的需求和对本币的担忧,加剧了比索的疲软。到2012年9月,比索对美元名义汇率下降11%,贬值幅度超过上一年。但由于通货膨胀的因素,实际汇率仍维持升值趋势。

为防止外汇储备的流失,政府继续加强外汇管制,陆续出台了一系列外汇管理措施。5月,居民个人每月购买外汇的最高上限由月工资的40%下调至25%。6月,央行宣布禁止企业和居民以储蓄保值为目的的购汇交易。8月,居民出境旅游购买外汇也开始受到严格限制。12月,政府宣布企业向境外支付股息红利、偿还债务本息,以及支付进口贸易货款,均须提前申报并接受审核。外汇管制和美元短缺导致黑市交易日益猖獗,黑市上比索对美元比价在年底时已接近7∶1的水平,比官方汇率高出44%。

由于投资者对经济前景缺乏信心,资本外流的情况依然严重。但由于政府加强了外汇管制,全年资本净流出量下降到130亿美元,比2011年减少了近35亿美元。美元限购措施保证了央行拥有充足的外汇储备和偿债能力。到2012年11月,央行的国际储备额为452.38亿美元,比2011年底时减少了11.38亿美元,这主要是由于央行继续用储备偿还外债利息。8月,央行还清了最后一期"博登债券",[②] 本息合计22亿美元。到2012年6月,外债总额占GDP的31%,比上年同期减少了0.9个百分点,为近19年来的最低水平。

受进口和购汇限制、通货膨胀高企、企业融资困难以及能源供应短缺等因素的影响,进入2012年以来,阿根廷的国内投资严重萎缩。为鼓励投资,政府颁布了新措施,要求凡是存款超过金融部门存款总额1%以上的银行,必须

[①] EIU, *Country Report*:*Argentina*, London, United Kingdom, April 2012.
[②] "博登债券"是阿根廷政府于10年前金融危机期间为债务重组特别发行的债券。

拿出5%以上的私人部门存款用于发放公司贷款，其中一半贷款必须发放给中小企业。贷款期限至少为3年，利率不超过15%。在这一政策的刺激下，金融机构向私人部门提供的比索贷款在2012年前10个月同比增长了37.5%。但是，由于美元存款的下降，同期美元贷款下降了38.6%。

通货膨胀问题仍是政府面临的难题之一。2012年10月，消费价格指数同比上涨10.2%，重新回到两位数水平。但是，根据私人研究机构和各省统计部门的数据，通货膨胀率高达20%~25%。① 近年来，造成阿根廷通货膨胀居高不下的主要原因，一是财政支出和货币投放规模过大；二是外汇管制和为刺激经济而采取的低利率政策导致市场上本币流量增加；三是需求旺盛，但供应不足；四是限制进口的措施不仅使国外低价商品无法进入阿根廷市场，而且加剧了供应紧张。目前阿根廷政府控制物价的手段主要是与供应商签订价格协议、冻结部分公用事业价格、提供财政补贴和限制出口。从目前效果来看，限价手段对抑制通货膨胀的作用是有限的。冻结价格的做法导致企业利润下降，投资规模缩小，不利于扩大生产。随着政府补贴的减少，通货膨胀压力将进一步增大。阿根廷经济有可能陷入"低增长、高通胀"的滞胀局面。

在国民经济各部门中，除服务业有较快增长以外，其他部门均增长乏力。农业生产受旱灾的影响下降16%。大豆减产18%，产量为4010万吨；小麦减产26%，产量为1050万吨。② 2012年11月，潘帕斯农业产区又遭遇水灾，作物播种受到很大影响。因此2013年的农业收成仍不乐观。2012年前3个季度，制造业产值同比下降1.3%，其中初级金属产品和汽车分别下降7.6%和11.7%。烟草和化工行业增长3.8%，成为制造业的拉动力量。服务业中最大亮点是金融中介服务，上半年增长21%，主要得益于定期储蓄和贷款的增多。

2012年，阿根廷政府在生产领域实施的最大举措莫过于能源国有化。5月，议会通过了名为《阿根廷石油主权》的议案，批准政府对阿根廷第一大

---

① 近几年来，官方公布的通货膨胀数据一直缺乏公信力。私人机构统计的通货膨胀率为官方数据的2倍以上，阿根廷国内经济活动，包括工资谈判均以此为参照。
② 阿根廷农业、牧业和渔业部官方网站。"Estimaciones Agrícolas, Informe Mensual, diciembre de 2012," http://www.siia.gov.ar/_informes/Estimaciones_Agricolas/Mensual/121220_Informe%20de%20Estimaciones%20Mensual%20-%20Dic-2012.pdf.

阿根廷：国有化措施惹争议

石油企业 YPF 公司实行国有化。近年来，阿根廷石油和天然气产量逐年下降，造成国内能源供应紧张，每年需要进口大量油气资源以满足需求。2011 年阿根廷首次出现了能源贸易逆差。政府认为造成能源产量下降的主要原因是石油公司投资不足，因此政府不断向其施压，要求企业将利润用于扩大再生产。但 YPF 公司则认为产量下降是由于政府控价政策导致国内价格远低于国际市场价格。2012 年以来，政府多次指责 YPF 公司投资不足，并收回了后者在南方产油省份的部分承包油田。国有化议案通过后，阿根廷政府强行收购了 YPF 公司第一大股东、西班牙雷普索尔公司持有的 51% 股份，实现了对这家石油公司的控股。被收购的 51% 股份将在联邦政府和由各产油省组成的"联邦产油省组织"之间以 51% 和 49% 的比例分配。YPF 公司原来的第二大股东、阿根廷彼德森能源集团仍然持有 25% 的股份，而西班牙雷普索尔公司持有的股份由 57% 下降到 6.4%。①

YPF 收归国有意味着阿根廷能源产业政策的重大调整。首先，通过实施石油国有化战略，政府获得了能源控制权，不仅成为能源政策的制定者，还成为能源的直接生产者。这将有助于阿根廷缓解能源短缺，实现能源自给。其次，由于今后的石油生产要以满足国内市场需求为首要任务，因此外资石油企业将不得不更多地进行再投资和扩大生产，其生产和经营自主权将受到限制。

石油国有化举措在阿根廷国内得到了比较广泛的支持。民调显示，62% 的民众拥护国有化，但 44% 的民众认为政府应对石油产量的下降承担更大的责任。② 外国投资者对国有化持反对态度，认为此举过于极端，削弱了投资者的信心，从长远看不利于吸引外资。

YPF 收归国有后不久便出台了未来 5 年的投资计划。370 亿美元的投资将主要用于增产和提高炼油能力。但是，由于短期内尚难以吸收外国投资者的加入，因此能否实施投资计划达到增产目标还是未知数。

除了石油部门以外，政府还加强了对电力行业的干预。2001 年经济危机后，政府冻结了电价，并向电力企业提供财政补贴。但由于缺乏投资，电力供

---

① EIU, *Country Report: Argentina*, London, United Kingdom, May 2012.
② EIU, *Country Report: Argentina*, London, United Kingdom, May 2012.

应远远满足不了需求。近几年随着成本的上升,很多输电企业陷入亏损。2012年8月,政府宣布成立专门委员会,将对电力企业的成本、生产效率和投资计划进行分析,并将以此为依据制定价格、雇员收入水平和利润率。这意味着政府将在企业决策中发挥更大作用。

2012年,阿根廷对外贸易有所收缩,进、出口额分别为853.2亿美元和975.9亿美元,经常账户出现14.9亿美元的盈余。出口下降是由外部需求减少、零配件进口受阻等因素造成的。进口下降与政府严格的进口管制措施有直接关系。2012年年初,政府宣布从2月1日起,所有进口商品都必须提前申报,获得经济部对外贸易国务秘书处的批准后方可进口。由于此前实施的非自动进口许可证制度导致许多商品的进口被迫延迟,加之很多出口产品的生产要依靠零部件进口,因此这项措施出台后立即遭到进出口商的一致反对。

2012年10月,国际评级机构标准普尔将阿根廷主权债务评级由B级调降至B-,另一机构惠誉则将阿根廷信用前景展望调降至"负面"。这表明,阿根廷政府的宏观调控能否奏效还面临着较大风险。但2012年第四季度,生产和消费已停止下滑。预计2013年阿根廷经济将得益于内需的恢复和巴西经济的复苏,全年GDP有望增长3.8%,但通货膨胀仍是亟待解决的重要问题。

三 社会形势

2012年,阿根廷各地连续发生示威游行和罢工活动,社会局势出现动荡。造成社会不稳定因素增加的主要原因,一是经济低迷,民众生活不同程度受到影响;二是政府采取的外汇管制、进口限制等措施触及企业和民众的切身利益,导致不满情绪高涨;三是通货膨胀率居高不下,居民购买力下降;四是政府与工会关系破裂,虽然政府上调了最低工资标准和养老金水平,但仍无法阻止工会组织罢工。

2012年年初,圣克鲁斯省计划将女性劳动者退休年龄由50岁提高到55岁,男性退休年龄由60岁提高到65岁,由此引发了大规模的群众抗议活动,并发生了示威者与警察的冲突。退休年龄的改革最终被取消。

6月,布宜诺斯艾利斯省决定调高对农业用地的税收,4个农业团体决定实施罢工以示反对。抗议活动蔓延到其他农业省份,最终演变为全国性的农业罢工,并持续了2周时间。虽然此次农业罢工的规模不及2008年,也没有进行断路,但反映出农民与政府的关系在经历了一段时间的缓和后再度趋紧。

3月和6月,负责谷物运输和能源运输的卡车司机先后举行了罢工,要求增加工资。谷物运输者的要求最终得到了满足,罢工没有对谷物出口装运产生影响。但能源运输司机的罢工造成了全国范围内的燃料供应短缺,总统费尔南德斯不得不取消了在巴西的外事活动,回国解决罢工问题。最终罢工以政府同意该行业薪金上涨26%而平息。

从5月起,布宜诺斯艾利斯市的居民为抗议政府的外汇管制措施,组织了多次"敲锅"运动。这种抗议形式始于2001年经济危机期间,反映了普通市民,特别是中间收入阶层对政府的不满和对经济前景的担忧。

8月,布宜诺斯艾利斯市地铁员工举行了为期10天的罢工,导致市政交通陷入混乱。这是自1913年阿根廷地铁建成后持续时间最长的一次罢工活动。最终地铁工人协会和地铁公司就加薪和改善工作环境等问题达成一致,地铁运营才恢复正常。

11月,阿根廷最大的两个工会组织——阿根廷总工会和阿根廷工人中央工会联合发起全国性大罢工,要求政府提高个人所得税起征点,增加养老金,整顿社会治安。这是2001年经济危机以来的首次全国性大罢工。罢工严重影响了国家的正常运转。很多商业、交通、金融、医疗设施陷入瘫痪。12月,上述两大工会组织再次发动数千人参加示威游行,抗议政府的经济和社会政策。

8月,新一轮的工资谈判结束。政府、企业和工会三方达成协议,再次上调最低工资标准。劳工最低月工资将提高25%,涨幅与2011年持平,达到每月2875比索,分两次调整到位。

养老金水平从2008年起在每年的3月和9月调整两次,2012年也不例外。3月,最低养老金由1434比索提高到1684比索,9月又进一步提高到1880比索。同时,平均养老金水平也由3月的2226比索增加到9月的2480比索。从养老金标准上调中受益的退休人员达到705万人。

9月,政府连续第三年提高向贫困家庭子女发放的"普及津贴"。每名儿童领取的补助金由每月270比索增加到340比索,残疾儿童的补助金由每人1080比索增加到1200比索。

政府没有应允工会提出的提高个税起征点的要求,但在个税征收上仍作出了一些让步。11月,政府宣布凡年底领取的"年度额外工资"不超过2.5万比索的劳工,将免缴这部分薪金的所得税。符合免税要求的正规就业者达到898.8万人,占正规就业总数的98.1%,需要缴税的劳动者只有17.2万人。

在通货膨胀环境下,2012年劳工工资水平继续提升,上涨了25%。[1] 私人部门雇员工资涨幅高于平均水平,而公共部门雇员工资涨幅低于平均水平。宏观经济的疲软对劳动力市场没有造成太大影响,就业形势变化不大,失业率为7.3%,[2] 与2011年基本持平。贫困水平继续下降。2012年上半年,贫困和赤贫人口比重分别为6.5%和1.7%,同比减少1.7和0.7个百分点。[3]

四 外交形势

2012年,马岛主权争端仍是阿根廷外交中的重要问题。贸易保护主义和石油国有化带来的关系紧张也值得关注。

4月2日是马岛战争爆发30周年纪念日。这个特殊日期的到来使马岛问题变得更加敏感。1月,英国宣布派遣驱逐舰前往马岛加强驻防,在皇家空军服役的威廉王子也抵达这一区域驻扎。另有消息称,英方将向马岛部署核潜

---

[1] CEPAL, *Balance Preliminar de las Eeconomías de América Latina y el Caribe 2012*, Santiago de Chile, diciembre de 2012.

[2] CEPAL, *Balance Preliminar de las Eeconomías de América Latina y el Caribe 2012*, Santiago de Chile, diciembre de 2012.

[3] 阿根廷国家统计和调查局官方网站,http://www.indec.mecon.ar。

阿根廷：国有化措施惹争议

艇。对于上述军事安排，阿根廷政府不仅予以强烈谴责，还宣布将就英国军事化马岛向联合国提出抗议。此后，英阿两国纷争不断，大打"口水战"。阿根廷坚决主张与英国展开主权谈判，并愿意接受联合国的调解。但英国对此持强硬态度，多次拒绝阿方的谈判要求，不断重申确定主权归属应尊重马岛岛民的意愿。4月，英阿两国均举行了隆重而高调的纪念活动，显示了各自对马岛问题的坚定立场。

阿根廷与美国的关系仍旧紧张。3月，美国宣布暂停阿根廷的最惠国待遇，原因是后者一直不执行世界银行国际投资争端解决中心的仲裁决定，拒绝向两家美国公司支付赔偿。2002年，这两家美国公司与阿根廷签订的合同被取消，于是向世行国际投资争端解决中心提出申诉，该中心在2005年和2006年判决阿根廷向其分别支付1.65亿美元和1.33亿美元的巨额赔偿。此次美国政府正是应这两家公司的申诉才作出了对阿根廷进行贸易制裁的决定。10月，加纳政府在一家美国对冲基金公司的要求下，扣留了阿根廷"自由号"护卫舰。这家公司在2001年阿根廷经济危机期间以低价购买了大量阿根廷主权债券，并在此后拒绝接受债务重组。2012年上半年，该公司从美国法院获准扣押阿根廷财产以追付债务。事件发生后，阿根廷政府猛烈抨击美国债权人的威胁和勒索，并表示决不让步。受上述两起事件的影响，阿美关系再蒙阴影。

阿根廷与欧盟的关系因贸易争端和石油国有化问题而难有改善。YPF公司被实施国有化后，欧盟明确表态支持西班牙。欧盟官员称阿根廷政府的收购为"非法"。12月，欧盟在与阿根廷政府谈判未果的情况下，向世界贸易组织提起诉讼，希望借助争端解决机制迫使阿根廷放弃包括非自动进口许可、贸易平衡在内的一系列进口限制措施。

YPF公司的国有化使阿根廷与西班牙的关系迅速恶化。对于西班牙雷普索尔公司而言，YPF的重要性不言而喻。雷普索尔40%的石油储量和约1/4的石油收入来自YPF。失去YPF对雷普索尔来说无疑是一个重大损失。因此国有化不仅激起了雷普索尔的强烈反应，而且也引发了阿根廷与西班牙之间的外交危机。西班牙政府发表声明称将采取"明确而有力"的措施保护雷普索尔及其他西班牙公司的海外利益。西班牙采取的报复性措施之一是暂停从阿根廷进口生物柴油。西班牙一直是阿根廷生物柴油的主要进口国，2011年从阿根廷进口了价值11亿美元的生物柴油。①

阿根廷与乌拉圭在运河疏浚工程上的纠纷，影响到两国在结束了造纸厂风波后已经恢复的双边关系。由于阿根廷的进口限制使玻利维亚的热带水果生产者遭受了巨大损失，玻利维亚总统莫拉莱斯不得不出面干预。

阿根廷与中国的关系继续平稳发展。2012年6月，温家宝总理正式访问阿根廷，并与费尔南德斯总统举行了会谈。双方在农业、能源、铁路建设等多个领域达成了广泛共识和一系列合作意向，为今后双边经贸关系的进一步发展奠定了基础。2012年，受中国经济增速放缓、阿根廷经济疲软以及进口限制的影响，中阿双边贸易出现下降。据阿根廷方面统计，2012年阿根廷对华出口为54.9亿美元，同比减少16%。② 其中初级产品和工业制成品出口均出现下降，但农业加工产品和能源出口显著增加。同期阿根廷从中国的进口为99.9亿美元，减幅为6%。③ 其中消费品和资本货进口的下降最为明显。

（袁东振　审读）

Argentina

Lin Hua

Abstract：In 2012, Argentina's political situation was stable. The opposition forces were relatively weak and unable to form a strong anti-government alliance. The battle between the government and Argentina's private media group Clarín has aroused public concern worldwide. Affected by external economic weakness,

---

① EIU, *Country Report*: *Argentina*, London, United Kingdom, May 2012.
② 阿根廷国家统计和调查局官方网站，http：//www. indec. gov. ar/nuevaweb/cuadros/19/ica_01_13. pdf。
③ 阿根廷国家统计和调查局官方网站，http：//www. indec. gov. ar/nuevaweb/cuadros/19/ica_01_13. pdf。

Argentina's economic growth slowed down. The government strengthened foreign exchange control and its intervention in the economy. Argentina's largest oil company YPF was nationalized. The resentful emotions in society rose and strikes and protests happened frequently. The Malvinas Islands dispute was still an important diplomatic issue. The trade friction and tension caused by nationalization were also of great concern.

Key Words: Argentina; Group Clarín; Labor Union; Nationalization; Foreign Exchange Control

Y.14
古巴：更新社会主义进程全面铺开

宋晓平*

摘　要：

2012年，古巴政局和社会形势稳定，经济低速增长，外交空间有所开拓，但与委内瑞拉的战略合作关系因查韦斯总统病逝面临变数。更新社会主义和经济模式进程全面铺开，深入发展，在很多领域取得重要成果，《党和革命经济社会政策纲要》中的很多任务正在实施。为克服经济困难，实现经济良性循环，更新社会主义和经济模式进程走向深入，古巴尚需作出巨大的努力。

关键词：

古巴　古共"六大"　更新社会主义　更新经济模式　经济社会政策纲要

一　政治形势

2011年4月召开的古共"六大"确立了党的更新社会主义的路线，制定了更新经济模式、促进经济发展的战略目标。20世纪90年代初，古巴面对东欧剧变的严峻威胁，提出"拯救社会主义"的口号，力挽狂澜，度过了最困难的时期。近年来，面对国内外形势的变化，提出"更新社会主义"的口号，力求形成建设古巴特色社会主义的新局面。

（一）努力统一思想，深刻转变观念

更新社会主义和经济模式是一场深刻的社会经济变革，需要统一思想，转

---

* 宋晓平，经济学硕士，中国社会科学院拉丁美洲研究所研究员，博导，中国拉丁美洲学会副会长。

古巴：更新社会主义进程全面铺开

变观念。劳尔·卡斯特罗主席多次强调要进行"思想观念变革",把经济工作作为党和政府工作的中心,把更新经济模式作为经济工作的重心和主攻方向,重点解决经济体制过度集中化、劳动者生产积极性压抑、经济效益低下等问题。"六大"要求全党破除陈旧观念,勇于创新,"为了保障成功落实《党和革命经济社会政策纲要》(简称《纲要》),必须破除巨大的心理障碍,这种心理障碍来源于过去根深蒂固的传统习惯和观念"。① 古巴围绕"六大"主要文件《纲要》草案和党的第一次全国会议主要文件《党的工作目标》草案两次发动全国性的大讨论,极大地统一了全党和全国的思想认识,为落实更新社会主义路线和更新经济模式战略部署打下良好的基础。

(二)发挥党的领导作用,全面加强党的建设

古共继召开"六大"以后,于2012年1月召开了党的第一次全国会议,加强党的思想政治建设和组织建设,以适应更新社会主义和经济模式进程的要求。《党的工作目标》阐述了党的性质和当前肩负的任务。古共是马列主义和马蒂主义的政党,是古巴唯一的政党,肩负着先锋队的作用,需要与时俱进,以创新意识进行必要的变革。当前的主要任务是保障优先和系统地落实《纲要》提出的各项措施。为此,必须整顿党的工作作风和方法,消除陈旧习惯的消极影响,包括形式主义、工作缺乏责任心、没有计划性、缺乏雷厉风行和创新精神、脱离群众、官僚主义等。针对党的生活缺乏规范,加强党和国家政治生活体制化建设,除了党的代表大会外,建立古共全国会议制度和古共中央全会制度。古共自"六大"以来,每年召开两次中央全会。2012年7月和12月先后召开了古共六届四中和五中全会,检查落实《纲要》的情况,总结试点经验,在全国进行推广。党的第一次全国会议决定,党和政府主要领导人的任期不得超过两届,每届任期5年。还就党和政府职能分开、增补中央委员等问题做出决议。为了培养高质量的干部,落实《纲要》,2011年正式成立国家和政府干部高等学院。

---

① Raul Castro, "Todos los que Dirigimos Debemos Asumir una Conducta Firme ante la Indisciplina y el Descontrol en los Cobros y Pagos," el 24 de dic., 2011. http://www.granma.cubaweb.cu/2011/12/24/nacional/artic05.html.

（三）贯彻积极稳妥方针，审慎推进经济模式更新

在更新经济模式的进程中，党和政府一直采取审慎、稳妥的方针，力求出台的政策措施基于扎实的基础。劳尔一再告诫各级领导，"以足够的完整性和渐进性落实所有的决议，不着急，但不停步，不急躁冒进，也不即兴从事，破除旧的教条主义思维方式，及时改正我们可能犯的错误"。① 经济变革要"有计划、有秩序、有纪律，在政策基础上进行"。② "要知会劳动者，聆听他们的意见。"③ 凡涉及全局性结构变革的重要文件均事先交由群众进行讨论，积极宣传变革的必要性，引导群众，认真征求意见。"六大"中心报告指出，"在古巴社会主义条件下，绝不实施'休克疗法'"。④ 为了落实《纲要》，成立了落实和发展常设委员会，其职责类似于中国的国家发改委。2012年7月23日召开的国务委员会扩大会议制定和通过了落实发展常设委员会2012~2015年战略规划，其中包括了与313项任务有关的55项目标，还决定着手制定经济社会长期发展规划。

（四）纯洁党的队伍，严厉打击腐败行为

随着更新经济模式进程的深入发展，腐败案例明显增多，其主要表现是贪污、贿赂、弄虚作假、逃避税收等。劳尔在2011年12月人大七届八次会议上说，"腐败已成为革命的主要敌人之一，严重程度远远大于美国政府及其国内外帮凶的威胁"。⑤ 为此，古巴党和政府加大了打击贪污腐败的力度。2011年

---

① Raul Castro, "Todos los que Dirigimos Debemos Asumir una Conducta Firme ante la Indisciplina y el Descontrol en los Cobros y pagos," el 24 de dic., 2011. http://www.granma.cubaweb.cu/2011/12/24/nacional/artic05.html.

② Raul Castro, "Informe Central del VI Congreso," el 17 de abril, 2011. http://www.granma.co.cu/secciones/6to-congreso-pcc/artic-04.html.

③ *Lineamientos de la Política Económica y Social del Partido y la Revolución*. http://www.granma.cubaweb.cu/secciones/6to-congreso-pcc/Folleto%20Lineamientos%20VI%20Cong.pdf.

④ Raul Castro, "Informe Central del VI Congreso," el 17 de abril, 2011. http://www.granma.co.cu/secciones/6to-congreso-pcc/artic-04.html.

⑤ Raul Castro, "Todos los que Dirigimos Debemos Asumir una Conducta Firme ante la Indisciplina y elDescontrol en los cobros y pagos," el 24 de dic., 2011. http://www.granma.cubaweb.cu/2011/12/24/nacional/artic05.html.

6月，25名高官，其中包括1名部长、1名副部长以贪污罪被判刑。另有古巴民航局局长罗赫利奥、古巴粮食进口公司总经理阿尔瓦雷斯（已逃亡美国）、古巴国有烟草公司副总经理加西亚等10人因贪污罪名被撤职或被判刑。2012年8月，3名副部长及基础工业部和下属国有公司多名高官以贪污罪名被判刑。

二 经济形势

2012年，古巴经济保持低速增长，初步呈现向好发展势头。落实经济和社会发展纲要的政策陆续出台，更新经济模式的进程全面铺开并取得重要成果。

（一）经济保持低速增长，初步呈现向好发展势头

根据古巴官方数字，2012年GDP增长率为3.1%，低于3.4%的计划目标，高于2011年2.7%的实际增长数字。从GDP构成来看，基本社会服务处于稳定状况，且质量未受到影响，而各经济部门增长了4.5%。[①] 这说明，国家资源向生产部门倾斜的政策重点发挥了作用。建筑业增长了12.4%，低于13%的目标，这是GDP未实现计划目标的主要原因。农业增长率为2%，制造业为4.4%，运输和通信业为5%，商业为5.9%，糖业为20%。石油和天然气、镍矿等重要部门都保持了2011年的生产水平。劳动生产率提高2.1%，平均工资增长2.2%，达到465比索，二者基本持平。财政纪律和预算执行情况略有好转，财政赤字占国内生产总值的比重为3.8%，实现了2011年底人大会议确定的目标。经济中存在的问题主要是投资和不少生产部门未完成计划。投资比2011年增加了15%，但是低于19%的计划指标。其主要原因是投资计划存在缺陷，实际调控乏力，物资供应拖延，生产效率低下，合同执行不力等。在中央政府控制的480个项目中，有196项未完成计划指标，占

[①] Osvaldo Martínez, "Dictamen sobre el Plan de la Economía Nacional y el Presupuesto para el año 2013," el 14 de dic., 2012. http://www.granma.co.cu/2012/12/14/nacional/artic07.html.

40.8%。2012年，由于与农业有关的一些部门未完成计划，影响了食品生产，用于食品进口的外汇达16.34亿美元。

（二）遵循结构变革基本原则，更新经济计划体制

《纲要》集中阐述了更新经济模式的基本原则和要点。在坚持基本生产资料全民所有制的同时，调整所有制结构，国营企业与外国投资形式、合作社、小农生产者、生产资料使用者、合同承包者、个体劳动者等多种经济形式并存；在坚持国民经济计划体制的同时，改造计划方法、组织和控制方式，考虑市场趋向，对市场施加影响。《纲要》把更新过度集中的僵化经济模式作为主攻方向，用分散化取代集中化；扩大企业自主权，发挥劳动者的生产积极性；用经济手段和机制取代行政命令手段。《纲要》第一章"经济管理模式"用整章24条款篇幅专门解决过度集中的僵化经济模式问题。[1]

（三）开展企业试点工作，更新企业管理体制

更新国营企业体制的试点工作于2013年1月启动。主要目标是更新国营企业的运转模式，保障维持生产和再生产资金的积累；提高企业效益，增加劳动者的收入；根据国内市场确定成本规模，实现国内市场与世界市场的接轨。主要内容有：扩大企业经济和财务管理的自主权；采用现代化手段进行企业管理，提高劳动生产率；企业使用银行贷款自筹资金；有权根据计划赋予的权利决定和管理资金和投资，根据计划使用干部编制指标；在依法纳税、完成国家任务后，有权根据规定，使用利润收入建立发展、投资和鼓励劳动者的基金；企业劳动者及其领导人的收入与生产成果挂钩；外部不能干预企业内部财务，只能诉诸法律程序；取消企业亏损补贴，国营企业如果连续出现经营亏损，不能完成国家计划，或在金融审计中出现

---

[1] *Lineamientos de la Política Económica y Social del Partido y la Revolución*，http://www.granma.cubaweb.cu/secciones/6to-congreso-pcc/Folleto% 20Lineamientos% 20VI% 20Cong.pdf；Raul Castro, "Informe Central del VI Congreso," el 17 de abril, 2011, http://www.granma.co.cu/secciones/6to-congreso-pcc/artic - 04.html.

古巴：更新社会主义进程全面铺开

负面结果，将被纳入清偿程序，或根据有关规定，改制成其他非国营管理形式。①

（四）启动国营企业改制工作，建立非农业部门合作社

非农业部门的合作社实际上是集体承包性的经营方式。它同其他非国营经济形式相比，因社会化程度最高而受到青睐，成为部分中小国营企业改制的首选路子。全国有200多家企业进行试点，包括运输、餐饮、渔业、原材料回收、建材生产和商品化服务等。国务委员会2012年11月第305、306和309号法令确立了非农牧业合作社的法律框架。承包由企业内部员工自愿组织进行，采取合作管理形式；合作社拥有法人身份，不隶属于任何国家机构；有权根据政府规定使用和支配承包资产，自负盈亏；根据供求关系自行确定产品和服务的价格，但由国家定价的产品除外；合作社成员大会是最高权力机构，负责选举合作社主席和其他领导机构，每位成员对集体事务拥有1票投票权。根据第305号法令，非农牧业合作社可以是一级合作社，至少由3个自然人自愿组成；也可是二级合作社，由两个或两个以上的一级合作社组成。②

（五）调整政府职能，实行产业化和企业集团化

为了落实《纲要》政企分开、发挥高科技和强项部门优势的战略部署，把部分预算内管理机构和科研机构从政府中剥离，与相关企业合并，成立集研发、生产、销售、出口于一体的企业集团。集团采取企业建制和经营方式，隶属于国务委员会，董事长由国务委员会任命。企业集团领导、协调和控制下属企业年度计划的制定，进行高附加值产品和服务的研发，负责下属企业的外贸活动和谈判，包括技术转让。根据相关法令，建立了包括全国60家科研机构和生产服务企业的古巴生物医药企业集团；取消了国家邮电总局，建立了由

---

① *Lineamientos de la Política Económica y Social del Partido y la Revolución.* http：//www. granma. cubaweb. cu/secciones/6to-congreso-pcc/Folleto%20Lineamientos%20VI%20Cong. pdf.

② O. Fonticoba Gener, "Camino a la Actualización del Modelo Económico," el 10 de dic. , 2012. http：//www. granma. cubaweb. cu/2012/12/10/nacional/artic01. html.

18家公司组成的邮电企业集团；把有关旅游机构与旅游公司合并，成立旅游企业集团。此前，还取消了糖业部，建立古巴糖业企业集团。

（六）扩大闲置土地承包，扶持个体经济发展

为了加快闲置土地承包，扩大食品生产，吸纳国营企业裁减人员，2012年12月9日，第300号法令付诸实施。新法令把承包土地限额由40.26公顷扩大到67.10公顷。① 自2008年到2012年5月，已有149.5万公顷闲置土地承包给16.3万户农民。承包的土地已有79%投入使用，其中用于畜牧业的占59.4%，用于种植各种作物的占23%。个体经济成为扩大城镇就业的重点扶持对象。截至2012年12月，个体劳动者人数已近40万。② 除了自己创业的个体劳动者外，理发店和餐馆等小型国营企业也交由劳动者承包。政府对投入承包的财产仍然拥有产权；原来的员工具有优先承包权；承包人与政府签订承包合同，承包合同不得转让或分包给第三者，期限可为10年，如果双方愿意，可延长；合同生效后3个月内，承包人免缴个人所得税、公共服务税、劳动力使用税，但是必须缴纳社会保险；承包费由省市政府部门确定；承包方以民居价格支付经营场所和设施的维修费、水、电和电话费等。个体劳动者需在地方劳动部门和全国税收管理机构注册。③

（七）实行新税收制度，完善经济合同制

新税法体现出用经济杠杆调控经济的尝试。2012年第113号税收法于2013年1月付诸实施。新税法体现了国家优先发展的目标和重点扶持政策，涉及《纲要》20多项任务的实施。农业部门税率低于其他经济部门；农业生产者自承包合同生效两年内，可享受免税待遇，包括个人收入税、产权或土地使用税、劳动力使用税；为了促进土地投入使用，征收农业和林业土地闲置

---

① Raul Castro,"Valoramos que la Actualización del Modelo Económico Marcha con Paso Seguro," el 14 de dic., 2012. http：//www.granma.co.cu/2012/12/14/nacional/artic09.html.
② Raul Castro,"Valoramos que la Actualización del Modelo Económico Marcha con Paso Seguro," el 14 de dic., 2012. http：//www.granma.co.cu/2012/12/14/nacional/artic09.html.
③ O. Fonticoba Gener, "Nuevo Modelo de Gestión para la Gastronomía," el 9 de nov., 2012. http：//www.granma.co.cu/2012/11/09/nacional/artic02.html.

税。个体劳动者在开业 3 个月内，免除销售税、服务税、劳动力使用税、个人收入税；如果雇工人数在 5 人以内，且雇用非国营部门劳动者和个体农户，可以免征劳动力使用税；应届毕业生从事个体劳动或其他非国营形式，第一年免交税收。对个体劳动者征收的销售税和服务税税率为 10%。新税法还具有调节收入再分配的功能，个人所得税起征点由每年 5000 比索提高到 10000 比索；对高收入群体征收高累进税率。新税法将根据经济发展和落实《纲要》的需要，适时、灵活调整相关税率。经济合同成为进行经济管理，调节现有不同经济活动者之间关系的实质性工具。通过相关法律，规范合同谈判、制定、签署、实施、控制、履行等整个程序和过程。

（八）更新经济模式的评估和发展趋势

更新社会主义和经济模式是一场深刻的思想和结构变革，得到了广大党员和群众的支持、拥护和参与，具有坚实的社会基础。古巴党和政府发扬批评、创新和务实精神，深刻总结历史，转变思想，破除陈旧观念，做了大量艰苦细致的准备工作，进程已全面铺开，并向纵深发展，在很多领域取得了重要成果，《纲要》中的很多任务已经或正在得到实施。由于国家的经济问题积重难返，美国的封锁不断加强、国际金融危机和多次飓风灾害产生影响，为克服经济困难，实现良性循环，将更新社会主义和经济模式进程引向深入，古巴尚需做出巨大的努力。

三　社会形势

（一）社会政策得到贯彻，社会形势保持稳定

在实行社会经济变革时，保持社会稳定是首先考虑的问题，也是社会政策的首要目标。《纲要》提出，更新经济模式需要考虑下述原则，即在古巴社会主义社会不会使任何人失去保护。古巴党和政府一直高度重视结构变革的社会效应，避免因操之过急、急躁冒进造成社会和政治动荡。在进行决策时，充分考虑群众意见和社会反响。再好的政策如果大多数群众不理解，有顾虑，宁愿

等待时机成熟再加以实施。党的"六大"和第一次全国会议的主要文件都是广泛征求群众意见,反复进行修改后才加以实施的。2012年12月人大七届十次会议决定,修改劳动法,加强保护劳动者的权利,适应经济形式多样化使劳动关系复杂化的新要求。取消实行50多年的限量供应卡势在必行,但是由于与民众生活息息相关,影响极大,最终决定"不会突然取消",① 而是逐步创造条件加以实施。《纲要》中既包括重大的结构性变革措施,又包括改善民生的具体措施。例如自2012年2月以来,开始实施向居民提供维修年久失修住宅补贴的政策。最近,准备进一步扩大补贴面,使更多需要修建住宅的家庭能够获得补贴。古巴党和政府较好地处理了经济变革与社会稳定的关系,保持了社会和政治稳定。

(二)劳尔亲临飓风灾区,解决灾民生活困难

"桑迪"飓风于2012年10月25日袭击古巴东部和中部地区,导致11人丧生,造成20多亿美元的经济损失。古巴国务委员会主席劳尔·卡斯特罗亲临灾区现场,了解灾情,布置救灾工作。政府决定,以比现行行情低50%的价格向灾区提供建筑材料,用于重建或修缮遭到破坏的住宅。如灾民无力支付重建费用,可向各级市政府提出部分或全部补贴申请,相关开支由国家预算支付。灾民还可以向银行申请低息长期贷款。如系房屋或顶棚完全倒塌情况,贷款利息由国家预算承担。

(三)扩大对外交流开放,简化民众出国手续

自2013年1月14日起,开始实施新的出国手续规定,古巴公民只需出示有效护照及相关目的国的签证即可正常出境,公民在国外的逗留期限也从原来的11个月延长至24个月。此举取消了出国须履行出境申请程序和提供国外邀请函的要求。此前,古巴一直实行严格的出国旅行限制制度,公民在获得外国签证后必须到内政部办理手续繁琐的"白色出境许可"方

---

① 《劳尔·卡斯特罗:古巴不会出现财富集中现象》,2011年4月7日,http://news.cntv.cn/20110417/102808.shtml。

能获准出国旅行、探亲或留学等，否则将被视为永久性移民而失去国内全部财产。

四 外交形势

（一）坚持反封锁反干涉斗争，努力开拓外交新局面

封锁和反封锁仍是古美关系的主线。美国对古巴实施封锁50年来，给古巴造成10600亿美元的经济损失。① 奥巴马政府加剧了封锁，特别是在金融方面的封锁，自2009年来，美国对与古巴进行交易的其他国家的公司和个人罚款已高达20亿美元。古巴展开针锋相对的斗争，促使2012年联合国大会通过反对美国封锁古巴的决议。2012年，奥巴马政府放宽了对古巴侨民回古巴探亲的限制，古巴政府对此做出积极回应，于2012年11月30日颁布第307号法令，为了方便两国人民电话通讯往来，废除2000年第213号法令，该法令为制裁美国有关电讯公司拖欠债务而大幅度提高两国间电话通讯的价格。由于欧盟不断以人权为借口干涉古巴内政，古巴与欧盟的关系止步不前，经贸合作受到制约。古巴多次谴责欧盟，不承认它有道德或政治上的权利批评古巴人权。2012年3月26~28日，罗马教皇本笃十六世（Pope Benedict XVI）应邀访问古巴，受到热情接待。为营造访问的良好气氛，古巴于2011年12月24日宣布，根据家属和一些教会机构请求，作为人道主义和主权的一种姿态，决定赦免2900多名犯人。教皇在访古期间，特意不点名地批评美国对古巴实施长达半个多世纪的经济封锁，称这些由外界强加的经济制裁举措很不公正地加重了古巴民众的负担。本笃教皇的表态得到古巴政府的高度赞赏。

（二）深化拉美地区合作，古委关系面临变数

古巴与拉美国家的合作关系获得重要进展。2011年12月，拉美和加勒比

---

① 殷永建：《古巴民众支持联合国通过要求美国取消封锁决议》，2012年11月14日，http://ilas.cass.cn/cn/xwzx/content.asp? infoid = 19835。

国家共同体宣告成立，古巴成为共同体正式成员。古巴将负责筹办拉美和加勒比国家共同体 2014 年首脑会议。该组织没有美国参加，包括了所有拉美国家。2012 年 1 月 30 日，巴西总统迪尔玛·罗塞夫对古巴进行正式访问，极大地推动了双边关系的发展。罗塞夫总统在访问期间表示，反对美国对古巴的经济封锁，这种封锁只能加剧古巴人民的贫困。加强同古巴在各方面的合作特别是经济领域的合作，是"反对美国封锁古巴的最好方式"。[①] 据古巴媒体报道，在此次访问中，巴西同古巴签署了 9 项合作协定，包括扩大两国在蔗糖加工、生物技术等领域的合作。2011 年，双边贸易额达 6.42 亿美元，巴西成为古巴在拉美地区仅次于委内瑞拉的第二大贸易伙伴。古巴与委内瑞拉的合作也得到进一步的加深。现有 31777 名古巴医生在委内瑞拉为民众提供服务。此外，古巴与委内瑞拉开展合作，在拉美国家推动治疗眼疾的"奇迹行动"计划。2004 年以来已经使数百万拉丁美洲人恢复了视力。2012 年 12 月 10 日，查韦斯总统再次赴古巴做癌症手术治疗，病情严重恶化，于 2013 年 3 月 5 日病逝。委内瑞拉局势前景将发生重大变化，古委战略合作关系面临变数。

（三）加强治党治国经验交流，推动中古关系全面发展

2012 年 7 月 4 ~ 7 日，劳尔·卡斯特罗主席访华，受到中方的高规格接待。7 月 6 日，胡锦涛主席同劳尔·卡斯特罗主席举行了会谈，双方就两国关系以及共同关心的国际和地区问题交换了意见。胡锦涛表示，中方愿同古方共同努力，推动中古关系迈上新台阶：（1）两国高层和各层次保持密切交往，充分发挥党际和政府间各对话机制作用，加强治党治国经验交流。（2）扩大经贸合作，促进共同发展。双方要创新合作方式，优化贸易结构，加强经贸、能源、基础设施建设、农业、生物技术等领域合作，鼓励双向投资。（3）拓展文化、教育、新闻、媒体等领域交流合作。（4）加强在联合国改革、气候变化、可持续发展等重大问题上的协调配合。劳尔·卡斯特罗表示，古方完全赞同中方对发展古中关系的主张。古方重视中国发展的成功经验，愿同中方保

---

① 《巴西总统罗塞夫首访古巴》，2012 年 2 月 2 日，http://ilas.cass.cn/cn/xwzx/content.asp?infoid = 18451。

持密切交往,加强治国理政方面的交流借鉴,扩大经贸、投资、可再生能源等领域合作。① 据古巴《格拉玛报》报道,中国和古巴签署了8项合作协议和备忘录。其中包括中国开发银行给古巴的两笔贷款,一笔用来改善医疗设备,另一笔用于农业合作。中古签署了政府经济和技术合作协定,其中包括中国向古巴提供一笔赠款和一笔无息贷款,双方交换了关于延长到期的政府无息贷款的照会,中国将向古巴提供数字彩电节目的设备,中古双方还签署了有关海关合作的备忘录和2012~2016年农业合作计划,交流农业方面的经验和增加古巴的粮食生产。"桑迪"飓风灾害发生后,中国政府向古巴政府提供了40万美元的救灾款,用于灾区恢复生产和生活。

Cuba

Song Xiaoping

Abstract: In 2012, the political and social situation remained stable in Cuba while the economy grew at a low speed and the diplomatic space was extended to a certain degree. The strategic cooperation with Venezuela, however, may face changes because of the death of President Hugo Chavez. The progress of updating socialism and economic model has been fully under way and deeply developed. Significant achievements can be seen in a number of areas while several tasks listed in the Economic and Social Policy Outline are being carried out. Cuba would go a long way to overcoming economic difficulties, realizing a beneficial economic cycle, and deepening the process of updating socialism and economic model.

Key Words: Cuba; Sixth Congress of the Communist Party of Cuba; Updating Socialism; Updating Economic Model; Economic and Social Policy Outline

---

① 《胡锦涛会见劳尔·卡斯特罗》,2012年7月6日,http://news.cntv.cn/20120706/108753.shtml。

Y.15
委内瑞拉：总统病逝增加政治变局风险

袁东振*

摘　要：

　　2012年10月查韦斯再次连任总统，已连续执政14年的查韦斯将可再执政6年，但其病情恶化后病逝为委政治局势增添诸多变数。在公共支出增加拉动下，2012年委经济取得5.3%的较高增长，但面临本币贬值压力、通货膨胀和失业率较高等诸多问题。委政府注重保护劳动者权益，加大社会领域投入，稳固执政基础，把反对单极世界和推进多极世界建设作为外交政策重要目标。

关键词：

　　委内瑞拉　查韦斯　连任总统　地方选举　社会计划

一　政治形势

（一）查韦斯再次连任总统，其病逝增加委政治变局风险

在2012年10月7日总统选举中，由执政的统一社会主义党领导的"爱国联盟"候选人、现任总统乌戈·查韦斯（Hugo Chavez）获得55.26%的选票，战胜主要对手恩里克·卡普里莱斯（Henrique Capriles），这是查韦斯1998年以来连续第四次当选为该国总统，已连续执政14年的查韦斯将可再执政6年。

---

* 袁东振，博士，中国社会科学院拉丁美洲研究所政治室主任，研究员，主要研究领域为拉美国家政治。

查韦斯"2013~2019年执政纲领"强调"玻利瓦尔革命"目标的连续性，提出继续"深化社会主义"，将以"社会主义计划"为基础，扩大政治民主、参与式民主和经济民主，进一步推进财富公平分配，推进社会融入。查韦斯连任有利于委内瑞拉"社会主义"建设进程的连续性，有助于保持拉美地区政治生态的均衡。

但随着查韦斯病逝，委政治前景变数增多。2011年查韦斯身患癌症，2012年上半年三度赴古巴接受手术和化疗，12月初查韦斯病情恶化，再次赴古巴接受手术，并明确指定副总统兼外长马杜罗为"接班人"。查韦斯病情复发，引起各界对委政权交替的猜测。查韦斯本应于2013年1月10日在国会宣誓就任，但因病情加重，委官方宣布查韦斯将择期在最高法院宣誓就职。依照委宪法规定，若现任总统在6年任期前4年重病不能理政或去世，副总统不可自动接任，新总统需经过全民大选产生。2013年3月5日查韦斯病逝马杜罗任代理总统。委国家选举委员会随即宣布于2013年4月14日举行总统选举。执政党推举马杜罗为候选人，反对派阵营则再次推举卡普里莱斯为总统候选人。查韦斯病逝增加大了委内瑞拉政治前景的不确定性。

（二）政府两度改组，多名内阁成员调整

2012年10月查韦斯宣布改组政府，任命现任外交部部长尼古拉斯·马杜罗（NicolásMaduroMoros）为副总统兼外交部部长，同时任命内斯托尔·雷韦罗尔（BrigadaNéstorReverol Torres）为内政和司法部部长，埃内斯托·比列加斯（Ernesto Villegas）为新闻和通信部部长，克里斯托瓦尔·弗朗西斯科（Cristóbal Francisco）为环境部部长，卡门·梅伦德斯（Almiranta Carmen Meléndez）为总统府办公室和政府管理跟踪部部长，卡洛斯·洛约（Juan Carlos Loyo）为农业和土地部部长，阿罗哈·努涅斯（Aloha Nú?ez）为印第安民族部部长。11月迭戈·莫莱诺（Diego Alfredo Molero）被任命为国防部部长。被替换的前副总统兼农业部部长埃利亚斯·豪阿（ElíasJaua Milano）和多位卸任部长作为执政党候选人参加12月16日的地方选举。2013年1月，前副总统豪阿被任命为外交部部长。

（三）反对派加强联合，查韦斯派力量依然占优

近年来反对派阵营求同存异，加强联合，在2012年总统选举中表现不俗。但查韦斯派政治基础牢靠，力量仍明显占优。执政的统一社会主义党员人数约600万，是委历史上规模最大政党，并与主要左翼政党结盟；查韦斯派在国会、司法机构和地方政权中均保持明显优势。12月16日委23个州举行州长选举，执政党在20个州获胜，较上届增加4个州；反对党仅在米兰达、亚马孙和拉腊3州取胜。

二 经济形势

（一）经济增速加快，增长率居拉美地区前列

2010年第四季度后委内瑞拉走出危机影响，实现复苏。在2011年增长4%（人均增长2.6%）基础上，2012年增长5.3%（人均增长3.7%），与政府预期基本吻合，高于拉美平均水平。建筑业、商业和金融部门是增长较快的部门，而一些重要部门增长率较低，如石油和制造业部门分别只增长1.4%和2.1%。① 委官方估测，2012年GDP总量为3200亿美元。②

委内瑞拉经济增长加速的主要原因是高油价带来的消费增长，公共支出增加带动总需求增加，大规模住房建设计划、工资增长等刺激性政策拉动经济增长。2013年委内瑞拉经济增长将面临更多不确定因素。大选之年的短期效应逐步消退，全球经济低迷导致原油价格短期内难以再度大幅攀升，经济增长率将有所回落。一些国际机构为此调低委内瑞拉经济增长预期，拉美经委会预测委经济2013年将增长2%，而委政府的预期增长目标是6%。

---

① 关于委内瑞拉经济的数据资料，除特殊注明外，均引自CEPAL：Balance Preliminar de las Economías de América Latina y el Caribe 2012, Diciembre de 2012, Santiago de Chile, http://www.eclac.cl。

② 驻委内瑞拉经商处：《委内瑞拉外债仅占国内生产总值的25%》，http://ve.mofcom.gov.cn/。

（二）本币贬值压力增大，外汇储备下降

自 2011 年 1 月取消汇率双轨制以来，委内瑞拉本币强势玻利瓦尔（以下简称玻利瓦尔）与美元的汇率一直维持在 4.3∶1 的水平。虽然委政府向国会提交的"2013 年政府财政预算草案"中仍保持现有汇率水平不变，但玻利瓦尔贬值压力增大。2012 年是委内瑞拉总统选举年，公共支出有较大幅度增长，财政赤字增加，约占 GDP7%，同比上升 1.7 个百分点。为减少财政赤字和缓解汇率制度面临的长期压力，本币贬值压力和需求增大。由于政府收入的一半源于石油出口，本币贬值使政府可通过以美元计价的石油收入获得更多的玻利瓦尔。委内瑞拉著名智库 Ecoanalitica 预测，2013 年玻利瓦尔可能贬值 50%，政府的收入为此可增加 25%。[1] 2013 年 2 月 8 日，委政府宣布玻利瓦尔对美元的官方汇率将由 4.3 上升至 6.3。

主要得益于国际原油价格相对高位，委内瑞拉国际储备相对充足。但由于资本外逃现象严重，政府不断增加预算外支出，加上偿债水平较高，国际储备下降的压力依然较大。2012 年 10 月底，委内瑞拉国际储备为 269 亿美元，比 2011 年同期下降 11.4%。根据查韦斯将存放在欧洲和美国等地的大部分黄金储备运回国内的要求，2012 年 1 月底最后一批 14 吨黄金运回国内，至此价值 90 亿美元的 160 吨黄金（占其全部储备的 85%）已存放在中央银行。

（三）实施宽松货币政策，通货膨胀压力有所减轻

委内瑞拉继续实施宽松货币政策，2012 年 1~10 月份 M1 和 M2 分别增加 61.8% 和 54.8%，远高于通货膨胀水平；与此同时，信贷规模增长近 50%。

通货膨胀率较 2011 年有所下降，但仍居高位。委中央银行统计，2012 年 1~10 月累计通胀率 13.4%，低于 2011 年同期（22.7%）约 9 个百分点；2011 年 10 月至 2012 年 10 月累计通胀率 17.9%，为 5 年来最低水平。[2] 通货

---

[1] "Venezuela Devaluation: Winners & Losers," November 20, 2012, http://www.latinvex.com/app/article.

[2] Banco Central de Venezuela, "Por Décimo mes Consecutivo se Desacelera el INPC Anualizado, al Ubicarse en 17,9% la Tasa de octubre".

膨胀得到控制主要是因为是政府采取将生产、批发和消费相结合，并用立法手段管控物价。2012年开始生效的《公平价格和成本法》对一系列产品做最高限价，有效控制了基本消费品如食品、非酒精饮料、农产品、水果和蔬菜价格。2012年委实现了通货膨胀率20%~22%的预期控制目标。2013年委内瑞拉通货膨胀率控制目标为14%~16%。

（四）公共债务数量增加，但偿债压力不重

委内瑞拉政府通过举债，实施包括基础设施在内的大型项目（如住房、铁路建设等）。2012年中央政府的公共债务有所增加，2011年12月至2012年9月内债增长60%，达到574亿美元；到2012年9月外债达436亿美元（不含国家石油公司债务），国家石油公司的债务也有所增加。查韦斯宣称，2011年底外债只占当年GDP的23.6%，2012年11月前后也仅占25%，远低于许多发达国家水平。大公国际资信评估有限公司认为，虽然各级政府债务中期内呈上升趋势，但债务结构较合理，政府偿债压力不大，因为较高的经常项目顺差保障了政府的外债清偿能力。

（五）允许在委开设美元账户，提前完成税收任务

2012年8月委内瑞拉中央银行发布公告规定：自然人和法人可在委境内普通银行开设美元活期和定期账户，外汇账户中的资金流动以委外汇证券交易中心（SITME）规定的汇率兑换，外汇账户中的资金来源主要是政府发行通过委外币证券初始投资系统（SICOTME）或外汇证券交易中心购得的外币证券结算资金。新政策出台后，原进入外汇证券交易中心的条件不变，申请人仍可获得外汇证券以支付境外旅行费用及学习、医疗体育和文化等费用。

委内瑞拉国家税务局宣布，到2012年10月底政府提前完成2012年全年税收目标，税收总收入达1585亿玻利瓦尔（约合368亿美元），其中增值税收入721亿玻利瓦尔，关税和所得税收入分别为351亿和414亿玻利瓦尔。

三 社会形势

（一）社会治安状况恶化，政府加强应对措施

2012年3月委内瑞拉"城市安全观察"的报告显示，该国谋杀和绑架犯罪率均创历史最高纪录，监狱系统内的暴力事件激增。2012年接连发生外国外交官遭绑架事件。1月墨西哥驻委内瑞拉大使和夫人遭绑架，在使馆支付1.25万美元赎金后获释。4月一名哥斯达黎加外交官遭绑架。为应对持续恶化的安全形势，委政府决定于2012年底组建一支全新的全国警察部队，强调警察与社区互动。

（二）保护劳动者权益，加大社会领域投入

2012年5月8日新《劳动法》在官方公报上公布并生效。新法共有554条和7条过渡规定，重点是提高普通劳动者福利待遇，增强劳工权益保护，如将每周工作时间由44小时减为40小时；增加解雇赔偿数量；增加带薪休假、产假等；增加全国性节日和法定休息日；提高社保金比例，调整工资级别，进一步促进财富平均分配。

从2012年5月起将最低工资标准上调15%，从1548.22玻利瓦尔增加到1780.45玻利瓦尔；自9月起再提高15%，至2047.52玻利瓦尔。查韦斯宣称，委最低工资标准达476美元，居拉美国家前列。

2012年5月查韦斯建议对现行《宪法》进行修改，进一步增加对各种社会计划（扶贫、教育等）的保护。2012年委政府将向包括教育、卫生、住房、农业等在内的社会领域投入1157.17亿玻利瓦尔，较2011年增长27%，其中80.08亿玻利瓦尔投入到"住房""农业""知识与工作"三大社会计划，增幅为31%。按照"政府财政预算草案"，2013年委政府计划向社会领域投入1478.07亿玻利瓦尔，增幅27%。

委内瑞拉政府2011年2月推出"大住房计划"，为贫困家庭提供廉价住房。截至2012年10月政府已累计向该计划投入820亿玻利瓦尔（约190亿美

元），预计2013年投入将不少于500亿玻利瓦尔（约116亿美元）。2012年计划建成住房20万套，2013~2017年计划每年建设30万套。

（三）失业率降幅较小，就业形势依然严峻

委内瑞拉的失业率虽有下降趋势，但仍维持在较高水平，下降幅度也欠稳定。2012年1~9月，公开失业率为8.3%，较2011年同期（8.6%）略有下降。2012年9月与2011年9月相比，就业人数增长2.42%。就业质量和稳定性依然较差，2012年9月正规就业人口比重为59%，非正规就业人口占41%。拉美经委会预测，2013年委内瑞拉失业率有望降至8%。①

四 外交形势

委内瑞拉把反对单极世界和推进多极世界建设作为外交政策重要目标；积极推进与拉美国家合作及地区一体化进程；重视发展与亚太、俄罗斯等域外国家的战略合作，力图将业已存在的委内瑞拉与中国、俄罗斯和巴西的战略联盟关系提升到更高层次；与南非和印度建立战略联盟；主张进一步加大与中国融资的规模，并与日本和印度寻求类似合作。

（一）与拉美国家及地区组织的关系

加强与拉美国家合作。（1）进一步密切与激进"左翼"执政国家的联系。2012年1月查韦斯出席尼加拉瓜总统奥尔特加就职礼；4月在启程前往古巴治病前，分别同玻利维亚总统莫拉莱斯、厄瓜多尔总统科雷亚通电话，就共同关心的问题进行交流。（2）与哥伦比亚的关系继续改善。在第三届南美能源理事会召开期间，委石油矿业部部长兼国家石油公司总裁拉米雷斯和哥矿业部部长就联合建设委内瑞拉—哥伦比亚太平洋管线问题进行交流。2012年9月查韦斯表示愿意帮助哥政府与反政府武装达成和平协议。（3）重视与巴西、阿

---

① 委内瑞拉官方失业统计数字略低于拉美经委会的数字，如据委国家统计局统计，2012年11月委全国失业率为6.4%，http：//ve.mofcom.gov.cn/aarticle/jmxw/2012121。

根廷的关系。11月初巴西外交部长帕德里奥塔访委,与委副总统兼外长马杜罗就"南方共同市场"(以下简称"南共市")成员国合作,以及两国经济、贸易、卫生、农业和教育合作举行会晤。委在英国—阿根廷马尔维纳斯群岛争端问题上公开支持阿根廷。

与巴拉圭发生外交争端。委巴两国矛盾由来已久,右派议员占多数的巴拉圭议会一直阻挠委加入"南共市"。2012年6月巴拉圭总统卢戈被国会弹劾下台后,巴委矛盾进一步扩大。委支持遭弹劾的前总统,两国先后互撤大使;7月巴政府指责委试图在该国策动军事政变,推翻现任总统佛朗哥;10月委下令驱逐4名巴拉圭外交官。

重视与拉美区域组织的联系。2012年2月查韦斯出席在委召开的第11届"玻利瓦尔美洲联盟"峰会,但因健康原因缺席4月在哥伦比亚卡塔赫纳召开的第六届美洲国家首脑会议。7月底查韦斯出席在巴西利亚举行的"南共市"首脑特别会议。2012年6月南美洲国家联盟秘书处迁往委内瑞拉,委内瑞拉能源和石油部前部长罗德里格斯·阿拉克出任该组织秘书长。

正式加入"南共市"。早在2006年委内瑞拉就提出加入"南共市"申请,2009年委政府签署加入"南共市"的议定书。此后阿根廷、巴西和乌拉圭国会先后批准委加入"南共市"的议定书,只有巴拉圭参议院迟迟没有批准。巴拉圭总统卢戈遭弹劾后,6月29日在阿根廷门多萨市举行的第43届"南共市"峰会决定,暂停巴拉圭成员国资格,同时接纳委内瑞拉为新成员。7月底在巴西利亚举行的"南共市"首脑特别会议正式接纳委内瑞拉为成员国。

(二)与其他国际组织的关系

宣布退出美洲人权法院和《美洲人权公约》。2012年初委内瑞拉设立专门委员会,就是否继续留在美洲人权法院进行研究。7月25日查韦斯总统宣布委内瑞拉将退出美洲人权法院,并指责该机构不配称为人权团体。委政府9月11日致函美洲国家组织秘书长,通知其委内瑞拉将退出《美洲人权公约》。该公约规定,缔约国若退出,应提前一年提出退约请求。

宣布退出"泛美互助条约"。2012年6月委内瑞拉、玻利维亚、厄瓜多尔、尼加拉瓜4国发表公报,宣布退出1947年签署的"泛美互助条约",认为"该条约已经失去合法性和有效性"。根据规定，退出该条约的通知将在两年内生效。

当选为联合国人权理事会成员。2012年11月委内瑞拉当选为联合国人权理事会新成员，任期从2013年1月1日起，为期3年。

（三）美委关系未出现明显改善

美国和委内瑞拉关系依然冷淡，双方在重大问题上分歧犹存，摩擦不断。2012年1月美国国务院宣布委内瑞拉驻迈阿密总领事阿科斯塔·诺格拉是"不受欢迎的人"，并将其驱逐出境。委内瑞拉总统查韦斯随即宣布"在行政上关闭委内瑞拉驻迈阿密总领馆"，以示抗议。委内瑞拉总统选举结束后，白宫发言人祝贺查韦斯连任，但强调与查韦斯间仍有"分歧"，美众议院外交关系委员会主席甚至指责查韦斯操纵选举，呼吁美国等负责任的国家"保卫民主"。查韦斯12月病情加重并再度赴古巴接受手术，美国务院发言人祝福查韦斯"尽早康复"，希望美委两国在扫毒、反恐、法治和贸易等共同关心的问题上尽可能开展"最好的交流"，但排除现阶段两国重新互派大使的可能。查韦斯则表示美与拉美国家关系的现状不会发生改变，希望美国下一届总统"检讨美国在世界上的角色"，他还多次指责美国应为叙利亚冲突负责。

委内瑞拉仍然是仅次于加拿大、墨西哥和沙特阿拉伯的美国第四大原油供应国，而美国是委内瑞拉最大原油进口国。2012年11月委石油矿业部部长拉米雷斯表示，2012年美国仍是委石油出口的最大市场，日出口量为112万桶/日，远高于向亚洲国家（64万桶/日）、加勒比地区（29万桶/日）和南美国家（38万桶/日）的出口。①

（四）与其他国家的关系

密切与俄罗斯和白俄罗斯的关系。2012年3月查韦斯祝贺普京当选俄罗斯总统，表示将继续深化委俄战略关系；10月普京祝贺查韦斯连任。6月白俄

---

① 驻委内瑞拉经商处：《2013年委内瑞拉石油产量将维持不变》，http://ve.mofcom.gov.cn/aarticle/jmxw/。

罗斯总统卢卡申科访委,两国有关部门签署 20 多项合作协议,涉及矿产、石油和能源、住房、食品安全、科技和通信等领域。据报道,近六年委白双方共签署约 200 项合作协议,已有 75 个合作项目,涉及能源、工业、农业、体育和文化等多领域。查韦斯连任总统后卢卡申科向其致电祝贺。

与欧盟的关系依然较冷淡。查韦斯在多个场合指责欧洲国家利用卡扎菲之死"大发横财",并通过"冻结利比亚数十亿资产"缓解经济危机。2012 年 4 月欧盟航空安全委员会借口委内瑞拉国营航空公司(CONVIASA)存在操作安全隐患,禁止该公司航班在欧盟领空飞行。委政府认为该决定违反国际民航组织相关条款,表示将"保留相应权利,捍卫委国营航空公司的国际声誉"。

与阿拉伯国家的关系。2012 年 1 月伊朗总统内贾德访问委内瑞拉,受到高规格礼遇,并与查韦斯总统就共同关心的问题会谈。在冲突问题上,委政府和查韦斯总统多次公开声援叙利亚阿萨德政府,反对外部势力干涉叙国内局势。查韦斯再次当选总统后在首次新闻发布会上表示继续支持阿萨德,称其是叙利亚的合法领导人,认为叙反对派是"恐怖分子",并对利比亚前领导人卡扎菲之死深表惋惜。

(五)中委关系继续稳步发展

中委战略合作关系稳定发展。2012 年 1 月 23 日委内瑞拉石油矿业部部长兼国家石油公司总裁拉米雷斯代表查韦斯总统向中国人民拜年,感谢中国给予委内瑞拉的帮助和支持。10 月 8 日中国外交部发言人洪磊对查韦斯再次连任总统表示祝贺,祝愿委内瑞拉在查韦斯领导下在国家建设道路上不断取得新成就。2013 年 2 月委外交部部长豪阿访华;3 月中国国家发改委主任张平作为国家主席特使出席查韦斯葬礼。委代总统马杜罗感谢中国特使团专程赴委参加葬礼,表示委永远是中国忠实的朋友,委方已做好继续深化和加速发展两国各领域战略合作的准备。

中委经贸合作再上新台阶。2012 年 2 月委内瑞拉和中国石油、中信集团、国家开发银行、中国工商银行签署 14 项合作协议,涉及奥里诺科重油带开发扩建、农业、住房和其他基础设施等领域建设和融资,总融资额近 100 亿美元。至此中国向委提供融资总额达 380 亿美元,两国已签署 430 个合作协议,

其中在建执行项目近 200 个。中国已成为继美国之后委内瑞拉石油的第二大进口国，委则成为沙特阿拉伯、安哥拉、俄罗斯之后中国第四大石油供应国。委石油矿业部部长透露，2012 年委每天向中国输出原油及成品油 46 万桶，2013 年初将达到 50 万桶。

中委文化科技交流不断深入。2012 年 8～10 月"中国文化节"在委内瑞拉举办。9 月 28 日委遥感卫星"米兰达"号在中国酒泉卫星发射中心成功发射，此系中国为委发射的第二颗卫星。查韦斯在总统府观看发射现场实况，对卫星成功发射表示祝贺，感谢中国为委科技进步所提供的支持和帮助，高度赞扬中委在高科技领域的成功合作。

（张凡　审读）

Venezuela

Yuan Dongzhen

Abstract: In October 2012, Hugo Chavez was re-elected as President of Venezuela and could be in power for next six years. His deteriorated health and following death caused political uncertainties in the future. With the increase in public spending, Venezuela has gained a higher growth of 5.3% in 2012, but still faces many problems, such as currency devaluation, high inflation and unemployment. In order to consolidate ruling base, the Venezuelan government has paid much attention to protection of workers' rights, expansion of social investment and construction of a multi-polar world as an important foreign policy goal.

Key Words: Venezuela; Hugo Chavez; Reelected President; Local Election; Social Programs

Y.16
智利：市政选举削弱执政联盟

芦思姮*

摘　要：

2012年，智利经济运行稳健。皮涅拉政府在处理国内一系列社会问题上未能表现出应有的果断性与实效性，民意支持率持续走低。10月底，执政联盟在市政选举中受挫，为2013年大选增添了不确定性。左右两大联盟均积极物色具有广泛群众基础并具有领导魅力的候选人。在经济方面，智利宏观经济保持良好发展势头。在社会方面，地区性抗议活动突显地区发展不平衡问题。在外交方面，中智关系迈上新台阶。

关键词：

智利　市政选举　艾森大区抗议活动　战略伙伴

一　政治形势

（一）总统任期过半，民意支持率持续走低

截至2012年10月，智利皮涅拉政府执政已逾大半。自2011年以来，皮涅拉总统民意支持率屡创新低，在2010年执政第一年树立的良好形象荡然无存。2010年，因新政府在震后重建工作与矿难救援两件举世瞩目的大事上表现出色，人民给予了肯定。根据智利市场与公众舆论调查机构（Adimark）的数据，2010年3月，总统支持率曾一度高达63%。此后，皮涅拉政府在处理

---

* 芦思姮，西班牙语语言文学学士，公共政策学硕士，中国社会科学院拉丁美洲研究所综合室研究实习员，主要研究领域为拉美公共政策。

国内一系列社会问题上未能表现出应有的果断性与实效性。2011~2012年，是两大社会运动（学生运动与艾森大区抗议活动）在全国范围内掀起高潮的时期，学生运动与区域性抗议活动接踵而至，而政府的应对能力遭到了民众质疑，并引起社会不安，导致总统民意支持率不断下滑，跌至2011年8月和2012年4月的27%和26%，创造历史新低，这为皮涅拉政府的执政前景蒙上阴影。自2012年5月起，民意支持率略有回升，8月达到36%。然而，9月份，由于对政府关于利用社会经济特征调查结果操纵贫困率的指控引发了信任危机，① 这一数据直降4个百分点。如果说智利前总统巴切莱特的高人气很大程度上来自其政府财政方面的慷慨及这位女总统自身树立的温暖、亲切、谦逊的形象，那么企业家出身的现任总统皮涅拉则一直给人以疏离、冷漠、作秀的公众印象。此外，执政联盟内部的另一大党独立民主联盟不断向来自国家革新党的总统皮涅拉施加压力，要求其增加更多该党议员进入内阁，以扩大自己的政治影响力。更为保守的独立民主联盟成员的入阁，使政府呈现更为强硬保守的政治作风，正是这一点引起了反对党与民众的反感。

（二）市政选举

2012年10月28日，智利各地区举行了4年一次的市政议会选举。在选举中，民众投票率创历史新低，执政联盟遭遇严重削弱。

1. 执政联盟失去重要区县领导权

全国范围内的投票结果显示，与2008年相比，反对党中左翼民主联盟增加了21个市政管辖区，赢得了43%的市区长官选举和近50%的市政议会席位。这在很大程度上是由于智利共产党加盟中左翼民主联盟，使其获得了更多的支持率。自2012年3月起，中左翼4党联盟（社会党、争取民主党、社会民主激进党、基督教民主党）经过了数月的战略磋商，决定竞逐345座城市中的338座，并对各市候选人选达成了一致；而对其余的7座城市决定不提出候选人，这是为了给予智利共产党更大的参与空间。与此相对，共产党与民主

---

① Adimark, *Encuesta*：*Evaluación Gestión del Gobierno*, *Informe Mensual*, agosto de 2012.

联盟达成协定不参与有该联盟候选人竞选的那 338 个市镇的选举。① 结果表明，智利共产党获得了 6.42% 的支持率，并在莱科莱塔区与独立民主联盟的角逐中获得了历史性的胜利。而中右翼变革联盟失去了 26 个管辖区，不仅没有保住 2008 年的选举成果，即超过中左翼民主联盟当选区县长官的数量，更严重的是，失去了大量长期处于其势力范围的重要区县。②

2. 民众参与率创历史新低

2012 年 1 月，智利新选举法生效。新选举法的最大特点是自动登记、自愿投票原则，将 18 岁及 18 岁以上公民的投票行为界定为一项权利而非义务，改变了登记自愿，一旦登记，强制投票的旧选举制度。新举措旨在使以前没有登记的 450 万公民（大部分为年轻人与老年人）乐于接受新选举法所规定的选举投票权利，从而使潜在的选举人数增加 55%。

2012 年 10 月 28 日的市政选举首次实行自愿投票新制度，但却遭受了前所未有的冷遇。2008 年的市政选举投票率为 57.4%，创 1992 年以来最低水平，而本次选举的民众参与率跌至 40%，缺席率高达 60%。③

（三）大选格局

2012 年的市政选举为 2013 年 11 月议会选举与总统大选奠定了基础。在这种环境下，2012 年对于左右两大政治联盟来说都非常关键，特别是中左翼民主联盟，2009 年的选举失利，中断了其连续 20 年的执政记录。而 2012 年市政选举的结果为其重整旗鼓，与执政联盟在 2013 年的大选中一较高下增加了筹码。为了争取更广泛的民众支持，民主联盟一方面寻求与左翼党派合作，另一方面，力争在大选前物色一位能够赢得广泛支持并具有领导魅力的候选人，因为对这一因素的考虑不周正是他们在上届大选失利的原因之一。

在候选人的考虑上，前总统米歇尔·巴切莱特成为民主联盟最佳的理想

---

① EIU, *Country Report—Chile*, May 2012, p. 15.
② Ministerio del Interior de Chile, http://www.interior.gob.cl/，访问时间：2012 年 11 月 30 日。
③ C. Rojas, "Debate por Abstención en las Municipales: Parlamentarios se Enfrentan por el Voto Voluntario," *La Tercera*, 2012. http://www.latercera.com/noticia/nacional/2012/10/680 - 490 674 - 9 – debate-por-abstencion-en-las-muni cipales-parlamentarios-se-enfrentan-por-el-voto.shtml，访问时间：2012 年 11 月 30 日。

人选，这是因为在民意调查中这位前总统的高支持率使其成为智利政坛最受欢迎的总统之一。根据智利公共研究中心2011年年底的调查结果，对这位现任联合国妇女机构主席的执政前景持积极态度的人占被调查总人数的82%，远远领先于其他候选人。尽管她已表示并不准备谋求再次登上总统之位，但是就民众支持率来说，巴切莱特如果成为下一届总统候选人，可谓众望所归。①

组成中右翼变革联盟的独立民主联盟党和国家革新党各自提出了一名总统候选人。皮涅拉内阁中公共工程部部长格尔博内（Laurence Golborne）与国防部部长阿拉曼（Andrés Allamand）于2012年11月分别退出内阁，为当选执政联盟总统候选人做准备。格尔博内在2010年矿难解救行动中表现了卓越的领导能力，获得了很高的民众支持率，并于2012年12月成为独立民主联盟党的总统候选人。国家革新党创始人之一的国防部部长阿拉曼，一直深受民众欢迎，此次毫无悬念成为了该党总统候选人。

此外，公共研究中心的这份报告显示，在2011年学生运动中大放异彩的学生领袖卡米·瓦列霍展现了出色的领导组织能力，被国内外媒体所赞扬欣赏。尽管她还未表现出明显的从政意愿，但作为智利共产党青年组织成员，在智利民众中获得了很高的支持率。

（四）选举制度改革

2012年年初，智利议会开始讨论双提名选举制度改革紧急议案。议案提出将旧选举制度改为一种"适度的""修正性"的比例代表制，增加参、众议院的席位，并根据2012年人口普查结果重新划分选区格局。

但是这一提案并未受到中右翼执政联盟的欢迎。这是由于智利还政于民20年以来，一直实行双提名选举制度。这一近年来被冠上过时的、不民主的选举制度是1989年由当时即将离任的智利军事独裁首脑奥古斯托·皮诺切特制定的，规定赢得票数最多的党派或联盟如果未获得三分之二的支持率，则只能占据议会的1个议席，而第二议席则被票数第二的党派或联盟占据。

---

① EIU, *Country Report: Chile*, Jul. 2012, p. 7.

这一设计可以将更多选民的意见反映到全国选举的层面上，但主要目的在于民主回归后确保全国大部分选区1名右翼议员能够当选，阻止左翼获得绝大多数选票，从而削弱在智利较为宽松的比例代表制中发展壮大起来的左派力量，同时"鼓励广泛的跨党联盟，削弱小党的提名能力"，因此智利社会政治力量日益极化为两派，"客观上也使智利的议会政治向两党制的方向发展"。①

2012年5月，智利公共研究中心和拉美研究公司提出了一份改革提案，要求将双提名制改革为一个更加具有竞争性和代表性的选举体制。皮涅拉政府的态度最初坚决拥护原选举制度，但后来态度有所转变，开始偏向变革。此项改革至今仍在讨论中。

二 经济形势②

2012年，全球经济仍然充满不确定性，但是根据拉美经委会统计，智利继续保持稳定而富有活力的发展势头，增长率为5.5%，仅比2011年下降了0.5个百分点。根据拉美经委会预测，2013年，智利经济将以5%的增速以及低通胀水平稳定发展。

在宏观经济和金融政策方面，2012年智利政府继续奉行结构性平衡措施，以便实现财政政策可量化和可预测目标。由于铜矿收入减少，在前三个季度中，中央政府总收入同比实际下降0.3%，政府总支出实际增长6.2%。拉美经委会预计，截至2012年年底，实际赤字将占GDP的0.2%，即政府结构性赤字达到GDP的1%。

2012年4月，政府向议会呈递一份法案，其内容包括对多项税收标准进行修改，此项改革旨在增加7亿～10亿美元的政府收入，用以增加资金供给力度，支持教育改革与基础设施建设项目，缓解结构性贫困以及地区间不平等问题，这也是遍及全国的地区性社会运动的主要诉求。

---

① 吴国平、杨仲林、吕银春、杨建民：《拉美三国议会》，中国财政经济出版社，2005年11月。
② 本部分除特别说明外，均采用CEPAL, Balance Preliminar de las Economías de América Latina y el Caribe 2012 数据。

中央银行仍以灵活的通货目标制（3%目标通胀率，上下浮动1个百分点）为基础，实行自主性和浮动汇率制度管理货币的政策。自2012年1月中旬起，央行保持5%名义利率水平。总体来说，与2011年相比，各项指标无明显变化。但2012年年底，名义汇率出现一定程度的上扬。此外，2012年年初，较快的经济增长和内部需求、国际市场原油价格变化以及国内食品价格攀升导致短期内通货膨胀率涨幅超过4%，但之后开始回落，并于2012年年底降至目标通胀率的3%以下，在2.5%~2.7%之间徘徊。此外，智利拥有一个有效的金融系统，该系统包含全球融合、高效融资和有效监管的银行。2012年，银行信贷业务名义增加13.3%，与2011年一样，商业信贷，消费信贷，房贷和对外信贷均呈现良好增长势头。

在外汇储备方面，2012年1月，按照计划，央行暂停了外汇买进行为，且2013年并无重启打算。由于贸易逆差与智利央行买进外汇计划的终止，2012年，智利外汇储备下降至395亿美元，同比减少了27亿美元。

在对外贸易方面，2012年，由于主要贸易伙伴经济增长放缓，智利对外出口有所减少。导致出口减少的因素有：欧元区国家的经济持续低迷，中国经济增速减慢，以及地区间贸易量缩小。① 涨势强劲的国内需求对进口的刺激最终导致2012年经常账户赤字水平达到2011年的两倍多，占GDP的2.6%，根据拉美经委会预计，2013年这一数字将增加到4%。

在内需方面，2012年智利主要经济增长动力与2011年一样，来自平均增速近8%的国内需求。内需的强劲势头主要是由对建筑机械方面的投资与对耐用品的消费所拉动。首先，这一涨势对2012年就业水平与实际工资水平的改善起到了积极的促进作用。拉动内需的主要部门集中在商业、建筑业与服务业（交通、金融业等）。其次，随着供应链技术难题的解决，农业生产与铜矿产业也成了内需增长的主要动力源。另外，政府消费增长低于GDP增速，与2011年相比有大幅下降，这是由于长期促进经济增长的动力之一商品与劳务出口普遍减少导致赤字增加。

在外债方面，智利属于债权国，但2012年，私人部门的非银行金融部门

---

① 主要由于巴西、阿根廷经济增长减速，尤其阿根廷采取了减少进口的贸易政策。

外债平均增长了11%，并几近达到外债总额的60%。与外国直接投资相关的企业间外债扩大了29%，占外债总额的14%。2012年外债总额占GDP的38.4%，与2011年相比有所下降。

三　社会形势

（一）愈演愈烈的地区社会运动

自2012年2月起，继2011年声势浩大的学生运动后，皮涅拉政府再次面临艾森大区社会抗议运动的难题，这导致总统支持率跌至皮涅拉总统执政以来的最低点。

智利南部巴塔哥尼亚地区的艾森大区蕴藏丰富的自然资源，尤其是水利与渔业资源，但是先天优厚条件却没有给当地人民带来相应的回报。艾森大区社会抗议运动领袖伊万·富恩特斯表示，长期以来，政府只是一味地利用当地的资源，并未真正考虑当地居民的民生问题，致使本来由于地理位置原因与外界联系不便的艾森大区更加被孤立于整个智利经济社会发展之外，当地人民生活费用明显高于其他地区，生活质量与政府从当地谋求的经济利益不相匹配。因此，人民的积怨愈深，最终演变成影响遍及全国、耗时数月的抗议活动。由地区社会机构、工会与农民组成的抗议者们利用封锁道路、占领飞机场和码头、烧轮胎等方式表示对新捕鱼法的不满，并要求政府分配更多的资金以提高当地居民生活质量，降低燃料和食品价格，并提供更加完善的社会福利体系。很多抗议活动最终演变为抗议者与警方发生猛烈冲突的暴力事件。

与学生运动领导人一样，艾森抗议活动的领导人也保持了高调的媒体曝光率，宣传自己的观点，争取全国性的认同与支持。与此同时，位于北部矿区卡拉马的区域性抗议活动接踵而至，与南部艾森一起向政府施压。此次社会活动得到了一部分学生组织与智利共产党的支持。

抗议活动初期，政府当局对这些诉求过于冷漠，经济部部长隆格拉对这些行为加以指责，并一味强调近两年来艾森大区的不断升高的经济增长率。但这非但没有缓解局势，反而增加了抗议者的愤懑情绪。随着示威活动的愈演愈烈，政府方面不断表示，只要抗议者停止暴力行为愿意与之进行对话，并承诺提供相应的资金支持，包括考虑在当地建立自由贸易区的可能性，但与此同时，也表示拒绝提供更大规模的资金补贴。抗议者希望政府拿出195亿美元的主权基金支援艾森地区的社会发展，但是政府并不赞成将旨在用于逆周期情况下维护宏观经济稳定的这部分资金用来满足地区诉求，因此引起了更大范围的群众不满。数次的谈判均未取得实质性成果。①

（二）教育预算明显增加，但仍不得民心

2012年学生抗议活动仍在持续，政府的几项教育改革并未见显著成效。值得一提的是，教育预算在中左翼民主联盟弃权的情况下获得通过，总计120亿美元，相较于2011年增长10%，成为了当年所有部委中划拨资金数额的佼佼者，这笔资金旨在扩大贷款学生的覆盖面，如将学前教育延伸至60%的最贫困家庭，将其作为纠正教育机会不公平性的一项重要举措。此外，预算将增加35%的大学奖学金，并侧重中产阶级家庭。另外，还涉及一些关于学生贷款方式以及加大对大学财政支持力度的改革内容。然而，政府这些努力并未得到学生领袖们的支持，他们纷纷表示对此预算感到失望，认为并未触及教育体系种种弊端根源，如高等教育的盈利性、缺乏免费的公共教育等。②

（三）政府高调公布扶贫成果

2012年7月，智利社会发展部部长拉文公布了最新的国家经济与社会调查报告（Casen）数据。2009年，受全球经济危机冲击，智利贫困人口有所上升，达到15.1%，而根据2010年地震后测算的数据，当年贫困率达到近年来最高值，为18.0%，近两年来，智利得益于经济的良好运行与一系列惠民的社会政策的实施，该数字已下降至14.4%（见图1）。

---

① EIU, *Country Report：Chile*, April. 2012, p. 12.
② EIU, *Country Report：Chile*, Jan. 2012, p. 13.

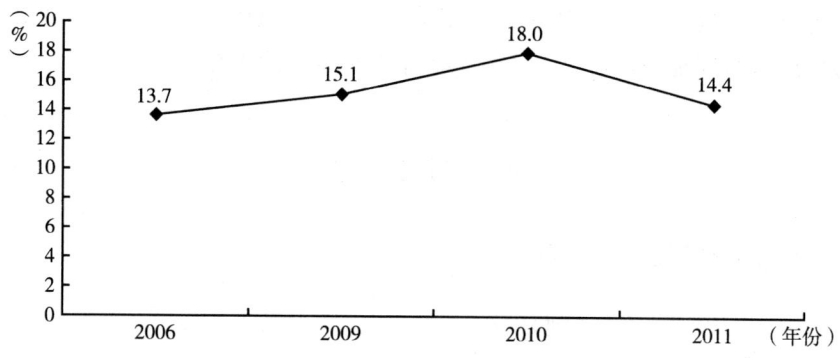

图 1　2006～2011 年智利贫困率

资料来源：作者根据智利国家经济与社会调查报告数据绘制。

赤贫人口比重同样有所下降，从 2009 年的 3.7% 降至 2012 年的 2.8%，达到了自建立此项调查以来的最低水平。这些数据意味着智利原有的 62 万贫困人口中已有 14.8 万人，即约 1/4 的人口脱贫。在全国范围内，10 个大区的贫困率有所下降，12 个大区的赤贫率有所减少。[①]

但是，政府高调宣布这一成果引起了人们对其真实性的质疑，并有言论称政府对社会指标进行操纵。面对这一压力，2012 年 10 月，一直与智利社会政府部门进行合作的拉美经委会宣布将不再参与智利贫困率的官方测算，这更加降低了政府的可信度。

（四）就业市场保持良好发展势头

在繁荣稳定的经济环境下，失业率持续下降。2012 年 1~9 月平均失业率为 6.6%，与 2011 年相比，减少 0.7 个百分点。这主要得益于正规就业的增加。劳动力市场的活跃带动了名义工资的增长，2012 年 1~9 月同比平均增长 7.2%（相当于 3% 的实际工资增长）。而工资的改善进一步促进了内需的扩大。[②] 根据国家统计局数据，2012 年 7 月智利实际工资（排除通胀影响）同比

---

① 《智利社会发展部报告》，http://www.ministeriodesarrollosocial.gob.cl/noticias/2012/07/20/casen-revela-baja-de-la-pobreza-en-chile。

② CEPAL, *Balance Preliminar de las Economías de América Latina y el Caribe* 2012.

增长3.7%，环比增长1.1%。名义工资同比增长6.3%，环比增长1.1%。工资增长最多的行业为贸易、工业、建筑业、矿业、酒店和餐饮业。①

四 外交形势

（一）中智关系迈上新台阶

中智建交42年来，特别是2004年两国建立全面合作伙伴关系以来，双边关系持续深入发展，高层交往密切，各领域务实合作卓有成效，在国际和地区事务中保持良好合作。2012年6月底，时任中国总理温家宝访问智利，并表示中方一贯从战略高度看待和发展同智利的关系，愿同智方一道，不断加强双方交流合作，造福两国人民。6月27日双方宣布中智建立战略伙伴关系，完成双边自贸协定关于投资的补充协定谈判，同意成立两国政府间合作机制，并着手制定共同行动计划。

这次访问加深了两国政治互信、促进双方务实合作与共同发展，并推动中智关系迈上新台阶。同年9月，时任中国国家主席胡锦涛与智利总统皮涅拉在俄罗斯符拉迪沃斯托克共同出席了《中智自由贸易协定关于投资的补充协定》签字仪式。该协定的签署标志着中智自由贸易区全面建成，将为中智两国改善投资环境、扩大相互投资提供更大便利。

（二）智秘领海争端等待裁决

2006年年初，智利政府宣布纠纷海域为智利所有，并写入宪法。2007年8月，秘鲁政府宣布通过有关秘智两国海疆划分概况图，也宣称对纠纷海域拥有主权。2009年3月秘鲁向海牙国际法庭提交了有关与智利的领海划界争端的备忘录。解决这个问题已迫在眉睫。2012年12月，两国在海牙国际法庭就此问题进行口头申辩，海牙法庭有望在2013年上半年作出最终裁决。

（三）与亚太国家和地区关系不断深化

皮涅拉政府寻求不断扩展和深化与太平洋国家的关系，推动一体化进程，

---

① 智利国家统计局，http://www.ine.cl，访问时间：2012年12月16日。

以期为其出口导向型经济发展谋求更广泛的支持。2012年10月，智利与泰国结束双边自由贸易协定谈判，如果该协定在两国议会顺利获得通过，有望于2013年3月生效。

2012年9月7日，智利与中国香港签订双边自由贸易协定，标志两地在贸易和投资的进一步合作上迈进新里程。双方都积极提倡和奉行贸易和投资自由化，并与包括世界贸易组织及亚太经济合作组织在内的多个国际组织并肩合作。该协定将进一步巩固彼此的合作关系，协定将会创造更多商机，有利于双方长远的经济增长。

（张凡　审读）

Chile

Lu Siheng

Abstract: In 2012, the Chile economy operated steady. The popularity of President Sebastián Piñera declined continuously due to the government's failure to tackle the country's problems effectively. The ruling alliance suffered great setback in municipal elections at the end of October, which add uncertainty to 2013 general election. Two main alliances of left and right wings are actively looking out for charismatic candidates with extensive mass foundations. With regard to the economy, Chilean macro-economy continued to maintain a good momentum of development. In terms of the society, local protests highlighted the imbalance of the regional development. On the diplomatic front, Sino-Chile relations stepped up to a new level.

Key Words: Chile; Municipal Elections; Aysén Protests; Strategic Partnership

Y.17
哥伦比亚：重启和平谈判

齐峰田*

摘 要：
> 桑托斯政府与反政府武装哥伦比亚革命武装力量重启和平谈判，但和平谈判进程仍面临不少困难。政府如能保持执政联盟内各党派的团结，和平谈判有所进展，桑托斯总统有望在2014年赢得大选的胜利，连任下届总统。在经济方面，桑托斯政府实行财政结构改革，公共财政得以显著改善。国内安全形势有较大缓解，失业率继续降低。在对外关系方面，哥伦比亚与太平洋联盟国家间的经贸关系进一步加强，政府推行的双边自由贸易外交取得重大进展。中哥贸易平衡、稳定增长，双边合作面临重要机遇。

关键词：
> 哥伦比亚 和平谈判 自由贸易协定 太平洋联盟 哥中关系

为结束近半个世纪的国内武装冲突，哥伦比亚民族团结社会党（PU）总统桑托斯与反政府武装"哥伦比亚革命武装力量"（FARC）于2012年10月开始和平谈判。和平进程的成败将对桑托斯能否获得总统连任产生重要影响。桑托斯政府实行积极的财税政策，经济以较快速度继续增长。一度紧张的国内安全形势有所缓解，失业率继续降低。哥伦比亚与太平洋联盟国家的一体化合作进一步加强，对外自由贸易合作取得重大进展，中哥经贸合作获得均衡增长。

---

* 齐峰田，中国社会科学院拉丁美洲研究所国际关系室助理研究员，主要研究领域为美国与拉美外交关系、古巴外交、哥伦比亚以及加勒比问题等。

哥伦比亚：重启和平谈判

一 政治形势

（一）桑托斯政府重启和平谈判

自1982年起，反政府游击队"哥伦比亚革命武装力量"曾先后与4届哥伦比亚政府进行过和平谈判，但都以失败而告终。2002年乌里韦政府（2002~2010年）上台后，推行"民主安全政策"，在美国支持下，加大了对反政府游击队军事打击的力度，并取得实质性进展，游击队主要人物被清除。但由于越境打击游击队，也造成哥伦比亚政府与邻国委内瑞拉和厄瓜多尔关系的紧张。2010年8月桑托斯政府上台后，推行"民主繁荣"政策，致力改善与邻国关系和国家经济与社会重建。在社会各界支持和参与下，桑托斯政府开始与反政府武装展开和谈，但同时不放弃军事打击，并先后于2011年6月和2012年6月颁布《受害者补偿与土地归还法》以及促进游击队解散的和平法律框架，为和谈创造了条件。

为尽早结束持续了近半个世纪的国内武装冲突，2012年8月27日哥伦比亚政府与"哥伦比亚革命武装力量"在古巴首都哈瓦那签署了一项开启和平对话的《结束冲突建立稳定和持久和平总协议》，并于10月18日在挪威首都奥斯陆举行正式谈判。双方代表团均由5名成员组成，政府代表团团长为前副总统温贝托·德拉卡列（Humberto de la Calle），反政府武装代表团团长为伊万·马克斯（Ivan Marquez）。双方确定由古巴和挪威作为谈判担保国，委内瑞拉和智利为谈判参与国。本次和谈主要议题有：土地和农村全面发展，政治参与，结束冲突，禁毒以及建设持久和平等。和谈正式开始前，伊万·马克斯宣布反政府武装从11月20日起实行单方面停火两个月。

11月19~29日，桑托斯政府与"哥伦比亚革命武装力量"在古巴首都哈瓦那举行的首轮和谈中达成了一项共识。双方一致同意，12月17~19日在哥伦比亚举行为期3天的"农业综合发展政策论坛"，讨论有关土地和农村全面发展等议题。论坛向广大哥伦比亚民众开放，接受各种观点和建议。桑托斯总统希望与"哥伦比亚革命武装力量"在2013年11月前达成和平协议。

另一个反政府组织哥伦比亚民族解放军（Ejército de Liberación Nacional，ELN）领导人尼古拉斯·罗德里格斯（Nicolás Rodríguez）也表示希望参加与政府的和谈。2002~2007年，乌里韦前政府曾试图与哥伦比亚民族解放军举行和平谈判，但因诚意不足而未成功。

（二）执政联盟出现分歧

在对待和谈问题上，哥伦比亚执政联盟内部产生分歧，前总统乌里韦与现总统桑托斯间的矛盾几乎公开化。

自执政以来，桑托斯一直积极准备和推动与反政府组织的和谈，这与乌里韦一贯坚持的武力打击反政府武装的立场截然相反，两人之间的隔阂愈来愈深。乌里韦经常利用推特（Twitter）发表自己的观点，批评桑托斯政府的政策。2012年年初乌里韦公开要求桑托斯"要做些事情"，"不要通过政治迫害来报复前政府官员"。7月6日，乌里韦宣布将支持新组建的"纯粹民主中心"（Puro Centro Democrático）候选人参加2014年总统大选。哥伦比亚国会于2012年6月通过一项有争议的允许被遣散游击队员担任公职的选举改革法案，为实现国内和解打下法律基础。但在随后的国会特别会议上，就宪法修正案中的司法改革法案，参、众两院均以绝对优势通过了搁置的决议，执政联盟中左翼民主变革中心（PDA）拒绝出席会议，而其余各党派都同意搁置法案。这对桑托斯总统来说是一次重大打击。

近几个月，桑托斯与执政联盟之间的关系有所改善，但仍存有分歧，政府与国会间的冲突阻碍了相关政策的顺利执行。和谈虽然取得一定进展，但因暴力集团已成功蜕变成许多犯罪组织，完全结束国内冲突仍将困难重重。

（三）桑托斯总统改组内阁

为积极推进并实现竞选承诺，桑托斯总统于2012年7月开始执政两年内的第一次内阁改组。8月22日16名部长递交集体辞呈。8月23日，桑托斯首先宣布能源和矿业部部长毛里西奥·卡德纳斯（Mauricio Cárdenas）接替胡安·卡洛斯·埃切韦里（Juan Carlos Echeverry）出任财政部部长。任命费德里科伦·希福（Federico Renjifo）为能源和矿业部部长、赫尔曼·巴尔加斯·耶拉斯为住房部部长。任命前波哥大市长路易斯·爱德华多·加尔松（Luis Eduardo Garzón）担任"一个非常特殊的"部级职位，监督社会对话和《受害者补偿和土地归还法》的执行。外交部部长玛丽亚·安吉拉·奥尔古因（María ángela Holguín）和国防部部长胡安·卡洛斯·平松（Juan Carlos Pinzón）等继续留任。

2014年3月和5月哥伦比亚将分别举行国会和总统大选。桑托斯竞选连任主要取决于安全问题与和谈的进展，但桑托斯的影响与地位也将因其改善政府施政能力和增加对弱势群体的财政支出而提高。同时，如果执政联盟一直保持相对统一，这将确保桑托斯总统连任遇到较少的竞争者。由于宪法禁止乌里韦再次竞选总统，则其作为反对党候选人竞选副总统的支持度有限。左翼"民主变革中心"已被腐败丑闻所削弱，同时还面临其他左翼运动力量的挑战。除非达成和平协议彻底失败，预计桑托斯2014年将获得总统连任。

二 经济形势

尽管遭受国际金融危机的影响，但在活跃的采矿业与住房和基础设施投资项目推动下，2012年哥伦比亚经济仍以高于该地区的平均速度获得增长，估计国内生产总值（GDP）增长率近4.5%（见表1）。出口和价格增长放缓，进口增速同步减少，财政结构改革使公共财政得以显著改善。预计2013年GDP增长率与2012年持平，约为4.5%。

表1 2010~2012年哥伦比亚主要经济指标

	2010	2011	2012[a]
年增长率（%）			
GDP	4.0	5.9	4.5
人均GDP	2.6	4.5	3.1
消费价格指数	3.2	3.7	3.1[b]
平均实际工资[c]	2.7	0.1	0.9
M1货币供应量	14.7	16.2	7.1[d]
实际有效汇率[e]	-13.1	0.8	-3.8[d]
贸易条件	13.1	11.8	0.6

续表

	2010	2011	2012[a]
年均变化(%)			
城镇失业率[f]	12.4	11.5	11.3
中央政府财政收支余额占 GDP 的比重	-3.9	-2.8	-2.4
名义存款利率	3.2	4.0	5.1[g]
名义贷款利率[h]	9.4	11.2	12.7[g]
金额(百万美元)			
商品和服务出口额	45314	62595	66625
商品和服务进口额	-46697	-61734	-66569
经常账户	-8758	-10032	-11836
资本和金融账户[i]	11893	13776	15793
国际收支余额	3136	3744	3957

注：a 为初步估计值；b 为 2011 年 10 月~2012 年 10 月的变化值；c 为制造业部门；d 为 2012 年 1~10 月与 2011 年同期相比的平均变化值；e 负值表示实际汇率升值；f 包括隐性失业率；g 为 2012 年 1~10 月的平均值；h 为按年计算所有借贷利率的权重；i 包括错误和遗漏的部分。

资料来源：CEPAL, *Balance Preliminar de las Economías de América Latina y el Caribe*, 2012。

2012 年，哥伦比亚政府的经济政策和宏观经济呈现以下几个特点。

（一）积极推动财政改革，激发优势部门活力

作为财政结构改革的一部分，2012 年哥伦比亚通过了 1508 号和 1530 号法案，前者旨在促进私营部门参与社会生产领域的基础设施开发，后者则规定了特许权综合体系的功能，以确保储蓄稳定以及更有效的资源分配，并为此组建由各级政府和立法部门代表组成的合议机构，负责向不同区域的投资项目分配资源。另外通过了 1537 号法案，建立监管框架以实施弱势群体住房准入项目。这些措施加强了土建及住房工程的实施，促进了建筑业发展。

（二）控制财政赤字，公共盈余增多

预计 2012 年中央政府财政赤字约占 GDP 的 2.4%，较上年下降 0.4 个百分点。由于收入所得税提高及能源矿产活动的增多，税收增加了，约占 GDP 的 1%。但为应对雨季基础设施遭受的损失，支出增加了，约占 GDP 的 0.5%。上述结果以及在社会保障和地方政府等公共部门所取得的盈余表明，

非金融公共部门的赤字在减少，预计将从 2011 年的 2.0% 逐步回落，并在 2012 年实现 1.2% 的盈余。

（三）采取灵活利率等政策与措施，积极应对危机

自 2011 年 2 月以来，中央银行干预利率，利率连续增加 25 个基点，到 2012 年 2 月达到 5.25%，其目的是逐步退出货币刺激政策，以应对通胀压力。随着世界经济危机持续，为缓和家庭债务和改善投资组合质量，在 7 月、8 月和 11 月又连续以同样速度降低了 25 个基点利率。

2012 年比索汇率仍处于升值状态，央行通过日常拍卖机制购买的美元累积至 9 月份约达 34 亿美元，升值趋势已明显减弱。

（四）经济部门获得较大幅度增长

采矿和建筑业是拉动哥伦比亚经济增长的主要部门，增长速度均超过 10%。其他较有活力的部门分别是金融业（5.9%），交通运输业（4.8%）。但农业（1.1%）增速放缓，上半年还有所下降（-0.2%）。2012 年，国内需求成为哥伦比亚经济增长的引擎，上半年带动家庭消费增长 4.8%，固定资本总额以超过 10% 的速度增长。表现最好的是投资率持续上升，过去 10 年中，投资率已接近 GDP 的 30%。

（五）通货膨胀控制在预期目标内

2012 年央行通胀目标介于 2%~4%，与上年度设定范围相当。10 月份通胀率为 3.1%，稍低于上年同期的 4.0%。这主要缘于四个因素：一是需求压力缓和；二是菜篮子价格上涨放缓，降低了通胀预期；三是国际燃料价格下降；四是天气条件改善，有助于部分农产品价格降低。

（六）受国际需求影响，外贸进出口增长放缓

2012 年生效的哥伦比亚与美国的自由贸易协定对出口有一定促进作用。2012 年上半年，进、出口分别增长 11% 和 6%。但由于主要出口产品价格较低，与 2011 年同期进、出口分别增长 22% 和 8% 相比，进、出口增幅放缓。

随着大量外资流入，资本账户为经常账户赤字提供了宽裕的资金支持。

近年来，哥伦比亚不断加强对外资保护力度，成为营商环境排名上升最快的国家之一。据世界银行近期发布的报告，在受调查的拉美国家中，哥伦比亚仅次于智利和秘鲁，排名第三。

三 社会形势

近一年来，哥伦比亚国内恐怖袭击活动曾有所加剧，社会治安环境令人担忧。2012年上半年，针对石油运输管线等基础设施和交通工具的暴力袭击事件大幅增加。如2012年3月17日在哥伦比亚西南部发生破坏能源管道的袭击事件，迫使哥伦比亚国家石油公司一度暂停生产。同年5月15日，内政部前任部长费尔南多·隆多尼奥（Fernando Londoño）在首都波哥大遭恐怖分子炸弹袭击，虽然本人无恙，但却使正在国会讨论的和平谈判框架协议受阻。隆多尼奥无条件支持前总统乌里韦，严厉批评反政府武装和桑托斯政府，在其任职期间，曾提出一项有争议的一揽子赦免准军事组织的法律，但被宪法法院推翻。2012年11月7日，发生了近年来最严重的一次暴力事件。在哥伦比亚西北部安蒂奥基亚省（Antioquia）的圣达·罗莎市（Santa Rosa）10名农民被谋杀，怀疑是一个遭遣散的前右翼准军事组织的犯罪团伙（Bacrim）所为。无论其动机如何，此事说明暴力团伙在该国仍将持续存在，特别在农村地区。有组织团伙犯罪成为政府一个重大安全挑战。恐怖活动的不断出现表明，未来国内和解之路仍不会很平坦。

贫困率继续下降。哥伦比亚贫困率由2010年的37.3%下降到2011年的34.2%，下降了3.1个百分点。同期，赤贫率则由12.3%下降到10.7%。① 2002～2005年哥伦比亚95%的收入来自劳动收入，这成为不平等逐步减轻的主要因素。哥伦比亚属收入相对集中的国家，财富分配极不平等，少数人拥有国民40%的财富，而穷人只占不到其中的10%～15%。② 2011年基尼系数出

---

① ECLAC, *Social Panorama of Latin America 2012*, Briefing Paper, p. 13.
② ECLAC, *Social Panorama of Latin America 2012*, Briefing Paper, p. 20.

现下降。

经济部门的活跃促使失业率继续下降。2012年1~10月，全国平均失业率为10.6%，低于2011年同期的11.1%。为创造更多正规就业，2012年劳工部通过了正规劳资协议。国会还批准了一个基于个人账户与团结基金的失业保险项目。另外，税制改革把促进劳动与商业正规化作为其中心目标之一。

腐败、丑闻问题不断。前总统乌里韦被指控在其执政期间与前准军事组织"联合自卫军"（AUC）有秘密联系，并卷入多起平民被杀事件。2012年12月5日透明国际发布全球清廉指数报告，在对全球176个国家和地区腐败问题评估中，哥伦比亚以36分排名第94位，比2011年下滑了14位。①

四 外交形势

2012年，桑托斯政府积极推动拉美地区一体化，继续加强太平洋联盟的一体化合作，对外自由贸易合作取得重大进展，中哥经贸合作获得均衡增长。

太平洋联盟取得新进展。2012年6月6日，哥伦比亚、秘鲁、智利和墨西哥4国总统在智利正式签署太平洋联盟框架协议，将共同建立拉美第一家联合证券交易所，在亚洲设立联合出口促进办公室，成员国之间取消签证限制，建立联合教育体系，2012年年底取消成员国之间所有进口税和原产地规则，并建立联合争端解决机制。太平洋联盟的目标是加深4国经济一体化，实现货物、服务、人员和投资的自由流动，在基础设施和能源项目合作方面实现有形的一体化，并与亚洲国家商谈自由贸易协定。目前，哥斯达黎加、巴拿马和乌拉圭等国成为该联盟观察员国。

积极改善与拉美其他国家关系，推动拉美地区一体化。2012年4月14~15日，第六届美洲国家首脑会议在哥伦比亚卡塔赫纳举行。哥伦比亚一直是美国的亲密盟友，但自桑托斯上台后，哥伦比亚政府开始致力于改善同古巴、委内瑞拉等拉美国家的关系。作为本届峰会的东道国，会前桑托斯亲赴哈瓦那

---

① "Corruption Perceptions Index 2012," http://cpi.transparency.org/cpi2012/results/.

邀请古巴与会，但因与会各方无法达成一致，古巴最终未能参会。同时，哥伦比亚与委内瑞拉关系也得到显著改善，如委内瑞拉决定把捕获的哥伦比亚大毒枭丹尼尔·巴雷拉（Daniel Barrera）引渡到哥伦比亚而非美国等。

积极推动自由贸易合作，加强与西方和亚洲经济体的联系。延迟4年多的美哥自贸协定于2012年5月15日正式生效。根据协定，哥伦比亚向美国出口的99.9%的工业和纺织业产品、89%的农产品可享受零关税待遇，其他许多产品的关税将在15年内逐步降低。哥伦比亚政府同意加强对劳工权益的保护。2012年12月11日，欧盟议会批准了欧盟与哥伦比亚间的自贸协定。2012年12月17～18日，哥伦比亚与日本启动自贸协定谈判。哥伦比亚政府已把商签自贸协定的目光投向非洲，并希望与南非和肯尼亚等国签订自贸协定。另外，哥伦比亚也有意与俄罗斯接触商签双边投资保护协定和自贸协定。

在哥美关系方面，除美哥自贸协定生效外，在第六届美洲国家组织首届企业家峰会上，桑托斯呼吁美国等发达国家重视拉美地区的战略地位，发挥其资金、技术等优势，通过加大对拉美投资推动拉美地区的繁荣。峰会期间，奥巴马和桑托斯决定发布《美国和哥伦比亚地区安全合作计划》，将两国一系列打击跨国犯罪的战略合作法律化。美国国务院也计划将哥伦比亚公民赴美签证的有效期从5年延长至10年，以促进两国的贸易和旅游业发展。这表明美国继续寻求巩固与哥伦比亚的盟友关系，以促进两国合作。

哥伦比亚与尼加拉瓜发生领海争端。2012年11月19日，海牙国际法院对哥伦比亚与尼加拉瓜在加勒比海西部海域的主权争端作出最终裁决。根据裁决，自1928年起由哥伦比亚实际控制的圣安德烈斯群岛及其邻近海域中的7个岛屿判决归属哥伦比亚，但是两国海上边界将向东移动，使尼加拉瓜的领海面积相应增加。对此，桑托斯总统表示"不接受"国际法院的判决，并随后宣布退出1948年签署的美洲国家和平解决争端协议《波哥大公约》。

桑托斯政府继续为深化与中国各领域合作创造条件，不断提高双方合作水平，推动双边关系向更宽更广领域发展。2012年5月8～12日，桑托斯总统访问中国。两国表达了就签署自由贸易协定展开谈判的意向，并签署了能源、农牧业、基础设施建设以及科技合作等方面近10项双边合作协议。为落实两国领导人达成的重要共识,以及温家宝总理在联合国拉美经委会提出的发展中拉经贸关系的战略举措,10月1~2日,中国商务部部长陈德铭访问哥伦比亚并主持了中哥第8届政府间经贸混委会,双方就开展中哥自贸区可行性研究的模式和工作内容深入交换了意见,还签署了《中哥经济技术合作协定》等文件。但哥伦比亚的不安全因素对中国在哥伦比亚投资及人员安全构成一定挑战。2012年11月21日,遭哥伦比亚犯罪集团绑架近一年半的4名中国石油公司员工,在哥伦比亚政府和国际红十字会的协调与帮助下获释。2012年中国与哥伦比亚贸易增速放缓,据中国海关总局数据,截至2012年11月,中国与哥伦比亚进出口总额累计83.52亿美元,同比增长10%。其中,中国对哥出口56.76亿美元,同比增长7.3%;中国从哥进口26.75亿美元,同比增长16.3%,① 哥中贸易逆差有所缓解。

(贺双荣 审读)

Colombia

Qi Fengtian

Abstract:The Santos government and anti-government armed force FARC restarted peace negotiations, but the process still faced many difficulties. If the Government can maintain the unity within the ruling coalition, the peace negotiations would make progress and President Santos will be expected to win the re-election in 2014. In the economic field, the public finance was improved significantly through the reform of financial structure. Domestic security situation was greatly eased, and the unemployment rate continued to fall. In the foreign relations, the economic and trade relationships between Colombia and other Pacific Alliance

---

① 本数据来源于中国海关总署。

countries were further strengthened, the Colombia's bilateral free trade diplomacy made significant progress too. The Sino-Colombian trade kept balanced and grew steadily, and the bilateral cooperation is facing important opportunities.

Key Words: Colombia; Peace Negotiations; Free Trade Agreement; Pacific Alliance; Sino-Colombian Relations

Ⅴ.18
秘鲁：政策趋向实用主义

范 蕾*

摘　要：

　　2012年，乌马拉政府的"实用主义"中间路线渐趋明朗。社会冲突和安全形势导致内阁多次改组，执政联盟力量削弱。外部因素影响经济增长，增速趋缓。税收改革和私有养老金体系改革逐步推进。继续重视发展双边自由贸易协议，优先发展与南美地区国家的关系，积极参与区域一体化。

关键词：

　　秘鲁　乌马拉政府　"实用主义"

一　政治形势

（一）政策趋向"实用主义"

乌马拉政府的"实用主义"中间路线渐趋明确。秘鲁政府为康加铜金矿项目重启积极斡旋，说明乌马拉政策走向从"激进"转向"中间"。康加项目引发的暴力冲突从2011年底延续至今，如何处理康加冲突被视为政府对矿业投资态度的风向标。经几次改组，多名激进左翼成员相继脱离政府，内阁中温和人士增加，如劳工部、环境部、文化部、外交部、妇女部和社会发展部部长。从这些成员的既往工作背景来看，他们的政策取向都趋向"实用主义"。

---

* 范蕾，博士，中国社会科学院拉丁美洲研究所政治研究室助理研究员，主要研究领域为拉美非政府组织。

7月，乌马拉在国会作政府工作报告时突出政府的社会项目和反腐成效，淡化左翼色彩。乌马拉着力表扬农村学前教育和营养健康等社会项目，以及新《采购法》和《反洗钱法》、腐败官员登记制度、新的财政分析部门等反腐措施；支持按绩效增加优秀教师工资、开展新的培训项目和创新激励项目等教育改革方案；表示秘鲁的基础设施改善需要私有部门的支持，私有和公有部门将在2013年底前联合融资资助基础设施建设。

（二）内阁三度改组

2011年12月，政府内部围绕如何解决秘鲁国内严重的社会冲突产生了分歧，导致内阁大改组。部长会议主席环境部部长和能矿部部长更换。2012年5月，因在解救36名被绑架人质的行动中处理不当，乌马拉迫于压力更换了国防部部长和内政部部长。7月，为重建公众信心和稳定政权，乌马拉政府再次改组内阁。部长会议主席再次易人，国防部、内政部、司法部、卫生部和农业部部长悉数更换。

（三）执政联盟力量削弱，执政效率降低

因国内安全形势堪忧和社会冲突解决不力，乌马拉的支持率从56%一路下滑至2012年11月的40%。反对派借乌马拉支持率下降之机联合向政府施压，5月两位内阁要员被迫更换，是自乌马拉就职以来第一次被迫让步。

乌马拉政府的实用主义中间路线，特别是对矿业项目的支持态度，招致执政的"秘鲁胜利"联盟内激进左翼的强烈不满。政府对矿业项目冲突的强硬镇压措施成为导火索。6月，6名激进左翼议员脱离执政联盟。在国会130个席位中，执政联盟拥有的席位从2011年大选时的47个减少到目前的40个，优势地位下降。反对派对政府的掣肘增加，政府施政难度加大。

（四）总统夫人引起修宪猜疑

根据权威民调机构Ipsos Apoyo"秘鲁最具实力人物"的调查结果，乌马拉夫人娜迪内·埃雷迪亚（Nadine Heredia）的得分仅次于乌马拉总统，以80分位居第二。民众普遍认为，总统夫人是对总统最具影响力的人物。乌马拉就

秘鲁：政策趋向实用主义

职一年多来，埃雷迪亚在重大公开场合频频露面，如会见外国政要、参加重大社会项目启动仪式等。她还在微博上公开表达对重要事件的看法。乌马拉夫人"参政"遭到不少质疑，引发外界对乌马拉政府修宪的猜想。根据秘鲁现行宪法，现任总统及其夫人均不能参加下届总统选举。

二 经济形势

2012 年，秘鲁经济继续保持增长态势。全年 GDP 增长 6.2%，人均 GDP 增长 5.0%。① 预计 2013 年经济仍将保持较高增长率。

（一）经济增长放缓，但仍居拉美前列

2012 年，由于外部环境不利因素影响出口，秘鲁经济增势放缓，GDP 增速比 2011 年下降 0.7 个百分点。但秘鲁经济在拉美和加勒比地区表现依然抢眼，GDP 增长率是拉美地区平均水平的两倍，增速仅次于巴拿马。在全球经济尚未复苏的形势下，以私人和公共消费及投资为主体的内需保持强劲，是秘鲁经济增长的主要推动力。2012 年 1～9 月，秘鲁内需增长 7.4%，其中公共和私人消费分别增长 5.6% 和 5.9%，公共和私人投资分别增长 29.2% 和 14.6%。地方政府成为投资增长的主力。在各经济部门中，建筑业和商业对经济增长的贡献最大。

（二）控制信贷膨胀是货币政策主要目标

2011 年 9 月至 2012 年 9 月，私人信贷增长 14.8%。2011 年 10 月至 2012 年 10 月，银行对私有部门信贷增长 8.9%，其中本币信贷增长 9.8%，美元信贷增长 13.1%。美元信贷主要为消费信贷。为减轻清偿压力，秘鲁央行保持了自 2011 年 5 月以来的基准利率 4.25%，并四度提高平均准备金率，累计提高 2.25 个百分点。贷款利率方面，大中型企业 1 年期以下本币贷款的平均利

---

① 除特殊说明外，经济形势部分的数据均来自 CEPAL, *Balance Preliminar de las Economías de América Latina y el Caribe* 2012, Santiago de Chile, 2012.

率从2011年的7.32%升至2012年1~11月份的8.1%，同期外币贷款利率则从5.4%升至5.9%。

（三）外部因素影响对外贸易和国际收支

欧洲市场是秘鲁的主要出口目的地。欧洲国家经济低迷造成进口需求下降，直接导致秘鲁出口额减少。新兴经济体需求下降，导致国际市场的金属和矿产品价格降低。2012年，秘鲁主要出口创汇产品——铜的价格比上年大幅度下降，因此，欧、亚国家需求和主要出口产品价格"双下降"，是导致秘鲁出口额减少的主要原因。2012年1~9月，商品出口额比2011年同期减少2.6%。全年商品出口额（FOB）453.84亿美元，服务出口额50.89亿美元。

由于内需旺盛，2012年商品进口额持续上升，1~9月，商品进口额比上年同期增加11.4%。全年商品进口额（FOB）402.2亿美元，服务进口额72.38亿美元。总的来看，2012年秘鲁对外贸易仍保持顺差30.14亿美元，但与2011年相比下降一半。经常项目逆差则从2011年的32.46亿美元骤增至61.33亿美元。

（四）财政状况良好，金融形势稳定

2012年1~9月，中央政府实际非金融性支出比去年同期降低0.7%，资本性支出增长4.9%。同一时期，经常性收入同比增长5.7%，主要原因是矿业部门税收改革带来的税收增长（6.4%）。全年中央政府财政盈余约占GDP的0.8%，其中财政收入占GDP的18.5%（税收占15.7%），财政支出占GDP的17.8%（公共债务利息占1.0%，资本支出占4.1%）。中央政府公共债务占GDP的17.1%，非金融性公共部门债务占GDP的17.8%。

2012年6月，外债总额达538.81亿美元，9月外债额占GDP的29.5%。公共和私人外债均有所增加。10月国际储备达622.12亿美元，约占GDP的30%。外国直接投资净额急剧增加，达到178.74亿美元，比上年增长145%。公共部门和私有部门均在国际金融市场上有所表现，1月份政府发行10亿美元主权债券，私有部门发行18.9亿美元债券。

2012年，新索尔继续保持升值趋势。从2011年10月到2012年10月，新索尔对美元的名义汇率下降5.3%。为稳定汇率，央行更加积极地干预汇市。

（五）税收改革继续推进

2012年7月，议会通过有关税收改革的5项法令，涉及租赁税、普遍销售税、奢侈品消费税、税收审核制度、税法、关税法和海关犯罪法等内容。大部分法令将在2013年1月1日生效。税收改革的主要目标是打击逃税漏税和财产瞒报行为，增加税收。

三 社会形势

（一）主要社会指标有所改善

在拉美国家中，秘鲁的收入分配状况相对较好。2011年，秘鲁的贫困状况有所改善，贫困率27.8%，赤贫率6.3%。① 贫困减少的主要原因是经济增长和收入分配方式的改善。2011年，秘鲁贫困人口占有全国财富的16%~17%；而10%最富裕人口占有全国财富的30%左右。②

2012年头9个月失业率为7.2%，低于2011年同期的7.7%。男女性失业率均呈下降趋势，正规（有社保）就业仍保持增长，但增速放缓。平均月收入同比上涨10.4%。6月，最低月薪从650新索尔增至750新索尔。1~9月，最低薪酬实际上涨11.9%。③秘鲁成为拉美最低薪酬涨幅最大的国家之一。

（二）私有养老金体系改革

2012年7月上旬，议会通过有关提案，私有养老金体系改革启动。这是乌马拉政府的重大改革措施，主要目标是引入竞争机制，降低消费者成

---

① CEPAL, *Panorama Social de América Latina 2012*, Santiago de Chile, 2012.
② CEPAL, *Panorama Social de América Latina 2012*, Santiago de Chile, 2012.
③ CEPAL, *Panorama Social de América Latina 2012*, Santiago de Chile, 2012.

本支出。改革主要包括4项内容：养老基金的管理机构每两年重新竞标一次，佣金标底最低者中标；伤残保险机构也要重新竞标，而目前只有附属于养老基金集团的保险公司才能参与此类保险；40岁以上的自雇工作者必须参加私有或公有养老金体系；养老基金管理机构可开发替代性金融工具。

（三）康加项目引发持久的暴力冲突

乌马拉执政初期，社会冲突因《预先协商法》的出台暂时偃旗息鼓。但从2011年年底起，社会冲突明显加剧，特别是康加铜金矿项目引发的暴力冲突一直困扰着乌马拉政府。康加项目由美国纽蒙特矿业公司下属的亚纳科查（Yanacocha）公司开发。该项目计划改造4个泻湖，引发当地社区对水资源供应的担心，爆发大规模的抗议活动并逐渐升级为暴力冲突。政府不得不宣布在冲突地区实行"紧急状态"以缓和事态。康加局势已导致多名政府要员被更换，皆因他们在解决冲突过程中措施不当，招致民众不满。

乌马拉政府聘用独立的环境测评机构对康加项目做出评估报告，将公众关注的焦点从政治层面导向技术层面。报告建议亚纳科查公司保留原定改造的4个泻湖中的2个，并修建水库保证当地水供应。公司同意接受国际评估报告的建议，追加投资1.5亿美元。政府也计划支出19亿美元用于当地公共设施建设。这些举措都有利于冲突的解决。

（四）安全形势令人担忧

2012年，秘鲁的安全形势成为政府施政软肋。4月，Camisea天然气公司的36名雇员在埃内和阿普里马克河谷（简称VRAE）地区遭"光辉道路"组织残余势力绑架，引发公众担忧。2月，秘鲁"光辉道路"组织中央委员会成员乌特里奥·弗洛雷斯·阿拉（Florindo Eleuterio Flores Hala）被政府军抓获，该组织再遭重创，维克多·基斯佩·帕洛米诺（Victor Quispe Palomino）成为头号通缉犯。目前，"光辉道路"组织拥有残余成员约400名，仍在VRAE附近地区活动，并寻机向军警机构发动攻击。

四 对外关系

（一）优先发展与南美国家的关系，积极参与区域一体化

乌马拉政府对外关系的重点是区域一体化和与南美洲国家的关系。2012年6月，墨西哥、哥伦比亚、智利和秘鲁四国正式成立太平洋联盟，其主要目标是加强地区一体化进程，大力推动成员国彼此间在货物、服务、资金和人员的自由流动，并加强与亚太地区的贸易关系。联盟区内GDP总值2万余亿美元，经济总量约占整个拉美和加勒比地区的1/3。秘鲁还是南美洲国家联盟和安第斯国家共同体的积极参与者。

双边关系方面，秘鲁与巴西的关系迅速发展。两国的经贸和投资往来日益增多，能源一体化进程也继续推进。秘鲁与厄瓜多尔进入双边关系良好发展的新阶段。2012年8月，两国签署石油合作协议，拟在厄瓜多尔南部成立跨国石油公司，还计划注资3亿美元修建从厄瓜多尔原油产区到秘鲁北部巴约瓦尔港的输油管道。厄瓜多尔国有石油公司和秘鲁石油公司联合竞标厄瓜多尔亚马孙东南部地区的石油开采权。开采出的原油将通过现有的秘鲁北部输油管线和新建的100公里延长线横穿秘鲁运往港口。延长线将于三年内完工，计划运输量每日35000桶。石油合作将为两国带来经济利益，更标志着两国关系进入了新阶段。乌马拉政府重视发展与拉美左派国家的关系，如秘鲁副总统访问古巴，乌马拉探访委内瑞拉总统查韦斯等。秘鲁与智利的关系出现不和谐音，两国因领海边界争端一度关系紧张，但两国发生武装冲突的可能几乎为零。

（二）反毒国际合作逐步展开

作为美洲最大的可卡因生产国，秘鲁逐步展开反毒领域的国际合作。6月，国际反毒大会在利马召开，61个国家的代表与会。大会认为应在国际合作和减少毒品供需的基础上形成统一的反毒策略。拉美国家认为目前的强硬镇压反毒策略效果不佳，呼吁采取新的反毒策略。秘鲁明确表示愿意开辟反毒新途径，如发展古柯替代种植物、防范家庭和学校毒品消费和开展国际合作等。

但美国拒绝改变现有的反毒策略，因此形成泛美洲地区统一的反毒策略尚需时日。

（三）与中国的关系

2012年，秘鲁继续与中国保持政界、党际和社会各界的友好往来，高层互访顺利展开。3月，全国政协副主席、中共中央统战部部长杜青林访秘，与秘国会主席阿布加塔斯会谈。5月，中共中央委员、内蒙古自治区党委书记胡春华率中共代表团访秘，会见秘鲁总统乌马拉。7月，秘政府和私营投资促进机构INPERU合作，在上海举办投资促进"路演"系列活动，秘部长会议主席、财政和经济部部长、外贸旅游部部长出席。8月，中国商务部副部长李金早率团对秘鲁进行工作访问，代表中国政府与秘方共同签署《中秘经济技术合作协定》以及承担小学校项目和洛阿伊萨医院技术合作项目的两项换文。11月，全国政协副主席阿不来提·阿不都热西提率团访问秘鲁，会见秘第一副总统埃斯皮诺萨。11月下旬，应中国最高人民法院院长王胜俊邀请，秘鲁最高法院院长圣马丁率团对中国进行正式访问。

（袁东振　审读）

Peru

Fan Lei

Abstract: In 2012, the Humala government focused on pragmatic policies. Social conflicts and worse security situation resulted in several Cabinet reshuffles that weakened the ruling coalition. The GDP growth slowed down due to external factors. The reforms of tax and private pension system advanced step by step. The bilateral free trade agreements, relations with southern American countries, and regional integration are main diplomatic issues.

Key Words: Peru; Humala Government; Pragmatism

Y.19
玻利维亚：改革进一步深化

宋 霞*

摘 要：

  2012年玻利维亚政局比较稳定，莫拉莱斯及其执政党"争取社会主义运动"在议会中仍占大多数席位。但行政部门与司法部门发生冲突，几乎引发执政危机。在政策方面，进一步深化了国有化改革，推进"玻利维亚诺化"，实施新的宏观审慎政策。2012年玻利维亚的经济增长速度略低于2011年，但主要经济指标都有所改善，政府收入增加。在社会方面继续扩大社会福利计划，缓解收入分配的不平等问题。2012年，玻利维亚与美国关系再一次处于紧张状态，冲突大于合作，与巴西和阿根廷在天然气贸易中合作密切，但也有冲突和矛盾，加强了与巴西、哥伦比亚和美国在反对毒品方面的合作，与中国的关系稳步发展，与智利关系依然紧张，努力寻求国际社会的认可，呼吁国际组织的机构改革。

关键词：

  国有化　玻利维亚诺化　宏观审慎政策

一　政治形势

  2012年玻利维亚政治形势动荡中呈现基本稳定。莫拉莱斯的执政党——争取社会主义运动——在玻利维亚仍获得广泛支持，在参议院和众议院中拥有2/3的多数席位，在省市一级也拥有强大的政治基础。但莫拉莱斯政府与工会和印第安组织等社会运动力量之间利益的分歧使执政党的凝聚力遭到威胁，尤其是2012年警察大罢工等抗议活动以及低地土著社群反对政府修路的运动等，

---

* 宋霞，历史学博士，中国社会科学院拉丁美洲研究所副研究员。

动摇着莫拉莱斯的执政基础。

2012年，玻利维亚出台了一系列加强政府行政部门权力的立法，使行政部门和司法部门产生了矛盾和冲突，几乎引发执政危机。11月，玻利维亚政府向国会提交了一份激进的金融服务改革法案——《银行和金融服务法》（Ley de Bancos y Entidades Financieras）——供国会讨论。该法将代替玻利维亚2001年的银行法，提高政府行政部门对金融体系的调控力度。这一改革法案将有利于国家控制整个金融体系，同时又避免银行部门彻底国有化。由于莫拉莱斯和执政党争取社会主义运动占议会绝大多数，《银行和金融服务法》很可能获得批准。这引起玻利维亚专门负责宪法事务和立法冲突的特别法院——宪法法院的强烈反对，行政部门与司法系统之间、政府与反对派之间矛盾升级。

2012年玻利维亚还对刑法进行改革，目的也是加强政府行政部门对洗钱和其他形式的非法敛财进行调查的权力。政府提交了《国家没收非法所得法》（Ley de Extinción de Dominio de Bienes a Favor del Estado）。该法案旨在加强国家没收非法获得的私人货物和财产的权力。经过修正后的法案由国会通过，但通过的法案必须经过宪法法院的判决和批准才能生效。正是在这一环节，总统与法院之间又产生了矛盾，法案的最后批准受到很大限制。

在国家政策方面，推动国有化和工业化进程仍是玻利维亚政治和经济生活的焦点。2012年3月，为了推动自然资源的工业化和加强基础设施建设，玻利维亚（自1920年以来）首次宣布在国际市场上发行全球债券，并已与负责发行全球债券的两家外国银行签订合同。2012年5月，玻利维亚总统莫拉莱斯颁布最高法令，宣布对西班牙电网集团所属的国际电网公司实行国有化，实现了对电力生产、运输和销售业务体系的控制权。随后，玻利维亚政府又将瑞士嘉能可公司所属的科尔基里矿业公司实行国有化。

二 经济形势

据联合国拉美经委会初步统计，2012年玻利维亚的GDP增长率为5%，[1]

---

[1] 除特别标明以外，经济形势中的数据均引自CEPAL，*Preliminary Overview of the Economies of Latin America and the Caribbean 2012*，Dec. 2012，http：//www.eclac.cl/。

比2011年的5.2%略微下滑。人均GDP增长率为3.5%,与2011年基本持平。经济保持增长的主要原因是,天然气产量增加、就业指标改善、实际工资增长和公共补贴政策等带动了个人消费的提高,国内需求不断扩大。据估计,2012年1～10月,玻利维亚最低实际工资平均比上年同期提高了5%以上。2012年玻利维亚个人消费增长了5.3%。①

2012年玻利维亚中央政府的基础收支顺差为GDP的2.7%,比2011年的2.0%略有提升;财政收支总余额占GDP的比重为1.5%,也高于2011年的0.8%。中央政府税收收入占GDP的20.7%,略高于2011年的18.5%;中央政府公共部门总收入占GDP的51.0%,高于2011年的45.5%;中央政府(公共部门)总支出相当于GDP的49.5%,高于2011年的44.7%。财政收入增加的主要原因是,来自碳氢工业的收入增加和税基扩大。2012年,来自碳氢工业的收入仍占政府总收入的近50%。伴随开支的小幅度增长,扭转了玻利维亚2011年财政收入下降的趋势,总体上实现了财政盈余。

2012年玻利维亚债务负担有所减轻。中央政府持有的公债占GDP的29.1%,低于2011年的34.4%;非金融公共部门持有的公债占GDP的29.2%,低于2011年的34.5%;外债总额为62.83亿美元,略低于2011年的62.98亿美元;支付公债利息占GDP的比重是1.2%,与2011年持平。

到2012年10月,玻利维亚的消费价格指数降低到4.3%,低于2011年的6.9%。消费价格指数下降的主要原因是,坚挺的玻利维亚诺和政府控制部分食品价格的努力得以部分抵消通货膨胀的压力。但罢工以及价格控制和恶劣天气导致的国内食品短缺风险,也会给通货膨胀带来更大的压力。

据初步统计,2012年资本开支占GDP比重为16.0%,高于2011年的13.3%;总固定资本构成占GDP的21.2%,比2011年高出1.5个百分点。固定投资仍保持稳固增长,原因在于碳氢工业领域、交通和电力基础设施的公共投资不断增加。但据联合国拉美经委会初步统计,2012年净外国直接投资为5.25亿美元,低于2011年的8.59亿美元。外国直接投资减少的主要原因是,玻利维亚对外国企业及其利润汇出实行严格规定,矿业等主要经济部门中发生

---

① EIU, *Country Report*: *Bolivia*, Nov. 2012. http://www.eiu.com/public/.

社会冲突，劳动力缺乏技能，以及法律的不确定性和司法体系的脆弱都破坏了玻利维亚的商业环境，限制了国外和国内私人部门对经济的参与。

为了进一步深化"玻利维亚诺化"（bolivianization）或去美元化，2012年上半年，玻利维亚推行新的宏观审慎政策，宣布了一个为期36个月的针对美元销售的由银行支付的新税种，相当于总交易价值的0.7%。2012年，玻利维亚政府还改变了外币存款准备金，使外币存款减少了7%。

三 社会形势

联合国拉美经委会没有关于玻利维亚社会形势的最新统计数据，[①] 对玻利维亚贫困人口的最新数据到2009年，2009年玻利维亚贫困人口和赤贫人口占总人口的比重分别为42.4%和22.4%。据联合国拉美经委会初步统计，2011年玻利维亚公开城市失业率为5.8%，低于2010年的6.1%，2010年平均就业率为53.6%，高于2009年的52.4%。

2012年，玻利维亚政府仍然致力于推行减少贫困和收入再分配的社会政策，实行了提高最低工资的政策，增加了劳工收入，扩大了国内需求，促进了经济的发展。2012年1~10月，最低工资比上年同期实际增长了5%以上。不平等现象有所缓和，据联合国拉美经委会初步统计，2010年玻利维亚的基尼系数为0.57，略低于2006年的0.59。

2012年2月，玻利维亚颁布了反对非法利润和恐怖主义的措施，包括对在玻利维亚贩运和买卖人口、贩卖人体器官、贩卖武器以及资助恐怖主义等犯罪行为进行打击。2012年，玻利维亚改革了石油天然气的税制，旨在为新的社会保险计划投入资金。在劳工立法方面也有所改革，出台了给男性员工三天陪产假的立法。

2012年，玻利维亚社会仍然充满不稳定因素。6月，警察因不满薪酬待遇而举行大规模罢工运动，要求增加工资，改善养老计划，废除禁止警察公开表

[①] 除特别标明以外，社会形势中的统计资料均引自 CEPAL, *Social Panorama of Latin America 2012*, Santiago, Chile, 2012, http://www.eclac.cl/。

达政见的相关法律、退休后可领取全额退休金以及国家警察局局长维克托·马尔多纳多辞职等要求。

政府与印第安原住民之间的矛盾仍未解决。2012年7月，莫拉莱斯总统启动协商程序，宣布就是否修建一条公路征求亚马孙河流域69个部落原住民的意见。这条公路的一段需穿越一片自然保护区，因当地居民反对，停工将近一年。大多数印第安人并不同意政府协商计划，坚决反对修路，认为修路会破坏保护区环境，而且可能给某些人开发保护区所蕴藏矿产和石油提供借口，因此坚决主张取消修路工程。

四 外交形势

2012年，玻利维亚与美国关系再一次处于紧张状态，冲突大于合作，与巴西和阿根廷在天然气贸易中合作密切，但也有冲突和矛盾，加强了与巴西、哥伦比亚、美国在反对毒品方面的合作，与中国的关系稳步发展，与智利关系依然紧张，努力寻求国际社会的认可，呼吁国际组织的机构改革。

1. 反对美国干涉内政

2012年，玻美外交关系尚未恢复，冲突频发。莫拉莱斯总统指责美国在幕后策划了玻利维亚的多起反政府抗议活动。3月，玻利维亚政府在贝尼省会特里尼达没收了美国驻玻利维亚使馆一辆装有武器和子弹的汽车。莫拉莱斯总统指责美国干涉玻利维亚内政。5月，玻利维亚揭露和指责美国企图控制玻利维亚的生物多样性。9月，抗议美国指控玻利维亚未能执行国际反毒协议，并将玻利维亚列入贩毒黑名单的反毒报告。莫拉莱斯总统认为这是美国为其带有地缘政治目的的军事干涉进行辩解的借口。

2. 在反对毒品和有组织犯罪方面与美国、巴西和哥伦比亚合作

2012年1月，玻利维亚与美国和巴西签署一项反毒协议，帮助玻利维亚减少可卡因的生产。根据这项协议，美国和巴西将向玻利维亚提供资金和技术支持，包括使用卫星监视玻利维亚古柯叶的种植。玻利维亚还和巴西军方签署协议，在两国边境地区展开联合空演以打击贩毒，提升缉毒的战斗力。2012年6月，玻利维亚和哥伦比亚在美洲国家组织第42届大会期间签署了一项名

为"2+2"的安全、防务和反毒斗争的合作协议，建立了两国合作和协调的对话机制。这项协议还将在预防灾害、打击贩毒和有组织犯罪方面的合作政策上进行协调。

3. 与巴西和阿根廷在贸易合作方面有所加强，同时也存在一些潜在矛盾

巴西和阿根廷是玻利维亚天然气的主要进口国。2012年7月，阿根廷总统基什内尔与莫拉莱斯总统签署了一项增加天然气进口量的协议，根据这项协议，阿根廷把从玻利维亚进口的天然气数量大幅提高20%。在贸易方面友好合作的同时，阿根廷的贸易保护主义与玻利维亚产生冲突。2012年6月，巴西政府决定为被指控犯有贪污和挪用公款等罪行的玻利维亚参议员罗杰·莫里纳提供政治庇护，引起玻利维亚政府的强烈反对。

4. 玻中友好合作关系进一步加强

2012年，中玻经贸合作由单纯的贸易合作向卫星制造、矿产资源开发等领域拓展。2012年中国向玻利维亚提供各型现代化航空装备，两国正式签署了6架哈尔滨H425直升机和两架西飞MA60运输机供应协议。协议规定玻利维亚将借助中方贷款采购这批飞机和直升机。2012年6月玻利维亚空军还向中国订购了6架K-8教练机。

5. 与智利关系仍然紧张

玻利维亚与智利在太平洋出海口问题上仍存在冲突，玻利维亚将要求出海口的问题提交给了海牙国际法院之后，两国敌对关系加重。玻利维亚反对智利对太平洋出海口的主权和对玻利维亚边界水资源利用的控制。2012年，玻利维亚重新启动了一个关于水资源改道的计划，目前这条水资源为智利一些主要矿业公司提供用水，计划的启动引起玻利维亚和智利两国之间的紧张关系。

6. 抗议一些国际组织对待玻利维亚的不公正做法

2012年1月，玻利维亚政府宣布暂时脱离联合国毒品公约，以此抗议该机构将古柯叶看成非法产品。玻利维亚成为第一个脱离联合国毒品公约的国家。2012年2月，玻利维亚批评国际金融行动小组忽视玻利维亚在反对洗钱和恐怖主义方面所做的努力，仍将其列入黑名单的做法。

7. 积极参与拉美一体化和国际事务

2012年6月,莫拉莱斯在第42届美洲国家组织大会期间强调,美洲国家组织应该进行"深入的机构改革"。他在第6届美洲国家首脑会议上支持古巴重返美洲国家组织,声称这是他"最后一次参加没有古巴的美洲峰会"。12月,莫拉莱斯总统在第44届南方共同市场首脑会议上正式签署了加入南共市议定书,成为南共市第6个成员国,积极加入地区一体化进程。

从2012年玻利维亚的形势来看,莫拉莱斯政府将会利用充足的财政资源,继续发展社会和基础设施计划,扩大国家在主要经济部门中的作用,大规模推进国有化进程。莫拉莱斯近期会不断增加社会开支,以保证在2014年12月总统大选前保持社会的基本稳定。在外交领域,玻利维亚仍将继续扩大外交关系,进一步加强自身在国际社会中的影响。

(张凡 审读)

Bolivia

Song Xia

Abstract:Bolivian political situation was relatively stable in 2012. The President Morales and the ruling party MSA still accounted for a majority of seats in Parliament. But conflicts between the judiciary and the executive nearly led to ruling crisis. In terms of policy, Morales further deepened the reform of nationalization and implemented a new macro-prudential policy in order to propel Bolivianization. In 2012, economic growth was slightly lower than in 2011, while major economic indicators were improved and the public revenue increased. Morales continued to expand social welfare programs and reduce income inequality. The US-Bolivian relationship was still of great tension. Bolivia had close cooperation with Brazil and Argentina in natural gas trade, but there were conflicts and contradictions. At the same time, it strengthened cooperation with Brazil, Colombia and the United States

in the fight against drugs. The Sino – Bolivian relations have advanced steadily while Chile-Bolivian relations remained tense. Bolivia managed to seek recognition of the international community and called for the institutional reform of some international organizations.

Key Words: Nationalization; Bolivianization; Macro-prudential Policy

Y.20
厄瓜多尔：平稳的2012年

谢文泽*

摘　要：

2012年，厄瓜多尔政局稳定，但经济增长速度减慢，GDP增长率预计为4.8%；通货膨胀率维持在较低水平，财政收支和国际收支状况较好，货币供应量较为充足；社会问题继续得到缓解，但隐性失业问题突出；继续加强与委内瑞拉、玻利维亚等拉美地区左派政府的合作，与其他10个拉美国家集体解决了与欧盟的"香蕉战争"，但厄美关系前景仍不明朗。

关键词：

厄瓜多尔　政治　经济　社会　外交

一　政治形势

2012年厄瓜多尔政治形势继续保持稳定，厄瓜多尔政局进入了该国历史上少有的稳定期。2012年11月10日，现任总统拉斐尔·科雷亚（Rafael Correa）正式宣布，接受其所在党派"国家联盟"党的提名，参与将于2013年2月17日举行的大选，谋求连任。同时，该党还推出了143名国民代表大会候选人，力争继续在该立法机构中拥有大多数席位。

（一）连续两次当选的"平民"总统

科雷亚总统于1963年出生在瓜亚基尔市的一个普通工人家庭。2006年

---

* 谢文泽，中国社会科学院拉丁美洲研究所副研究员，主要研究领域为拉美"三农"问题、产业经济、拉美财政。

11月,他第一次当选厄瓜多尔总统。2008年9月,厄瓜多尔以全民公决的方式通过了新宪法,规定总统可以连任一次,并将在新宪法的框架下重新进行总统选举。2009年,科雷亚再次当选厄瓜多尔总统,任期四年(至2013年)。

(二)民众主义风格的"民生"总统

科雷亚当选总统之前,厄瓜多尔政局动荡。科雷亚就任总统后,高举"公民革命"旗帜,反对新自由主义政策,积极推动政治与经济变革,主张重新分配社会财富,大力推行惠民政策与社会福利计划,加大基础设施领域的公共投资力度,因此获得了广大选民尤其是中下层选民的支持。

(三)有望"三连任"

科雷亚具备两大有利因素。一是得到了中低收入选民的青睐,这是选举获胜的关键因素。科雷亚承诺继续执行现金转移支付和政府补贴政策,加大在基础设施、民生等领域的公共投入。二是反对派分化瓦解,不能推举一位总统候选人,反而由个别政党分别推出了自己的候选人,如"机会创造"党的吉列尔莫·拉索(Guillermo Lasso,银行家)、"爱国社团"党的卢西奥·古铁雷斯(Lucio Gutierrez,2003~2005年任厄瓜多尔总统)等,这种状况分散了支持者,降低了支持率。2012年10月的民意调配结果显示,科雷亚的支持率为44%,拉索为18%,古铁雷斯约为10%。[1]

二 经济形势

2011年GDP增长率为8.0%,2012年降至4.8%,2013年预计将进一步降至3.5%。2012年,固定资产投资和私人消费等两大内需因素是拉动经济增长的主要力量。2012年,厄瓜多尔的通货膨胀率约为4.9%,2013年将降至4.0%。[2]

---

[1] EIU, *Country Report*: *Ecuador*, December 2012, p. 3.
[2] CEPAL, *Balance Preliminar de las Economías de América Latina y el Caribe 2012*, Santiago de Chile, diciembre de 2012.

按美元现价计,2012 年厄瓜多尔的 GDP 约为 725 亿美元,2013 年和 2014 年预计将分别达到 777 亿美元和 837 亿美元。①

(一) 内需拉动经济增长

2012 年固定资产投资和私人消费是拉动经济增长的两大主要内需因素。根据支出法,GDP 分为私人消费、政府消费、固定资产投资、商品和服务的出口、商品和服务的进口 5 部分。2012 年,固定资产投资的增长率约为 8.0%,私人消费为 4.8%,出口为 3.3%,政府消费为 2.1%,进口为 5.4%。②

基础设施投资是固定资产投资的主要组成部分。2012 年 1~6 月,公共支出总额约为 183 亿美元,同比增长了 10%;其中 30.4%(约 55.8 亿美元)主要用于基础设施领域的固定资产投资,该部分支出同比增长了 24.9%,其他支出的增长幅度仅为 4.5%。③ 公路、机场、港口和住房等是固定资产投资的主要领域,前三大领域以公共投资为主,第四大领域则以私人投资为主。

财政收入有所增加。2012 年 1~6 月,财政收入总额约为 205.8 亿美元,同比增长了 12.3%,约占 GDP 的 28.2%。在财政收入总额中,石油收入约为 77.2 亿美元,同比增长了 2.9%;税收收入约 72.3 亿美元,同比增长了 28.0%;社保基金 26.6 亿美元,同比增长 18.1%。④

货币供应量充足,贷款增加。2012 年 1~6 月,货币 M1 的供应量增长 13.2%,预计全年可增长 10.5%。⑤ 2011 年,国内金融机构贷款总额约为 187.6 亿美元;2012 年 1~10 月的贷款总额约 168 亿美元,同比增长 7.8%。⑥

---

① EIU, *Country Report*: *Ecuador*, December 2012, p. 8.
② EIU, *Country Report*: *Ecuador*, December 2012, p. 8.
③ Banco Central del Ecuador, *Estadísticas Macroeconómicas*: *Presentación Coyuntural*, diciembre de 2012.
④ Banco Central del Ecuador, *Estadísticas Macroeconómicas*: *Presentación Coyuntural*, diciembre de 2012.
⑤ EIU, *Country Report*: *Ecuador*, December 2012, p. 8.
⑥ Banco Central del Ecuador, *Estadísticas Macroeconómicas*: *Presentación Coyuntural*, diciembre de 2012.

(二)建筑、教育和制造业引领经济增长

2012年上半年,建筑、教育、制造业对经济增长的贡献率分别为30.5%、28.0%和22.0%,这三大行业对经济增长的贡献率合计约为80.5%。[1] 鲜虾和渔业、教育、建筑、邮电通信等行业的增长率较高,分别为4.7%、4.4%、3.4%和3.1%。农业、石油冶炼业等仍处于衰退状态,其上半年的增长率分别为-0.7%和-4.3%。[2]

石油产业是厄瓜多尔国民经济的支柱。2012年1~10月,石油总产量约为1.536亿桶,同比增长了1.2%;日均产量约50.36万桶。国有石油公司的总产量约为1.112亿桶,同比增长了2.5%;日均产量约36.47万桶。私有石油公司(包括外国石油公司)的总产量约为4230万桶,同比减少了2.0%;日均产量约13.88万桶。[3]

(三)国际收支状况有所改善

2012年,厄瓜多尔的出口额约为267亿美元,进口额约为283亿美元,贸易逆差约为16亿美元。根据厄瓜多尔中央银行的统计,2012年1~10月的商品进口总额约为200亿美元,其中主要有消费品(40.6亿美元)、初级产品(60.5亿美元)、资本货(54亿美元)、燃料(44.5亿美元)等。同期,商品出口总额约为200亿美元,其中石油出口收入约为118亿美元,非石油商品出口额约为82亿美元。[4]

尽管贸易逆差趋于扩大,但厄瓜多尔的国际收支状况却趋于改善,2012年的国际收支顺差约为15亿美元,相比之下,2011年不足3亿美元,而2010

---

[1] Banco Central del Ecuador, *Estadísticas Macroeconómicas: Presentación Coyuntural*, diciembre de 2012.

[2] Banco Central del Ecuador, *Estadísticas Macroeconómicas: Presentación Coyuntural*, diciembre de 2012.

[3] Banco Central del Ecuador, *Estadísticas Macroeconómicas: Presentación Coyuntural*, diciembre de 2012.

[4] Banco Central del Ecuador, *Evolución de la Balanza Comercial Enero - Octubre 2012*, diciembre de 2012.

厄瓜多尔：平稳的 2012 年

年则为逆差 12 亿美元。

侨汇收入是改善国际收支状况的一个重要外汇收入来源，2011 年约为 26.7 亿美元；2012 年第一季度约为 6 亿美元，第二季度约为 6.3 亿美元。美国、西班牙、意大利是厄瓜多尔主要的侨汇收入来源，2011 年来自这 3 个国家的侨汇收入占侨汇总收入的比重分别为 44.2%、37.7% 和 7.5%。①

外资流入量趋于增长。2010 年外资流入量仅为 1.58 亿美元左右，2011 年为 5.85 亿美元，2012 年第一和第二季度分别为 1.02 亿美元和 1.72 亿美元。墨西哥、中国、西班牙、加拿大等是主要外资来源国，中国、加拿大等国家的投资主要集中在勘探业和矿业，墨西哥主要集中在电讯业，西班牙主要集中在金融等服务业。②

在对外贸易方面，美国是厄瓜多尔第一大出口市场。2012 年 1~11 月，对美国出口总额约为 95.8 亿美元，占其出口总额的 43.8%；从美国的进口总额约为 58.6 亿美元，占其进口总额的 26.6%；厄方顺差约 37.2 亿美元。其 40.7% 的出口产品出口到美国；巴拿马是其第二大出口市场，出口比重为 14.3%；秘鲁居第三位，占 6.8%；哥伦比亚居第四位，占 4.9%；其他占 33%。石油是其第一大出口产品，2012 年 1~11 月份的石油出口收入约为 127 亿美元，其中 58.7% 的石油出口到美国。③

表1　2010~2012 年厄瓜多尔的主要经济指标（按美元现价）

主要指标	2010 年	2011 年	2012 年[a]
年度百分比(%)变化值			
GDP	3.3	8.0	4.8
人均 GDP	1.8	6.5	3.4
通货膨胀率	3.3	5.4	4.9[b]
货币供应量(M1)	16.1	15.5	13.2[c]
实际汇率[d]	-1.7	2.2	-2.9[e]

① Banco Central del Ecuador, *Estadísticas Macroeconómicas*: *Presentación Coyuntural*, diciembre de 2012.
② Banco Central del Ecuador, *Estadísticas Macroeconómicas*: *Presentación Coyuntural*, diciembre de 2012.
③ Banco Central del Ecuador, *Evolución de la Balanza Comercial Balanzas Comerciales del Ecuador con sus Principales Socios* (*enero - noviembre* 2012), enero 2013.

续表

主要指标	2010年	2011年	2012年ᵃ
年度百分比(%)平均值			
城市失业率ᶠ	7.6	6.0	4.8
中央政府财政盈余/GDP	-2.2	-1.8	-3.4
名义存款利率	4.6	4.6	4.5ᵍ
名义贷款利率	9.0	8.3	8.2ᵍ
金额(百万美元)			
出口额	19609	24670	26705
进口额	22652	26409	28299
经常项目余额	-1625	-238	-427
国际收支	-1212	272	1479

注：a 为估计测值，b 为 2012 年 1～10 月平均值，c 为 2012 年 1～6 月平均值与 2011 年同期平均值相比，d 为负值表示货币升值，e 为 2012 年 1～10 月平均值与 2011 年同期平均值相比，f 包含隐性失业，g 为根据 1～10 月份平均值。

资料来源：CEPAL, *Balance Preliminar de las Economías de América Latina y el Caribe 2012*, Santiago de Chile, diciembre de 2012。

三 社会形势

2012 年，厄瓜多尔约有 1490 万人①，人均 GDP 约 4893 美元（按美元现价计），约有 66% 的人口居住在城市②。

（一）社会问题有所缓解

自科雷亚总统执政以来，政府在教育、医疗、社会保障、基础设施等领域加大了社会投入，贫困问题有所缓解，收入分配差距有所缩小。2007～2012 年，城市贫困化率由 25.16% 降至 15.3%，反映收入分配差距的基尼系数由 0.522 降至 0.44。③ 随着经济形势好转，劳动力市场状况也有所改善，城市失业率由 2010 年的 7.6% 降至 2012 年的 4.8%。

---

① EIU, *Country Report*: *Ecuador*, December 2012, p. 8.
② World Bank, *World Development Report 2010*, Washington, D.C.
③ Banco Central del Ecuador, *Estadísticas Macroeconómicas*: *Presentación Coyuntural*, diciembre de 2012.

（二）隐性失业问题比较突出

尽管社会状况有所改善，但仍有部分社会问题较为突出，如非正规就业和隐性失业问题。2012年9月，城市的隐性失业率高达42.3%，加上4.6%的失业率，意味着46.9%的城市经济活动人口处于失业和半失业状态。①

四 外交形势

科雷亚政府继续沿着三个方向推行既定的外交政策：积极推动南美洲国家间的团结与协作，支持、参与南美洲一体化计划；寻求贸易和投资伙伴的多元化；努力提高厄瓜多尔在地区事务和国际事务中的影响和地位。

（一）心向拉美

在拉美地区，厄瓜多尔不断加强和深化与古巴、委内瑞拉等左派政府的合作，反对美国对古巴的经济封锁；改善与哥伦比亚的关系，推进两国的合作；加强与秘鲁、阿根廷、巴西、乌拉圭等南美洲国家的合作，希望加入南方共同市场；巴西为厄瓜多尔的一些基础设施项目提供融资支持；等等。

（二）阿桑奇事件：不给美国面子

2012年8月16日，厄瓜多尔外交部正式宣布向阿桑奇提供政治庇护。美洲国家承认政治庇护，1928年美国、加拿大和拉美国家等美洲国家签订了《关于庇护的公约》，1933年美洲国家签署了《政治庇护权公约》，但英国不承认"域外庇护"。当厄瓜多尔宣布向阿桑奇提供政治庇护后，英国曾制订了硬闯使馆抓人的秘密计划。此计划一泄露，立即引起了厄瓜多尔和南美国家的强烈反应。只要美国默许英国采取极端手段，就等于放弃美洲国家长期共同坚持的"域外庇护"，对美国的全球利益将会造成较大伤害。

---

① Banco Central del Ecuador, *Estadísticas Macroeconómicas: Presentación Coyuntural*, diciembre de 2012.

（三）集体结束"香蕉战争"

2012年11月，欧盟与包括厄瓜多尔在内的10个拉丁美洲国家就香蕉争端签署了一项协议，这意味着长达20年的"香蕉战争"得以结束。这10个拉美国家是：巴西、哥伦比亚、哥斯达黎加、厄瓜多尔、危地马拉、洪都拉斯、墨西哥、尼加拉瓜、巴拿马和委内瑞拉。

（四）中厄达成"避免双重征税协定"

2012年12月12日，中国—厄瓜多尔第四轮"避免双重征税协定"谈判在厄瓜多尔首都基多圆满结束，拟于近期签署该协定。该协定对中厄经贸合作乃至两国关系的发展具有重大意义。

根据厄方统计，2012年1~11月，中厄贸易总额约为27.3亿美元，其中中方出口23.59亿美元，进口3.71亿美元，厄方贸易逆差19.88亿美元。[①]

（柴瑜　审读）

Ecuador

Xie Wenze

Abstract：In 2012, Ecuadorian political situation was relatively stable, but the economic growth slowed down and the GDP growth rate was estimated at 4.8%. The inflation rate still remained at a lower level. Fiscal revenue and expenditure, as well as the balance of international payments were getting better. Money supply was adequate. Social problems continued to be eased, but the hidden unemployment was

---

① Banco Central del Ecuador, *Evolución de la Balanza Comercial Balanzas Comerciales del Ecuador con sus Principales Socios* (enero - noviembre 2012), enero 2013.

still prominent. Ecuador continued to strengthen its cooperation with the leftist governments in Latin America, such as Venezuela, Bolivia etc. Ecuador, together with other 10 Latin American countries, collectively resolved the "banana war" with European Union, but the outlook of Ecuador-US relations remained uncertain.

Key Words: Ecuador; Politics; Economy; Society; Diplomacy

Y.21
乌拉圭：政治外交波澜不惊

何露杨*

摘　要：

2012年乌拉圭政局稳定，尽管总统穆希卡的支持率一再下滑，广泛阵线内部的分歧逐渐扩大，但其执政地位仍比较稳固。经济平稳发展，主权信用评级上升，但通货膨胀居高不下。政府的社会政策引人关注，堕胎合法化获得通过，公共安全问题成为热点，大麻合法化引发争议。对外关系方面，贸易争端和航道疏浚问题导致与阿根廷关系进一步僵化。

关键词：

公共安全　大麻合法化　通货膨胀　与阿根廷关系

一　政治形势

（一）政局稳定，但总统支持率持续下滑，执政联盟内部分歧扩大

2012年乌拉圭政局稳定，但穆希卡总统的民众支持率再次下滑。9月Cifra的最新民调显示，其个人支持率降至43%，对总统的执政肯定率也下降到36%。[①] 该现象主要有几个原因：第一，未兑现改革的承诺。尽管在两院拥有多数席位，却未兑现推动教育改革等承诺。第二，社会治安、通货膨胀以及与阿根廷的关系等问题一再凸显。第三，不顾反对声音坚持推行大麻合法化。尽管两个主要反对党的支持率都有所上升，但依然无法对广泛阵线构成威胁。

在广泛阵线内部，由副总统达尼洛·阿斯托里（DaniloAstori）领导的中

---

* 何露杨，中国社会科学院拉丁美洲研究所国际关系研究室研究实习员，巴西研究中心执行秘书。

① "President'sApproval Ratings Continue to Fall," *Country Report*, 4th Quarter 2012, p. 18.

间派势力有所增长。在5月份进行的广泛阵线内部选举中，依靠中间势力的支持，来自社会党（Partido Social）的莫妮卡·哈维（Monica Xavier）以43%的选票当选党主席。另外，内阁的调整也激化了执政联盟内部的分歧，旅游和体育部部长埃克托尔·莱斯卡诺（Héctor Lescano）成为穆希卡总统上任以来替换的第三位部长。莱斯卡诺在职7年中乌拉圭旅游业蓬勃发展，民调也显示其形象良好，长期以来他都是副总统的亲密盟友。因此，外界尤其是中间势力纷纷质疑总统的这项决定。与此同时，日益突显的社会治安问题让不少议员对内政部部长爱德华多·博诺米的在位表示不解。

（二）党派间矛盾扩大

4月末，乌拉圭第一夫人、参议院主席卢西亚·托波兰斯基在接受阿根廷国家通讯社Télam的采访中提出希望"至少1/3的政府官员和半数的军队"与广泛阵线达成思想上的一致，强调广泛阵线需要军队的忠诚。此言论一出便引起各方轰动，军方负责人立即出面澄清，表示并不认同该观点。红白两党的代表也指责其言论忽视了民主并有违宪的嫌疑。

2010年穆希卡上台时曾为反对党提供了包括乌拉圭国有电信公司（Antel）、国家电力公司（UTE）、共和国银行等多家机构在内的近60个职位，以兑现其积极寻求政治共识及温和执政的承诺。但是，随着南共市暂停巴拉圭成员国资格和委内瑞拉的正式加入，广泛阵线与右翼政党——红党的分歧加剧。

乌拉圭航空公司Pluna于7月宣布破产，之后拍卖机队和航线权以偿还债务，但因没有买家而告终。对于Pluna竞拍流产事件，乌拉圭政坛出现了不少指责声音。参议院传唤了经济和财政部部长费尔南多·洛伦佐、交通和公共工程部部长恩里克·平塔多，以回应反对党的质疑。两位部长均属于利韦尔·塞雷尼阵线，这次事件对穆希卡政府经济团队的名誉造成了很大的影响，尽管两人都坚持立场，仍被要求为此事公开道歉。

（三）前总统有望重返政坛，成下届总统大选的最有力竞争者

2011年10月，前总统塔瓦雷·巴斯克斯（Tabaré Vázquez）因发表不当

言论被迫宣布退出政坛。近段时间有迹象表明他将重回政坛并将参加2014年的总统大选。社会党莫妮卡的当选也提高了社会党出身的巴斯克斯参选的可能性。根据咨询公司Equipos Mori 8月的调查，巴斯克斯为目前最受欢迎的政客，支持率为63%，① 这位现任副总统的盟友将是下届大选的最有力竞争者。

二 经济形势②

2012年乌拉圭GDP继续增长，但增幅从2011年的5.7%降到3.8%，主要依靠区域外出口和国内消费，对经济增长贡献最大的部门是建筑、交通、通信及电力等行业。

公共财政方面，初级财政盈余趋近平衡（占GDP的0.1%），而中央政府的财政赤字大幅增长，占GDP的比重从0.6%上升到2.3%，赤字主要由于政府开支的增加。2012年末，政府开支达到了GDP的23.1%，其中经常性支从GDP的20.2%上升到21.5%，资本支出涨幅不大（仅占GDP的0.1%）。巨额的经常性支出包括一些特殊因素，例如用于支付2002年银行业危机时所达成的1.2亿美元和Pluna公司破产清算的约3000万美元。税收锐减直接导致财政收入减少，2012年乌拉圭财政收入占GDP的20.8%，比上年降低0.4%。

通货膨胀率超过了2011年的水平，10月份达到9.1%，远高于中央银行设定的目标4%~6%。为此，有关部门实施了紧缩性货币政策，继续提高存款利率。9月存款利率达9%。从8月份起，乌拉圭央行对流入证券市场的外国资本进行限制，规定外国投资者购买证券时将冻结其40%的资金，授权所有的证券可直接以美元购买。但是，货币贬值、国际小麦价格的上涨及其对主要消费粮食价格的影响、家庭收入和国内消费的增长，导致通货膨胀居高不下。

2012年的头10个月，实际有效汇率与2011年同期相比下降了2.1%，延

---

① "President's Approval Ratings Continue to Fall," *Country Report*, 4th Quarter 2012, p.18.
② 如无特别说明，经济形势部分的数据均采自联合国拉美经委会：CEPAL, *Balance Preliminar de lasEconomías de América Latina y el Caribe*, Uruguay, 2012。

续了2010年8月以来的下降趋势（见表1）。1~11月，出口较上年同期增长10.4%，达812.2万美元，而进口（不包括原油及其衍生品）只呈现0.3%的小幅增长，达783.8万美元。

表1 2010~2012年乌拉圭主要经济指标

指标	2010	2011	2012[a]
年度增长率(%)			
GDP	8.9	5.7	3.8
人均GDP	8.5	5.3	3.5
消费价格指数	6.9	8.6	9.1[b]
平均实际工资	3.3	4.0	4.0
M1供应量	24.6	19.6	21.1[c]
实际有效汇率[d]	-13.2	-2.7	-2.1[e]
贸易条件	3.2	1.8	2.4
年度平均变化(%)			
城市失业率	7.1	6.3	6.2
中央政府财政收支余额占GDP比重	-1.2	-0.6	-2.3
名义存款利率	6.3	7.5	8.8[f]
名义贷款利率[g]	12.0	11.0	12.0[f]
金额(百万美元)			
商品和服务出口额	10737	12808	13666
商品和服务进口额	10093	12705	13667
经常账户余额	-739	-1324	-1399
资本和金融账户余额[h]	378	3888	3973
国际收支余额	-361	2564	2574

注：a为初步预算值；b为2011年10月~2012年10月的变化；c为2012年1~9月平均值与2011年同期平均值相比；d为负值表示货币升值；e为2012年1~10月平均值与2011年同期平均值相比；f为2012年1~10月平均值；g为30天至一年的企业贷款；h包含误差和遗漏的部分。

资料来源：CEPAL, *Balance Preliminar de las Economías de América Latina y el Caribe*, Uruguay, 2012.

乌拉圭唯一拥有国际航线业务的航空公司Pluna宣告破产，旅游业也受到冲击。作为乌拉圭就业和财政收入的重要来源，旅游业在2011年冬季实现了破纪录的增长。2012年面对阿根廷日益严格的外汇管制措施以及航空业遭遇的打击，政府决定采取一系列财政刺激政策挽救旅游业，包括游客在购买商品、租车、租房或入住酒店时可以享受相应的折扣等。

4月,标准普尔调整对乌拉圭长期外币和本币的主权信用评级,从原来的BB+上调至BBB-。时隔10年,乌拉圭重返投资级,成为了拉美地区第8个达到投资级的国家。主权信用评级的提升主要基于乌拉圭良好的经济增长预期(2013年为4%),财政状况不断改善,出口和外国直接投资持续增长,经济日趋多样化。

三 社会形势

2012年,乌拉圭的社会治安问题凸显。5月14日,上千人聚集在首都蒙得维的亚政府大楼前进行抗议,要求内政部长下台。民意调查显示,目前公共安全是乌拉圭人最关心的问题。乌拉圭全国商业和服务业商会(CNCS)在5月发布了《2011~2012年度受害人调查报告》,受访的73家公司中85%的负责人表示近年来犯罪现象有所上升,其中87%的企业出台了新的安全措施,年均安全支出15427美元。①

8月,乌拉圭政府向国会提交了一份议案,旨在推行大麻的合法化。根据该议案,从大麻种子的进口到相关产品的生产、分销和购买都将受到政府的严格控制,大麻立法是政府针对公共安全问题推出的15项具体措施之一。穆希卡总统表示,该立法通过控制和规范大麻贸易,为潜在消费者提供一个合法的市场,从而减少黑市交易引发的贪污和暴力事件。然而此项议案在国会遇到不小的阻力,不仅红、白两党都坚决反对,广泛阵线内部也出现不少反对的声音。Cifra的民调显示,66%的民众反对该立法,仅有24%的人支持。② 即便如此,穆希卡总统仍表示将就此问题开展全国性辩论。

10月,乌拉圭参众两院分别以17票对14票、50票对49票通过堕胎合法化议案,经总统签署正式成为法律。③ 而相关的法律程序却较为复杂,例如申

---

① "Industrial Slowdown Points to Looming Danger," in *Latin American Economy & Business*, May/June, p. 8.
② "Uruguay Pushes forward with Cannabis Legalization," in *Country Report* 4th Quarter 2012, p. 20.
③ "First Abortion, Next Marijuana," in *Latin American Brazil & South Cone Report*, October 2012, p. 14.

请人需在专家小组前做出陈述,该小组至少包括3名专业人士:妇科医生、心理学家和社工,最后需给申请人5天的考虑时间。对此国内许多专家表示,担心很多妇女仍会选择更快捷的私人诊所进行堕胎,无法切实保障生命安全。

海军的腐败问题也令人担忧,乌拉圭海军司令阿尔贝托·卡拉梅斯因卷入前海军司令的腐败案被迫辞职。卡拉梅斯的前任奥斯卡·德瓦利因为侄子遭盗用公款指控而在2010年8月辞职,其他3名海军高官和曾任海军司令的胡安·费尔南德斯上将也都受到贪污指控。卡拉梅斯的继任者里卡多·吉安布鲁诺少将因担任海军器材指挥部部长期间的两起不正规采购接受调查。

根据联合国拉美经委会发布的《2012年拉丁美洲社会概览》,乌拉圭减贫成效明显,2011年的贫困率和赤贫率分别下降到6.7%和1.1%。[1] 随着收入分配的不断改善,乌拉圭的基尼系数也持续走低。在劳动力市场方面,全国就业率从2011年1~9月的60.2%下降到2012年同期的59.4%,全国失业率为6.2%。2012年1~10月,平均工资指数上涨了12.7%,与上年同期持平,这意味着前10个月的实际平均工资增长了4.3%。[2]

世界经济论坛9月发布的全球竞争力排名中,乌拉圭从第63位下降至第74位,在劳动力市场效率、政府支出浪费和政府管制负担三项排名上较为落后。在教育方面,乌拉圭的表现仍不尽如人意,教育质量排名居第107位,数学和科学教育质量排名第118位,这也进一步加重了民众对穆希卡总统曾允诺的教育改革的失望情绪[3]。

四 外交形势

(一)与阿根廷冲突不断,两国关系雪上加霜

自2011年以来,阿根廷对从乌拉圭进口的产品实行多项限制。根据阿根

---

[1] CEPAL, *Panorama Social de América Latina*, 2012, p. 14.
[2] CEPAL, *Balance Preliminar de las Economías de América Latina y el Caribe*, Uruguay, 2012.
[3] "Absence Makes the Heart Grow Fonder," in *Latin American Brazil & South Cone Report*, September 2012, p. 9.

廷政府2012年初出台的进口限制措施，阿方进口商需向阿根廷税收当局提前提供认证，该手续将耗费30天左右的时间并且有可能不被通过。这进一步限制了乌拉圭的出口，令乌拉圭对阿贸易赤字进一步扩大。面对阿根廷愈演愈烈的贸易保护主义，乌拉圭政府多次表达强烈不满和批评，但未采取强硬的报复措施。乌拉圭企业界对阿根廷的贸易壁垒反应十分强烈并不断向政府施压，要求对阿采取相应的反制措施。但出于对旅游业的保护，穆希卡总统没有对阿根廷采取报复性制裁，也未诉诸南共市和世界贸易组织。

除了双边贸易领域的争端，拉普拉塔河上的航道疏浚工程也使两国关系雪上加霜。作为国内关键的货运航道，马丁·加西亚运河的疏浚工程对于乌拉圭而言迫在眉睫，直接影响乌拉圭谷物和纤维的出口。因该运河由两国共同管理，招标也需通过拉普拉塔河共同管理委员会（CARP）进行。几经拖延后，就在标书正式提交当天阿根廷方面爆出行贿丑闻，宣称其中一家竞标公司Riovia企图向CARP中乌拉圭代表团主席、前驻阿根廷大使弗朗西斯科·布斯蒂略行贿。阿根廷不仅要求剥夺该公司特许权，还进一步要求乌拉圭政府撤销布斯蒂略的外交豁免权以便查清细节，公之于众。在乌拉圭人看来，阿根廷政府的意图主要是为了维护本国的埃米利奥航道安全，避免自身利益受损。

（二）积极寻求发展与拉美其他国家的关系

首先是加强与巴西的双边贸易，一方面，穆希卡总统希望通过协议简化乌拉圭出口巴西的海关程序，以此消除部分产品因本地化要求造成的拖延；另一方面，乌拉圭不断加快能源多样化发展，深化了与巴西在该领域的合作。尽管乌拉圭政府表示，在寻求新市场的过程中不会以区域一体化为代价，但从目前来看，保护主义的抬头以及南共市与欧盟之间的自由贸易协定推进缓慢，这些都在消磨乌拉圭人的耐心。面对国内反对派不断施加的压力，穆希卡总统很可能抛开南共市，考虑与其他国家签署双边自由贸易协定。年初访问智利时，穆希卡总统向皮涅拉总统表达了加强与智利和秘鲁贸易合作的愿望。由于智利、哥伦比亚、秘鲁和墨西哥目前正在通过环太平洋圈不断深化与中国及日本的贸易，穆希卡总统也希望借助与智利和秘鲁的贸易协定来打开环太平洋市场。

随着巴拉圭被中止南共市成员国资格，一直以来得到乌拉圭支持的委内瑞拉于 2012 年 7 月 31 日顺利加入南共市。乌拉圭从 2013 年 1 月起成为南共市的轮值主席国。乌拉圭外交部副部长罗伯托·孔德在 2012 年 9 月初会见玻利维亚官员时表示，乌拉圭将全力支持玻利维亚加入南共市，同时避免影响玻利维亚与第三方国家的贸易协议。

乌拉圭与中国的关系继续发展。2012 年 6 月，温家宝总理参加了在巴西举行的联合国里约 20 + 峰会后，先后访问了巴西、乌拉圭、阿根廷和智利四国。在访乌期间，两国签署了经济、技术、环境、农业、质量监督及电信等领域的多项协议并发表了两国联合声明。

（贺双荣　审读）

Uruguay

He Luyang

Abstract：In 2012, the popularity of President José Mujica has been dropping and the differences within the Broad Front expanded gradually. But the Broad Front's ruling status was still relatively strong. The economy developed steadily and the economic growth depended largely on extra-regional export and domestic demand. Uruguay enjoyed its upgrade of sovereign rating while the inflation remained high. The Government's social policy is noticeable. The legality of abortion was passed; public security became a hot issue and the legalization of marijuana caused dispute. Trade disputes and channel dredging resulted in further tensions with Argentina.

Key Words：Public Security；Legalization of Marijuana；Inflation；Uruguay-Argentina Relations

Y.22
巴拉圭：总统被弹劾引发政局突变

杨建民[*]

摘　要：

　　2012年6月22日，巴拉圭总统卢戈遭议会弹劾被迫下野，副总统佛朗哥继任总统后继续推动税制改革和土地改革，但其任期即将结束。左翼参加大选难以提名有竞争力的人选。红党提名的总统候选人奥拉西奥·卡尔特斯很可能在2013年4月的大选中获胜。经济方面，由于农业遭遇干旱，2012年GDP增长率为-1.5%，预计2013年农业增长的恢复将使经济出现强劲反弹。社会形势方面，暗杀活动使社会形势仍然处于紧张状态。外交形势方面，由于南共市其他国家借卢戈被弹劾下台之机中止巴拉圭的会员国资格，同时委内瑞拉正式加入南共市，巴拉圭与上述国家的关系趋于紧张。

关键词：

　　弹劾　红党　税制改革　大选

一　政治形势

（一）巴拉圭政局突变：卢戈总统被弹劾下台

　　在2008年的巴拉圭举大选中，左翼"爱国变革联盟"领袖费尔南多·卢戈（Fernando Lugo）以较大优势击败红党候选人，赢得总统选举，终结了红党（Partido Colorado）连续执政长达61年的历史。然而，左翼执政联盟并没有在议会中占据多数，反对党红党仍然在参众两院占有多数席位。2009年6

---

[*] 杨建民，法学博士，中国社会科学院拉丁美洲研究所政治研究室副主任，副研究员。

月,卢戈总统的最主要合作伙伴——真正激进自由党(PLRA)脱离执政联盟,佛朗哥副总统与卢戈长期对立,使得执政联盟在议会中几乎丧失了发言权。上述情况还使卢戈总统关于农业和税制改革的承诺难以实现。

为了兑现承诺,卢戈总统试图推进农业改革,帮助无地农民获得土地,但因为政治上阻力重重,土地分配不均现实鲜有改观。2012年6月15日,在首都亚松森东北大约430公里的卡宁德尤地区,300多名警察持法院驱逐令,前往一处私人森林保护区,试图驱逐上百名非法占地的无地农民。持有武器的无地农民在警察前往目的地的途中设下埋伏,率先向警察开枪,导致6名警察和11名农民死亡,80人受伤。

流血冲突震惊了巴拉圭朝野,反对派认为总统"内心包庇、纵容违法农民",导致惨剧发生,涉嫌"违宪"。6月21日,巴拉圭参众两院均以压倒多数通过议案,启动对总统卢戈的弹劾程序,要求他为日前发生的警察和农民之间死伤惨重的冲突承担责任。面对弹劾,卢戈总统表示自己不会主动辞职,但将遵守巴拉圭宪法之规定,接受议会对其进行的弹劾程序,并将在议会进行的调查中为政府采取的行动进行辩护。

巴拉圭议会启动对总统卢戈的弹劾程序引发了南美国家的高度关注。美洲国家组织秘书长因苏尔萨强调,弹劾程序必须是公正恰当的,否则将难以得到各方的广泛认同。美洲玻利瓦尔联盟则发表声明,拒绝接受巴拉圭议会对总统卢戈的弹劾程序,认为这是该国右翼政治势力玩弄的把戏,其目的是为了迫使卢戈总统下台,建立一个"非法政府"。

6月22日,巴拉圭议会投票通过对总统卢戈的弹劾议案,副总统佛朗哥(Luis Federico Franco Gómez)随即宣誓就任总统。对卢戈总统在短短的一天时间内就被弹劾下台,许多南美洲国家对此进行谴责,认为弹劾行为在程序上过于草率,并拒绝承认佛朗哥政府的合法性。南共市6月24日宣布暂停巴拉圭的成员国资格,并拒绝邀请新上任的佛朗哥总统参加首脑会议。南美洲国家联盟也中止了巴拉圭的成员国资格。

(二)卡尔特斯获得红党总统候选人提名,反对党胜选几成定局

2010年地方选举之后,红党势力进一步上升。2012年12月,富商出身的

奥拉西奥·卡尔特斯（HoracioCartes）轻松获得了红党的总统候选人提名。卡尔特斯进一步加强了对红党的影响和控制。在赢得了红党进步派的支持后，加上自己领导的红党荣誉派，卡尔特斯已经获得了红党多数参议员以及红党中央委员会2/3以上委员的支持。2012年6月，卡尔特斯策动了对前总统卢戈的弹劾行动，进一步树立了在党内的威信，为其赢得红党总统候选人提名创造了条件。

相比之下，巴拉圭左翼各政党则处于分崩离析的状态。前总统卢戈领导的瓜苏阵线（FrenteGuasu）早在2009年就与最大的左翼政党真正激进自由党分道扬镳，而这正是2008年左翼取得大选胜利的主要原因。2012年卢戈下台后，瓜苏阵线很可能拒绝和任何其他党派联合，再次与真正激进自由党联合的可能性极小，而瓜苏阵线也很难提名自己的总统候选人，卢戈最看重的候选人马里奥·费雷罗（Mario Ferreiro）是一名记者和电视脱口秀主持人，然而他已决定作为独立候选人参选，而不是作为瓜苏阵线的候选人。

二 经济形势

2012年，巴拉圭GDP下降1.8%，这主要是因为巴拉圭经济的最重要部门——农业生产出现了大幅下降。2011年年末到2012年年初，巴拉圭遭遇了严重的干旱。巴拉圭政府和中央银行的反周期财政政策推动了非农部门的经济活动，避免了更严重的经济衰退。2011年9月爆发了疫情，但肉类出口却并未因此受到太大影响。2012年9月，消费者价格指数为2.8%，低于上年同期的5.6%。在贸易方面，由于进口增加，贸易赤字增长，进而导致经常账户赤字的增长。2013年，预计巴拉圭的经济会进一步恢复，在农业和出口的带动下会增长8.5%左右。①

在法律方面，《个人所得税法》终于在2012年8月1日开始生效。在生效第一年，由于纳税下限为最低工资的120倍，纳税人的数量只有2300人，因

---

① 如无特别说明，经济形势部分的数据均采自联合国拉美经委会：CEPAL, *Balance Preliminar de lasEconomias de América Latina y el Caribe 2012*, Santiago de Chile, diciembre 2012.

此，该法对公共收入的贡献有限。之后，纳税上限逐渐下浮至最低工资的36倍，届时其对财政收入的贡献将会显现。此外，该法对增值税的征收也会有间接影响，因为它会刺激真正交易的形成。

2012年，预计财政赤字可达GDP的2.8%，这是自2003年以来执行赤字财政政策的结果。在农业因为干旱而减产之前，政府执行的是扩张性财政政策，经常项目开支大幅增加。其中公共部门职工的工资增长了30%，与2011年相比，中央的行政开支增长了33%。好在公共收入增长了11%，这主要来自非税收入的增长。预计税收收入会稍有增长，因为外贸部门的税收还有温和下降。同时，由于农业部门税收占公共收入的比重较小，所以2012年农业部门的衰退对国家的公共收入影响并不明显。

由于2012年经济收缩和通胀压力的减轻，巴拉圭中央银行采取了扩张性的货币政策，到8月，货币工具的加权平均利率从6.6%下降到5.5%。

到2012年9月，瓜拉尼对美元的年名义汇率贬值了10.1%。在实际有效汇率方面，瓜拉尼对美元贬值了9.9%，对欧元贬值4.5%，对阿根廷比索贬值8.1%，对巴西雷亚尔贬值3.5%。瓜拉尼的贬值主要是因为国家经常账户的赤字扩张。

2013年，预计巴拉圭GDP增长将达8.5%，主要还是受到农业部门增长的带动。同时，出口（尤其是大豆的出口）也会得到恢复，经常账户的赤字将会缩小。在公共开支方面，虽然2012年政府实施了反周期的财政政策，但2013年的政府开支也不会显著放缓。这主要是因为如下三点原因：一是2012年公共部门工资30%的增长属于刚性开支，同时中央行政支出的结构也出现了永久性的变化；二是财政部也有促进资本开支扩张的意图；三是2013年4月巴拉圭将举行总统选举。2013年1月，政府准备发行价值5.5亿美元的债券，这是自2000年以来政府首次发行债券。

三　社会形势

2012年6月的枪击和伤亡事故发生后，农村地区的社会政治形势一直较为紧张。在卡嫩迪尤、圣佩德罗和上巴拉那三个省就居住着1000多个无地农

民家庭，成为社会的不稳定因素。佛朗哥政府曾承诺根除游击队武装——巴拉圭人民军，但留给佛朗哥的时间太少了。2012年12月1日，参与6月15日枪击行动的无地农民运动领袖维达尔·维加（Vidal Vega）被暗杀，使巴国的社会形势再度趋于紧张。在农村，还存在着反对弹劾卢戈的行动，无地农民抢占土地的行动仍然在继续，这些都可能威胁社会稳定。

根据巴拉圭2011年的人口普查数据，巴男性预期寿命为70.4岁，女性为74.6岁；而2002年人口普查时上述两个数据分别为68.5岁和72.8岁。2011年，婴儿死亡率为29.8‰，较2002年人口普查时下降了6.1‰。人口的自然增长率为17.0‰，较2002年下降3.1‰。①

在工资水平方面，据2010年7月巴拉圭中央银行公布的数据显示，劳动者的工资水平增长了5.3%。此外，自2010年7月起，私有部门的法定最低工资提高了7%。受通货膨胀影响，截至2011年7月，中央银行公布的薪资指数上涨了11个百分点；相应地，法定最低工资自2011年4月起已经上调了10%。② 2012年，中央银行公布的工资指数增长4.9%。

2012年第三季度，巴拉圭的失业率为6.9%，与2011年同期相当，其中，男性劳动力的失业率为7.1%，女性为6.7%。2009~2011年，巴拉圭的贫困率下降了5.2个百分点。最近十年来，巴拉圭的贫困率显著下降：2002年，贫困率为61.0%，极端贫困率为33.2%；2011年，这两个数据分别降至49.6%和28.0%。③

四 外交形势

与南共市国家的关系是巴拉圭2012年对外关系的最重要内容。2006年7月，南共市成员国与委内瑞拉举行南共市特别首脑会议，签署了委内瑞拉加入南共市的协议（以下简称"入市协议"）。根据《亚松森条约》的规定，该协

---

① 巴拉圭统计调查总局，http://www.dgeec.gov.py。
② CEPAL, *Balance Preliminar de las Economías de América Latina y el Caribe 2012*, Santiago de Chile, diciembre 2012.
③ CEPAL, *PanoramaSocial de América Latina 2012*, Santiago de Chile, noviembre 2012.

议需经各成员国议会批准后方能生效。2008年，阿根廷和乌拉圭两国议会先后通过该协议，但巴西和巴拉圭议会则多次否决委内瑞拉的"入市协议"。2009年12月15日，巴西参议院批准了委内瑞拉的"入市协议"，但2010年3月巴拉圭参议院外交委员会再度否决委内瑞拉的"入市协议"。虽然卢戈总统大力游说和推动，但右翼控制的巴拉圭议会的态度毫无松动。2012年3月，南共市工作小组专程赴巴拉圭与该国议会进行交涉，但仍无果而终。

2012年6月22日，巴拉圭总统卢戈遭到议会弹劾而下台，次日，阿根廷外交部发表声明，巴拉圭废黜其合法总统是对"宪法秩序的破坏"，阿根廷将与南共市其他成员国在应对巴拉圭局势问题上寻求共同立场。同时宣布正式召回其驻巴拉圭大使，直至巴拉圭民主秩序恢复为止。同一天，巴西外交部召回其驻巴拉圭大使，谴责巴拉圭以"简单程序"解除总统卢戈职务、剥夺其申辩权利，批评该做法危及民主的基础，重申民主的基础是拉美地区一体化的基本条件。6月24日，南共市其他3个成员国发表声明，认为巴拉圭议会破坏了巴拉圭民主机制，决定中止巴拉圭南共市成员国资格。这一决定为委内瑞拉正式加入南共市扫除了障碍。29日，担任南共市轮值主席国的阿根廷总统克里斯蒂娜在南共市第43次峰会上宣布，南共市将于7月31日正式接受委内瑞拉为该组织的第五个成员国。

由于南共市其他国家借总统卢戈被弹劾下台之机中止巴拉圭的会员国资格，同时批准委内瑞拉正式加入南共市，巴拉圭与上述国家的关系趋于紧张。此外，在卢戈总统被弹劾下台后，南美国家联盟也宣布中止了巴拉圭的成员国资格。

但是，巴拉圭与南共市国家的关系并没有中断。2012年12月21日，巴拉圭外长费尔南德斯·埃斯蒂加里维亚还参加了与巴西的会议，商讨在巴拉那河上建设第二座大桥的事宜。

中国与巴拉圭尚未建立外交关系。根据中国海关的统计，2012年1～11月中国同巴拉圭贸易总额为12.46亿美元，其中巴方进口12.02亿美元，出口4460.2万美元。

（袁东振　审读）

Paraguay

Yang Jianmin

Abstract: In June 22, 2012, the President Lugo was forced to step down because of the Parliament's impeachment; consequentially, Vice President Franco succeeded the President. Franco continued to promote tax and land reform, but his term of office is around the corner. It is difficult for the left-wing party to put forward a competitive candidate for the general election. Horacio Carters further strengthened its control and influence on the Colorado Party, easily won the Colorado Party's presidential nomination and is expected to win the general election in April 2013. Economically, Agriculture suffered droughts that led to GDP growth rate -1.5% in 2012, while the economy is expected to rebound strongly due to the recovery of agricultural growth in 2013. With respect to the social situation, the assassinations worsened public security. In the diplomatic field, the sub-regional organization, Mercosur, has suspended Paraguay's membership of the organization. As Venezuela officially joined the Southern Common Market, Paraguay's relations with the above countries tended to be strained.

Key Words: Impeachment; Partido Colorado; Tax Reform; Presidential Election

Y.23
哥斯达黎加：改革议程进展缓慢

张 勇*

摘 要：

2012年哥斯达黎加政局保持稳定，但是政府支持率处于最低水平。由于更广泛的税收改革未被立法大会通过，政府只能通过实施零碎的财政措施来弥补收入的减少，这些措施还不足以在短期内显著降低财政赤字。经济增长率达到5%，然而，财政赤字和经常账户赤字仍然比较严重。贫困率有所下降，但是失业率仍居高不下。收入不平等仍是社会政策关注的焦点。在对外关系上，政府保持多元化战略，通过签署自由贸易协定以促进增长。受外部不利环境影响，预计2013年经济增长放缓。

关键词：

钦奇利亚 大选 财政赤字 失业率

一 政治形势

（一）政局保持稳定，但政府支持率处于最低水平

得益于悠久的民主传统和高水平的社会稳定性，哥斯达黎加仍是拉美地区政局最稳定的国家之一。于2010年5月上台的钦奇利亚总统继续执行上一届政府关于推动自由贸易和经济发展的政策。但是，钦奇利亚总统在剩余任期里会面临政治环境的严峻挑战。鉴于公共机构爆出的一系列丑闻已经影响到内阁的公信力，目前公众对总统的支持率已经降至历史最低水平。而且，执政党与

---

* 张勇，经济学博士，中国社会科学院拉丁美洲研究所经济研究室助理研究员。

反对派的关系不稳定也损害了政府的执行力。钦奇利亚总统试图推动的全面财政改革两次搁浅，而这项改革被认为是本届政府最重要的一项议程。2012年5月执政党民族解放党（PLN）与左翼的全民皆入党（PASE）和中右翼的基督教社会团结党（PUSC）进行了一项权利分享安排，使其获得了在立法大会中的微弱多数，但是最近几个月钦奇利亚一直在为通过立法而努力。这种情况很可能要持续下去，因为大多数政党都在为2014年的大选摩拳擦掌，因此不大可能与政府妥协。

（二）解决财政问题仍是本届政府改革议程的核心，但进展缓慢

财政问题始终是钦奇利亚政府改革议程的核心，鉴于目前形势政府需要巩固公共财政，为社会政策和国土安全支出提供长时期的资源保障。财政改革本应提供约占GDP1.5%的收入，而这部分收入的损失目前只有通过引入一系列新的财政措施得到弥补，例如在未来4年共发行40亿美元的欧洲债券，通过内债转外债的方式降低成本、缓解财政赤字。但是，一些结构改革可能更加棘手，例如近期一项新的劳动力市场法案被钦奇利亚部分否决，被退回立法大会进行进一步辩论。总体而言，虽然政治体制稳定，但是立法环境的高度不稳定将对政府执行力造成负面影响。

（三）尽管政绩不尽如人意，民族解放党仍可能赢得2014年大选

根据2012年9月一家区域政治咨询公司所做的民意调查，尽管哥政府的支持率处于历史最低水平，但是执政党民族解放党仍将赢得2014年大选。其原因并不在于民族解放党具有多大优势，而是由于反对派陷于内部混乱和分裂，其中任何一个尚不足以单独成功挑战民族解放党的地位。领衔民族解放党总统参选人的是首都圣何塞市市长约翰尼·阿拉亚（Johnny Araya）。他领先竞争对手罗德里格·阿里亚斯（Rodrigo Arias）的优势逐渐扩大。由于前总统何塞·玛利亚·菲格雷斯·奥尔森（José María Figueres Olsen，1994~1998年）最近宣布退出竞选，因此，将党内提名竞争留在了阿拉亚和阿里亚斯之间。中左翼的公民行动党是哥斯达黎加第二大政党，但其颇具威信的总统参选人奥通·索利斯（Ottón Solís）是否会第三次参加竞选还存在疑问。右翼的自

由运动党奥托·格瓦拉（Otto Guevara）已经宣布再次竞选总统。而基督教社会团结党尚未从一系列腐败丑闻中恢复元气。总体而言，任何一个反对党都不足以单独抗衡民族解放党，因此，他们正在考虑组成竞选联盟。但是，由于反对派意识形态各异，组成联盟在实践中会很困难。

二 经济形势

（一）经济稳中有升，通胀保持低位

2012年哥斯达黎加经济增长呈现"前高后低"的走势。上半年经济同比增长6.5%，下半年增长有所放缓，但拉美经委会预计全年经济增长将达5%，比2011年（4.2%）增加0.8个百分点，是自2007年以来增长最快的一年。① 但是，外部风险依然存在，例如美国经济复苏缓慢，欧债危机的反复增加了欧洲经济的不确定性。从需求方面看，私人消费增长保持稳定；由于对支出和雇佣施加自我约束机制，政府消费增长趋缓。鉴于政治和商业环境具有吸引力，以及电信、保险及能源部门开放市场，固定投资保持强劲增长态势。从供给方面看，工业和服务业受惠于"多米尼加—中美洲自由贸易协定"，保持稳定增长。通货膨胀率预计为4.7%，与2011年持平，比2010年（5.8%）下降1.1个百分点。② 尽管5月份开始征收香烟税从而推高了烟类价格，但是全年的通胀率依然处于央行预定范围内（4%～6%）的低端。

（二）双赤字延续，财政改革势在必行

2012年哥财政赤字依然严重。9月份财政赤字占GDP的比重为3.2%，与2011年9月相比没有发生变化，这主要得益于财政收入和支出同比例增长（9.7%）。从收入方面看，1～9月最大的增长来源是所得税，同比增长

---

① CEPAL, *Balance Preliminar de las Economías de América Latina y el Caribe 2012*: Costa Rica, Santiago de Chile, 2012, p. 2.

② CEPAL, *Balance Preliminar de las Economías de América Latina y el Caribe 2012*: Costa Rica, Santiago de Chile, 2012, p. 2.

12.2%；从支出方面看，最大的增长来源是转移支付，同比增长13.1%。拉美经委会预计，2012年中央政府财政赤字占GDP比重为4.5%。从结构角度看，哥斯达黎加财政的瓶颈约束在于税收基础薄弱。此外，无论是按绝对值还是相对值衡量，2012年上半年经常账户赤字都有所扩大。赤字增加的主要原因还是商品贸易赤字显著增加。根据哥斯达黎加中央银行统计，1～6月出口增长（13.3%）略快于进口增长（12.1%），但是贸易赤字仍达到24亿美元，同比2011年增加2亿美元。

（三）推动改革进程，财政货币政策调整

得益于较完善的制度、政策可预期性以及对私人投资的欢迎态度，哥斯达黎加的商业环境保持相对友好。但是，短期内政府面临世界经济放缓和国内财政改革缓慢的挑战。从财政政策方面看，由于更加全面的税收改革尚未被批准，因此政府只能继续通过实施零碎的财政措施来弥补收入的减少。最近立法大会允许政府在未来4年发行总计40亿美元的欧洲债券，这将有助于以低于国内银行体系的成本进行融资，而且也可能会降低名义利率。但是，仅靠这些措施还不足以在短期内显著降低财政赤字。从货币政策看，中央银行已经承诺在中期内转向一个更加灵活的汇率制度，而且也向通货膨胀目标制过渡。2012年货币政策相对宽松，这是为了支持外部需求萎缩情况下的经济增长，并阻止货币大幅升值。鉴于2012年通胀压力处于较低水平，因此货币政策操作空间较为灵活。

（四）公共投资骤减，影响国际竞争力提高

落后的基础设施建设是阻碍哥斯达黎加国际竞争力提高的瓶颈。根据最新公布的《2012年营商环境报告》，哥斯达黎加在183个国家中排名靠后，仅位列第121位。近3年来由于政府削减资金，哥斯达黎加公共投资骤减。2012年第一季度用于新建和维修公共设施的资金较2010年同期下降30%。公共投资骤减主要是由政府的财政赤字引起的。由于政府工作人员的薪金和退休金增幅高于税收增幅，财政赤字日益严重，政府决定削减财务支出预算，而基础设施投资的预算是唯一减少的支出。从长期看，削减基础设施投资开支会影响经济发展的潜力，最终将影响国际竞争力的提高。此外，政府持有

大量本应用于基础设施投入的资金,却因使用计划不周或行政手续复杂而没有发挥实际的效用。

三 社会形势

(一)贫困率有所下降,但失业率仍居高不下

国际金融危机之后哥斯达黎加经济恢复增长,但其贫困和赤贫状况依然没有实质改善。根据全国家庭调查,2012年贫困率(贫困家庭占所有家庭比重)达到20.6%,比2011年(21.6%)下降1个百分点。但赤贫率仅下降0.1个百分点,从2011年的6.4%降至2012年的6.3%。① 两个指标变化都不显著。同时,失业率也居高不下。根据国家统计普查局公布的持续就业调查数据,自2011年下半年以来,哥斯达黎加新增了19万个就业岗位,但是失业率仍居高不下,2012年下半年高达10.2%。拉美经委会预计,2012年哥斯达黎加城市公开失业率为7.8%,比2011年上升0.1个百分点。②

(二)劳动者收入下降,收入不平等恶化

2012年第二季度劳动者收入月均大约为740美元,与2011年同期相比下降3.3%,与2012年第一季度环比下降1.1%。导致这种下降趋势的原因主要是私人部门收入较低,特别是私营雇主和自我雇佣者。私人部门下降7.8%,而公共部门收入却上升12%。从部门角度看,收入下降最大的部门是服务业,特别是零售和批发贸易、酒店餐饮行业以及金融和保险业。交通运输、卫生教育、通信和建筑业等部门的收入也有不同下降程度。制造业收入走势大致与整体趋势一致,同比下降3.4%。根据公共政策研究机构的最新数据,哥斯达黎加基尼系数从2010年的0.508增至2011年的0.515。最富20%的人口所获收入是最穷20%的人口所获收入的18.2倍。

---

① EIU, *Country Report: Costa Rica*, December 2012, p. 26.
② CEPAL, *Balance Preliminar de las Economías de América Latina y el Caribe 2012: Costa Rica*, Santiago de Chile, 2012, p. 2.

(三)强震未造成重大伤亡和经济损失

2012年9月5日,哥斯达黎加西海岸瓜纳卡斯特省的萨马拉区发生7.6级地震,震源深度40.8公里,震中距首都圣何塞140公里,圣何塞有强烈震感。但是,强震未造成重大伤亡、财产及基础设施损失。地震专家认为,这次灾情轻微的原因在于,地质结构优势及当地防震意识较强,均使地震破坏程度有所减轻。2012年10月23日,哥斯达黎加西部瓜纳卡斯特省尼科亚半岛发生6.2级地震。震中距首都圣何塞约136公里,震源深度9公里。2012年12月12日,哥斯达黎加首都圣何塞以西35公里的地方发生4.5级地震,震源深度为10.1公里,未闻伤亡消息。由此可见,作为地震频发的国家,哥斯达黎加政府应对灾情能力和机制面临长期考验。

(四)联手打击毒品犯罪成为中美洲国家面临的紧迫任务

在北美洲及南美洲国家军队的重磅打击之下,国际贩毒集团的活动正在向中美洲转移,警力薄弱、密林遍布的哥斯达黎加等中美洲国家成为毒品走私北运的中转站。根据宪法,哥斯达黎加没有军队,全国缉毒警察仅有500人,无法对毒品走私进行大规模军事打击。毒贩们不但在国家公园中藏匿并运送毒品,甚至在树林里种植大麻,而且种植面积越来越大。鉴于毒品交易和有组织犯罪正在使中美洲变成世界上暴力活动最猖獗的地区,2012年8月在中美洲一体化体系首脑会议上,中美洲各国达成共识,将联手打击跨国贩毒和有组织犯罪活动。因此,联手加强区域安全战略,消除威胁社会治安的不稳定因素,将是中美洲各国面临的紧迫任务。

四 外交形势

(一)通过签署自由贸易协定发展对外关系

哥斯达黎加一直坚持开放的贸易政策,在旅游、制造业、服务业和基础设施领域积极吸引外国投资。同时它也寻求出口市场多元化战略,尤其加强与亚洲国家的合作,这主要体现在一些重要的自由贸易协定签署上。例如,2011年8月1日,《中国—哥斯达黎加自由贸易协定》正式生效。2010年4月、2011年5月哥斯达黎加分别与新加坡和秘鲁签订自贸协定。2012年8月9日哥斯达黎加议会国际事务委员会通过中美洲五国与墨西哥签订自贸协定,并决定将该协定送交议会全体大会批准。目前,哥斯达黎加正在与韩国进行自由贸易谈判。

2012年6月29日,中美洲一体化体系在洪都拉斯举行峰会。与会期间,中美洲国家代表与欧盟贸易秘书在洪首都特古西加尔巴正式签署中美洲与欧盟合作伙伴协议。这项协议确定了中美洲各国与欧盟之间的自由贸易关系,哥斯达黎加出口到欧盟国家的一些农产品,如菠萝、甜瓜和活性植物等,将在免关税的优惠条件下大幅增加。由于存在"多米尼加—中美洲自由贸易协定"(DR-CAFTA)以及美国在哥斯达黎加高技术部门有大量投资,哥斯达黎加一直与美国保持着良好的双边关系。

(二)与中国经贸关系快速发展

2012年是中哥建交5周年。5年来,两国政治互信不断加深,政府、政党、立法机构等高层往来密切。两国经贸合作富有成果。2011年双边贸易额达47.28亿美元,同比增长24.6%,比建交前的2006年增长120%。2012年前9个月,双边贸易额突破46亿美元,同比增长近47%,中国已成为哥斯达黎加第二大贸易伙伴。2011年8月中哥自由贸易协定正式生效,为两国深化经贸合作开辟了广阔前景。双方在联合国改革、气候变化、可持续发展等重大国际和地区问题上密切配合,共同维护了广大发展中国家的权益。①

(三)与邻国的领土争端仍然是不稳定因素

哥斯达黎加与其北部邻国尼加拉瓜的关系因为边界争端一度非常紧张。2011年12月22日,尼加拉瓜曾向国际法院递交起诉书,控告哥斯达黎加采取单方面行动,在两国边界、紧靠圣胡安河南岸修建一条长达至少120公里的

---

① 贾庆林:《在哥斯达黎加立法大会全会上的演讲》,中央政府门户网站,http://www.gov.cn。

新路,称这侵犯了其国家主权,同时对环境造成严重破坏。目前两国关系缓和,恢复至正常状态,但分析人士指出,因对尼加拉瓜总统奥尔特加的"不信任",边界争端仍然是两国关系发展中的不稳定因素。

展望2013年,受欧债危机反复以及美国经济低迷等外部不利因素的影响,哥斯达黎加经济增长减速,拉美经委会预测将降至3.5%。钦奇利亚政府将继续面临公众支持率低以及与反对派关系紧张的政治环境,这将使其改革议程的推动面临挑战。尽管支持率低,但由于反对派内部分裂,执政党民族解放党仍将可能赢得2014年大选。此外,解决贫困、失业和收入不平等问题仍是社会政策的重心。在对外关系上,除继续推动以自由贸易协定促经济增长,哥斯达黎加与邻国尼加拉瓜的关系仍将受到边界争端的影响。

(柴瑜　审读)

Costa Rica

Zhang Yong

Abstract: The Chinchilla government faced lower public support despite the political stability in 2012. The government could only make up for the decrease in income by implementing piecemeal fiscal measures due to failure to pass a more comprehensive tax reform. However, these measures alone were not sufficient to reduce fiscal deficit significantly in the short term. The economic growth reached 5% in 2012. But fiscal deficit and current-account deficit were still high. The poverty rate decreased slightly while the unemployment rate increased. The income inequality was still the focus of social policy. Regarding international relations, the government insisted on diversifying strategy and promoted economic growth by signing FTAs with several countries. The economic growth is predicted to decrease slightly in 2013 affected by the adverse external condition.

Key Words: Chinchilla; General Election; Fiscal Deficit; Unemployment Rate

Y.24
尼加拉瓜：总统权力集中趋势明显

李菡[*]

摘　要：

　　2012年，奥尔特加总统宣誓就职，实现连任。执政党桑解阵在11月全国市政选举中以绝对优势获胜，执政地位进一步巩固。反对党之间存在诸多分歧，没有形成巩固的联盟。受全球经济不稳定产生的不利影响，尼加拉瓜经济增长减速。政府采取社区警务模式，公共安全得到显著提升。尼加拉瓜与委内瑞拉保持紧密联系，与哥伦比亚因岛屿主权争端存在冲突，与美国和欧盟的关系也有待加强。

关键词：

　　奥尔特加　桑解阵　跨洋运河计划　公共安全　岛屿主权争端

一　政治形势

　　2012年1月，尼加拉瓜总统奥尔特加宣誓就职，实现连任，任期5年。执政党桑解阵成为议会第一大党，议席由38个增至63个，占多数优势（共设92个议席）。2012年，奥尔特加的政治议程集中在加强对最高选举机构和最高法院等公共部门的控制，同时继续加强对桑解阵的控制。这些举措都有利于奥尔特加推动议会通过各项法律，总统权力集中的趋势更加明显。

　　奥尔特加已经开始谋求再次连任总统。议会正式通过了2009年最高法院裁定宪法禁止总统连选连任的条款无效的法令。这为奥尔特加实行宪法改革，谋求获得无限期连任扫清了法律障碍。9月，第一夫人罗萨里奥·穆里略

---

[*] 李菡，中国社会科学院拉丁美洲研究所助理研究员，主要研究领域为拉美社会和文化。

（Rosario Murillo）在参加支持桑解阵候选人的活动时，表示"我们已在准备2016年的全国大选"，"总统奥尔特加要赢得2016年大选"。对此，最高法院表示支持。反对党认为此举已不存在法律障碍。非政府组织"建立民主"（Hagamos Democracia）机构认为奥尔特加的连选将会阻碍新一代领导人的产生。

奥尔特加通过修改选举法增强执政党的地方基础。5月，议会通过奥尔特加提交的尼加拉瓜选举法和市政法修改法令。法令修改内容包括153个城市的市政委员会席位从2178个增至6534个。市政选举候选人需有半数为女性。11月，尼加拉瓜举行全国市政选举，选出市长、副市长和市政委员。主要参选政党有桑解阵、独立自由党、制宪自由党、保守党及尼加拉瓜自由联盟。根据最高选举委员会公布的结果，桑解阵在134个城市获胜，4个反对党在19个城市获胜。桑解阵得票率为67%，独立自由党为21%，制宪自由党为8.5%。在首都马那瓜，现任市长、桑解阵成员戴西·托雷斯获得连任，得票率达到83%。2008年举行的全国市政选举中，桑解阵获胜城市为109个。

执政党和反对党之间矛盾愈演愈烈。从2011年全国大选到2012年全国市政选举，反对党一直要求议会重新选出最高选举委员会委员和最高法院法官，但执政党未给予回应，为此，反对党一些成员宣布放弃参加市政选举。上述两大机构的官员在2010年已任满，因执政党和反对党就候选名单存在分歧，总统奥尔特加宣布这些官员获得连任，选举一再推延。2012年，桑解阵凭借议会多数优势否决反对党提出的选举要求。最高选举委员会和最高法院的官员继续任职。因此，最高选举委员会的合法性备受质疑。

市政选举结果进一步加剧朝野双方的矛盾。反对党认为选举存在诸多违规行为，比如一人多次投票，或未经登记投票，以及用死者名字投票，甚至不计或更改投票结果等。非政府组织"民主与发展"机构表示在其选举监督的110个城市存在舞弊行为。比如一些人未经登记非法投票或投票者名单没有记录登记者。此外，争论点还有弃票率。最高选举委员会指出投票率为57%，弃票率为43%，然而"民主与发展"机构表示弃票率高达55.4%。相较于2008年，这次市政选举的选民人数减少了97617人。选举结果引发了反对党支持者的抗议，并在一些城市造成暴力冲突。

反对党之间存在诸多分歧,没有形成巩固的联盟。独立自由党作为主要反对力量,主要由一些民间组织、"支持爱德华多运动"(el Movimiento Vamos con Eduardo)、独立自由党和桑地诺革新党组成。在与桑解阵商讨最高选举委员会人选和参加市政选举等方面,党内存在诸多分歧,主要领导人爱德华多·蒙特亚莱格雷(Eduardo Montealegre)无法协调党内分歧,获得一致认同。制宪自由党为争夺党内领导人职位导致势力分散,自阿莱曼之后至今没有产生一个有力的领导人。此外,反对党之间的竞争多于合作。在11月的全国市政选举中,独立自由党希望借此次机会击败制宪自由党,而制宪自由党虽然存在党内分歧,但仍希望继续保存和扩大势力。主要反对党的分歧导致在一些城市的选票被分散,反而使得桑解阵获胜。因此,独立自由党和制宪自由党分别仅在13个城市和2个城市获胜。

执政党和教会之间的矛盾也在加剧。9月,尼加拉瓜天主教召开主教会议并发表声明谴责桑解阵政府"专制"和反对党缺乏政治纲领和政治远见。会议指出尼加拉瓜的政治生活已被专制和权力滥用主导。这主要表现为权力过度集中,政府操控司法和立法等国家权力机构,违反法律基本原则。同时,反对党势力薄弱归因于反对党之间因个人野心和权力斗争而起内讧,无法产生新的领导人,也无法提出政治战略和国家计划。主教们呼吁国家政治体系的重新运作,以宪法和法律为基础行使权力。这次会议强调选民应评估候选人提出的竞选纲领,并指出最高选举委员会缺乏信任度和透明度。尼加拉瓜副总统、桑解阵成员奥马尔·哈耶斯雷文斯(Omar Halleslevens)则认为政府在为实现尼加拉瓜繁荣而努力。

二 经济形势

2012年,尼加拉瓜经济增长减速,其增长率为4%,[①] 较2011年(5.5%)下降了1.5个百分点。尼加拉瓜国内市场狭小,其经济主要依赖外

---

① 除特别说明外,经济形势中的数据均引自 CEPAL, *Balance Preliminar de las Economías de América Latina y el Caribe 2012*, diciembre de 2012。

部需求。由于美国经济恢复动力不足以及全球经济仍处于不稳定状态,该国面对外部需求持续下降的不利环境,其经济增速随之减缓。根据拉美经委会预测,2013年,尼加拉瓜经济增长率为4.5%。

11月,政府向国民议会提交税收改革方案,其主要目的是稳定公共资金和改善税收体系的公正性。2012年9月,非金融公共部门的总收入和税收收入分别增加13.7%和16%,与2011年同期相比增幅下降。前9个月,经常性支出占中央政府总支出的比例为82%。政府的减贫支出共计161.28亿科尔多瓦,占非金融公共部门支出的42%,比2011年增加10%。2012年前三个季度,公共债务占GDP的比例为54%,其中政府债务、中央银行债务和非金融公共部门债务各占57.9%、40.8%和1.3%。

渔业和金融业是最具活力的部门,对经济增长贡献较大。渔业部门增长率从2011年的2.7%上升到2012年的32%,原因是有利的气候条件使得对虾养殖业产量大增。2010和2011年,金融业产值分别下降了8.4%和0.5%;2012年,金融业恢复增长,增长率为9.9%。但工业增长率减缓至4.3%。

尼加拉瓜是拉美和加勒比地区最贫穷的国家之一,经济发展严重依赖外援。该国获得外部援助的重要来源是委内瑞拉。2012年6月,委内瑞拉向尼加拉瓜提供援助4亿美元。公共部门获得多边金融组织的贷款和赠款共计2.417亿美元,比2011年增加4750万美元。

2012年尼加拉瓜出口和进口均保持增长,前9个月出口增长约15.3%,进口增长约12.9%。出口市场多元化是该国实现出口增长的主要原因。美国和委内瑞拉是尼加拉瓜的主要出口对象国,分别占该国出口总值的29.1%和15.2%。此外,欧洲、智利、中国和韩国的进口需求也不断扩大。石油进口费用和资本货进口额增加是导致进口额上升的主要原因。

侨汇收入进一步增加。2012年,同比增长12%,增幅高于危地马拉和萨尔瓦多等拉美其他侨汇汇入国。主要原因是来自哥斯达黎加的侨汇收入增加25%。美国仍然是尼加拉瓜最大的侨汇汇出国,约占侨汇收入总额的55.7%。侨汇对弥补经常项目赤字具有重要作用。2012年,经常项目赤字8.5亿美元,占GDP的16.5%,比2011年下降1.3%。中央银行继续保持本币科尔多瓦名义贬值率为5%。通货膨胀率为6.5%。

外国直接投资是尼加拉瓜主要的融资来源。2012年，该国吸引外国直接投资8.5亿美元，主要投资国为美国、巴拿马和墨西哥，分别占投资总额的36.8%、26.5%和11.8%，① 主要集中在矿业、电信业和商业银行。

近几年，政府为提振经济，关注基础设施建设，尤其重视推动电力生产和运河建设。2012年4月，尼加拉瓜能源和矿业部开始在国家西部建设一个1.38MW的光伏项目。该项目是中美洲最大的光伏项目，对减轻尼加拉瓜对地热能的依赖和实现清洁能源计划具有重要意义。7月，议会批准了政府提交的一份跨洋运河修筑草案，计划开凿一条连通太平洋和大西洋、全长约220公里的运河以刺激该国经济增长。该计划主要寄望于通过国际投资来实施。运河计划对解决当地就业、运营运河收入和节省运输费用具有重要意义。

三 社会形势

2012年，尼加拉瓜政府加大了对卫生和教育部门的支出。国家在卫生和教育领域的预算比上年分别增加430万美元和300万美元。在卫生方面，近几年尼加拉瓜登革热疫情不断发展，政府加大措施控制疫情。据尼加拉瓜卫生部报告，2012年年初以来，登革热疫情在该国多个省蔓延，患者总数从1146人增至4774人。为此，政府发起了五轮大规模防治行动，除2万名卫生医务人员外，大批警察、军人和民政人员也积极参与。在教育方面，2012年1月，世界银行批准了"第二个支持教育部门项目"，通过"特别投资贷款"的方式，帮助尼加拉瓜发展初等教育。该项目投入经费总额为3295万美元，其中尼加拉瓜政府提供795万美元。主要目标是提高尼加拉瓜自治市初等教育学校学生的保留率和提高国家初等教育水平。同时，为加强学生的硬件设施，尼加拉瓜"为每个学生配台电脑"组织与教育部合作，为数千名学生配备电脑。目前，全国共有150所学校的17000名学生领到手

---

① *Boletín Económico II Avance 2012*, Banco Central de Nicaragua, octubre de 2012, http://www.bcn.gob.ni/publicaciones/trimestrales/boletin/economico/2012/BoletinEconomico2doavance2012.pdf.

提电脑。

随着经济恢复增长和社会计划的实施，尼加拉瓜的失业率不断下降。2012年前三个季度，失业率从6.6%下降到5.7%。同时，女性就业率明显上升，就业增长率为8.9%。农村地区的就业增长率达到14.1%。[①] 就业率的上升与政府扩大社会支出、推动生产和劳动计划以及一系列社会计划相关。2012年，社会支出占全国总预算的55%。政府不仅扩大社会保障体系，同时在农村继续实施农产品生产计划和农村发展计划，其中包括零饥饿运动、零利息贷款计划和超额生产奖金计划，以及建立农村合作社等。这些计划都有助于促进农村劳动力参与生产，增加农产品和服务产品的产量。随着就业率上升，正规就业人数明显增加。贫困家庭收入增加，社会贫困状况有所改善，有力地拉动了内需。

尼加拉瓜在发展绿色能源、节能减排等方面走在拉美国家前列。据美洲开发银行第53届年会发布的报告，尼加拉瓜在生产绿色能源领域仅次于巴西，在拉美位居第二。2006～2010年，尼加拉瓜在可再生能源生产领域投资11.3亿美元，其中包括50%地热能源、34%风能、10%小型水电和6%生物燃料。2011年，政府在地热能和风能分别增投1.17亿美元和9500万美元。2012年，该国实现了40%的能源来自于可再生资源。同时，政府支持私营部门投资可再生能源，减少对进口石油的依赖。6月，副总统奥马尔·哈耶斯雷文斯在世界环境日发表演讲时表示，政府在南大西洋兴建的水电工程将在2016～2017年启动，届时该国80%以上的用电由可再生能源提供。9月，国民议会通过"保护生物多样性及其可持续使用"法，目的是保护动植物多样性。

尼加拉瓜的公共安全得到显著改善。2011年，尼加拉瓜的凶杀率为每10万人12起，低于拉美平均水平（每10万人26起）。尼加拉瓜公共安全性的提高主要归功于国家采取社区警务模式。这种具有预防性的模式是通过社区推动法律的实施。国家警察总署在全国社区和农村地区发起全国思考行动，在社区

---

① "Ocupación Continúa Creciendo y Tasa de Deocupación Abierta Desciende, en 2012," 14 de noviembre, 2012, http://www.elpueblopresidente.com/realidades/13522.html.

中传播公共安全知识并建立委员会。这些措施有利于市民参与到公共安全防范体系，为全国警务计划的实施建立基础。

四　外交形势

2012年，奥尔特加政府仍采取比较务实的外交政策，加强与拉美国家的合作。积极参与美洲玻利瓦尔联盟，推动一体化进程。奥尔特加参加第11届美洲玻利瓦尔联盟峰会，并表示将把本国一部分国际货币储备存入美洲玻利瓦尔银行。在双边合作领域，加强与阿根廷的关系，1月两国签署合作协议，包括20多个双边合作项目，涉及农牧业和能源等领域。两国还表示，将通过南共市和中美洲一体化体系进一步推动合作。在对外经贸合作领域，尼加拉瓜签署或加入多个自由贸易协定，以拓展国际市场和吸引外国投资。例如，尼加拉瓜与智利签署自由贸易协定议定书于10月19日正式生效。尼加拉瓜参与的中美洲五国与墨西哥自由贸易协定于9月正式生效。

尼加拉瓜和委内瑞拉继续保持紧密关系。自奥尔特加在2007年就任总统以来，委内瑞拉每年向该国提供约5亿美元的资金援助，共约25.594亿美元。援助项目包括石油、商业、能源和基础设施等。目前，委内瑞拉正在帮助尼加拉瓜兴建一座大规模炼油厂，用于提炼委内瑞拉石油，现已投资9200万美元修建一条通往油厂的高速公路。

尼加拉瓜与邻国哥伦比亚存在摩擦和冲突。根据海牙国际法庭在2007年的裁决，圣安德烈斯群岛3个较大岛屿的主权属于哥伦比亚，两国于1928年签署的条约有效，但就圣安德烈斯群岛中的7个岛屿及逾万平方公里的领海主权，双方存在争议。2012年11月，海牙国际法庭作出最终裁决，7个岛屿的主权归哥伦比亚，同时重划两国海上边界，哥伦比亚可获有关岛屿周围半径约20公里的海域主权，群岛以北及以南部分海域划归尼加拉瓜，而尼加拉瓜的海上边界则可向东扩大，该国的经济专属区面积大幅增加。尼加拉瓜对此裁决表示接受。但哥伦比亚对此强烈反对，认为这与1928年两国签订条约中领海疆界为西经82度的规定不符，并声明将通过其他法律途径要求重新判决。

尼加拉瓜和美国的关系未得到改善。美国指责奥尔特加连任是民主的倒退，并指出桑解阵在2012年市政选举中存在诸多违规行为，选举缺乏透明度。自2008年市政选举以来，美国一直力图通过多边机构或本国直接暂停对尼加拉瓜的各项援助，其中包括"千年挑战账户"。2012年，美国提出将重审对尼加拉瓜的援助和多边贷款。6月，美国拒绝续签财政透明协议，这意味着尼加拉瓜无法在2013年获得美国提供的300万美元援助。奥尔特加政府认为美国的做法是干涉尼加拉瓜内政。4月，奥尔特加拒绝参加美洲峰会，公开批评美国阻止古巴参加峰会。此外，尼加拉瓜表示虽与美国联合反毒和打击有组织犯罪，但本国付出高昂代价。在经贸领域，尼加拉瓜保持与美国合作，继续实施《中美洲—多米尼加—美国自由贸易协定》。

尼加拉瓜长期与欧盟保持密切关系。欧盟是中美洲重要的贸易伙伴。2012年6月，尼加拉瓜作为参与国，正式签署了中美洲5国—巴拿马与欧盟的自由贸易协定。除经贸合作以外，11月，欧盟提供800万美元帮助尼加拉瓜发展旅游业。开发尼加拉瓜太平洋沿岸的火山旅游路线。尼加拉瓜旅游局表示，旅游业逐渐成为本国的重要收入来源。作为唯一获得该项投资的国家，此项投资有利于本国中小旅游企业的发展和提高旅游收入。

（宋晓平　审读）

Nicaragua

Li Han

Abstract: In 2012, Ortega started his third term as Nicaraguan President. The ruling party Sandinista won the majority in the municipal elections, which consolidated his power. As a result of discrepancies, the opposition parties failed to form a coalition. With adverse impact of international economy, Nicaragua experienced lower economic growth. The community security model implemented by the Ortega government has greatly improved public security. Nicaragua maintained its close relationship with Venezuela, but produced some dispute with Colombia over the sovereign of islands. Nicaragua-US relations and its relations with EU are also to be strengthened.

Key Words: Ortega; Sandinista; Transoceanic Canal Plan; Public Security; Sovereignty Dispute over the Islands

Y.25
洪都拉斯：各党备战大选，经济形势稳定

杨志敏*

摘　要：

　　2012年，洪都拉斯政局平稳。即将到来的2013年大选是国内关注的焦点。由于前总统塞拉亚领导的新左派政党的加入，将一改由国民党和自由党两党垄断大选的格局；经济形势稳定，估计年均增长率为3.5%。暴力犯罪依然是社会顽疾。361名犯人丧生监狱火灾事件，成为全球近百年来类似灾难中死者最多的一起。美国依然是其对外关系的重点。同时，它与中美洲邻国以及委内瑞拉的关系进一步加强。

关键词：

　　总统大选　经济稳定增长　监狱火灾　代表处

一　政治形势

　　发生于2009年的那场政变过去3年之后，对于洪都拉斯来讲，重修其与国际社会的关系和重新获得国际多边融资等已经不是其主要任务，但是洛沃总统依然面临如何加强政治制度的信誉、打击犯罪、阻止政治环境的进一步分化等诸多影响政府治理能力的挑战。尽管，洛沃总统受益于国内稳定的经济形势和国际社会的认可，但因执政党内部的分歧以及总统与司法机构的敌对行为损害了其政治计划。

---

* 杨志敏，经济学博士，中国社会科学院拉丁美洲研究所经济室副主任，研究员。

由洛沃总统领导的国民党,虽秉承了保守的立场,但由于积极致力于发展社会议程,与该党拥护者和工商界人士的紧张关系时有发生。最近,政府与司法部门还出现了对抗的事件。其中,一些本来已经通过立法部门批准的政府财政计划却被司法部门否决。由于一度出现的失业率上升和就业不充分等问题,不仅诱发犯罪率的提升,也使洛沃总统推行的政策成效大打折扣。好在不同党派和民众就政府出台的与安全相关的措施达成了广泛共识。政府面临的一项严峻挑战是如何限制一些势力强大的公共部门的固有特权,其中包括教师工会和公共养老基金组织。2012年,由于通过期待已久的改革,这两个组织的影响力都受到了限制。洪都拉斯政府认为有必要采取更有效的措施以打击犯罪以阻止普遍存在的警察腐败、军队干涉警务和侵犯人权问题。最近,洪都拉斯一所监狱发生火灾,导致361名犯人丧生的惨剧,引发国内外的高度关注。

当前,洪都拉斯政治的焦点是即将到来的2013年大选,大多数政党已经开始投入到备选状态。虽然,国民党和自由党依然是2013年大选的主要角逐者,但是由于洪都拉斯出现的政治分化现象,将使本届大选一改由这两大传统政党独占的局面,而新生的政党将加入竞争。其中,最为引人关注是由前总统塞拉亚领导的"自由融合党"的加入,预计该党将获得激进左翼势力的支持。

2012年,对于执政的国民党,可谓党内危机持续不断。矛盾在于洛沃总统支持的党内候选人是现任的议长胡安·奥兰多·埃尔南特斯,而党内其他派别却支持另外两位候选人,一位是首都特古西加尔巴的市长里卡多·阿尔瓦莱斯;另一位是政府前公共事务部部长米格尔·帕斯托。与此同时,在野的自由党正倾力打造一个温和的中左形象,其两位强有力的候选人分别是毛里西奥·比列达和亚尼·罗森特尔。对于自由党来讲,预计此次大选将不得不与新成立的左翼政党——自由融合党,分享来自左派支持者的选票。据悉,自由融合党初步推出的候选人是前总统塞拉亚的夫人,而正式的候选人将会在2012年年底由党内选举产生。不过,由于塞拉亚在保守派和中左阵营缺少支持的根基,该党难以获得一个更广泛的支持。

尽管国内存在分歧,但由于执政的国民党在议会中具有多数席位优势,这有助于洪都拉斯政府执行2010年与国际货币基金组织签署的协议。正是由于

该协议对财政不足问题的有力关注,洪都拉斯的宏观经济和货币稳定获得了极大的改善。①

二 经济形势

据估计,2012 年洪都拉斯的年经济增长率约为 3.5%,尽管略低于 2011 年 3.6% 的水平,但仍然高于 2012 年拉美地区 3.1% 的平均增长率。总体来讲,洪都拉斯经济保持了稳定的态势,这主要得益于持续的内需和外需,尤其是投资的拉动作用。其主要经济指标见表 1。

表 1 2010～2012 年洪都拉斯主要的经济指标

指标	2010 年	2011 年	2012 年[a]
年均增长率(%)			
GDP	2.8	3.6	3.5
人均 GDP	0.7	1.6	1.5
消费价格指数	6.5	5.6	5.7[b]
货币供应量(M1)	5.2	17.7	4.7[c]
实际有效汇率[d]	-1.3	-1.0	-1.9[e]
贸易条件	2.7	8.4	-7.6
年度平均值(%)			
城镇失业率	3.9	4.3	—
中央财政收支余额/GDP	-4.8	-2.9	-2.9
存款利率	4.5	4.8	6.6[f]
名义贷款利率[g]	18.9	18.6	18.3[f]
金额(百万美元)			
商品和服务出口额	7087	8823	8624
商品和服务进口额	10076	12455	12479
经常账户	-836	-1498	-1623
资本和金融账户[h]	1404	1562	1668

注:a 为初步估计值;b 为 2012 年 10 月之前的 12 个月变化值;c 为 2012 年 1～9 月与 2011 年同期的平均值比较情况;d 为负值表明货币实际升值;e 为 2012 年 1～10 月与 2011 年同期的平均值比较情况;f 为 2012 年 1～10 月平均值;g 为利率的加权平均值;h 为包括错误和遗漏项。

资料来源:CEPAL, Balance Preliminarde Las Economíasde América Latinayel Caribe 2012。

---

① EIU, Country Report: Honduras, August 2012.

2012年2月,为解决国内面临的一些问题,洪都拉斯在签署"国家协议"方面取得了进展。不过,在经济增长放缓和难以满足社会需求的情况下,各方对于如何改善公共财政还缺乏共识。2012年,洪都拉斯还在两项重要的财政改革方面达成了共识,其中一个是《人口保障法》;另一个是《所得税反逃税办法法》。

预计,2012年洪都拉斯中央政府的财政赤字可控制在相当于国内生产总值(GDP)4.6%的水平以内。其中,收入增长慢于预期,而且所得税反逃税法的实施因面临一些法律挑战而变得复杂。截至2012年7月,洪都拉斯中央政府的收入比上年同期高出8%,而同期净支出增长了20.4%,财政赤字相当于GDP的5.3%,明显高于上年同期3.9%的水平。为应对预算困境,8月,洪都拉斯出台了财政和金融紧急状态法,禁止公共部门额外雇用员工,并规定2012年削减12亿(伦皮拉)的开支。此外,还出台多项改善收入的措施。在公共债务方面,截至2012年第三季度末,洪都拉斯的公共债务规模达到相当于GDP的34%的水平,其中43%的债务为内债。

2012年,洪都拉斯中央银行采取了较为紧缩的货币政策。继1月利率被提高到6%之后,5月再次被调高到7%的水平。鉴于存在通胀压力,2012年的经济增长与2011年较为相似,预计全年不会出现大的变动;私人部门信贷持续增长,增速超过2011年同期的水平,并于11月份达到15.8%,而2010年12月至2011年12月增长率为10.3%。2012年1~11月,在存款利率上涨的同时,贷款利率也增长了13%左右;自2011年8月洪都拉斯货币伦皮拉呈现轻微升值以来,至2012年10月,已经累计名义升值了4.9%。

据统计,2012年6月洪都拉斯的经济活动月度指数(IMAE)为4.8%,而上年同期为5.7%,这意味着从年初以来经济增速持续下滑。截至8月的数据显示,与上年相比,大部分经济活动尤其是制造业、邮电和通信业的增速下降明显。

在通货膨胀方面,2012年10月,洪都拉斯的通货膨胀率为5.7%,低于上年同期0.2个百分点。通胀主要来自食品、非酒精饮料、运输、住宿、饮用水、燃气和其他燃料价格的上涨。估计到2012年年底,通货膨胀率将会控制在6%左右。

在对外贸易方面，尽管受美国进口需求下降的影响，2012年前8个月，洪都拉斯的出口同比增长了15.6%，进口同比增长了4.4%。其出口主要受益于农产品尤其是咖啡价格的上涨，因为它是最大的单一咖啡出口国。但是，洪都拉斯的客户工业出口加工区的表现欠佳，这主要是受到美国进口需求疲软的影响。虽然较为灵活的汇率政策有助于提升竞争力，但由于燃料和制成品的进口需求增加，经常项目账户赤字加大。旅游业在服务贸易出口中的比例在增加，但与其他中美洲和加勒比地区的旅游目的地相比，洪都拉斯居高不下的犯罪率损害了其对游客的吸引力。2012年7月，中美洲6国与欧盟签署了自由贸易协定。洪都拉斯是该协议的签署国之一，当前正在等待协议获得批准。

与此同时，2012年前8个月，洪都拉斯的侨汇收入同比增长了2.8%，达到28亿美元，预计全年达到30亿美元，相当于其GDP的15%。与上年同期相比，2012年前三个季度，外国直接投资流入有所减少，其中主要是制造业吸引的外资明显下降所致。美国和墨西哥依然是洪都拉斯的主要投资来源国。截至2012年11月1日，洪都拉斯的外汇储备约为24亿美元，不足支付其3个月的进口所需。①

三 社会形势

有关报告认为，暴力犯罪是洪都拉斯实现可持续发展的最大障碍。它几乎影响了包括城市和农村地区在内洪都拉斯的各个社会层面。所有人尤其是妇女深受无法阻止的暴力犯罪所害，这使该国成为全球谋杀率最高的国家。与此同时，尽管洪都拉斯还存在其他亟待解决的问题，如环境恶化、经济发展不平等、学校教育欠佳及卫生服务缺乏等，但当务之急是必须减少暴力犯罪率。由于受害者绝大多数是妇女，因此针对性别的应对办法尤其必要。

2010年1月，洪都拉斯的一个政府委员会在提交给议会的"2010~2038年国家愿景和2010~2022年国家规划"报告中强调了国家为实现可持续发展必须解决的一系列主要问题：极端贫困水平过高、学校教育欠佳、过高失业

---

① CEPAL, *Balance Preliminar de las Economías de América Latina y el Caribe 2012*.

率、劳动力市场非正规就业增加以及应对自然灾害乏力等。对此，该报告认为，为实现最终目标，应在短期、中期的努力方向。其中，希望到2022年，通过治安政策的实施完全改观洪都拉斯的治安形势，使谋杀率、贩毒犯罪率、性侵犯罪率、交通事故死亡率等降到国际平均水平。此外，通过实施公民参与进程、经济社会状况的改善，降低社会冲突水平，以实现良好的治安状况，创造和平、健康的共存环境，为国内外投资者营造良好的环境。①

根据透明国际组织的报告，2012年洪都拉斯的腐败指数为28分（总分100分），在所有176个国家和地区的排名中居第133位，这表明该国的腐败程度相当严重。除此以外，该国其他的政府治理和发展指数也显示洪都拉斯的经济社会发展仍处于非常落后的状态，其发展可谓任重道远。具体指标见表2。

表2 洪都拉斯的腐败指数及其他政府治理和发展指数

指数/年份	腐败指数（2012）	全球竞争力指数（2011~2012）	人类发展指数（2011）	新闻自由指数（2011~2012）	司法独立指数（2011~2012）	依法治国指数（2010）	公众参与治理指数（2010）
排名/所有国家和地区的名次	133/176	86/142	121/187	135/179	77/142	23%	33%
得分/满分或分数区间	28/100	3.98/7	0.625/1	61/100	3.7/7	-0.870/(-2.5~2.5)	-0.479/(-2.5~2.5)

资料来源：透明国际组织，http://www.transparency.org/country#HND。

2012年2月，位于洪都拉斯首都特古西加尔巴以北约75公里的科马亚瓜市一所监狱发生火灾，最终造成了361名犯人死亡的惨剧。据称，此次发生的监狱火灾事故是全球近百年来类似灾难中死者最多的一起。据悉，洪都拉斯是世界谋杀犯罪率最高的国家，监狱人满为患，且近年来监狱骚乱频发。其中，2003年4月，埃尔波韦尼尔监狱发生暴乱和火灾造成86人死亡；2004年5

---

① Mercedes Elena Flores, Cristina Urbia, *Honduras: Unbearable Level of Violence*. http://www.socialwatch.org/node/13996.

月，在北部城市圣佩德罗苏拉的一所监狱发生的严重骚乱并引发火灾中104人丧命。①

四 外交形势

当前，洪都拉斯的外交重点是加强与美国的经济和安全联系，因为美国是洪都拉斯主要的贸易伙伴、投资来源国和主要的移民目的国。

与此同时，洪都拉斯将在已有的中美洲一体化体系、多米尼加—中美洲自由贸易协定等多边框架下，发展与周边邻国的关系。自2011年起，洪都拉斯开始接受"加勒比石油计划"融资基金，因此洪都拉斯将进一步密切与委内瑞拉的双边关系。2012年6月，包括洪都拉斯在内的中美洲六国与欧盟签署了自由贸易协定，目前该协定正在批准程序当中。② 2012年2月，在危地马拉政府提出毒品使用合法化的建议后，中美洲国家的政府没有能够就打击毒品走私和犯罪活动的地区政策达成共识。

洪都拉斯政府设法达到与国际货币基金组织（2010~2011）签署的协议要求。据悉，为期一年半的协议已经于2012年3月到期，而双方新的协议已经开始谈判，原定于2012年9月达成协议。在谈判过程中，国际货币基金组织坚持要求洪都拉斯货币伦皮拉加速贬值，新协议将继续注重宏观经济和货币政策的稳定问题，而且强调财政预算平衡并通过新的财政方案。

洪都拉斯尚未与中国正式建立外交关系。但据有关国际组织的统计，自2011年起，两国贸易往来增加。双边贸易额已经由2000年的6200万美元增至2010年的2.86亿美元。有消息称，鉴于中洪两国经贸关系的迅速发展，洪都拉斯拟在中国设立贸易代表处。③

（柴瑜 审读）

---

① http://www.chinadaily.com.cn/hqzx/2012-02/17/content_14627821.htm.
② EIU, *Country Report*: *Honduras*, August 2012.
③ http://paper.people.com.cn/zgnyb/html/2012-12/03/content_1155059.htm.

Honduras

Yang Zhimin

Abstract: In 2012, Honduran politics was stable. All the parties, including the newly-found left-wing party led by the former President Zelaya, were focusing on the coming presidential election in 2013. The economy remained stable and the annual growth was around 3.5%. The main obstacle to sustainable development in Honduras is violence, which affects almost every stratum of society. A huge prison fire in Honduras killed 361 inmates, which is the worst of the global prison fires. Its relations with the United States were still the focus of its foreign policy.

Key Words: Presidential Election; Stable Economic Growth; Prison Fire; Representative Office

Ⅴ.26
萨尔瓦多：司法部门选举引发制度危机

韩晗*

摘　要：

　　2012年萨尔瓦多进行了议会及地方选举。法官及检察长选举造成制度危机，加剧了执政党与主要反对党间的竞争。总统毛里西奥·富内斯奉行温和左翼执政路线，维持了较高的民众支持率。为应对社会安全问题，富内斯政府增加了社会支出，同时采取多项措施，缓和社会矛盾。由于内外需求疲软，国家经济增速进一步减慢。全年经济保持了较低通货膨胀水平。正规就业受公共开支紧缩影响增长缓慢。政府实施了多项社会政策，缓解安全带来的社会发展困境。美国仍是最重要的经贸伙伴及外资来源国。此外政府积极发展同本地区其他国家交往，并扩大了同亚洲等地区的经贸往来。

关键词：

　　萨尔瓦多　议会及地方选举　社会治理　制度危机

一　政治形势

　　2012年，萨尔瓦多政局保持平稳态势，议会及地方选举正常进行。但是法官及检察长选举造成制度危机，最高法院与立法部门间冲突不断，引发国家三权关系紧张，主要政党依势分野。毛里西奥·富内斯总统上台以来，政府的一系列政治、经济措施见效缓慢，萨尔瓦多依旧面临失业、暴力犯罪（虽然国内武装团伙马拉已协议停火）频发等问题，但是富内斯政府在2014年任期

---

* 韩晗，中国社会科学院拉丁美洲研究所助理研究员，主要研究领域为拉美社会问题与文化。

内,仍将凭借社会和解的务实政策,保持较高的民众支持率。

议会与最高法院爆发冲突的焦点是:议会依宪法赋予职权行使人事监督权,而最高法院认为选举法官及检察长的程序有违宪法规定。6月初,萨尔瓦多最高法院宪法法庭宣布由议会选举的5位法官无效,并对7月10日选出的总检察长做出了相同判决,认为选举须在议会会议期间举行方符合宪法规定。宪法法庭宣布结果后,议会随即表示反对,萨尔瓦多一度陷入制度危机。司法部门与立法部门的紧张关系,反映了一直以来的主要政党的政治博弈。立法部门获得了执政党法拉本多·马蒂民族解放阵线(FMLN)势力的支持;而萨尔瓦多主要反对党民族主义共和联盟(ARENA)则支持最高法院的裁决。国内教会和民众等对此表示了担忧和不满,危机同时引发美国等国对其宪政制度稳定性的质疑。后萨尔瓦多将相关起诉书递交中美洲法院(CACJ),法院表示只有在议会提交决议再次被否决后才能受理。富内斯在8月召开的第八次政党会议中,提出各党派商谈危机的解决路径并达成协议:决定由议会重新投票选举法官及候补法官人选,缓和了紧张局势。但是,国家权力机构间的角力为萨尔瓦多政治发展带来的威胁并未消失。

FMLN与ARENA展开新一轮激烈竞争。2012~2015年议会及地方选举于3月11日公布结果,ARENA获得了议会84个席位中的33席,比上届议会增加15席,FMLN获得31席,比上届议会减少4席。① 由于两党都未能获得议会多数席位,它们将通过寻求与其他党派联盟的方式,巩固各自在议会中的势力。目前,成立不久的民族团结大联盟(Gran Alianza por la Unidad Nacional, GANA)在议会中获得了11个议席,为萨尔瓦多第三大政党,因此拉拢GANA势力将引发两大党的新一轮博弈。同时,在地方选举的14个地区中,ARENA在包括首都圣萨尔瓦多在内的9个主要城市选举中获胜。

年初的议会和地方选举以及随后的制度危机,虽然让国家主要权力间的关系日趋复杂,但并未真正危及萨尔瓦多政局自《和平协定》签署以来的平稳性。《和平协定》(又称"普特佩克协议")签署20年以来,萨尔瓦多摆脱了国内武装冲突的阴影,国家政治局势趋于稳定。富内斯曾在联合国发表演讲时

---

① 本部分数据来自EIU, *Country Reports*:*El Salvador 2012*, January to December。

表示："萨尔瓦多年轻的民主，是从容解决争端的优秀案例。"

2014年2月的总统竞选将会为萨尔瓦多政治走向带来诸多变化。萨尔瓦多目前的3大政治派别（法拉本多·马蒂民族解放阵线、民族主义共和联盟以及民族团结大联盟）纷纷于2012年下半年公布了本党下届总统竞选候选人。两轮选举日期分别定于2014年2月2日、3月9日举行。此外，4月民主变革党与富内斯政府关系出现了紧张，但随后该党仅就债务问题对政府提出了批评并重新表示支持富内斯总统。同时，执政3年的总统终获大主教的支持。

政府与私人经济部门关系日趋紧张。2012年7月国家私人企业协会表示将不会加入由政变者政府领导的经济和社会部。富内斯否认了私人企业协会对其政府是"政变者"的指责，政府与私人企业间合作关系破裂。

二 经济形势

由于内、外部需求疲软，2012年萨尔瓦多GDP增长率进一步减慢，从上一年度的1.6%降为1.2%。① 尽管国际原油价格回升，萨尔瓦多仍实现了低通胀目标，通货膨胀率仅为1.4%左右，远低于2011年的5.1%。政府施行了新一轮的税收措施，目标是减少非金融公共部门的财政赤字，但是由于经济增长疲软，上述目标未能实现，2012年非金融公共部门财政赤字与上年基本持平，约占GDP的3.8%，2011年为3.9%。在对外贸易方面，商品出口额下降了1.2%，但由于商品进口增幅也大大下降，由2011年的19%下降到2012年的2.5%，避免了贸易逆差的显著恶化。经常账户赤字仅有小幅上升，由上年占GDP的4.6%升至2012年的4.8%。

2012年年初的经济增长预期为2%~2.5%，截至12月，政府预估增长率为1.2%，比2011年增长率低0.4%。经济增长放缓一方面由于外部需求降低，另一方面由于私人投资收缩（2012年度私人部门投资呈现负增长，为-3.4%。2011年私人部门投资增长率为16.3%）。预计2013年萨尔瓦多经济

---

① 本部分数据来自CEPAL, *Balance Preliminar de las Economías de América Latina y el Caribe, El Salvador*, diciembre 2012。

增长率将达到2%。2012年萨尔瓦多维持了较低通胀水平,为GDP的1.4%。但是由于受到国际能源价格回升的影响,预计2013年通货膨胀率将接近3%。

在2012年萨尔瓦多实体经济方面,由于受私人投资支持减少、对外贸易总量下降影响,建设、金融以及交通运输等最能体现生产力的部门,增长较上年相比降幅尤为明显。而一些服务性部门则呈现了较强的经济活力,同时由于实施家庭农业计划发展而受益的农牧业部门也有所增长。

经济活动的放缓主要反映在非金融公共部门收入水平的增长放慢,以及明显的增值税收入下降。不过,由于2011年年底开始执行的新税收措施大幅提升了国民总收入,其占GDP比重提升近一个百分点,达到20%。经济增速放缓的同时,政府支出也有所上升,支出实际增长达到0.7%,2012年支出占GDP的比例达到22%。其中,政府消费支出预计将增长1.5%,比2011年增长明显减少,2011年该部分增长为3.9%。相反,2011年因政府公共投资紧缩,调控了经常性支出占GDP的比重。2012年经常性支出以及公共投资分别有所上涨:经常性支出增长了0.5%,2011年该部分增长占GDP比重曾下降了0.2%;公共投资预计将增长1.1%,上一年度该部分增长率为-2.8%。同期,私人消费增长约2.2%,比上一年度低0.7个百分点。2013年财政预算中将引入包括备受瞩目的金融交易税在内的多个新税种,同时将采取大幅减少补贴政策支出数额的措施。财政部在9月向议会提交了总额为45.053亿美元的2013财年预算。① 考虑到养老金和信托基金的支出,2012年非金融部门财政赤字占GDP比重降低约0.1%,将占GDP的3.8%,同时基本赤字占GDP1.5%左右。政府计划在2013年减少占GDP2.7%的非金融部门赤字,达到初步的平衡,并将公共债务总额占GDP比例降到53%的水平。

截至2012年12月,全年的居民消费价格指数将增长约1.4%(2011年为5.1%)。主要原因有两点:一是与2011年同期相比,2012年政府终止了上年的能源补贴政策;二是食品价格的传导作用。

拉美经委会预计在2013年对美国的制成品出口反弹的前提下,萨尔瓦多国内生产总值将增长约2%。同时,政府运用鼓励政策,带动私人投资转向提

---

① CEPAL, *Evolución Económica durante 2012*, El Salvador.

高生产力的领域，尤其是那些由开发银行支持的投资项目上。此外，截至2012年7月，私人部门名义信贷年增长5.8%（实际增长2%），其余信贷较快增长表现在消费和制造业部门，2011年同期消费信贷实际减少3.8%。

2012年名义存款利率持续轻微上浮，名义贷款利率下降。然而，随着通货膨胀率的显著降低，实际存贷款利率同时反弹上升。2012年第三季度实际存款利率维持在一年期2.3%，实际贷款利率为一年期5.3%。随着实际存款利率的上升，2012年第三季度广义货币量（M2）开始增长，结束了18个月以来的持续收缩。1~8月，萨尔瓦多对美元汇率提升1.9%，2011年同期汇率降低3.8%。而由于中美洲其他国家对美元汇率普遍低估，实际对美元汇率在2012年前八个月呈现轻微高估，约0.5%。

萨尔瓦多2012年经常账户赤字约占GDP4.8%，2011年为4.6%。2012年商品出口额收缩1.1%，2011年出口增长18%。2012年商品进口增长放缓，仅为2.5%，远低于2011年水平，2011年进口增长11%。侨汇收入增长与2011年近似，2012年及2011年侨汇收入分别增长6.2%、6.8%。

由于与国际货币基金组织间未能就财政目标达成共识，导致多边金融资源可获性降低，政府依靠发行国债，以填补国内短期资金缺口。根据官方统计，公共部门债务2012年年底将达到GDP的57.1%，2011年这一比重为56.2%。此外，2012年10月萨尔瓦多议会通过了一项8亿美元债务偿还议案，对未来经济发展将会产生一定压力。

2012年，在侨汇增长放缓的影响下，一定程度上促进了正规部门就业人数的小幅增加。但正规部门实际就业增长率不高，仅处于2.5%~3%。2012年上半年，萨尔瓦多社会保障院私人部门缴费劳动者仅比2008年同期水平提高了1%。

三 社会形势

目前，萨尔瓦多社会主要面临的问题包括：犯罪、失业率高引发的社会安全问题，贫富差异较大，公共服务水平与覆盖率均不高等问题。政府在2012年实施了多项缓解社会矛盾、改善社会状况的政策。

萨尔瓦多社会安全近来有了利好性发展。从社会收入及政府公共财政支出角度看，目前保安行业收入占国民总工资数额低于5%。① 低于拉美地区其他国家水平。同本国往年数据相比，这一部分收入呈下降趋势。根据正式公布数据，年意外死亡人数小幅下降。作为一个拥有620万人口（2010年）、人口密度最大（347人/平方公里）的中美洲国家，萨尔瓦多2012年意外身亡人数为46人，较上年减少了26.98%，其中33人死于交通事故；2011年这一数据为63人，其中23名儿童因火灾遇难。

社会治安的好转与政府近年来大幅增加社会公共支出有关。萨尔瓦多是近几年来在拉美地区提高该部分支出占宏观经济比重最大的国家，社会公共支出占GDP比重从2.9%提高到13%，提高了3倍。体现了政府对安全问题的关注，该项投入也在逐年发挥更大效用。同时，对于影响国内社会安全的贩毒行为，政府进一步加强了打击力度。3月，富内斯总统同洪都拉斯及尼加拉瓜总统会谈后表示：对毒品问题绝不手软。

此外，政府还采取了政治与外交手段解决社会安全问题。富内斯总统曾专门召开社会问题政党会议，并呼吁寻求有关国家安全与就业协议方面的外交政策支持。同时，总统还于2012年年初任命了一位军人担任国家警察局局长，加强国家的公共安全管理。此外，总统对治理暴力犯罪态度坚决："政府未曾也将不会同任何团伙谈判。"美洲国家组织秘书曾在2012年访问萨尔瓦多，成功促成帮派间停火协议的签订，有助于控制一直攀升的杀人和暴力犯罪数量，缓解人们对社会安全的担忧。

此外，萨尔瓦多议会通过一项决议，将2012年定为《和平协定》签订纪念年。该协定结束了1980～1992年的国内武装冲突。冲突曾造成7.5万人死亡，近8000人失踪。议会这一决议由总统建立的跨部门委员会（包括外交部、教育部及各级政府）领导执行。教育部将全面开展对于这一历史的教育活动。此外，总统代表政府再次就国内武装冲突期间莫索特村（El Mozote）发生的屠杀案向民众表示道歉，进一步缓和冲突导致的社会问题，在一定程度上增强了社会凝聚力。

---

① PNUD, *Informe sobre Desarrollo Humano para América Central 2011－2012.*

除关注社会安全问题外,议会还通过了一系列社会政策议案以改善民生。2012年,萨尔瓦多加强了社会领域的公共部门支出,逐步改善国内公共服务质量。2012年年初,萨尔瓦多议会以80票赞成通过了《药品法》,总统随后正式批准该法。同时,为加强居民健康水平、提高社会福利,议会还通过了一项8000万美元的健康贷款议案,用以改善人民健康条件。

同拉美大多数国家一样,收入分配不公仍是社会发展面临的考验之一。[1] 2002年,萨尔瓦多贫困率为48.9%;2010年下降到46.6%,赤贫率分别为22.1%和16.7%。[2] 收入分配不均状况近年来并未得到显著改善。最贫困人口收入约占总收入16%~17%,最富裕人口(约10%)收入占总收入的30%。贫困家庭与富裕家庭支出方面的不平等在萨尔瓦多较为严重,最富裕家庭支出是贫困家庭支出的17倍以上。在弱势群体保障方面,根据残障人士的社会参与机会,拉美地区由于残障人士类型区别而呈现差异性结果。但萨尔瓦多的心理、精神障碍人群的社会参与机会比重均属拉美地区最低,仅为17%。

四 外交形势

富内斯政府的外交政策重心为中美洲各国及美国,后者是萨尔瓦多最重要的贸易及投资伙伴,超过230万萨尔瓦多人现居住在美国。萨尔瓦多同美国在经贸及移民领域有诸多合作项目,此外近些年来美国加强了双方在安全问题上的合作,有分析表明富内斯政策的发展项目很可能也得到了美国的大力支持。虽然执政党依旧保持了同本地区左翼政府领导人的联系(包括委内瑞拉总统查韦斯以及古巴卡斯特罗主席)。同时,总统富内斯还积极寻求发展同拉丁美洲温和派政府间的政治、经济关系,并加强同亚洲以及欧洲的贸易往来。

在与拉美地区其他左翼政府(包括委内瑞拉和古巴)保持良好关系的同时,富内斯政府一方面尽力避免在外交领域持反美立场;另一方面,也努力寻求与拉美中左、中右政府之间的政治和经济往来,更多地参与拉美地区事务。

---

[1] FLACSO de El Salvador, Gobierno de El Salvador, PUND El Salvador:*Mapa de Pobreza Urbana y Exclusión Social*,*El SALVADOR*.

[2] CEPAL,*Panorama Social de América Latina 2012*, diciembre de 2012.

萨尔瓦多：司法部门选举引发制度危机

在面对2012年巴拉圭因总统卢戈被议会弹劾进而产生国内动荡时，萨尔瓦多关注事态发展，并表达了本国立场：不承认巴拉圭继任总统佛朗哥。此外，副总统萨尔瓦多·桑切斯·塞伦12月出访乌拉圭，寻求同南美国家经济领域的合作发展，力图通过扩大区域内合作缓解本国经济发展迟缓的困境。富内斯外交政策重心虽不在左翼国家，但委内瑞拉总统选举后，萨尔瓦多总统和执政党分别向查韦斯表示祝贺。

富内斯政府执政以来增进了同美国的关系。2012年美国第八次延长对萨尔瓦多在美公民临时保护身份（TPS）。2001年年初，萨尔瓦多发生两次严重地震后，两国签订了该协议以保障萨尔瓦多赴美公民的基本权利。近年数据显示，约21.2万萨尔瓦多在美公民享受这一协议。根据新协议规定：已持有临时保护身份的萨尔瓦多旅美公民将能延期至次年3月9日，而新申请身份的萨尔瓦多在美侨民，可获得有效期到2013年9月9日的临时保护身份。萨尔瓦多同美国签署有关帮派犯罪信息的协议，随后萨尔瓦多副总统塞伦于2012年8月访问美国，进一步加强同美国的外交往来。然而在古巴不能参加美洲峰会问题上，尽管奥巴马表示古巴由于没有完成民主过渡而未受邀请，但萨尔瓦多总统仍表示支持古巴的立场，称新的美洲峰会不能没有古巴。

萨尔瓦多作为中美洲国家，通过地区组织及双边、多边协定积极发展同其他国家的关系。6月下旬，萨尔瓦多与另外五个中美洲国家同欧盟签署了合作协议。其中的贸易条款将帮助萨尔瓦多平稳进入欧盟市场。2012年1月10日、14日，富内斯总统分别亲自出席了尼加拉瓜总统达尼埃尔·奥尔特加、危地马拉总统莫利纳（Otto Pérez Molina）的就职仪式。

萨尔瓦多虽未同中国建立正式外交关系，但富内斯总统上台以来力推同亚洲国家的经贸关系。2012年11月，中国—萨尔瓦多经贸合作论坛在首都圣萨尔瓦多举办。萨尔瓦多财政部部长，经济部、萨—中友好协会及工商企业代表出席了论坛。中国赴萨尔瓦多展览会代表团成员包括中国国际贸易促进委员会（中国贸促会）、中国纺织工业联合会、中国参展企业代表等。经贸合作论坛的召开为萨尔瓦多发展同亚洲尤其是中国的经贸外交打下了基础。

（宋晓平　审读）

El Salvador

Han Han

Abstract: After the legislative and municipal elections in 2012, the crisis appeared between the Frente Farabundo Martí para la Liberación Nacional (FMLN) and the right-wing Alianza Republicana Nacionalista (Arena). El Salvador's incumbent President Mauricio Funes continued to follow a moderate left-wing line. He still had a high support among the Salvadoreans. Precarious security situation remains a major concern for individuals and businesses. On the one hand, the Funes government increased the public investment to meet the social demands; one the other hand, he apologized again for the violations of human rights that took place during the country's civil war. The economic growth further slowed down due to sluggish domestic and foreign demand. The economy for the whole year maintained low levels of inflation. The formal employment slowed down affected by a public spending crunch. The government has introduced a number of social policies in order to mitigate the development dilemma caused by insecurity. The United States remained its most important trading partner and source of foreign investment. In the meantime, El Salvador was strengthening its diplomatic and commercial relations with Asian and other Latin American countries.

Key Words: El Salvador; Legislative and Municipal Elections; Social Governance; Institutional Crisis

Y.27
危地马拉：社会契约打造共识

魏 然*

摘 要：
建设民主而贴近民众的公共管理是莫利纳执政第一年的核心目标。新政府提出了三项战略性契约：解决贫困与饥饿问题；保障危地马拉人的生命与财产安全；创造新就业机会，强化公共财政。在国际舞台上，莫利纳提出的毒品非犯罪化议题引起了多方关注。本文将以上述动议为线索，评估2012年危地马拉所面临的国内外局势及新政府第一年的执政表现。

关键词：
危地马拉 社会契约 零饥饿 毒品非犯罪化

一 政治形势

2012年1月14日，奥托·佩雷斯·莫利纳（Otto Pérez Molina）宣誓就职，成为新一任危地马拉总统。在履新演讲中，他提醒国人，不应忘记危地马拉是一个从长期内战（1960～1996年）的深渊里走出来的年轻的民主国家，因此在和平协商的基础上共建社会秩序，尊重多元文化，保障不同社会主体的人权与发展权是新政府决策的题中之意。经过1996年以来几届政府的努力，危地马拉已经在民主机制、经济建设、区域安全、人权保障等方面取得初步成果。然而，他强调，21世纪第一个十年，这个中美洲国家遭遇到了新的挑战与机遇：社会暴力、贩毒问题；跨国移民；气候变化；区域一体化进程及其体

---

* 魏然，文学博士，中国社会科学院拉丁美洲研究所助理研究员，主要研究领域为拉丁美洲文化及思想。

制化；技术创新和通信现代化；全球化时代经济的交互性；人权问题的国际化。这些议题都是20世纪签署的和平协议所不能预见的。故此，新一届政府期待改善政府的体制框架，优先处理当下历史时刻最关键、最棘手的问题，具体而言包括三项基本任务：（1）解决贫困与饥饿问题；（2）保障危地马拉人的生命与财产安全；（3）创造新的就业机会，强化公共财政。依据三项基本任务，莫利纳政府又提出了三个战略性契约：一是捍卫和平、安全与公正的契约；二是解决粮食与民生的零饥饿契约；三是繁荣经济、强化财政机构的契约。上述新社会契约的核心目标，正如2012年年底危地拉马政府公布的《执政第一年报告》中所总结的，在于"建设民主的而且贴近民众的公共管理"。①

2012年新总统曾在多场公开演讲中强调，"为了推动、实现差异性的社会利益，需要建立跨代际的共同承诺"。② 这一政治话语的实际指向，在于批判危地马拉的政治钟摆总在保守主义政党和自由主义党之间摇曳不定，同时也为谋求2015年连选连任创造意识形态基础。

莫利纳领导的爱国主义党执政联盟在2011年11月6日以53.8%的得票率赢得大选。他所领导的政党，一般被认为属于带有新民众主义色彩的保守主义党派。保守党派的支持者主要是传统政治精英和城市中产阶级，而自由主义党主要依靠新兴经济精英和乡村投票者。后者的领袖人物是曼努埃尔·巴尔迪松（Manuel Baldizón），在2015年竞选中，他很可能成为莫利纳的主要对手。同时，前任第一夫人桑德拉·托雷斯（Sandra Torres）也是一位广有社会支持度的反对派领袖，2011年由于和时任总统科洛姆曾有婚姻关系，托雷斯被取消了竞选人资格。2015年，她也可能作为中左政党"民族希望联盟"的竞选人参加总统大选。

就立法机制和政治传统而言，莫利纳连选的阻力也十分强大。莫利纳总统目前经营的多项立法改革，其目的是在议会层面破除2015年连选连任的法律障碍。危地马拉宪法第136条规定，"国家应捍卫总统及副总统不得连选连任

---

① Gobierno de Guatemala, *Informe Primer Año de Gobierno*, Ciudad de Guatemala de la Asunción: Unión Litográfica, 2013.
② Otto Fernando Pérez Molina, *Discurso de Toma de Posesión*, 14 de enero 2012.

之原则"。① 就议会制度而言，危地马拉实行一院制，议会共有158个席位，而爱国主义党在议会中占到多数，反对派势力较弱。但莫利纳政府任期内必须面对的问题是，立法动议提出后，动辄遭到小规模的自由主义政党民主革新党的一贯抵制。这一"立法瘫痪"现象是执政第一年爱国主义党执政联盟遇到的重要考验之一。在政治传统上，最近15年来没有一个党派的总统曾成功获得连任。就此来看，莫利纳完成连选这一核心政治动作的成功率较低。

然而，即便有传统政治格局诸多制约因素的掣肘，执政联盟仍旧完成了一系列内政措施，上述提及的三项契约之一，"捍卫和平、安全与公正的契约"就是相关政策的代表。危地马拉长久以来较为猖獗的社会暴力是一项结构性问题，因此需要政府推动立法、司法、行政机构的联合行动。2012年新政府设立了跨机构合作组织"使命部队"，该机构联合了内政部、警察机构与危地马拉军方，共同打击绑架、盗窃、侵害妇女等犯罪行为，综合治理城市犯罪高发区（例如危地马拉城的第18区和第7区）。因此，2012年危地马拉的公共安全指数有较大提高，恶性犯罪死亡人数下降了9个百分点（比2011年减少526人）。在这一年，侵害妇女案件同比减少9%，绑架案减少33%，劫车案减少5%，31个涉嫌凶杀的犯罪团伙、53个涉及绑架勒索的犯罪集团落网。与此同时，内政部和其他司法实体打击有组织犯罪的能力和机构化程度有所提高。

二 经济形势

2012年年初，危地马拉国内生产总值增长率一度下降到3.2%，而经过一年的回暖，根据联合国拉美经委会统计，2012年全年GDP增长率为3.5%，略高于拉美当年平均水平（3.2%）。② 作为中美洲最大的经济体，危地马拉在世界经济危机的大背景下仍旧保持了稳定表现。莫利纳政府在年初提出了

---

① 1985年宪法第136条之F项目原文如下："Defender el Principio de Alternabilidad y no Reelección en el Ejercicio de la Presidencia de la República."参见危地马拉政府网站（www.cc.gob.gt）。
② CEPAL, *Anuario Estadístico de América Latina y el Caribe*, 2012, Santiago de Chile: Naciones Unidas, 2013.

"繁荣经济、强化财政机构的契约",在基础设施建设和能源领域吸引更多国内外投资,启动生产模式转型,巩固外贸,开放新市场,提高国家经济竞争力;作为社会政策的一项动议,力图加强农村经济与城市经济的一体化,给农村青年更多的就业机会,使之融入社会生产机制。经济政策的成绩主要如下。

一是财政可持续性增强。拉美经委会相关研究表明,2012年危地马拉财政平衡状态良好,总收入提高(前三个季度相较于2011年同期增长1.1%),同时财政支出减少(相较于2011年前三个季度下降13.3%)。为了应对全球经济不稳定情况,拉美多国启动了税收改革以巩固公共财政,危地马拉也增加了多种针对红利与租金的税项,同时为了降低碳排放,增加了针对机动车流通的税项。多项政策保障了全年的公共财政支出。2012年财政收支差距减小,2011年财政赤字是GDP的2.8%,而根据初步统计,2012年财政赤字为GDP的2.6%。截至2012年12月31日,预算完成率为96.1%,相较于2000～2011年的平均数值93.2%,提高幅面较大。

二是投资环境有所改善。危地马拉国家竞争力促进局在2012年完成了400项计划的73%。截至2012年12月,外国直接投资增长26.9%。在世界银行评估投资环境的《营商环境报告》中,危地马拉在185个经济体中排名第93位,上升了5位。根据同一排名,危地马拉占据拉美国家当中的第9位,中美洲的首位。排名的上升主要原因在于企业注册手续简化、电子商务技术的研发等。贸易开放度的提升主要表现在:与欧盟签订新贸易协定,与墨西哥签订贸易融汇协议,与秘鲁签订自贸协定,与厄瓜多尔达成部分自由贸易协定。经贸环境改善的直接结果是,危地马拉社会保障局登记在册的正规就业岗位增加了123847个,相较于2011年增长了20.7%。

2012年的财政负面问题主要体现在危地马拉通货膨胀率上涨,前10个月较去年同期增长2.9%,全年通货膨胀率曾一度下降到4%,之后反弹到4.8%。279种基本生活资料的消费价格指数(IPC)大都(195种)轻微上涨,蛋类、水果总体上涨0.16%,而汽油、玉米下降0.26%,抵消了部分关键日用品价格上扬的影响。危地马拉政府还与一些市场部门达成自愿协议,以稳定基础日用品价格。针对这一状况,2012年国家工资委员会达成共识,在农业、外贸加工、进口等部门内,提高最低工资的5个百分点。

另一个值得关注的问题是，移民劳动力带来的侨汇在中美洲国家增长加快：尼加拉瓜最高（16.8%），萨尔瓦多次之（9.5%），危地马拉列第三位，达到了8.5%。① 这一动向反映了美国劳动力市场改善程度较高，给中美洲劳务输出国家获取收益带来便利。根据危地马拉官方数据，前11个月侨汇收入达到43.7亿美元，相较于2011年同期增长了9.3%。危地马拉国家银行行长巴尔金（Edgar Barquín）在年末报告中指出，2013年侨汇收入有望实现8%的增长，这项收益平均占到近年来GDP的10%左右。在谈到对2013年经济走势的总体预测时，巴尔金认为危地马拉增长率有望达到3.9%，但他表示，鉴于美国经济近期的矛盾表现，有可能引发危地马拉经济的负面反弹。②

三 社会形势

零饥饿计划是莫利纳政府在社会政策领域的主要项目。危地马拉大约有一半的5岁以下儿童长期受到饥饿威胁，儿童营养不良问题长期来看将影响人口素质、就业状况和公共安全。针对这一情况，新政府遴选出166个农村城镇、1500万人口作为零饥饿初期计划的服务对象，集中力量解决他们的粮食安全和营养供给问题。目前全国下设150余个零饥饿计划办公室，并启动了"窗口一千天"计划，旨在向全国市民介绍营养不良及粮食安全问题，希望引起社会各界关注。为了评估这项工程的结果，全国食品与营养信息系统（SIINSAN）在国际粮食政策调查中心（IFPRI）协助下，对5800个家庭进行入户调查；新政府提出的目标是在4年执政期内将5岁以下儿童及孕期、哺乳期妇女营养不良比重下降10个百分点，根据SIINSAN的初步评估显示，到2015年实现该目标的可能性较大。

玛雅社群和玛雅文化是2012年危地马拉社会的高频词。2012年年末沸沸扬扬的"玛雅末日"一说给危地马拉赢得了获得国际关注的机遇，也增加了

---

① CEPAL, *Estudio Económico de América Latina y el Caribe*, 2012, Santiago de Chile：Naciones Unidas, 2012, p. 35.
② *La Economía de Guatemala Crece un 3 por Ciento en 2012*, EFE, 28 de diciembre de 2012. http：//www.prensalibre.com/economia/Economia-pais-crece_0_832716727.html.

旅游业收入。但10月4日西部高原地区爆发的玛雅原住民抗议活动也给新政权带来了挑战。抗议活动的主要意图是反对该地区的电费上涨、教师制度改革及新政府的修宪动议。示威者封锁泛美公路数小时之久，而后特警驱散了示威者，并拘留了几位原住民领袖。当天冲突共造成6人死亡，伤者众多。总统莫利纳应对这次危机的措施非常克制：他没有派遣军队压制，同时呼吁原住民领袖尊重法律，以和平手段表达需求。

佩雷斯·莫利纳作为退役军人，此前曾受到众多关于压抑公民社会和原住民社群、偏袒商业资产者的批评。本次面对原住民参政需求的挑战，政府一方应对较为顺畅。莫利纳在《执政第一年报告》中也强调，政府解决社会冲突的能力有待提高。2012年发生的39起大规模社会冲突事件，目前主要交由"国家永久性对话机制"解决，而这一机构的透明度和绩效有待改善。直接处理社会冲突的警察机制也需要进行深化改革。由于该国警察及其他国家机器主要建立于国内武装冲突时期，因此沉疴旧弊较多，缺乏公民参与机制。

四 外交形势

2012年9月17日，新当选的墨西哥总统涅托首度访问危地马拉，作为他巡游拉美多国的第一站。与莫利纳总统见面时，双方表明要强化在跨国劳动力和打击有组织犯罪方面的协作。① 危、墨两国共享957千米的国境线，虽然2012年危地马拉社会犯罪率整体下降，但相关统计却显示，持有武器的犯罪比重有所上升。危国研究者认为，这与墨西哥南方犯罪集团和毒品贸易渗入该国有关。

与吸毒、贩毒相关的有组织犯罪牵动着中美洲地区的国际关系。2012年7月，三个装满制毒化学药品的集装箱在危地马拉海港城市圣托马斯·德卡斯蒂利亚被发现。集装箱内装满了合成毒品的重要成分碳酸钠与芒硝。内政部发言人称，集装箱从俄罗斯海运而来，这些药剂在秘密实验室制成毒品后，通常销

---

① *Guatemala*, *EL UNIVERSAL*, 17 de septiembre de 2012. http：//www.eluniversal.com.mx/notas/870830.html.

往墨西哥和美国。① 佩雷斯·莫利纳 2012 年在联合国总部的讲话中强调，危地马拉、墨西哥和哥伦比亚是受到与贩毒相关的犯罪、政治、社会等问题侵扰最为严重的三个拉美国家，因此他希望启动毒品非犯罪化议程，制定新的国际合作路线与战略，将原先管制制毒、贩毒与毒品消费的社会资源转移到公共健康、就业和青少年教育等领域。毒品非犯罪化是 2012 年危地马拉政府高级会议多次磋商的重要议题，也是这一年危地马拉营造外交新形象的核心举措。

除去哥斯达黎加总统劳拉·钦奇利亚，非犯罪化动议没有赢得中美洲国家领导人即刻而广泛的呼应。但在 2012 年 4 月哥伦比亚举行的第 6 届美洲国家组织峰会上，莫利纳成功地说服了与会国家派遣相关研究人员到美洲国家组织下属的特别机构，从事与毒品非犯罪化相关的经济、社会、医学研究。

2012 年 10 月危地马拉成功担任了安理会非常任理事国轮值主席，这是近年来危地马拉提升国际影响力的一项成就。担任主席期间，在墨西哥与哥伦比亚政府的协助下，危地马拉成功地在联合国纽约总部提出毒品非犯罪化提案，三国代表向秘书长潘基文呼吁，各成员国应调整对毒品的监管政策，并在近期（最迟至 2015 年）召开一次旨在讨论新合作框架可能性的国际会议。也就在这一年，在西班牙加的斯举行的第 22 届伊比利亚国家首脑大会上，莫利纳重申此项倡议，并获得相当程度的关注。

虽然莫利纳仅仅强调，此项计划的初衷是为了从根本上打击国际洗钱、走私武器等犯罪行为，并抑制政府机构腐败，强化国家治理能力，但倘若非犯罪化付诸实行，则必将牵涉美国介入拉美问题的缉毒战略。军人出身的莫利纳一贯被认为政治思想偏向保守主义，经济问题崇尚务实作风，而这一次他挑战美国西半球治理模式的行动，让国际、国内的观察家感到惊讶。不过也有分析指出，鉴于危、美两国经贸合作的深刻程度，短期内毒品政策不会构成实际影响。

虽然在 2012 年，毒品非犯罪化尚未取得显著成绩，但政府发言人表示，直到 2016 年这一任期满，国家都将贯彻这一思路，将毒品非犯罪化项目推向

---

① *Drug Precursors Seized in Guatemala*，*EFE*，Jul 16，2012. http：//latino. foxnews. com/latino/news/2012/07/16/drug-precursors-seized-in-guatemala/.

成熟。不过对莫利纳和危地马拉而言,毒品非犯罪化议题在2012年赢得各方关注,已然为危地马拉新政府外交工作"加分"。危地马拉在国际政坛有策略地提出此项动议,表明该国介入区域事务、主动营造国际环境的意识有所增强。

综观2012年的危地马拉新政府的国内、国际政策,可以发现执政者非常强调在民众生活的"日常性"(cotidianidad)之中体现政府的变革意图。这一届政府谋求强化政府与公民之间的互信关系,建构新的治理框架,提高公民参与度。虽然上述动议在短期内将对政府公共管理构成挑战,但鉴于中美洲乃至世界的经济一体化进程的不断推进,国家能力的提高无疑是大有裨益的。

(宋晓平　审读)

Guatemala

Wei Ran

Abstract: President Otto Pérez Molina gave priority to building democratic and approachable public management. The new government put forward three strategic contracts: solving poverty and hunger issues; protecting the safety of lives and property of all Guatemalans; creating new jobs and strengthening the public finance. In the international arena, the decriminalizing drugs issue has attracted much attention. Taking the above-mentioned initiatives as clues, this paper will assess the performance of the new government in 2012.

Key Words: Guatemala; Pactos Estratégicos; Hambre Cero; Drugs Decriminalization

Y.28
巴拿马：马蒂内利政治经济冰火两重天

王 帅*

摘 要：

巴拿马各政党积极备战2014年总统大选。总统马蒂内利的民众支持率下滑，但在经济上的表现为其赢回些许颜面。2012年巴拿马经济继续高速增长，经济各项指标稳定向好，巴拿马运河扩建工程对此贡献突出。然而，在社会方面，民众抗议政府的示威活动有愈演愈烈之势，警民冲突加剧。在外交方面，巴拿马政府继续积极推进同美国等国的自由贸易协定，对外关系的重心仍然放在吸引外国投资等经济目标上。

关键词：

2014 巴拿马运河 抗议游行 自由贸易协定

一 政治形势

2012年巴拿马政坛波涛暗涌，政府威信频频受挫。一方面，反对派组成反对党联盟，以整合力量共同对抗总统马蒂内利（Ricardo Martinelli）领导的执政的民主变革党（CD）。与此同时，总统马蒂内利也在不断扩大自己的势力，为2014年总统大选创造机会。另一方面，一系列的腐败丑闻，让执政党——民主变革党面临危机。而持续不断的印第安人抗议活动更让执政党雪上加霜，支持率大幅下滑。

---

* 王帅，现就职于中国社会科学院拉丁美洲研究所。

（一）执政党和反对党争夺加剧，执政的民主变革党加紧积聚力量

为整合力量，2012年6月三大主要反对党巴拿马主义党（PPA）、民主革命党（PRD）和人民党（PP）宣布共同组成反对党联盟，以对抗总统马蒂内利领导的民主变革党，并将该联盟取名为"阵线"。事实上，反对党之一，民主革命党本是巴拿马传统上的第一大党，但近年被民主变革党挖了墙角，加之内部派系林立，势力大不如前。在3月公布的统计结果显示，民主变革党的注册党员已经超过民主革命党，跃居为巴拿马最大政党。[1] 此次三党组成反对党联盟，有利于反对党间整合力量，共同对抗日益壮大的执政党。

面对反对派利用丑闻和示威活动进行的攻击以及反对党的联合，马蒂内利加紧巩固本党的力量。2012年1月其亲信罗克珊娜·门德斯升任巴拿马市市长，马蒂内利得以掌控又一个关键职位。通过吸收民主革命党的叛党者，马蒂内利争取到国会71个议席中的40个议席，成功赢得国会的大多数席位，[2] 这为其以后有可能修改宪法做好铺垫。此外，马蒂内利还努力推动在最高法院（CSJ）设立由三名最高法院法官组成的第五法庭，此举同样被认为是在为修宪做准备。巴拿马现行宪法规定，现任总统不得连选连任，但马蒂内利似乎不甘于此，希望通过各种途径推动修宪，再次竞选总统。但目前看来，他至少会努力扩大自己所在的民主变革党在大选中的优势地位。

（二）马蒂内利政府腐败丑闻不断，印第安人抗议又起

2011年11月意大利航空集团公司芬梅卡尼卡（Finmeccanica）爆出涉嫌行贿的丑闻，巴拿马政府牵涉其中。2012年4月意大利前总理贝卢斯科尼的私人顾问、意大利人拉维托拉因怀疑其为行贿充当中间人而遭逮捕，而后更是牵出对总统马蒂内利与贝卢斯科尼及拉维托拉之间关系的猜测。而卷入此次涉嫌受贿丑闻的还包括巴拿马市市长门德斯等其他一些政府官员。这是自2009

---

[1] Latinnews, *Informe Latinoamericano*, Panama, abril de 2012（IL-12-16）.
[2] EIU, *Country Report*, Panama, June 2012, p. 6.

年7月马蒂内利政府上台以来面临的最大政治丑闻。此外，为平息已持续超过一年的翁布龙（Juan Hombrón）海滨土地交易腐败事件，总统府部长帕帕迪米特留已于7月引咎辞职。政府这一系列腐败丑闻，让民众对其失去信任。为恢复民众支持率，总统马蒂内利先不得不更换掉几名争议颇多的政府部长。

总统失信引发印第安人强烈抗议。马蒂内利政府将已经宣布放弃的《采矿法修正案》重新提交国会，引发当地印第安人强烈抗议。巴拿马蕴藏丰富矿产的布格莱（Ngñbe Buglé）特区，正是印第安人保护区。虽然最终在国内外的持续压力下，巴拿马政府不得不同示威者达成协议，总统马蒂内利表示一定会信守承诺，不会修改《采矿法》。但政府此番出尔反尔的举动，招致大多数民众的强烈不满。据 Dichter & Neira 公司的民调显示，2月份总统马蒂内利的支持率已降至33%的历史最低点[①]。10月马蒂内利政府的威信再受打击，其刚刚在国会通过4天的"土地私有化"法案，即面临"夭折"的命运。巴拿马国会通过的第72号法案，允许出售科隆自贸区的国有土地。此法案一出，立即引发科隆等地大规模的抗议活动，人们不仅怀疑政府的财政问题，而且质疑该法案涉嫌违宪，并指出这有可能是总统马蒂内利在为2014年大选筹备资金。最终，政府只得宣布废除该法案。

由此可以看出，马蒂内利的一系列政治表现不得人心。政治腐败、一心为连选铺路的做法以及多次"触界"引发官民冲突，已招致全国上下的诸多不满，使其民众支持率在2012年遭遇严峻考验。

对于2014年的总统大选，两大主要反对党民主革命党和巴拿马主义党已基本做好准备，各自的总统候选人逐渐明朗。巴拿马市前任市长卡洛斯·纳瓦罗（Juan Carlos Navarro）将很可能代表巴拿马革命党参加2014总统大选，副总统卡洛斯·巴莱拉（Juan Carlos Varela）则将代表巴拿马主义党参选。就目前的形势看，虽然马蒂内利领导的民主变革党的民众支持率很低，另两大反对党得利于此，受欢迎度相对较高，特别是副总统卡洛斯·巴莱拉领导的巴拿马主义党。但民主变革党的实力仍不容小觑，其在国会、最高法院日益扩大的势

---

① 数据引自 Dichter & Neira 公司2012年12月发布的调查统计，http://www.dichter-neira.com/download.php?filename=images/encuestas/encuestaSP-Cuadernillo DNOP diciembre.pdf。

力以及在经济方面取得的成绩，仍可为其加分不少。而巴拿马运河扩建工程恰好在2014年竣工，这将成为执政党的重要筹码。至于谁会成为最后的赢家，还有待进一步观察。

二 经济形势

2012年巴拿马经济保持了持续、高速的发展态势，预计全年经济增长率可达10.5%，① 继续领跑拉美和加勒比地区。经济的高速增长主要是来自政府公共消费和投资的拉动，本届政府在大规模公共基础设施方面的投入，特别是巴拿马运河的扩建工程以及对巴拿马城市轨道交通建设的投资有效地刺激了国内需求。而且可以预计，这种对经济增长的刺激作用，可以延续到2014年。

宏观经济运行总体保持平稳。在财政方面，2012财政年度（2011年10月1日至2012年9月30日），非金融公共部门（SPNF）总收入相较上年同期增长18.9%，税收收入增长26.5%；非金融公共部门总支出同比增长12.3%，这主要是由于经常性支出的增加，包括债务利率的增加（11.9%）和资本支出的增加（13.1%）。2012年6月，巴拿马经常性账户赤字由2011年同期占GDP的6.9%降至3.3%，下降幅度达3.6个百分点。截至2012年10月，巴拿马公共债务总额达144.49亿美元，同比名义上涨11.4%，然而考虑到经济的高速增长，其占GDP的比重不增反降，由2011年12月占GDP的40.9%，降至2012年同期的39.6%。

由此，10月31日穆迪对巴拿马的债务评级作出调整，由原来的"Baa3"级提高至"Baa2"级，前景展望表述也由"正面"改为"稳定"。这是穆迪基于巴拿马经济的持续活力、被看好的中期预期以及债务状况不断改善而作出的调整。事实上，在同评级的国家中，巴拿马的财政赤字已处于温和水平。此次调整则将进一步加强投资者对巴拿马的投资信心，有助于巴拿马经济的中长期增长。

---

① 除特殊标明外，"经济形势"全部数据均来自CEPAL, *Balance Preliminar de las Economías de América Latina y el Caribe 2012*, Santiago de Chile, diciembre de 2012。

此外，2012年6月巴拿马政府还出台了一项宏观经济政策的财政新法案，创建巴拿马储蓄基金（FAP）。该第38号法案，旨在建立一个稳定的长期国家储备机制，以巴拿马运河扩建增加的收入作为基金的主要来源，规定在某种条件下，当发生紧急情况、经济减速或需偿付主权债务时，允许将巴拿马储蓄基金的资金转移至国库。该法案预计于2015财年启动，若能如期启动，则将进一步为巴拿马经济的发展提供十分有益的财政保障，并有利于经济的长期增长。

宏观经济的其他数据显示，2012年10月巴拿马通货膨胀率较2011年同期相比下降0.8个百分点，为5.3%，其中食品价格上涨明显，交通费、家电、教育和卫生、住房、水电费也都有不同程度的上扬。此外，私人消费增长依旧强劲，增长率达6.6%；在贸易方面，2012年进出口增长率分别为6.2%和4.5%，[1] 逆差继续拉大，达24.48亿美元。

2012年巴拿马经济的第二和第三产业发展良好。矿业发展最为抢眼，同比增长28.1%；建筑业增长依旧坚挺，增长率达27.7%，这里除巴拿马运河和巴拿马城地铁的建设外，重点还包括许多电力工程和酒店工程的建设；水电煤气供应业增长12.4%。服务业领域的增长也十分突出，主要包括交通运输和电信业（增长12.2%）、酒店餐饮业（增长11.6%）以及金融服务业（增长11%）；旅游业增速有所放缓。而农业则由于政府投入不足，且与美国签订的自由贸易协定生效后对其产品带来竞争冲击，使农业发展处于不利地位。

在金融方面，银行业继续蓬勃发展。截至2012年9月，巴拿马境内私营部门的贷款总额已经超过313亿美元，同比名义增长14.3%（实际增长8.4%）。贷款额的增加主要是由于主要经济部门的发展活力，如商业部门、抵押贷款、建筑部门以及消费性贷款。

对巴拿马经济增长影响重大的巴拿马运河扩建工程，截至2012年8月31日（运河扩建工程开工5周年之际）业已完成全部工程的44.5%。[2] 2012财年，巴拿马运河的通行净吨位数创下了3.34亿吨的历史新高，较2011财年上

---

[1] EIU, *Country Report*：Panama, December 2012, p.7.
[2] 此段关于巴拿马运河的数据均来自中国—巴拿马贸易发展办事处经商室。http://panama.mofcom.gov.cn/index.shtml.

涨3.6%。由于运营的效率提高加之通行费上调，巴拿马运河的通行费收入增长显著，2012财年通行费收入高达18.5亿美元，同比增长了7.1%。巴拿马运河工程的建设不仅有效拉动了巴拿马的投资和就业，对巴拿马的GDP和国家财政都作出了巨大贡献。

三 社会形势

2012年巴拿马社会形势有两条主线。一方面，经济社会层面继续向积极方向发展。另一方面，2012年又是巴拿马社会运动迭起的一年，此外，巴拿马警察的再军队化倾向也让民众担心不已。

（一）经济社会各项指标继续向好

2012年巴拿马国内就业情况继续改善，截至8月，城市失业率同比下降0.6个百分点，由2011年的5.4%下降至4.8%。[1] 这要归功于其强劲的经济活力创造出更多的就业岗位，特别是建筑业和公共服务业的蓬勃发展。同样，在经济快速增长的拉动下，居民工资水平继续提高，截至6月，居民平均月工资达到888.1美元，同比名义增长10.8%，全年实际平均工资增速虽不及2011年，但也实现3.9%的增长。[2]

贫困问题改善不大，2011年巴拿马贫困率和赤贫率分别为25.3%和12.4%，相比2010年的25.8%和12.6%[3]仅有微弱降低。事实上，巴拿马仍属于收入分配较不平等的国家。根据CEPAL刚刚发布的报告显示，截至2011年，巴拿马最富有10%人口的收入（占总收入30%以上）是最贫困40%人口收入的2倍还多（只占不足15%）。这在很大程度上是由于巴拿马政府未将社会支出作为宏观经济的优先方面。

---

[1] CEPAL, *Balance Preliminar de las Economías de América Latina y el Caribe 2012*, Santiago de Chile, diciembre de 2012.

[2] CEPAL, *Balance Preliminar de las Economías de América Latina y el Caribe 2012*, Santiago de Chile, diciembre de 2012.

[3] CEPAL, *Panorama Social de América Latina 2012*, Santiago de Chile, diciembre de 2012.

（二）民众抗议活动迭起，威胁社会稳定

2012年巴拿马发生多起民众抗议政府的示威活动，抗议者与警方发生激烈冲突，造成多人死伤。

先是马蒂内利政府无视之前的承诺，将修改《采矿法》的提案上交国会，引发布格莱特区原住民的强烈愤慨。他们再一次走上街头，抗议政府失信。示威者与警方发生激烈冲突，后逐渐演变成暴力事件，导致2人死亡40多人受伤，并引起了国际人权组织等的关注。此次抗议活动不仅得到了巴拿马本国大多数人的同情和支持，也得到了危地马拉、哥斯达黎加印第安人组织的支持，巴拿马政府完全处于孤立和被动的境地。而后在国际社会的介入和压力下，巴拿马政府不得不同抗议者达成协议。但此次事件反映出政府过度使用警力以及公民人权是否遭到践踏等问题。事实上，这已经不是第一次发生警察暴力对待示威者的情况，2010年、2011年均发生过此类事件。马蒂内利的铁腕政治不免让人担心。而在关于修建水力发电厂的冲突中，原住民没有完全取得最初的目标，巴政府最终也没有完全否定会在原住民保护区兴建发电厂的可能性。

10月，因政府欲将科隆自贸区的国有土地出售，引发科隆等地大规模的游行示威活动，警民再次发生激烈冲突，造成3人死亡的惨剧，其中包括一名9岁的儿童。政府滥用警力武力的行为，已在民众心中形成强烈不安和抵触情绪。特别是从此次事件中，人们看到巴拿马武装警察的军队化倾向，无论从装备还是所接受的训练，都让人联想到1990年之前未被解散的军队（那时巴拿马曾被军人独裁统治），这不禁让民众对马蒂内利的铁腕政治担忧不已。

四　外交形势

马蒂内利政府的外交政策一向以经济外交为基本出发点。因此，积极推动自由贸易谈判、积极吸引外国投资和从"避税天堂"的灰名单中剔除，一直是本届政府对外关系的重要内容。2012年巴拿马政府在这三方面努力拓展并取得一定成效。

2012年10月31日，巴拿马—美国自由贸易协定正式生效，由此将进一步加强巴拿马同本已是该国最大贸易伙伴的美国的紧密关系。巴拿马工商部部长表示，两国自贸协定的生效，将促进美国对巴拿马投资，对巴拿马的经济发挥积极作用。巴美两国贸易存在互补性，巴拿马出口到美国的主要以农产品为主，美出口到巴拿马的以工业产品为主，但也有一定的农产品，事实上，协定生效后，约56%的美国农产品将可免税进入巴拿马市场，巴拿马农业面临冲击。此外，巴拿马—加拿大自由贸易协定已在加拿大国会下议院获得通过。

为吸引更多投资并推动双方间贸易往来与合作，总统马蒂内利在10月20日开始对日本和越南进行正式访问。然而，时值中日钓鱼岛问题的敏感时期，马蒂内利在访日期间称在钓鱼岛问题上支持日方，成为第一个公开表态支持日本的国家。尔后中方作出回应，认为有关国家不应以任何形式插手中日两国的主权争端。巴拿马外交部随后作出澄清，称总统马蒂内利在日本的讲话是被断章取义。中巴尚未建交，而与其"建交"的中国台湾当局也对巴拿马总统的这一表态提出抗议。

继2011年经济合作与发展组织将巴拿马从"避税天堂"的灰名单中删除，2012年法国也将其从避税名单中去除。

（贺双荣　审读）

Panama

Wang Shuai

Abstract: The political parties are actively preparing for the upcoming presidential election in 2014. Although Martinelli suffered his political unpopularity among the Panamans, his economic performance has compensated him for this. Panama's economy continued to develop with a high speed in 2012, with the economic indicators being stable. The Panama Canal expansion project made an outstanding contribution to it. However, in the social field, the public demonstrations in protest against the government were getting worse, resulting in the intensification of conflicts between the public and the police. In terms of foreign relations, the Panama government still remains its focus on the attraction of foreign funds and other economic goals; meanwhile it continues to promote the Free Trade Agreement with the United States and other countries.

Key Words: 2014; Panama Canal; Protests; Free Trade Agreement

Y.29
多米尼加：大选之年——解放党的逆转

高庆波*

摘　要：

  2012 年，多米尼加大选尘埃落定，解放党候选人达尼洛·梅迪纳首轮胜出，2011 年一度占优的主要反对党候选人，伊波利托·梅希亚竞选失利。在经济方面，2012 年多米尼加经济温和增长，不过在大选之年，执政党大幅度增加了公共支出，导致财政赤字占 GDP 的比重猛增，好在当年的国内通货膨胀控制较好，为货币政策提供了操作空间。在社会方面，贫困与失业并未得到缓解，犯罪问题依旧困扰着多米尼加，公共卫生领域也面临着严峻的挑战，不过政府提出了新的社会目标，有望增加公共建设投资。在外交领域，新总统梅迪纳开始活跃在政治舞台上，通过一系列的双边多边活动，试图保持多米尼加在国际舞台上的影响力。

关键词：

  多米尼加　政治　经济　社会　外交

一　政治形势

  2012 年是多米尼加总统选举的年份。经过长达一年的竞争，执政党——多米尼加解放党（Partido de la Liberación Dominicana，PLD）候选人达尼洛·梅迪纳（Danilo Medina）最终在 5 月 20 日举行的大选中，一举获得了 51.21% 的选票，借此优势，首轮选举获胜（多米尼加法律规定，任何候选人如果首轮

---

* 高庆波，管理学博士，中国社会科学院拉丁美洲研究所社会文化室助理研究员，主要研究领域是社会保障与收入分配。

所获选票超过半数,将不需要举行第二轮选举),而梅迪纳的主要竞争对手,多米尼加革命党(Partido Revolucionario Dominicano, PRD)代表人伊波利托·梅西亚(Hipólito Mejía,2000~2004年),获得了总票数的46.95%。其余的4个独立参选人,共计获得了1.8%的选票。①

回顾两党之争,让人不禁感叹发生了天翻地覆的变化。2011年9月的盖洛普(Gallup)民意调查显示,梅西亚获得50%的民众支持,而梅迪纳只有34%。革命党的候选人梅西亚,与该党派的党主席米盖尔·瓦尔加斯·马尔多纳多(Miguel Vargas Maldonado)的冲突日益公开化,由此导致相当部分选民对他们失去了信任。② 此后,在大选候选人的公开辩论中,梅西亚的演讲极具争议,这是导致其失去选票的另一个重要因素。

一次次的民意调查清晰地揭示了民众态度的变化。自2011年10月解放党采用副总统战略以来,解放党的支持度开始持续上升,而革命党的支持率持续下降。新年伊始,佩恩·舍恩与柏兰德公司(Penn, Shoen & Berland)首次在调查中发现了解放党支持度领先,其后在2012年3月的民调中,盖洛普确认了解放党的优势。在4月28日的一次民意调查中,梅迪纳的支持率上升到50.6%,而梅西亚的支持率只有44.6%。而在2011年的各种民调中,均是梅西亚领先。

解放党的获胜,有两大主要原因:一是执政党的优势。尽管面临着高失业率、通货膨胀、高犯罪率以及电力紧张等诸多问题,但在即将到来的大选前,现政府将大量的公共资金投入到了基础建设和福利项目中去,这在很大程度上转移了公众的注意力。二要归功于其与国内其他党派的联盟,尤其是与国内第三大党——多米尼加基督教社会改革党(Partido Reformista Social Cristiano, PRSC)的联盟。在解放党所获得的选票中,来自党内的票数占总数的37.73%,解放党13个联盟党派,贡献了其余13.48%的选票,其中PRSC一家就贡献了5.87%的选票。在两大党派差距不大的情况下,这种支持起到了决定性的作用。

---

① EIU, *Country Report*: *Dominican Republic*, June 2012.
② EIU, *Country Report*: *Dominican Republic*, February 2012.

2012年8月16日，多米尼加共和国迎来了新一任总统——达尼洛·梅迪纳。由于在2010年5月的议会选举中，革命党在议会的席位缩减到了只有75个，解放党一举获得了2/3的多数席位，而且该优势将一直持续到2016年。[1] 因而，梅迪纳的获胜，除了意味着解放党持续第三届连任之外，更为重要的是其将在任期之内，获得来自议会稳定的支持。

二 经济形势

（一）经济概况

多米尼加是一个农业国，也是典型的小型开放经济，旅游业和出口加工业为国内经济的主要支柱。旅游业作为多米尼加的支柱行业，深受发达国家，尤其是美国经济的影响，因为美国是其最重要的游客来源国。在2012年美国经济温和复苏的影响下，多米尼加经济也迎来了温和的增长。

2012年，多米尼加GDP（以2005年不变美元价格计算）增速为4.5%，[2] 与上年相当。这一成绩的取得是与多米尼加政府的努力分不开的。在经历了2011年的紧缩政策之后，2012年年初，多米尼加政府即制订了加速基建投资的计划。这一计划在泛美开发银行（Inter-American Development Bank）以及法国政府7800万欧元的专项贷款支持下，有了更加牢固的实施基础。[3] 在2012年多米尼加GDP增长份额中，影响最大的因素正是政府支出，较上年实际增长6%，与商品及劳务出口一样，成为多米尼加经济复苏的主要推动力量。[4]

2012年，多米尼加开始进行规模宏大的游轮旅游建设。仅安布尔湾旅游中心就计划建成具有日接待8000人次能力的旅游中心，其年接待量预期为25万人，比多米尼加共和国现今每年接待的邮船旅游的游客总量还要大。截至

---

① EIU, *Country Report*: *Dominican Republic*, May 2011.
② CEPAL, *Economic Survey of Latin America and the Caribbean 2012*. http://www.eclac.org/publicaciones/xml/4/48454/SocialPanorama2012DocI.pdf.
③ EIU, *Country Report*: *Dominican Republic*, January 2012.
④ EIU, *Country Report*: *Dominican Republic*, January 2013.

2012年11月，国外旅游者人数达到410万，较上年增长6.6%，旅游业的增长成为多米尼加经济温和复苏的主要动力之一。

在对外贸易方面，2012年多米尼加进口商品（f.o.b，离岸价，下同）总额为181.1亿美元，出口商品总额为97.4亿美元，逆差为83.8亿美元，较之于2011年，逆差总额下降了4.9亿美元。在服务进出口方面，多米尼加2012年顺差为34.3亿美元；经常账户总赤字为41.5亿美元，较2011年（44.4亿美元）下降了2.9亿美元，① 从而扭转了自2009年以来，经常账户赤字持续增长的局面。

2012年多米尼加通货膨胀明显缓解。2012年以来，多米尼加CPI告别了以往持续上升的态势，开始持续下降，从年初的6.9%下降到7月份的1.6%，而在这1.6%中，多半还是当年教育费用的调整造成的。预计多米尼加全年CPI数据为2.8%。②

（二）经济政策与财政情况

2012年3月，多米尼加政府与国际货币基金组织（IMF）所签订的28个月的协议时间已经结束。此后，其一直建议进行更多的财政监督，而不是提供一份新的贷款协议。不过，尽管如此，双方的接触一直都在继续。从历史上看，在过去的12年中，每次协议结束之后，都会达成新的协议，双方不久前宣布进行了"卓有成效"的会谈，基本就新协议达成一致的意向。

在货币政策方面，2012年多米尼加政府三度下调了银行利率。5月，多米尼加央行将执行了一整年的银行利率（6.75%）降低到了6%③；8月，进一步下调到了5.5%；9月，再次下调至5%。此后，该利率水平一直维持到年底。④ 多米尼加之所以能够数次下调利率，这和国内通货膨胀的消退是密不可分的。

与货币政策空间增大不同，2012年的财政政策则面临更为严峻的局面。在最初的政府计划中，预算赤字为GDP的0.9%，而政府在执政党的控制下，

---

① EIU, *Country Report*：*Dominican Republic*, December 2012.
② EIU, *Country Report*：*Dominican Republic*, December 2012.
③ EIU, *Country Report*：*Dominican Republic*, July 2012.
④ EIU, *Country Report*：*Dominican Republic*, December 2012.

为了迎合大选的需求，花费了大量资金用于公共支出，而且电力补贴有增无减。在这些因素的共同作用下，2012年多米尼加的财政赤字迅速扩大。全年财政赤字预计达到GDP总额的6.8%，公共债务占GDP的比重进一步增长到了40.6%，2011年这两组数字则分别为2.6%与38.6%。①

这种赤字迅速扩大的情况也是多米尼加政府一直遭受批评的主要原因之一。为了降低财政赤字，2012年8月8日，下院通过了降低公务员薪酬的法案；10月4日，梅迪纳总统正式向外界揭开了其财政改革综合方案的面纱。新财政改革方案提出了近年来规模最大的增税计划。计划涵盖了当前多米尼加所有重要税种——所得税、财产税、消费税以及增值税。此后该提案被迅速通过，预期将为政府在2013年带来额外的460亿比索。②

在多米尼加长期通胀的过程中，多米尼加比索一直处于贬值之中，目前，多米尼加比索兑美元的汇率已经从2008年的35.78∶1贬值为如今的39.73∶1。而且，多米尼加连续多年的外贸赤字使其外汇储备形势十分严峻，2012年年底多米尼加外债总额再次创出新高，达到166.8亿美元，外债持续上升的态势依旧没能改变。③

多米尼加经济竞争力整体上仍处于较低水平，但在2012年略有提高。在最新的一期《世界经济论坛竞争力报告（2012~2013）》中，多米尼加在144个国家中排名第105位。相较于2011年，多米尼加的竞争力排名上升了5位，但是，该结果表明，多米尼加经济在整体上依然缺乏竞争力。其排名最低的项目是与腐败、政府支出以及初等教育质量相关的内容。如在制度透明这一项目中，多米尼加排名倒数第一。另外，产业单一也是多米尼加经济增长面临的最大困难所在。

三 社会形势

2012年，梅迪纳在竞选之前提出了一个宏大的纲领，社会问题是其主要

---

① EIU, *Country Report*: Dominican Republic, December 2012.
② EIU, *Country Report*: Dominican Republic, October 2012.
③ EIU, *Country Report*: Dominican Republic, December 2012.

希望解决的问题。此后，多米尼加政府更是提出了"20年长期发展规划"（National Development Strategy 2010 - 2030），[1] 从中我们不难发现诸如改善教育等社会目标。可以预期的是，在梅迪纳政府强力增税的同时，多米尼加长期以来不注重社会问题的局面有望得到缓解。

不过，在世界腐败指数中，多米尼加在全部176个国家和地区中，位列第118位，得分为32分。其中，0分表示腐败，100分表示清廉。这个得分也充分反映了困扰多米尼加的一项顽疾——政府腐败与低效。[2]

（一）两大顽疾：贫困与失业

对于多米尼加而言，贫困是一个持续多年的顽疾。2010年多米尼加贫困人口占总人口的41.4%，其中赤贫人口为20.7%；而在2011年，多米尼加贫困人口上升到42.2%，赤贫人口小幅下降，为20.3%。[3] 多米尼加也是拉美经委会有相关数据的18国中，为数不多的基尼系数持续上升的国家，尽管上升的幅度较小。

2012年，多米尼加劳动力市场的表现也并不尽如人意。当年多米尼加失业率为14.3%，这一数字比上年下降了0.3个百分点，[4] 这也显示多米尼加劳动力市场状况并未得到实质性的改善。事实上，进入21世纪以来，多米尼加失业率从未降到13%以下。这两大顽疾加在一起，被认为是多米尼加诸多社会问题，尤其是犯罪问题突出的主要原因。

（二）犯罪问题

多米尼加位于加勒比海大安的列斯群岛中的伊斯帕尼奥拉岛东部，是贩毒分子将产自哥伦比亚等国的毒品运往美国和欧洲销售的主要通道之一。2013年1月3日多米尼加警方发表报告表示，2012年绑架、凶杀、抢劫等暴力犯

---

[1] EIU, *Country Report: Dominican Republic*, August 2012.
[2] EIU, *Spotlight Shines on Caribbean Corruption*. http://country.eiu.com/Dominican%20Republic/ArticleList/Analysis/.
[3] ECLAC, "Social Panorama of Latin America 2012," http://www.eclac.org/publicaciones/xml/4/48454/SocialPanorama2012DocI.pdf.
[4] EIU, *Country Report: Dominican Republic*, December 2012.

罪活动仍然十分猖獗。在这些暴力犯罪中，约70%的案件与毒品走私有关。2012年，多米尼加缉毒人员共缴获各种毒品近10吨，抓获3万余名贩毒嫌疑人，甚至出现了单次查获超过1吨毒品的超级案件。①

报告显示，2012年多米尼加全国死于各种暴力犯罪的人数虽然比上年减少了266人，但仍高达2251人。除贩毒活动外，多米尼加的家庭暴力问题也非常严重。在这个只有1000万人口的加勒比岛国，每年发生侵犯妇女的家庭暴力事件约两万起。② 在重重压力下，2012年8月上任的梅迪纳总统，在其新的执政计划中强调建立更强大的警察力量。③

（三）公共卫生与公共支出

多米尼加的气候是典型的热带海洋气候，非常容易遭受各种自然灾害。2012年10月26日，多米尼加遭受飓风"桑迪"袭击，强降雨导致洪水淹没街道。此后，多米尼加爆发了钩端螺旋体病（简称钩体病）和登革热疫情，同年11月13日多米尼加卫生部门发布公告，已有944人感染钩体病，6001人感染登革热，其中分别有58人和28人不治身亡。④ 事实上，2012年多米尼加遭受了不止一次的自然灾害，8月就有热带风暴"艾萨克"登陆。多米尼加的自然条件，为该国的公共卫生事业，提出了严峻的挑战。

不过，多米尼加在2012年开始加大基础建设的力度。其在法国政府的帮助下，在一些地区开始了公共卫生设施的建设（下水道、卫生设施等），这些地区包括阿苏阿、基督山、内巴、奥科、圣克里斯乌巴尔。而且，新政府开始了文盲扫除计划，其中包括在2013年建立1万间教室，⑤ 多米尼加未来的公共支出，有望一改连年持续下降的趋势。

---

① 中国日报：《多米尼加查获超过1吨毒品》，http://www.chinadaily.com.cn/micro-reading/dzh/2012-12-25/content_7854942.html。
② 新华网：《多米尼加启程暴力犯罪关联贩毒》，http://news.xinhuanet.com/legal/2013-01/04/c_114239013.htm。
③ EIU, *Country Report*: *Dominican Republic*, August 2012.
④ 新华网：《多米尼加86人死于钩体病和登革热》，http://news.xinhuanet.com/world/2012-11/14/c_123950301.htm。
⑤ EIU, *Country Report*: *Dominican Republic*, October 2011.

多米尼加：大选之年——解放党的逆转

四 外交形势

2012年，多米尼加政府新旧交替，由于是解放党连任，因而多米尼加的外交政策取向并没有发生大的变化。新总统梅迪纳在宣誓就职之后，正式登上了国际舞台。在不到半年的时间里，梅迪纳总统采取了积极主动的姿态，展开了双边、多边外交活动，并取得了一系列的合作成果。

2012年9月25日是梅迪纳总统正式登上国际舞台的日子。在纽约举行的第67届联合国大会上，梅迪纳作了发言。① 与会期间，梅迪纳会见了美国国务卿希拉里·克林顿以及联合国拉美经委会执行秘书阿丽西亚·巴尔塞娜（Alicia Barcena），这也体现出新政府总体的外交趋势，双边和多边并举，谋求切实的国际合作。

2012年，多米尼加强化了与美国的关系。同年7月，多美新签署了3个合作协议，它们涵盖了安全、反毒与人口贩卖3个领域，也是多米尼加、美国以及加勒比海湾安全机构（CSBI）共同努力的成果，通过这些协议，三方共同追求建立更为安全的海域，并共同打击该区域日益猖獗的毒品贸易。② 此后，奥巴马的访问促成了多米尼加移民法案的改革。③

近年来，多边合作在多米尼加外交方面的重要性明显提升。2012年该国主要的多边活动有：多米尼加与欧盟共同表达了以更积极的态度构建未来的合作关系；与拉美经委会、粮农组织（FAO）积极磋商，并达成相关的合作协议；正式宣布加入中美洲民主安全框架条约（FTDSCA）；与美洲国家组织（OAS）加强了合作，并由美洲国家组织宣布了新政权的有效性；同年11月，在多米尼加正式举行了加勒比论坛部长级会议；同年12月正式提出申请，希望成为中美洲一体化组织的完全成员。④

---

① EIU, *Country Report: Dominican Republic*, October 2012.
② EIU, *Country Report: Dominican Republic*, August 2012.
③ Ministerio de Relaciones Exteriores, *República Dominicana y Estados Unidos Firman Memorándum para Agilizar Emisión de Documentos de Viaje*. http：//www.serex.gov.do/index.php?option=com_content&view=article&id=3923：republica-dominicana-y-estados-unidos-firman-memorandum-para-agilizar-emision-de-documentos-de-viaje-&catid=51：mas-noticias.
④ Ministerio de Relaciones Exteriores. http：//www.serex.gov.do/index.php?option=com_content&view=category&id=51：mas-noticias&layout=blog&Itemid=50&layout=default.

在双边关系上，2012年多米尼加同样取得明显的成果，主要有：与洪都拉斯达成了咖啡协定；与摩洛哥合作发展渔业；与海地沟通，尝试建立自由贸易区（FTA）；与澳大利亚签订了旨在加强技术合作的谅解备忘录；与印度、加拿大、日本、中国台湾等国家和地区分别达成了不同的合作协议；与沙特阿拉伯正式建交，进一步加强了与海湾国家的合作。总之，在外交方面，多米尼加展示出了多边与双边共同发展的态势。

（吴国平　审读）

Dominican Republic

Gao Qingbo

Abstract: Danilo Medina won the presidential election on May 20, 2012. He was the presidential candidate of Partido de la Liberación Dominicana (PLD), while Hipólito Mejía who took great advantage in the campaign as the candidate of Partido Revolucionario Dominicano (PRD) in 2011, lost the election. In the economic area, the Dominican economy grew moderately, but the financial deficit increased and the consumer price index decreased due to greatly increased public spending by ruling party. In the social area, poverty and unemployment have not been eased and crime still plagued the Dominican Republic. In the diplomatic area, the new president pursued bilateral and multilateral cooperation with more countries in order to improve its international status.

Key Words: Dominican Republic; Politics; Economy; Society; Foreign Relations

Y.30
海地：国家重建任重道远

赵重阳*

摘 要：

2012年，海地政局依然不稳，各权力部门相互掣肘，政府继续推进军队重建；经济增长受极端天气和政局不稳的影响低于预期，电力部门的改革和大型工业园的建成有望促进经济发展；国家教育系统有所发展但仍然落后，地震灾民的处境和社会安全状况不容乐观；对外关系取得一些突破和进展，除继续保持与联合国的关系外，与地区大国和多米尼加的关系得到加强。

关键词：

海地 军队重建 电力部门改革 卡拉科尔工业园 地震

2012年，海地政坛风波不断，经济因风灾而恢复缓慢，社会形势不容乐观，对外关系则有所突破，与本地区大国的关系进一步加强。

一 政治形势

2012年，海地政局依然不稳，各权力部门相互掣肘，推进军队重建引起政府与反对派和国际社会的矛盾，政府的支持率持续下降。

（一）各权力部门相互掣肘

一是总统与总理不和导致总理辞职。2月24日，海地总理加里·科尼耶

---

* 赵重阳，中国社会科学院拉丁美洲研究所助理研究员，主要研究领域为拉美国际关系。

（Carry Conille）向总统米歇尔·马尔泰利（Michel Martelly）提出辞职。科尼耶曾担任联合国海地事务特使、美国前总统比尔·克林顿的办公室主任，是马尔泰利第 3 次提名的总理人选。他能出任总理与其说是马尔泰利的选择还不如说是国际社会施压的结果，因此他不仅没得到议会的支持，也缺乏总统的支持。就任后他多次招致马尔泰利的不满，比如他建立一个委员会，审核前任总理让－马克斯·贝勒里夫（Jean-Max Bellerive）①签署的 3 亿美元震后重建合同；并支持参议院成立一个委员会，调查包括马尔泰利在内的部分政府官员的双重国籍问题。这些都导致他与马尔泰利关系紧张，最终不得不辞职。

二是总统和议会在新总理及议会选举问题上角力。由于反对党"团结党"（Inite）占据议会大多数席位，马尔泰利也缺乏议会的支持。为防止议会在新总理人选问题上发难，马尔泰利坚持只有议会通过他提名的人选，才制定对参议院 1/3 议席选举的时间表。②即便如此，议会仍拖延了近 2 个月才于 5 月 3 日通过对时任外交部部长洛朗·拉莫特（Laurent Salvador Lamothe）的总理提名。此外，马尔泰利与议会在组建常设选举委员会、通过国家预算和颁布宪法修正案等问题上也存在分歧。

（二）推进军队重建引起政府与反对派和国际社会的矛盾

马尔泰利在竞选总统时就表示会在当选后重建海地军队。③ 2011 年 11 月，海地成立了"组建公共军事力量"国家委员会，论证重建武装部队事宜。2012 年，马尔泰利政府采取进一步措施推进军队重建：一是拉莫特就任总理后，任命前军人让·鲁道夫·若日莱（Jean Rodolphe Joazile）担任国防部部长；二是在 6 月 19 日颁布宪法修正案，规定海地"公共部队"由国家警察和武装部队组成；三是寻求外国支持，在马尔泰利的请求下，巴西和厄瓜多尔已经同意帮助海地建立新军队。不过，国际社会和反对党一直反对重建军队，主要是海地军队在历史上由于频繁发动军事政变和大规模侵犯人权而恶名昭著，他们担心新军队会重蹈覆辙。此外，他们认为重建军队将使政府无法集中精

---

① 贝勒里夫是马尔泰利的表兄，目前还担任他的顾问。
② 海地参议院 1/3 议员的任期于 2012 年 5 月 8 日结束，在此之前需对这 1/3 席位进行选举。
③ 海地军队于 1995 年被时任总统让－贝特朗·阿里斯蒂德（Jean-Bertrand Aristide）解散。

海地：国家重建任重道远

力、物力和财力进行震后重建和发展经济，并且会影响国际社会特别是联合国海地稳定特派团（以下简称"联海团"）帮助海地训练和装备警备力量。

（三）政府受支持程度下降

海地民众曾对马尔泰利政府寄予很高期望。迄今为止，马尔泰利政府已经执政一年半，在震后重建、恢复国家经济、疾病防治等方面采取了不少举措，但收效却不大。主要有三个原因：一是马尔泰利系歌手出身，政治根基浅，且没有得到议会的支持；二是国家各权力部门内斗不止，政府部门执行能力差，腐败严重；三是自然灾害频发阻碍了经济的发展，这导致民众的生活水平没有得到改善，对马尔泰利政府的失望情绪日渐增加。

2012年，海地发生多起反政府游行，示威者称马尔泰利和拉莫特是国家不稳定的根源，国际社会应帮助海地摆脱这些人的统治。

二 经济形势

2012年，海地政府的经济政策仍然是通过扩大就业、吸引外国投资、加强基础设施建设和发展农业等措施推动国家经济恢复和发展，但海地经济增长低于预期。

（一）2012年经济状况①

2012年经济增长低于预期。8月强热带风暴"艾萨克"和10月飓风"桑迪"的侵袭给海地造成重大经济损失，导致2012年经济增长率只有2.5%，远低于政府预期的8.8%。通货膨胀率先降后升，两次风灾几乎全部摧毁了海地的农作物，造成食品价格上涨，通胀率从2011年10月的10.4%降至2012年6月的4.9%，② 后又开始回升，至年底达到6.3%。③ 外国直接投资减少是

---

① 本部分数据除特别说明外，均引自ECLAC, *Preliminary Overview of the Economies of Latin America and the Caribbean*, Santiago, Chile, 2012。
② EIU, *Country Report 3rd Quarter 2012: Haiti*, September 2012, p. 2.
③ EIU, *Country Report 3rd Quarter 2012: Haiti*, September 2012, p. 11.

导致经济增长低于预期的重要因素。由于政局不稳,海地2012年获得的外国直接投资由2011年的1.81亿美元减少至1.24亿美元。

总体而言,自然灾害、国内政局不稳等是影响2012年海地经济发展的主要原因,其还将在较长时期内对海地的经济发展产生负面影响。农业、建筑业和服装制造业既是对海地经济有重要影响的产业部门,也是海地主要的创造就业机会的行业,将继续成为政府重点扶持的对象。

(二)北部工业园投入运营

为扩大就业,吸引外资,海地政府在北部地区建设了一个大型的卡拉科尔工业园(Caracol Industrial Park),并于10月22日投入使用。该工业园是根据海地政府、美国政府和美洲开发银行签署的一项协议于2011年年底动工兴建的,建设费用2.24亿美元,最终可雇佣6.5万名工人。

海地政府十分重视该工业园,希望它能实现以下几个目标:一是促进北部和长期受忽视农村地区的发展,并使海地的经济活动从太子港向其他地区分散;二是扩大就业,如果真能实现雇用6.5万名工人的目标,将可直接支持30余万海地人的生计;三是使当地人口由当前的3万增加到30万,减少太子港地区的人口压力;四是希望其能吸引更多外国投资者到海地投资办厂。

(三)大力发展电力部门

海地的电力基础设施建设非常落后。根据世界经济论坛2012~2013年全球竞争力指数,海地电力服务的可靠性居全球倒数第6名,在拉美是倒数第1名。70%的海地人没有用上电,农村地区高达95%。

马尔泰利政府上台后,加强了对电力部门和海地电力公司的支持力度,对5个位于太子港的变电站进行了修复和升级,并积极争取外国援助。6月,美洲开发银行提供1200万美元援助用于海地电力公司的管理升级,还有4600万美元援助款用于恢复佩利格尔(Péligre)水力发电站的总发电能力、升级向太子港及周边地区的输电线路和电力分配网络。9月,世界银行提供了9000万美元贷款,帮助海地改善和扩大电力服务。11月,海地政府公布新法令,改革电力部门,允许更多私人资本进入该部门,以提高电力服务水平,减轻政府对该部门的财政支出。

三 社会形势

2012年,海地的社会形势仍不容乐观,地震灾民生存条件亟须进一步改善,教育系统有所发展但任重道远,犯罪率大幅上升。

(一)地震灾民生存条件亟须进一步改善

根据国际移民组织2012年12月底发布的数据,海地的地震灾民已从2011年的60余万人下降到36万人,难民营总数由2月的660座下降到500座。①但这些灾民的生存状况令人忧虑:在难民营中,58%的人口处于失业状态;近86%的居民没有自己的住房;57%的家庭为单亲家庭,其中34%的家庭以女性为家长,这些都加剧了灾民的困难处境。

(二)教育系统有所发展但任重道远

地震前,海地学龄儿童入学率仅有50%,中学入学率4%,全国只有一所公立大学。震后,海地政府和国际援助机构秉承"危机局势下教育优先"的原则,重点建设教育系统,使其成为国家重建进程中的一大亮点。目前,海地学龄儿童入学率已超过震前水平。

尽管如此,海地教育系统仍受到以下问题的困扰:一是这些成绩是在原有教育水平极其低下的基础上取得的,与社会的实际需求相去甚远;二是社会和经济基础设施一直无法全面正常运转;三是霍乱疫情一直没能得到有效控制;四是仍有36万地震灾民的生存状况堪忧;五是媒体和援助机构的关注重点开始转向其他危机地区,国际援助方提供支持的热情和积极性正在下降。

---

① 海地地震后难民总数最高达150万人,难民营近1600座。

（三）犯罪率大幅上升

2012年以来，海地的谋杀率大幅上升。太子港的谋杀率由2011年10月的十万分之十大幅上升至2012年7月的十万分之七十二，[①] 针对社会名流和外交人员的枪击案也有所增加。

造成凶杀率上升的原因主要有三个：一是震后重建进展缓慢，大量难民仍未得到安置，居住地条件恶劣，治安状况差；二是执法机构力量严重不足，目前海地只有1万名警察，与总人口的比例约为1:1000[②]；三是政局不稳定导致社会不稳定。

四 外交形势

2012年，海地除继续保持与联合国的关系外，与地区大国的关系得到加强，与地区外国家的关系也有所突破。

（一）联合国仍是支持海地重建的主要力量

自2004年以来，联海团在海地的维和任务已执行了8年。10月，联合国安理会再次通过决议，将联海团的任期延长一年；但将削减联海团的人数，由当前的10500人减少到8871人。虽然海地国内对联海团的不满情绪增强，一些参与联海团的国家也希望早日结束维和任务，但在未来几年，联海团仍将是海地维护社会稳定、提高执法能力和加强警察力量的重要依靠。

联合国开发计划署也一直致力于海地的震后重建，目前在海地有32个援助项目，涵盖了城市规划、兴建住宅和创造就业等多个领域。9月，在该机构的推动下，海地政府与近50家在海地开展人道主义活动的非政府组织启动一

---

① Latin American Newsletters, *Latin American Security and Strategic Review*, August 2012, p. 20. http://www.latinnews.com/component/k2/item/53054.html? period = + &archive = 26&search = Haiti&cat_ id = 789259%3Apointers.

② Latin American Newsletters, *Latin American Security and Strategic Review*, August 2012, p. 20. http://www.latinnews.com/component/k2/item/53054.html? period = + &archive = 26&search = Haiti&cat_ id = 789259%3Apointers.

项新的伙伴关系，以加强彼此间的协调合作。联合国人道主义事务办公室、联合国世界粮食计划署和联合国儿童基金会等机构在海地遭受风灾的侵袭后，大力投入灾后救援行动，并向国际社会发出筹款呼吁，以帮助海地恢复农业生产、应对霍乱疫情和预防粮食危机。

（二）与地区大国和邻国的关系得到加强

2012年，巴西和墨西哥总统分别访问海地，被视为是本地区两个大国加强地区影响力的表现。2月1日，巴西总统迪尔玛·罗塞夫访问海地。她表示，巴西将从海地撤走300名维和人员，以响应联合国削减联海团人数的决定；同时，"巴西将坚定地与海地站在一起"，继续与海地就维护社会秩序和减少贫困等问题保持合作，向海地提供人道主义救助，并为海地震后重建工作提供帮助。4月12日，墨西哥总统费利佩·卡尔德龙访问海地，这是两国1934年建交以来墨西哥总统首次到访海地。他表示将向海地提供1000万美元，用于两国的教育、医疗和农业合作。从2010年至2012年，墨西哥已向海地提供2300万美元用于此类合作。

海地与邻国多米尼加的关系一直受非法移民、边境贸易等问题的困扰，近两年有所改善。2月26日，马尔泰利访问多米尼加，这是他任总统以来首次出访多米尼加。访问期间，两国签署了7项合作协议，并表示希望扩大经贸往来与交流合作，构建对话机制。8月16日，多米尼加新总统达尼洛·梅迪纳·桑切斯（Danilo Medina Sánchez）宣誓就职，表示希望与海地进行自由贸易协议谈判。

（三）与地区外国家的关系有所突破

7月26～27日，外长拉莫特访问英国，并与英国王储查尔斯亲王和外交大臣威廉·黑格会见。黑格表示，英国将很快在海地开设大使馆，这将是1966年以来英国首次在海地建立外交机构，是英国对海地的"承诺、支持和关注"的标志。

8月27～30日，马尔泰利出访日本，这是海地总统首次访问日本。12月18日，日本政府决定将自卫队使用过的重型设备转送海地政府。这是日本自

2011年放宽"武器出口三原则"①后,首次向海外提供"武器"装备。2010年地震后,日本向海地派遣了约350人组成的陆上自卫队工程部队,参与震后重建等活动。

12月16~18日,外长拉莫特对越南进行正式访问,这是两国1997年建交后海地政府首脑首次访问越南。访问期间,拉莫特受到越南国家主席张晋创、国会主席阮生雄、越共中央总书记阮富仲和总理阮晋勇的会见。两国总理签署联合公报,并出席了越南军队电信集团与海地政府建立战略投资合作伙伴关系备忘录的签订仪式。

(贺双荣 审读)

Haiti

Zhao Chongyang

Abstract: In 2012, Haiti's political instability continued and economic growth rate was lower than expected. Although Haiti's education system made some achievements in these two years, the public insecurity was still grim. Haiti made some breakthrough in its foreign relations in the past year, and its relations with regional powers were further strengthened.

Key Words: Haiti; Army Reconstruction; Power Sector Reform; Caracol Industrial Park; Earthquake

---

① 1967年,日本佐藤内阁首次提出"武器出口三原则",主要内容为禁止向社会主义阵营国家、联合国决议规定对其实施武器禁运的国家,以及国际冲突的当事国或有冲突危险的国家出口武器。2011年12月27日,日本政府召开安全保障会议,同意大幅放宽基于"武器出口三原则"的禁运政策。

Ⅶ.31
加勒比地区：稳中求进

张鹏 贺喜*

摘　要：

2012年，加勒比地区政局呈现整体稳定、局部动荡的特点。地区经济整体上开始复苏，但通货膨胀、债务危机和失业问题仍然是不少国家面临的主要经济难题。各国之间教育发展不均衡和暴力犯罪日益增多是该地区社会领域面临的主要问题。加勒比地区进一步加速融入世界经济体系；发达国家和国际金融机构对这一地区的经济援助进一步加强；该地区也成为中国海外投资的重要目的地之一。

关键词：

加勒比地区　政治　经济　社会　外交

一　政治形势

2012年，加勒比国家政局呈整体稳定、局部动荡之势。巴巴多斯完成了总督换届，巴哈马实现了政权平稳交接，两个国家的新任领导人都提出了自己的施政纲领，给这一地区带来了新的希望和梦想。

（一）英联邦框架内不同国家的政治诉求发生变化

1. 牙买加提出脱离英联邦

2012年，牙买加经历了一场平静的政治变革。3月6日，牙买加总理波西

---

* 张鹏，文学博士，天津外国语大学拉丁美洲研究中心常务副主任、欧洲语言文化学院科研副院长、西班牙语系主任；贺喜，历史学博士，天津外国语大学拉丁美洲研究中心讲师。

亚·辛普森·米勒（Portia Simpson Miller）在接受采访时表示，英国女王伊丽莎白二世不应继续担任国家元首；该国希望脱离英联邦，建立真正的共和国，彻底掌握自己的政治命运；但他一再强调，独立后的牙买加会继续保持同英国的密切关系。辛普森谈道，牙买加希望顺应加勒比地区政治转型的大势，自由选举总统作为国家的政治元首。对此，英国白金汉宫发言人谈到，"那完全是牙买加人民自己的事情"，明确表示了英国政府的态度。

2. 巴巴多斯在英联邦框架内完成总督换届

5月22日，巴巴多斯总理斯图亚特（Freundel Stuart）在该国众议院宣布，巴巴多斯前高级法院法官埃利奥特·菲茨罗伊·贝尔格雷夫爵士（Sir Elliot Fitzroy Belgrave）将于6月1日正式接任巴巴多斯总督一职，成为巴巴多斯第七任总督。斯图亚特总理还谈道，根据巴巴多斯的政治传统，英国女王陛下决定授予新任总督荣誉称号以及圣马歇尔和圣乔治十字勋爵称号。

（二）个别国家政坛出现波动

1. 英格拉哈姆总理失意政坛，巴哈马完成政权交接

5月7日，巴哈马共和国反对党进步自由党（PLP）在大选中获得38个议会席位中的29席，以压倒性优势赢得选举胜利，该党领袖克里斯蒂（Perry Christie）出任新一届政府总理。执政党自由民族运动党（FNM）仅获得9个席位，该党领袖英格拉哈姆（Hubert Ingraham）宣布接受选举结果，并祝贺克里斯蒂获胜。选举前夕，巴哈马国内罢工不断；严峻的社会问题和民众对自由民族运动党的严重不满直接导致了英格拉哈姆的下台。

2. 特立尼达和多巴哥积极应对失业问题

2012年，特立尼达和多巴哥经历了严峻的失业考验，该国失业率达到了5.1%。严重的失业问题导致该国局势出现小范围动荡。针对此种形势，政府修改了45项有关劳工方面的法律和法规，通过立法手段提高职工工资收入、完善工人福利待遇，并酌情救济失业群体。2013年，这些新法规将正式生效。政府希望通过这些法规来缓解严峻的失业问题，进一步稳定国内政局。

（三）加勒比政局出现局部动荡

1. 圭亚那仍然为民族矛盾和政党纠纷所困扰

2012年7月和10月，圭亚那先后发生两起枪击事件，导致乔治敦市居民聚众游行，要求内政部部长辞职谢罪。圭亚那各民族之间的矛盾仍然未能得到有效缓解，各政党之间更是纷争不断，这两大问题严重影响了该国政局的平稳运转，也是圭亚那政坛波动不断的根源之一。

2. 圣基茨和尼维斯进行公投

2012年1月22日，圣基茨和尼维斯的首都巴斯特尔，市民纷纷涌上街头，为该国新的政府权力机构进行投票，以便在大选开始前确定候选人。当地舆论界高度评价此次大选，认为这标志着该国在通往民主的道路上又取得了实质性进展。

（四）地区合作继续稳步向前推进

2012年新年伊始，牙买加总理辛普森向加勒比共同体国家发出号召，呼吁加勒比国家以联合的方式共同抵御金融危机引发的经济风险，以便走共同发展的道路。辛普森建议，全体加勒比国家的联合，既是维护这一地区共同利益的基石，也是继续得到国际社会支持的先决条件。他的号召得到了该地区多数国家的热烈响应。海地总统马尔泰利（Michel Joseph Martelly）也表达了同样的意愿，他希望全体加勒比共同体国家成员能联合起来，在消除贫困和保护环境方面继续共同努力。不过，加勒比地区一体化进程仍停留在初级阶段，能否继续向前推进仍然取决于该地区国家的共同努力。

二 经济形势

尽管增幅缓慢，但2012年度加勒比地区整体经济状况仍然呈现复苏势头。由于该地区大部分国家的财政情况依然比较脆弱，加勒比地区经济尚未完全恢复增长。鉴于本地区内部经济走势持续疲软，加勒比地区仍然需要大量的外部援助以确保该地区经济能持续增长。与2011年相比，加勒比地区经济的短期

净收益额有所下降。通货膨胀、债务问题和失业问题仍然困扰着这一地区的部分国家；受此影响，国际评级机构下调了巴巴多斯等国的信用评级。

（一）经济基本面

与2011年相比，加勒比地区2012年度经济总量增长有所加速。由于外国直接投资、侨汇以及旅游业收入的增加，部分国家的经济形势出现了好转。2012年，加勒比地区GDP的增幅为1.1%，与2011年同期0.7%相比，增长了0.4个百分点；但仍然低于拉美地区3.1%的平均增幅。[①] 除了圣基茨和尼维斯以及牙买加之外，其他国家的经济形势都有所回升，但各国经济的增幅不尽相同。与2011年相比，安提瓜和巴布达、特立尼达和多巴哥与多米尼克走出了衰退的阴影，实现了经济的快速增长；巴哈马、伯利兹及圣文森特和格林纳丁斯的经济继续保持了良好的上升势头；而巴巴多斯、格林纳达、圭亚那、圣卢西亚及苏里南等国的经济增幅与上一年度相比则有所回落。

受农产品价格上涨因素的影响，加勒比地区个别国家的通货膨胀现象出现了反弹趋势；其中，牙买加、特立尼达和多巴哥的通胀形势较为严重。但从整体上看，得益于本年度国际原油价格的下跌及其带来的运输成本的降低和粮食与燃料价格的下降，地区通胀现象在一定程度上有所缓解。巴哈马的通胀率由2011年的3.2%降至2012年的2.3%；巴巴多斯的通胀率下降至2.3%；伯利兹的通胀率降到了1.6%；由于政府采取了有效的干预和调节机制，圭亚那保持了相对较低的通胀率；东加勒比货币联盟国家中，圣卢西亚以3%的通胀率高居榜首，安提瓜和巴布达的通胀率为2.3%，圣基茨和尼维斯的通胀率最低，为0.3%。

全球金融危机严重冲击了加勒比地区的经济形势，不少国家的失业率就出现了大幅度上升现象。截至2012年年底，加勒比国家的就业形势仍然不容乐观，就业相对较好的行业集中在旅游业和建筑业。伴随着全球经济从2012年中期开始升温，加勒比地区部分国家的失业率也随之有所下降。如巴哈马的失

---

① 如无特殊说明，本部分数据均源自CEPAL, *Balance Preliminar de las Economías de América Latina y el Caribe 2012*, Santiago de Chile, 11 de diciembre, 2012.

加勒比地区：稳中求进

业率降至14.7%，伯利兹降至14.4%，巴巴多斯的失业率反而出现了小幅度反弹现象。

在国际收支方面，受美国经济形势缓慢回升的影响，地区以石油出口和服务业为主导产业的国家经济形势走向好转。巴巴多斯政府调整了进出口政策，使该国进出口赤字额由7.5%下降至5.4%；伯利兹政府通过扩大初级产品出口和大力发展旅游业降低了本国的进出口赤字额；得益于国外直接投资的增加以及双边和多边金融机构之间大幅度的资金流动，圭亚那的国际收支出现了盈余。

在公共财政方面，加勒比地区各国的财政赤字现象依然未得到有效改善。2012年度，地区财政赤字占国内生产总值的比重从3.6%增加到4.0%。尽管伯利兹、圭亚那、苏里南以及特立尼达和多巴哥等依赖原材料出口的国家近年来的财政形势一直保持着相对稳定，但也在2012年出现了显著下滑。由于旅游业的低迷以及离岸金融收入的减少，安提瓜和巴布达、巴哈马、巴巴多斯及牙买加等以服务型经济为主的国家，其经济走势持续疲软。除了圣基茨和尼维斯、圣文森特和格林纳丁斯以及圣卢西亚之外，其余主要国家都因为主要贸易伙伴经济形势的不景气而导致本国经济增长率持续下降，这些国家的税收收入也因此减少。2012年度加勒比地区除了巴哈马、巴巴多斯和多米尼加之外，大部分国家的财政能力依然比较脆弱。

加勒比地区各国仍然面临着较大的公共财政压力。2012年，东加勒比货币联盟国家的公共债务平均占国内生产总值的84.7%。就债务规模而言，巴巴多斯和牙买加的公共债务分别占本国国内生产总值的106%和128%。

作为加勒比多数国家最具有代表性的支柱产业，旅游业的发展直接关系到该地区的经济增长。受美国经济形势好转的影响，除巴巴多斯和东加勒比货币联盟等个别国家之外，该地区大部分国家的旅游业出现了复苏，有利于地区经济的恢复增长。

（二）经济政策

1. 经济刺激和就业计划

2012年度，圭亚那政府拿出了国内生产总值的4.6%来刺激经济增长，并依靠低碳排放获得的资金继续推进重大基础项目的建设。通过整合政府各部门，牙买加政府加强了税收的征管力度；并通过与委内瑞拉签署《佩德罗加勒比协议》，给本国创造了新的就业机会。巴哈马政府制定了旨在鼓励和支持中小企业发展的《中小企业法》，以立法手段为它们提供政策、融资和税收等方面的便利条件，以进一步促进中小企业的健康发展。巴巴多斯政府调整了企业的税率、颁布了新的立法，采取各种措施促进该国可再生能源行业的持续发展，并希望以此加强国家在国际金融服务市场的竞争力。

2. 税收调整措施

巴巴多斯政府出台了一系列刺激经济增长的政策：把个人所得税的征收门槛从1.2万美元调整到1.75万美元；开征绿化税；取消政府雇员在旅游和娱乐方面的免税津贴；将汽油的消费税调高一半等。

为了刺激刚需，巴哈马政府把总价值超过25万巴元的房屋交易价印花税率从原先的12%降至10%，同时开始征收上限为5万巴元的房产税，以刺激楼市发展。为了重振该国因经济衰退而遭受重创的酒店业，巴哈马政府宣布今后10年内免除大巴哈马岛上所有酒店50%的营业所得税。

三 社会形势

（一）人口增长缓慢

拉丁美洲和加勒比地区2010年人口统计数据显示，该地区人口增长趋势逐渐缓慢。联合国拉美经委会的统计数据预测表明，2010~2015年加勒比地区的平均人口增长率为0.99%，主要国家的人口增幅分别为：伯利兹1.89%，巴哈马1.11%，牙买加0.41%，特立尼达和多巴哥0.35%，巴巴多斯0.24%。[①]

---

① 如无特殊说明，本部分数据均源自CEPAL, *Anuario Estadístico de América Latina y el Caribe* 2010，Elaboración：Instituto Nacional de Estadística e Informática - INEI. http：//www.eclac.org/publicaciones/xml/6/42166/LCG2483b_1.pdf。

（二）区域内教育不平衡现象进一步凸显

根据联合国拉美经委会的统计数据，加勒比地区15岁以上人口的文盲比例平均为8.3%。其中，牙买加的文盲率为9.8%，伯利兹为4.0%，特立尼达和多巴哥为0.9%，巴巴多斯的文盲率最低，为0.2%。以上数据显示，加勒比地区国家教育发展水平非常不平衡。

（三）暴力犯罪问题仍然猖獗

2012年度，暴力犯罪问题仍然困扰着加勒比地区。全世界暴力犯罪率最高的20个国家中，就有12个位于拉丁美洲和加勒比地区；这一地区的犯罪案件占到了全球的27%。[1] 联合国开发署曾就加勒比地区犯罪问题展开调查，并公布了一份名为《人口发展与向更好的公民安全转变》的报告。该报告指出，加勒比地区的犯罪率在过去12年里不断攀升，已经到了非常严峻的程度。这一地区有组织的国际犯罪行为也日渐猖獗，牙买加成为加勒比地区发生谋杀案件最多的国家。

四　外交形势

2012年，加勒比地区融入全球经济体系的步伐日益加快。发达经济体、国际金融机构以及以中国为代表的新兴经济体进一步加大了对该地区的援助。

（一）加勒比各国在多个领域寻求与他国的合作

6月，牙买加国家安全部部长与加拿大国防部部长签署备忘录，正式建立加拿大军事救援行动支持中心（OSH）。8月，牙买加总理辛普森·米勒与到访的尼日利亚总统古德勒克·乔纳森举行双边会谈，商讨重启石油特殊安排协议的相关事宜。

---

[1] *Cómo Hacer Frente a la Creciente Violencia en el Caribe*, Herado Muñoz. http://www.undp.org/content/undp/es/home/ourperspective/ourperspectivearticles/2012/03/20/how-to-address-surging-violence-in-the-caribbean-heraldo-mu-oz-.html.

圭亚那通过了圭美开放天空双边协议，该协议的签署会放宽对客运、货运、包机服务、定期航班和航空航线等方面的管制，有助于圭亚那经济的持续发展。目前，加勒比共同体国家中已有巴巴多斯、圣基茨和尼维斯与美国签署了开放天空双边协议。9月3日，圭亚那政府气候变化办公室和总统办公室共同接待了英国气候变化双边会谈代表团，两国就进一步加强气候方面的合作达成新共识。

12月3日，巴巴多斯外交外贸部部长玛克辛·麦克林与巴林财政部部长谢赫·艾哈迈德·本·穆罕默德·阿勒哈利法在麦纳麦签署了《巴巴多斯和巴林王国间避免双重征税和防止偷漏收入所得税的双边协议》，进一步加强了两国的外交和经贸关系。

（二）国际援助力度进一步增大

2012年，欧美国家和国际金融机构进一步加大了对加勒比地区国家的援助力度，这些双边和多边援助主要集中在农业、环境和国家安全3个领域。

美国资助圭亚那50万美元用于反洗钱和反贩毒行动；对巴巴多斯追加45.8万美元，支持该国打击跨国犯罪并提高公共安全。加拿大国际发展署（CIDA）向8个加勒比国家提供0.2亿加元的援助，帮助这些国家发展小型农场项目。英国政府做出承诺，未来4年内，伦敦将向加勒比地区国家提供总价值为0.75亿英镑的发展援助项目，用于增加加勒比国家的就业情况，改善这些国家的社会治安，并增强加勒比地区共同抵御自然灾害和气候变化风险的能力。欧盟也加大了对加勒比地区的援助力度，向牙买加政府提供了225万欧元的援助，同时给牙买加全岛香蕉种植者协会提供18万欧元，以帮助牙买加实施农业建设新项目。欧盟还向巴巴多斯提供了0.4亿欧元的财政援助，帮助该国做好可再生资源的再利用工作。

各国际金融机构也进一步加大了对加勒比地区的发展援助。2012年，美洲开发银行向拉丁美洲和加勒比地区共计投入115亿美元，以帮助这些国家战胜自然灾害。美洲开发银行还向加勒比国家提供了8.71亿美元的无偿援助资金，这一资助额度比2011年增加了29%。加勒比各个国家里，巴巴多斯得到了0.2亿巴元的专项贷款，用于发展该国的高等教育；巴巴多斯还通过未来中心信托基金得到了总额度为 15 万美元的援助,用于实施绿色企业计划。加勒比开发银行向多米尼克提供了 230 万美元,资助该国发展水利事业;向巴哈马政府提供了 20 万美元的无偿援助,帮助该国战胜"桑迪"飓风造成的巨大灾难。美洲开发银行还宣布将在未来两年内向巴哈马中小企业提供 70 万美元的融资援助,帮助该国中小企业改善发展环境。欧洲投资银行通过加勒比开发银行的"气候行动"专项贷款计划向 18 个加勒比借款国提供了总额度为 0.65 亿美元的专项贷款,帮助该地区国家进一步推动节能减排的进度。

(三)中国与加勒比国家关系迈上新台阶

1. 加勒比地区已经成为中国企业在海外投资的重要地区之一

2012 年,中国在加勒比地区的投资额度不断上升,投资规模逐渐加大,投资领域主要集中在基础设施建设和旅游业两个方面。

在基础设施建设方面,中国在加勒比地区的投资呈升温之势。中国在巴哈马首都拿骚投资建设了一座体育馆。中资公司在圭亚那的投资集中在铝土矿行业,还升级改造了一个飞机场。中国政府资助牙买加政府建设了蒙特哥贝会议中心。中资公司在安提瓜和巴布达建设了发电厂和板球场;参与铺设了连接古巴、牙买加、委内瑞拉、圭亚那和巴西的光缆。12 月 5 日,中国交通建设股份有限公司投资 6 亿美元建设的牙买加南北高速公路项目举行开工仪式,正式进入施工阶段。12 月 28 日,中国与特立尼达和多巴哥政府签署双边协议,中方将以优惠的贷款帮助多方建设一座儿童医院。

在旅游业方面,中国在加勒比地区的投资额度也不断增大。9 月份,加勒比酒店和旅游投资大会在牙买加举行,中国商务集团宣布将继续增大对加勒比地区的投资力度。中国为巴哈马的一个度假村提供了 24 亿美元的投资,还准备向拿骚一个造价 35 亿美元的大型度假村提供建设资金。①

值得注意的是,中国在加勒比地区的投资也延伸到一些新领域。华为公司正以多米尼加为中心,向加勒比群岛拓展电信业务。房地产业也逐渐成为中国

---

① 中华人民共和国商务部:《中国资本聚焦加勒比地区》,2012 年 9 月 28 日,http://www.mofcom.gov.cn/aarticle/i/jyjl/l/201209/20120908365107.html。

在加勒比地区投资的重点行业。10月9日，由中国政府出资、多米尼克自行建设的住房项目第二期工程举行了签约仪式。

2. 中国与加勒比国家经贸往来日益频繁

9月14日，中国和加勒比建交国外交部间第五次磋商会议在北京举行。安提瓜和巴布达、巴哈马、巴巴多斯、多米尼克、格林纳达、圭亚那、牙买加、苏里南、特立尼达和多巴哥都派代表赴京参会。双方积极评价近年来中国和加勒比国家友好关系取得的新进展，就进一步加强双方在政治、经贸、人文和国际事务等领域的友好合作达成了广泛共识。①

2012年度，中国与牙买加的双边关系持续升温。商务部分别于3月和8月派出了副部长级别代表团访问牙买加，签署双边经济合作协议。中国银行代表团也于7月中旬出访牙买加，深入调研了牙买加政府对外资银行准入制度的管理规定。10月上旬，澳门特别行政区经济财政司代表团访问牙买加，并与该国财长签署了双边税务合作协定。

3. 中国对加勒比国家的援助持续进行

2012年度，中国政府和中资企业继续加大对加勒比地区的经济援助。1月5日，中国和巴哈马签署了《关于中国向巴哈马提供优惠贷款的框架协议》。7月，中港牙买加区域管理中心向牙买加奥委会捐赠2万美元，支持牙代表团参加伦敦奥运会。7月25日，中国和苏里南政府签署双边协议，向苏里南提供总价值3亿元人民币的优惠贷款，帮助苏里南建造1000套低价房。10月底，中国港湾工程有限责任公司向牙买加捐赠14.4万美元，帮助该国克服飓风"桑迪"带来的严重灾难。

五 前景展望

2013年加勒比地区的经济发展前景在很大程度上仍与世界经济总体局势紧密相关。由于世界总体经济有可能长期处于低增长状态，加勒比地区仅依赖

---

① 中华人民共和国外交部：《中国和加勒比国家举行外交部间第五次磋商》，2012年9月15日，http：//www.fmprc.gov.cn/mfa_chn/wjb_602314/zygy_602330/zks_602388/xgxw_zks_602390/tq69803.shtml。

地区外的投资将无法实现维系本地区经济持续增长的目标。加勒比各国政府应采取措施进一步扩大国内需求，改善和优化投资环境，克服通货膨胀并切实解决失业问题，防止产生金融泡沫。

尽管加勒比国家有各自的特点，但它们也面临着一些共同的挑战，如就业率低迷、气候恶劣、通货膨胀、财政赤字、公共债务、贫困问题、贫富差距、民族矛盾、党派纷争和大国干涉等。这些问题的克服，既需要国际社会的援助，更有赖于加勒比各国的积极应对。

（柴瑜　审读）

The Caribbean

Zhang Peng　He Xi

Abstract：In 2012, the Caribbean region was characterized by the overall stability and local turbulence. The regional economy started to recover as a whole; however, inflation, debt crisis and unemployment remained the major economic challenges faced by many countries. The uneven development of education among countries and high frequency of violent crimes were the main problems in the social arena. Moreover, the Caribbean further accelerated its integration into the world economy; developed countries and international financial institutions also made further efforts to offer their economic aid to the region; the Caribbean has become one of China's major destinations of overseas investment.

Key Words：The Caribbean; Politics; Economy; Society; Foreign Relations

附录 统计资料
Appendix Statistics

Y.32 附表1 GDP及人均GDP年均增长率(2003~2012年)

单位：%

	GDP年均增长率										人均GDP年均增长率									
	2003	2004	2005	2006	2007	2008	2009	2010	2011	2012[a]	2003	2004	2005	2006	2007	2008	2009	2010	2011	2012[a]
拉美和加勒比地区[b]	1.8	5.8	4.6	5.6	5.6	4.0	-1.9	5.9	4.3	3.1	-1.0	4.5	3.3	4.3	4.4	2.8	-3.0	4.8	3.1	2.0
安提瓜和巴布达	6.6	4.9	6.1	13.5	9.6	0.0	-11.9	-7.9	-5.0	0.9	1.3	3.5	4.8	12.2	8.4	-1.1	-12.8	-8.9	-6.0	-0.1
阿根廷	8.8	9.0	9.2	8.5	8.7	6.8	0.9	9.2	8.9	2.2	5.8	8.1	8.2	7.5	7.7	5.8	0.0	8.2	7.9	1.3
巴哈马	-1.3	0.9	3.4	2.5	1.4	-2.3	-4.9	0.2	1.6	2.5	-5.3	-0.6	1.9	1.0	0.0	-3.7	-6.2	-1.1	0.4	1.3
巴巴多斯	2.0	1.4	4.0	5.7	1.7	0.1	-3.7	0.2	0.4	0.2	1.3	1.2	3.8	5.5	1.5	-0.1	-3.9	0.0	0.2	0.0
伯利兹	9.3	4.6	3.0	4.7	1.3	3.6	0.0	2.7	2.3	4.2	1.9	2.3	0.8	2.4	-0.8	1.5	-2.0	0.7	0.3	2.2
玻利维亚	2.7	4.2	4.4	4.8	4.6	6.1	3.4	4.1	5.2	5.0	-3.2	2.2	2.6	3.0	2.8	4.4	1.7	2.5	3.5	3.5
巴西	1.1	5.7	3.2	4.0	6.1	5.2	-0.3	7.5	2.7	1.2	-2.9	4.4	2.0	2.9	5.1	4.2	-1.2	6.6	1.8	0.4

附表1　GDP及人均GDP年均增长率（2003～2012年）

	GDP 年均增长率										人均 GDP 年均增长率									
	2003	2004	2005	2006	2007	2008	2009	2010	2011	2012a	2003	2004	2005	2006	2007	2008	2009	2010	2011	2012a
智利	3.9	6.0	5.6	4.6	4.6	3.7	-1.0	6.1	6.0	5.5	0.4	4.9	4.5	3.5	3.6	2.7	-2.0	5.1	5.0	4.6
哥伦比亚c	3.9	5.3	4.7	6.7	6.9	3.5	1.3	4.0	5.9	4.5	-1.0	3.7	3.1	5.1	5.3	2.0	0.2	2.6	4.5	3.1
哥斯达黎加	6.4	4.3	5.9	8.8	7.9	2.7	-1.0	4.2	4.2	5.4	0.2	2.4	4.1	7.0	6.2	1.2	-2.5	3.1	2.7	3.6
古巴	3.8	5.8	11.2	12.1	7.3	4.1	1.4	2.4	2.7	3.0	2.8	5.5	11.0	12.0	7.2	4.1	1.5	2.4	2.7	3.0
多米尼克	7.7	3.3	-0.5	4.4	6.0	7.7	-0.7	0.9	-0.3	0.6	8.4	3.4	-0.2	4.8	6.4	8.1	-0.3	1.2	-0.2	1.6
厄瓜多尔	2.7	8.2	5.3	4.4	2.2	6.4	1.0	3.3	8.0	4.8	1.0	6.4	3.6	2.8	0.6	4.8	-0.4	1.8	6.5	3.4
萨尔瓦多	2.3	1.9	3.6	3.9	3.8	1.3	-3.1	1.4	1.5	1.2	2.0	1.5	3.2	3.5	3.4	0.8	-3.6	0.8	0.9	0.6
格林纳达	9.6	-1.0	13.5	-3.9	5.9	1.0	-6.6	0.0	1.0	0.2	9.4	-1.3	13.2	-4.1	5.6	0.7	-6.9	-0.4	0.6	-0.2
危地马拉	2.5	3.2	3.3	5.4	6.3	3.3	0.5	2.7	3.9	3.3	0.0	0.6	0.7	2.8	3.7	0.8	-1.9	0.4	1.3	0.8
圭亚那	-0.6	1.6	-2.0	5.1	7.0	2.0	3.3	4.4	5.4	3.8	-1.0	1.2	-2.3	4.8	6.8	1.8	3.1	4.2	5.2	3.6
海地	0.4	-3.5	1.8	2.3	3.3	0.8	2.9	-5.4	5.6	2.5	-1.2	-5.0	0.3	0.8	2.0	-0.5	1.5	-6.6	4.2	1.2
洪都拉斯	4.5	6.2	6.1	6.6	6.2	4.2	-2.1	2.8	3.6	3.5	2.5	4.1	4.0	4.5	4.1	2.2	-4.1	0.7	1.6	1.5
牙买加	3.7	1.3	0.9	2.9	1.4	-0.8	-3.5	-1.5	1.3	-0.2	2.9	0.6	0.3	2.3	1.0	-1.2	-3.8	-1.9	0.9	-0.6
墨西哥	1.4	4.1	3.3	5.1	3.4	1.2	-6.0	5.6	3.9	3.8	0.2	2.8	2.0	3.7	2.1	-0.1	-7.2	4.3	2.7	2.6
尼加拉瓜	2.5	5.3	4.3	4.2	5.0	2.9	-1.4	3.1	5.1	4.0	1.2	4.0	3.0	2.8	3.7	1.6	-2.7	1.8	3.6	2.5
巴拿马	4.2	7.5	7.2	8.5	12.1	10.1	3.9	7.5	10.8	10.5	2.3	5.6	5.3	6.7	10.2	8.3	2.2	5.8	9.2	8.8
巴拉圭	4.3	4.1	2.1	4.8	5.4	6.4	-4.0	13.1	4.4	-1.8	2.3	2.1	0.2	2.9	3.5	4.5	-5.7	11.1	2.6	-3.4
秘鲁	4.0	5.0	6.8	7.7	8.9	9.8	0.9	8.8	6.9	6.2	2.7	3.7	5.6	6.6	7.7	8.6	-0.1	7.6	5.8	5.0
多米尼加	-0.3	1.3	9.3	10.7	8.5	5.3	3.5	7.8	4.5	3.8	-1.7	-0.2	7.7	9.1	7.0	3.8	2.1	6.3	3.0	2.5
圣基茨和尼维斯	-1.4	4.4	9.9	4.7	2.8	4.7	-6.9	-2.4	2.1	-0.8	-2.7	3.0	8.5	3.3	1.4	3.4	-8.1	-3.6	0.9	-2.0
圣文森特和格林纳丁斯	7.6	4.2	2.5	7.7	3.4	1.4	-2.2	-2.8	0.1	1.5	7.4	4.0	2.3	7.5	3.2	1.3	-2.3	-2.8	0.1	1.5
圣卢西亚	4.4	8.4	-1.9	9.3	1.5	5.3	0.1	0.4	1.3	0.9	3.4	7.4	-2.9	8.2	0.4	4.2	-0.9	-0.6	0.3	-0.1
苏里南	6.8	0.5	4.5	4.7	5.0	4.1	3.5	4.5	4.5	3.6	5.4	-0.8	3.2	3.5	3.9	3.1	2.5	3.5	3.6	2.7
特立尼达和多巴哥	14.4	8.0	5.4	14.4	4.6	2.3	-3.0	0.0	-1.4	1.0	14.0	7.6	5.0	14.0	4.2	1.9	-3.4	-0.4	-1.7	0.7
乌拉圭	2.2	11.8	6.6	4.1	6.5	7.2	2.4	8.9	5.7	3.8	2.2	11.9	6.6	3.9	6.3	6.8	2.1	8.5	5.3	3.5
委内瑞拉	-7.8	18.3	10.3	9.9	8.8	5.3	-3.2	-1.5	4.2	5.3	-9.4	16.2	8.5	7.9	6.9	3.4	-4.8	-3.1	2.6	3.7

注：a——初步数据；b——以2005年美元价格为基础核算；c——基于哥伦比亚新近公布的国民账户季度统计数据，以2005年为基期。

资料来源：CEPAL, *Balance Preliminar de las Economías de América Latina y el Caribe 2012*, Santiago de Chile, Diciembre de 2012.

附表 2 拉美地区GDP与人均GDP（2009~2011年）

单位：%

	人均GDP(美元，当前美元价格)				GDP(亿美元，当前美元价格)			
	2009	2010	2011	2011年全球排名[a]	2009	2010	2011	2011年全球排名[a]
拉美利加勒比地区	7214	8783	9727		42013.1	51718.8	57916.5	
安提瓜和巴布达	13830	13006	12480	73	12.1	11.5	11.2	186
阿根廷	7706	9762	10994	77	3087.4	3702.6	4481.7	26
巴哈马	22807	22665	22431	48	77.2	77.7	77.7	142
巴巴多斯	16120	15531	15744	60	44.0	42.5	43.1	162
伯利兹	4416	4496	4636	118	13.5	14.0	14.7	181
玻利维亚	1774	1979	2374	148	173.4	196.5	239.5	101
巴西	8384	10993	12594	72	16201.7	21430.4	24766.5	6
智利	10179	12640	14395	62	1725.9	2163.1	2485.9	38
哥伦比亚	5122	6186	7100	96	2338.2	2864.0	3331.8	31
哥斯达黎加	6400	7774	8676	86	293.8	362.1	410.0	84
古巴	5512	5714	6106	103	620.8	643.3	687.1	65
多米尼克	7181	7107	7322	92	4.9	4.8	5.0	200
厄瓜多尔	3648	4008	4528	120	520.2	579.8	663.9	66

续表

附表2　拉美地区 GDP 与人均 GDP（2009~2011年）

	人均 GDP（美元，当前美元价格）				GDP（亿美元，当前美元价格）			
	2009	2010	2011	2011年全球排名[a]	2009	2010	2011	2011年全球排名[a]
萨尔瓦多	3354	3460	3702	128	206.7	214.3	230.5	103
格林纳达	7450	7500	7868	91	7.8	7.8	8.3	193
危地马拉	2689	2873	3178	139	373.3	413.4	460.9	78
圭亚那	2690	2994	3408	134	20.3	22.6	25.8	172
海地	601	608	665	188	59.3	60.8	67.3	147
洪都拉斯	1903	2026	2250	151	141.8	154.0	174.5	112
牙买加	4500	4910	5360	110	122.9	134.6	147.5	117
墨西哥	9656	9011	10063	81	8801.0	10311.1	11552.1	14
尼加拉瓜	1088	1139	1243	171	62.1	65.9	73.0	143
巴拿马	6180	7561	8590	88	241.7	265.9	306.8	91
巴拉圭	2254	2840	3485	132	143.0	138.3	228.9	104
秘鲁	4532	5411	6138	102	1303.5	1573.2	1804.6	51
多米尼加	4744	5135	5512	107	464.8	509.8	554.3	73
圣基茨和尼维斯	3328	12850	13424	67	6.9	6.7	7.1	196
圣文森特和格林纳丁斯	6160	6172	6291	101	6.7	6.7	6.9	183
圣卢西亚	6153	6667	7124	95	10.6	11.6	12.5	197
苏里南	7487	8292	8708	85	38.9	43.5	46.1	159
特立尼达和多巴哥	14684	15171	16272	59	196.2	203.5	219.1	106
乌拉圭	9084	11699	13819	65	305.0	394.1	467.1	79
委内瑞拉	11550	13589	10731	78	3294.2	3938.1	3158.9	33

注：a——在来源数据库中的排名。

资料来源：联合国统计署国家账户主要总体数据库（National Accounts Main Aggregate database），http://unstats.un.org/unsd/snaama/dnllist.asp。

Ⅺ.34 国际收支（2010～2012年）

单位：百万美元

分表1

	货物出口额（FOB）			服务出口额			货物进口额（FOB）			服务进口额		
	2010	2011	2012[a]	2010	2011	2012[a]	2010	2011	2012[a]	2010	2011	2012[a]
拉美和加勒比地区	892573	1106341	1121879	117906	132094	133786	846401	1035729	1073892	165340	197114	202506
安提瓜和巴布达	45	53	45	479	499	514	454	440	447	226	224	230
阿根廷	68134	83950	81903	13556	15481	15688	53868	70743	65774	14703	17721	19545
巴哈马	702	834	889	2494	2606	2762	2590	2965	3439	1181	1292	1319
巴巴多斯	422	448	—	1464	1405	—	1562	1703	—	588	578	—
伯利兹	476	604	637	360	330	335	650	778	824	160	120	139
玻利维亚	6390	8332	9682	769	801	803	5380	7664	8269	1032	1123	1136
巴西	201916	256040	244549	31599	38210	39824	181768	226234	226385	62434	76161	78686
智利	70897	81411	80352	10831	12406	12510	55572	70618	73696	12637	14823	14398
哥伦比亚	40867	57739	61415	4446	4856	5209	38628	52230	55927	8070	95.3	10642
哥斯达黎加	9516	10383	11020	4320	4990	5663	12956	15534	16494	1783	1780	1877
古巴	—	—	—	—	—	—	—	—	—	—	—	—
多米尼克	36	34	—	147	148	157	198	204	—	67	69	—

附表3　国际收支（2010～2012年）续表

	货物出口额（FOB）			服务出口额			货物进口额（FOB）			服务进口额		
	2010	2011	2012[a]	2010	2011	2012[a]	2010	2011	2012[a]	2010	2011	2012[a]
厄瓜多尔	18137	23082	24923	1472	1587	1783	19641	23243	24904	3011	3166	3394
萨尔瓦多	4577	5401	5340	976	1073	1214	8107	9647	9890	1070	1106	1147
格林纳达	30	33	—	137	150	158	284	285	—	94	96	102
危地马拉	8536	10517	10627	2292	2359	2455	12807	15482	16174	2381	2504	2635
圭亚那	885	1129	1232	248	298	—	1419	1771	1939	344	434	—
海地	563	768	786	239	249	304	2810	3014	2791	1277	1140	1297
洪都拉斯	6111	7800	7474	976	1023	1149	8907	10994	10882	1169	1461	1597
牙买加	1370	1663	1732	2634	2649	—	4629	5923	5600	1824	1951	—
墨西哥	298860	349946	370004	15167	15298	15929	301744	351116	370327	25318	29527	29469
尼加拉瓜	3185	4057	4270	573	660	711	4792	6125	6563	719	838	907
巴拿马	12680	16929	18025	6070	7150	7671	17235	22946	24321	2648	3336	3823
巴拉圭	8520	10389	9287	1473	1917	1840	9916	12066	11123	765	903	848
秘鲁	35565	46268	45384	3693	4364	5089	28815	36967	40220	6038	6497	7236
多米尼加	6754	8536	9016	5154	5341	5733	15489	17423	17811	2185	2232	2277
圣基茨和尼维斯	79	88	57	130	142	182	236	238	228	99	102	100
圣文森特和格林纳丁斯	45	42	—	139	145	149	298	307	—	91	94	96
圣卢西亚	239	240	209	390	374	406	575	581	638	203	203	228
苏里南	2084	2467	2096	241	201	149	1396	1679	1368	259	563	403
特立尼达和多巴哥	11204	15067	14235	876	—	—	6504	9304	10048	391	—	—
乌拉圭	8031	9281	10227	2706	3526	3439	8558	10691	11437	1535	2014	2230
委内瑞拉	65745	92811	96461	1857	1855	1961	38613	46813	56393	11048	15552	16814

分表 2

	贸易余额			收益余额			经常转移余额			经常项目余额		
	2010	2011	2012[a]	2010	2011	2012[a]	2010	2011	2012[a]	2010	2011	2012[a]
拉美和加勒比地区	-1261	5893	-20413	-116033	-142090	-130281	61814	62634	62088	-55482	-72565	-88606
安提瓜和巴布达	-156	-112	-118	-32	-32	-34	22	22	23	-166	-122	-129
阿根廷	13119	10967	12272	-9939	-10737	-10340	-388	-536	-446	2791	-307	1487
巴哈马	-575	-818	-1107	-234	-236	-247	-3	-36	43	-811	-1090	-1310
巴巴多斯	-264	-427	—	-121	-102	—	20	23	—	-366	-506	—
伯利兹	26	36	9	-158	-120	-108	62	43	74	-41	-42	-25
玻利维亚	747	346	1089	-860	-986	-1102	1081	1177	1193	969	537	1180
巴西	-10687	-8145	-20689	-39486	-47319	-36383	2902	2985	2994	-47272	-52481	-54087
智利	13519	8376	4779	-14765	-14015	-12379	4515	2418	1536	3269	-3220	-6064
哥伦比亚	-1384	862	55	-11849	-15831	-17049	4475	4938	5157	-8758	-10032	-11836
哥斯达黎加	-902	-1941	-1688	-745	-567	-1018	366	323	323	-1281	-2185	-2383
古巴	—	—	—	—	—	—	—	—	—	—	—	—
多米尼克	-82	-92	-77	-9	-8	-11	20	20	20	-71	-50	-68
厄瓜多尔	-3042	-1739	-1593	-1041	-1223	-1380	2458	2723	2546	-1625	-238	-427
萨尔瓦多	-3624	-4279	-4483	-551	-632	-749	3599	3841	4082	-576	-1070	-1150
格林纳达	-211	-198	-208	-51	-48	-44	32	31	27	-230	-215	-225
危地马拉	-4361	-5110	-5728	-1211	-1553	-1660	4946	5207	5607	-626	-1456	-1781

附表3 国际收支（2010~2012年）

续表

	贸易余额			收益余额			经常转移余额			经常项目余额		
	2010	2011	2012[a]	2010	2011	2012[a]	2010	2011	2012[a]	2010	2011	2012[a]
圭亚那	-630	-778	-909	13	-9	-10	371	415	469	-246	-373	-450
海地	-3285	-3137	-2998	22	41	64	3097	2757	2624	-166	-339	-310
洪都拉斯	-2989	-3632	-3855	-728	-974	-988	2882	3108	3220	-836	-1498	-1623
牙买加	-2449	-3563	-2967	-495	-548	-313	2010	2043	2007	-934	-2069	-1273
墨西哥	-13035	-15400	-13864	-10171	-16726	-16499	21537	22974	22502	-1669	-9153	-7860
尼加拉瓜	-1781	-2246	-2489	-275	-247	-286	1173	1192	1311	-883	-1302	-1465
巴拿马	-1133	-2203	-2448	-1859	-1799	-1901	129	129	90	-2862	-3874	-4260
巴拉圭	-678	-664	-843	-533	-307	-317	557	701	692	-654	-270	-469
秘鲁	4404	7169	3014	-11212	-13710	-12450	3026	3200	3302	-3782	-3341	-6133
多米尼加	-5767	-5778	-5338	-1686	-2128	-2371	3124	3406	3292	-4330	-4499	-4417
圣基茨和尼维斯	-126	-111	-89	-34	-31	-27	46	46	53	-115	-96	-63
圣文森特和格林纳丁斯	-206	-214	-204	-17	-16	-18	10	10	10	-213	-220	-212
圣卢西亚	-149	-170	-251	-41	-40	-44	15	20	19	-175	-190	-275
苏里南	669	426	475	-102	-262	-152	87	87	71	653	251	394
特立尼达和多巴哥	5185	6064	4632	-1058	-3475	-2591	65	33	28	4192	2623	2070
乌拉圭	644	104	-1	-1501	-1554	-1517	118	126	119	-739	-1324	-1399
委内瑞拉	17941	32301	25215	-5302	-6896	-8357	-568	-790	-900	12071	24615	15958

分表3

	资本和金融项目余额[b]			国际收支余额			储备资产变化[c]			其他融资项目		
	2010	2011	2012[a]	2010	2011	2012[a]	2010	2011	2012[a]	2010	2011	2012[a]
拉美和加勒比地区	141750	179399	141393	86268	105834	52788	-87747	-106234	-52824	1479	400	36
安提瓜和巴布达	179	115	160	12	-7	31	-31	7	-31	19	0	—
阿根廷	1367	-5801	-2721	4157	-6108	-1234	-4157	6108	1234	0	0	—
巴哈马	856	1114	1145	45	24	-166	-45	-24	166	0	0	—
巴巴多斯	400	473	—	34	-32	—	-34	32	—	0	0	—
伯利兹	45	60	51	4	18	26	-4	-18	-26	0	0	—
玻利维亚	-46	1623	434	923	2160	1614	-923	-2160	-1614	0	0	—
巴西	96373	111118	76451	49101	58637	22364	-49101	-58637	-22364	0	0	—
智利	-245	17410	3387	3023	14190	-2677	-3023	-14190	2677	0	0	—
哥伦比亚	11893	13776	15793	3136	3744	3957	-3136	-3744	-3957	0	0	—
哥斯达黎加	1842	2318	2793	561	132	410	-561	-132	-410	0	0	—
古巴	—	—	—	—	—	—	—	—	—	—	—	—
多米尼克	73	76	78	1	-4	10	-1	4	-10	0	0	—
厄瓜多尔	413	510	1905	-1212	272	1479	1170	-336	-1479	42	64	—
萨尔瓦多	281	656	1684	-295	-414	534	295	414	-534	0	0	—
格林纳达	221	205	225	-10	-9	—	10	9	—	0	0	—
危地马拉	1303	1661	2432	677	206	651	-677	-206	-651	0	0	—

附表3 国际收支（2010～2012年）

续表

	资本和金融项目余额[b]			国际收支余额			储备资产变化[c]			其他融资项目		
	2010	2011	2012[a]	2010	2011	2012[a]	2010	2011	2012[a]	2010	2011	2012[a]
圭亚那	363	358	469	117	-15	19	-155	-25	-19	38	40	—
海地	909	525	434	743	186	124	-845	-209	-156	102	23	32
洪都拉斯	1404	1562	1668	569	64	44	-592	-81	-49	24	17	4
牙买加	586	1864	1900	-348	-205	627	-431	205	-627	779	0	—
墨西哥	22284	37333	24184	20615	28180	16323	-20615	-28180	-16323	0	0	—
尼加拉瓜	1055	1329	1444	172	27	-20	-222	-73	20	50	46	—
巴拿马	3313	3527	3908	452	-347	-352	-452	347	352	0	0	—
巴拉圭	973	1054	510	319	784	41	-319	-748	-41	0	0	—
秘鲁	14955	8032	18371	11173	4691	12238	-11192	-4724	-12238	19	33	—
多米尼加	4387	4653	2774	58	154	-1643	-453	-331	1643	395	177	—
圣基茨和尼维斯	147	142	90	33	45	27	-33	-45	-27	0	0	—
圣文森特和格林纳丁斯	238	192	215	25	-28	3	-36	28	-3	10	0	—
圣卢西亚	206	219	278	32	29	3	-32	-29	-3	0	0	—
苏里南	-619	-77	-231	34	174	163	-34	-29	-3	0	0	—
特立尼达和多巴哥	-3774	-1870	-2170	418	753	-100	-418	-753	100	0	0	—
乌拉圭	378	3888	3973	-361	2564	2574	361	-2564	-2574	0	0	—
委内瑞拉	-20010	-28647	-20241	-7939	-4032	-4283	7939	4032	4283	0	0	—

注：a——初步数据；b——包含错误和遗漏；c——负号表示储备资产增加。

资料来源：CEPAL, *Balance Preliminar de las Economías de América Latina y el Caribe 2012*, Santiago de Chile, Diciembre de 2012。

附表4 外国直接投资净额[a]（2003~2012年）

单位：百万美元

	2003	2004	2005	2006	2007	2008	2009	2010	2011	2012[b]
拉美和加勒比地区	39790	50212	57309	32519	92803	99425	70740	75004	125851	189147
安提瓜和巴布达	166	80	221	359	338	174	81	97	59	63
阿根廷	878	3449	3954	3099	4969	8335	3307	6090	7183	6401
巴哈马	190	274	563	706	746	860	664	862	667	520
巴巴多斯	58	-16	119	200	256	223	218	—	—	—
伯利兹	-11	111	126	108	139	167	108	96	93	83
玻利维亚	195	83	-291	284	362	508	426	672	859	525
巴西	9894	8339	12550	-9380	27518	24601	36033	35917	67690	132273
智利	2625	5096	4962	5214	7720	6367	5654	6351	5477	4864
哥伦比亚	783	2873	5590	5558	8136	8366	4049	184	5546	13771
哥斯达黎加	548	733	904	1371	1634	2072	1339	1441	2099	2200
多米尼克	31	26	19	26	40	57	41	24	25	31
厄瓜多尔	872	837	493	271	194	1056	305	161	640	578
萨尔瓦多	123	366	398	268	1455	824	366	117	385	258

附表4 外国直接投资净额（2003~2012年）

续表

	2003	2004	2005	2006	2007	2008	2009	2010	2011	2012[b]
格林纳达	89	65	70	90	157	142	103	60	40	66
危地马拉	218	255	470	552	720	737	574	782	967	1064
圭亚那	26	30	77	102	110	178	164	270	308	350
海地	14	6	26	161	75	30	38	150	181	124
洪都拉斯	391	553	599	669	926	1007	505	971	997	1059
牙买加	604	542	581	797	751	1361	480	169	180	—
墨西哥	17301	20389	17899	14248	23057	25731	8940	5911	8685	-4730
尼加拉瓜	201	250	241	287	382	626	434	508	968	859
巴拿马	818	1019	918	2547	1899	2147	1259	2350	2790	2823
巴拉圭	22	32	47	167	178	272	194	340	483	239
秘鲁	1275	1599	2579	3467	5425	6188	5165	7062	8119	17874
多米尼加	613	909	1123	1085	1667	2870	2165	1896	2371	3771
圣基茨和尼维斯	76	56	93	110	134	178	131	120	142	69
圣文森特和格林纳丁斯	55	66	40	109	130	159	97	103	135	110
圣卢西亚	106	77	78	234	272	161	146	110	76	138
苏里南	-76	-37	28	-163	-247	-234	-93	-248	73	66
特立尼达和多巴哥	583	973	599	513	830	2101	709	549	1110	1688
乌拉圭	401	315	811	1495	1240	2117	1512	2349	2629	2768
委内瑞拉	722	864	1422	-2032	1578	45	-4374	-1462	4875	-759

注：a——流入一国的外国直接投资减去该国居民的对外直接投资，包括再投资收益；b——初步数据。

资料来源：CEPAL, Balance Preliminar de las Economías de América Latina y el Caribe 2012, Santiago de Chile, Diciembre de 2012。

附表 5 外债总额[a]（2003~2012 年）

单位：百万美元

	2003	2004	2005	2006	2007	2008	2009	2010	2011	2012[b]
拉美和加勒比地区	768566	764433	674963	667847	739891	754048	815411	970573	1079898	1104214
安提瓜和巴布达[c]	497	532	317	321	481	436	416	431	444	—
阿根廷	164645	171205	113768	108839	124542	124916	115537	129333	140655	141996
巴哈马[c]	364	345	338	334	337	443	767	898	—	—
巴巴多斯[c]	2475	2435	2695	2991	3130	3487	4009	4485	—	—
伯利兹[c]	822	913	970	985	973	958	1016	1009	—	—
玻利维亚	7734	7562	7666	6278	5403	5930	5801	5875	6298	6283
巴西	214929	201373	169451	172589	193219	198340	198192	256804	298204	302921
智利	43065	43515	46211	49497	55733	64318	74041	86738	98579	101875
哥伦比亚	38065	39497	38507	40103	44553	46369	53719	64723	75903	76255
哥斯达黎加	5575	5766	6763	7191	8444	9105	8238	9189	10714	11228
古巴	11300	5806	5898	7794	8908	—	—	—	—	—
多米尼克	223	209	221	225	241	234	222	242	248	—
厄瓜多尔	16756	17211	17237	17099	17445	16900	13514	13914	15210	15017

附表5 外债总额（2003~2012年）

续表

	2003	2004	2005	2006	2007	2008	2009	2010	2011	2012[b]
萨尔瓦多[e]	7917	8211	8877	9692	9349	9994	9882	9698	10670	10825
格林纳达[c]	279	331	401	481	469	481	512	538	514	—
危地马拉[c]	3467	3844	3723	3958	4226	4382	4928	5562	5605	6238
圭亚那[c]	1199	1189	1215	1043	718	834	933	1043	1111	—
海地[c]	1316	1376	1335	1484	1628	1917	1272	353	727	957
洪都拉斯	5343	6023	5135	3935	3190	3464	3345	3773	4188	4452
牙买加[c]	4192	5120	5376	5796	6123	6344	6594	8390	8875	6270
墨西哥	132524	130925	128248	119084	128090	129424	165932	197727	209743	218252
尼加拉瓜[c]	6596	5391	5348	4527	3385	3512	3661	3876	4073	4125
巴拿马[c]	6504	7219	7580	7788	8276	8477	10150	10439	10910	11005
巴拉圭	2951	2901	2700	2739	2868	3256	3167	3719	3817	3729
秘鲁	29587	31244	28657	28897	32894	34838	35157	43674	47544	53881
多米尼加	5987	6380	5847	6295	6556	7219	8215	9947	11625	12498
圣基茨和尼维斯[c]	316	304	299	310	313	328	306	302	290	—
圣文森特和格林纳丁斯	195	219	231	220	219	235	261	305	303	—
圣卢西亚	338	369	388	404	415	364	375	393	370	—
苏里南[c]	383	384	390	391	298	319	269	334	—	—
特立尼达和多巴哥[c]	1553	1364	1329	1261	1392	1445	1442	1561	—	—
乌拉圭	11013	11593	11418	10560	12218	12021	14064	14468	15024	15399
委内瑞拉	40456	43679	46427	44735	53855	53757	69494	80831	98255	101007

注：a——外债总额包括IMF借款；b——到2011年6月为止的初步数据；c——仅含公共债务；d——2004年后数据仅包括付息外债，不包括延期偿付外债（其中60.2%是向巴黎俱乐部融集的官方外债）。

资料来源：CEPAL, *Balance Preliminar de las Economías de América Latina y el Caribe* 2012, Santiago de Chile, Diciembre de 2012。

附表6 居民消费价格年度变化率（2003~2012年）

单位：%

	2003	2004	2005	2006	2007	2008	2009	2010	2011	2012[a]
拉美和加勒比地区[b]	8.2	7.3	6.1	5.1	6.5	8.1	4.6	6.5	6.9	5.8
安提瓜和巴布达	1.8	2.8	2.5	0.0	5.2	0.7	2.4	2.9	4.0	1.9[a]
阿根廷	3.7	6.1	12.3	9.8	8.5	7.2	7.7	10.9	9.5	10.2
巴哈马	2.4	1.9	1.2	2.3	2.8	4.6	1.3	1.4	3.2	2.3[d]
巴巴多斯	0.3	4.3	7.4	5.6	4.7	7.3	4.4	6.5	9.6	4.4[e]
伯利兹	2.3	3.1	4.2	2.9	4.1	4.4	-0.4	0.0	2.6	0.5[c]
玻利维亚	3.9	4.6	4.9	4.9	11.7	11.8	0.3	7.2	6.9	4.3
巴西	9.3	7.6	5.7	3.1	4.5	5.9	4.3	5.9	6.5	5.5
智利	1.1	2.4	3.7	2.6	7.8	7.1	-1.4	3.0	4.4	2.9
哥伦比亚	6.5	5.6	4.9	4.5	5.7	7.7	2.0	3.2	3.7	3.1
哥斯达黎加	9.9	13.1	14.1	9.4	10.8	13.9	4.0	5.8	4.7	4.7
古巴[f]	-3.8	2.9	3.7	5.7	10.6	-0.1	-0.1	1.5	2.7	2.1[d]
多米尼克	2.8	0.8	2.7	1.8	6.0	2.0	3.2	2.3	1.3	1.7[d]
厄瓜多尔	6.1	1.9	3.1	2.9	3.3	8.8	4.3	3.3	5.4	4.9

附表6 居民消费价格年度变化率(2003~2012年)

续表

	2003	2004	2005	2006	2007	2008	2009	2010	2011	2012[a]
萨尔瓦多	2.5	5.4	4.3	4.9	4.9	5.5	-0.2	2.1	5.1	1.0
格林纳达	1.6	2.5	6.2	1.7	7.4	5.2	-2.3	4.2	3.5	1.3[d]
危地马拉	5.9	9.2	8.6	5.8	8.7	9.4	-0.3	5.4	6.2	3.3
圭亚那	5.0	5.5	8.2	4.2	14.1	6.4	3.6	4.5	3.3	1.9[e]
海地	35.8	19.1	15.3	10.3	10.0	10.1	2.0	6.2	8.3	6.8
洪都拉斯	6.8	9.2	7.7	5.3	8.9	10.8	3.0	6.5	5.6	5.7
牙买加	13.8	13.6	12.6	5.6	16.8	16.9	10.2	11.8	6.0	7.2
墨西哥	4.0	5.2	3.3	4.1	3.8	6.5	3.6	4.4	3.8	4.6
尼加拉瓜	6.6	8.9	9.7	10.2	16.2	12.7	1.8	9.1	8.6	6.8
巴拿马	1.4	-0.2	3.4	2.2	6.4	6.8	1.9	4.9	6.3	5.3
巴拉圭	9.3	2.8	9.9	12.5	6.0	7.5	1.9	7.2	4.9	3.4
秘鲁	2.5	3.5	1.5	1.1	3.9	6.7	0.2	2.1	4.7	3.2
多米尼加	42.7	28.7	7.4	5.0	8.9	4.5	5.7	6.3	7.8	2.8
圣基茨和尼维斯	3.0	1.6	6.2	8.0	2.9	6.5	1.2	5.2	2.9	2.1[c]
圣文森特和格林纳丁斯	0.5	3.5	5.2	-0.5	6.8	3.4	-3.1	4.2	4.8	3.0[d]
圣卢西亚	2.7	1.7	3.9	4.8	8.3	8.7	-1.6	0.9	4.7	1.9[d]
苏里南	—	—	15.8	4.7	8.3	9.4	1.3	10.3	15.3	3.7[c]
特立尼达和多巴哥	3.0	5.6	7.2	9.1	7.6	14.5	1.3	13.4	5.3	7.7[c]
乌拉圭	10.2	7.6	4.9	6.4	8.5	9.2	5.9	6.9	8.6	9.1
委内瑞拉	27.1	19.2	14.4	17.0	22.5	31.9	26.9	27.4	29.0	18.5

注: a——到2012年10月为止的居民消费价格年度变化率; b——英语加勒比国家仅包括巴巴多斯、牙买加及特立尼达和多巴哥; c——到2012年9月为止的居民消费价格年度变化率; d——到2012年8月为止的居民消费价格年度变化率; e——到2012年6月为止的居民消费价格年度变化率; f——指以本币计价的商品。

资料来源: CEPAL, *Balance Preliminar de las Economías de América Latina y el Caribe 2012*, Santiago de Chile, Diciembre de 2012.

Ⅵ.38 附表7 公开失业率（年度平均失业率）[a]（2003～2012年）

单位：%

		2003	2004	2005	2006	2007	2008	2009	2010	2011	2012[b]
拉美和加勒比地区[c]	城市	11.1	10.3	9.0	8.6	7.9	7.3	8.1	7.3	6.7	6.4
阿根廷	全国	17.3	13.6	11.6	10.2	8.5	7.9	8.7	7.7	7.2	7.3[d]
巴哈马	全国	10.8	10.2	10.2	7.6	7.9	8.7	14.2	—	13.7	—
巴巴多斯[e]	全国	11.0	9.8	9.1	8.7	7.4	8.1	10.0	10.8	11.2	12.2[f]
伯利兹[e]	全国	12.9	11.6	11.0	9.4	8.5	8.2	13.1	—	—	—
玻利维亚	省首府[g]	9.2	6.2	8.1	8.0	7.7	6.7	7.9	6.1	5.8	5.5
巴西	6大都市区	12.3	11.5	9.8	10.0	9.3	7.9	8.1	6.7	6.0	6.4
智利[h]	全国	9.5	10.0	9.2	7.7	7.1	7.8	9.7	8.2	7.1	11.3
哥伦比亚[e]	13大都市区	17.1	15.8	14.3	13.1	11.4	11.5	13.0	12.4	11.5	11.3
哥伦比亚[i]	13大都市区	15.7	14.4	13.1	12.2	10.7	11.0	12.4	11.8	10.9	10.7
哥斯达黎加[j]	城镇	6.7	6.7	6.9	6.0	4.8	4.8	8.5	7.1	7.7	7.8
古巴	全国	2.3	1.9	1.9	1.9	1.8	1.6	1.7	2.5	3.2	—
厄瓜多尔[e]	城镇	11.6	9.7	8.5	8.1	7.4	6.9	8.5	7.6	6.0	4.8[d]
厄瓜多尔[i]	城镇	8.4	7.0	6.5	5.7	5.5	5.3	6.8	6.1	4.9	4.3

附表7 公开失业率（年度平均失业率）（2003~2012年）

续表

		2003	2004	2005	2006	2007	2008	2009	2010	2011	2012[b]
萨尔瓦多	城镇	6.2	6.5	7.3	5.7	5.8	5.5	7.1	6.8	6.6	—
危地马拉	城镇	5.4	4.4	—	—	—	—	—	4.8	3.1	2.7
洪都拉斯	城镇	5.3	5.9	4.5	3.3	3.0	3.0	3.1	3.9	4.3	—
牙买加[e]	全国	11.4	11.7	11.3	10.3	9.8	10.6	11.4	12.4	12.6	13.7[k]
牙买加[i]	全国	5.3	6.4	5.8	5.8	6.0	6.9	7.5	6.0	8.3	9.0[k]
墨西哥	城市	4.6	5.3	4.7	4.6	4.8	4.9	6.7	6.4	6.0	5.8
尼加拉瓜	城镇	10.2	9.3	7.0	7.0	6.9	8.0	10.5	9.7	—	—
巴拿马[e]	城镇	15.9	14.1	12.1	10.4	7.8	6.5	7.9	7.7	5.4	4.8[l]
巴拿马[i]	城镇	13.7	11.4	9.8	8.4	5.8	5.0	6.3	5.8	3.6	3.6
巴拉圭	首都亚松森及中央省都市区	11.2	10.0	7.6	8.9	7.2	7.4	8.2	7.0	6.5	7.0
秘鲁	利马都市区	9.4	9.4	9.6	8.5	8.4	8.4	8.4	7.9	7.7	7.0
多米尼加[e]	全国	16.7	18.4	17.9	16.2	15.6	14.1	14.9	14.3	14.6	14.3[m]
多米尼加[i]	全国	6.8	6.1	6.4	5.5	5.1	4.7	5.3	5.5	6.4	6.4[m]
苏里南	全国	7.0	8.4	11.2	12.1	—	—	—	—	—	—
特立尼达和多巴哥[e]	全国	10.5	8.4	8.0	6.2	5.6	4.6	5.3	5.9	5.1	—
乌拉圭	城镇	16.9	13.1	12.2	11.4	9.6	7.9	7.6	7.1	6.3	6.2
委内瑞拉	全国	18.0	15.3	12.4	9.9	8.4	7.3	7.9	8.7	8.3	8.0

注：a——失业人口占经济活动人口的百分比；b——因信息缺失和统计方法差异与变化进行加权平均调整，各国统计范围和工作年龄人口的定义有所不同，故表中各国数据不具可比性；c——根据1~10月的数据估计；d——根据1~9月数据估计；e——包括隐性失业；f——1~6月平均数据；g——2008年前为城市数据；h——2010年后的数据采用新的计量方法，与前期的数据不具可比性；i——不包括隐性失业，包括调整后的经济活动人口的数量；j——2009年后的数据采用新的计量方法，与前期数据不具可比性；k——1~6月的数据；l——8月数据；m——4月数据。
资料来源：CEPAL, Balance Preliminar de las Economías de América Latina y el Caribe 2012, Santiago de Chile, Diciembre de 2012。

Y.39
附表 8 拉美 18 个国家的收入集中度指数[a]（1990~2010 年）

国家	年份	基尼系数[b]	泰尔指数	阿特金森指数		
				(=0.5)	(=1.0)	(=1.5)
阿根廷[c]	1990[d]	0.501	0.555	0.216	0.360	0.473
	1999	0.539	0.667	0.250	0.410	0.530
	2002	0.578	0.720	0.276	0.452	0.582
	2010	0.509	0.599	0.220	0.373	0.498
	2011	0.492	0.511	0.204	0.351	0.473
玻利维亚	1989[e]	0.537	0.573	0.242	0.426	0.587
	1999	0.586	0.657	0.293	0.537	0.736
	2002	0.614	0.775	0.322	0.553	0.732
	2009	0.508	0.511	0.223	0.413	0.594
巴西	1990	0.627	0.816	0.324	0.528	0.663
	1999	0.640	0.914	0.341	0.537	0.662
	2001	0.639	0.914	0.340	0.536	0.665
	2009	0.576	0.716	0.277	0.455	0.586
	2011	0.559	0.666	0.261	0.435	0.567

附表8　拉美18个国家的收入集中度指数（1990～2010年）

续表

国家	年份	基尼系数[b]	泰尔指数	阿特金森指数 ($\varepsilon=0.5$)	阿特金森指数 ($\varepsilon=1.0$)	阿特金森指数 ($\varepsilon=1.5$)
智利	1990	0.554	0.644	0.255	0.422	0.546
	1998	0.560	0.654	0.261	0.430	0.553
	2003	0.552	0.674	0.257	0.418	0.535
	2009	0.524	0.585	0.231	0.384	0.501
	2011	0.516	0.541	0.221	0.371	0.485
哥伦比亚	1994	0.601	0.794	0.308	0.517	0.684
	1999	0.572	0.734	0.275	0.450	0.589
	2002	0.567	0.672	0.268	0.447	0.579
	2010[f]	0.557	0.627	0.257	0.436	0.571
	2011[f]	0.545	0.599	0.247	0.419	0.551
哥斯达黎加	1990	0.438	0.328	0.152	0.286	0.412
	1999	0.473	0.395	0.179	0.328	0.457
	2002	0.488	0.440	0.193	0.349	0.491
	2010[g]	0.492	0.455	0.198	0.352	0.484
	2011[g]	0.503	0.481	0.207	0.367	0.501
厄瓜多尔[c]	1990	0.461	0.403	0.173	0.306	0.422
	1999	0.526	0.567	0.228	0.381	0.498
	2002	0.513	0.563	0.222	0.370	0.484
	2010	0.485	0.471	0.195	0.335	0.445
	2011	0.434	0.353	0.154	0.277	0.382
萨尔瓦多	1995	0.507	0.502	0.213	0.376	0.520
	1999	0.518	0.495	0.224	0.414	0.590
	2001	0.525	0.527	0.232	0.423	0.599
	2010	0.454	0.372	0.168	0.304	0.418

续表

国家	年份	基尼系数[b]	泰尔指数	阿特金森指数		
				(ε=0.5)	(ε=1.0)	(ε=1.5)
危地马拉	1989	0.582	0.735	0.282	0.459	0.587
	1998	0.560	0.760	0.273	0.428	0.534
	2002	0.542	0.583	0.239	0.401	0.515
	2006	0.585	0.773	0.291	0.467	0.590
洪都拉斯	1990	0.615	0.816	0.317	0.515	0.647
	1999	0.564	0.636	0.263	0.451	0.603
	2002	0.588	0.719	0.288	0.476	0.608
	2010	0.567	0.625	0.265	0.458	0.601
墨西哥	1989	0.536	0.680	0.248	0.400	0.509
	1998	0.539	0.634	0.245	0.403	0.515
	2002	0.514	0.521	0.218	0.372	0.485
	2010	0.481	0.458	0.192	0.335	0.448
尼加拉瓜	1993	0.582	0.670	0.269	0.454	0.600
	1998	0.583	0.730	0.284	0.479	0.644
	2001	0.579	0.782	0.288	0.469	0.615
	2005	0.478	0.437	0.189	0.337	0.462
巴拿马	1991[c]	0.530	0.543	0.228	0.398	0.534
	1999[c]	0.499	0.459	0.202	0.361	0.490
	2002	0.567	0.616	0.266	0.465	0.616
	2010	0.519	0.529	0.226	0.401	0.543
	2011	0.531	0.561	0.237	0.415	0.559
巴拉圭	1990[h]	0.447	0.365	0.161	0.287	0.386
	1999	0.558	0.659	0.264	0.452	0.601
	2001	0.558	0.673	0.265	0.450	0.606
	2010	0.533	0.666	0.248	0.416	0.557
	2011	0.546	0.630	0.253	0.432	0.583

附表8　拉美18个国家的收入集中度指数（1990~2010年）

续表

国家	年份	基尼系数[b]	泰尔指数	阿特金森指数 ($\varepsilon=0.5$)	阿特金森指数 ($\varepsilon=1.0$)	阿特金森指数 ($\varepsilon=1.5$)
秘鲁	1997	0.532	0.567	0.238	0.414	0.553
	1999	0.545	0.599	0.249	0.424	0.560
	2001	0.525	0.556	0.231	0.397	0.526
	2010	0.458	0.399	0.174	0.311	0.424
	2011	0.452	0.382	0.170	0.309	0.429
多米尼加	2002	0.537	0.569	0.236	0.404	0.536
	2010	0.554	0.603	0.253	0.433	0.572
	2011	0.558	0.632	0.258	0.437	0.575
乌拉圭[c]	1990	0.492	0.699	0.227	0.349	0.441
	1999	0.440	0.354	0.158	0.286	0.393
	2002	0.455	0.385	0.169	0.300	0.406
	2010	0.422	0.327	0.145	0.262	0.359
	2011	0.402	0.291	0.132	0.241	0.334
委内瑞拉	1990	0.471	0.416	0.183	0.327	0.446
	1999	0.498	0.464	0.202	0.363	0.507
	2002	0.500	0.456	0.201	0.361	0.501
	2010	0.394	0.264	0.123	0.233	0.337
	2011	0.397	0.275	0.127	0.239	0.345

注：a——根据全国人口的人均收入的分配计算得出；b——包括没有收入的人口；c——城市地区；d——为大布宜诺斯艾利斯；e——为8个省会和奥尔托市；f——由于总收入的计算有变化，该数据与前些年的数据不具有可比性；g——由于调查方法有变化，该数据与前些年的数据不具有可比性；h——亚松森都市区。

资料来源：CEPAL, Social Panorama of Latin America, 2012。

Y.40
附表9 拉美18个国家的贫困和赤贫指数[a]（1990~2010年）

单位：%

国家	年份	贫困[b]				赤贫			
		家庭	人口			家庭	人口		
		H	H	PG	FGT2	H	H	PG	FGT2
阿根廷[c]	1990[d]	16.2	21.2	7.2	3.4	3.5	5.2	1.6	0.8
	1999	16.3	23.7	8.6	4.4	4.3	6.7	2.2	1.1
	2004	23.7	34.9	16.0	10.0	11.7	14.9	6.8	4.6
	2010	6.3	8.6	3.4	2.1	2.4	2.8	1.4	1.0
	2011	4.3	5.7	2.3	1.5	1.8	1.9	1.1	0.8
玻利维亚	1989[e]	48.9	52.6	24.5	15.0	21.9	23.0	9.8	6.2
	1999	54.7	60.6	33.9	24.1	32.6	36.5	20.3	14.7
	2002	55.5	62.4	34.4	23.8	31.7	37.1	19.5	13.5
	2009	36.3	42.4	19.8	12.7	18.2	22.4	11.0	7.3
巴西	1990	41.4	48.0	23.5	14.7	18.3	23.4	9.7	5.5
	1999	29.9	37.5	17.0	10.2	9.6	12.9	5.3	3.3
	2001	30.0	37.5	17.4	10.7	10.0	13.2	5.8	3.8
	2009	19.3	24.9	10.5	6.2	5.7	7.0	3.2	2.2
	2011	16.2	20.9	8.8	5.4	5.2	6.1	3.1	2.3

附表9 拉美18个国家的贫困和赤贫指数（1990~2010年）

续表

国家	年份	贫困[b]				赤贫			
		家庭 H	人口 H	人口 PG	FGT2	家庭 H	人口 H	人口 PG	FGT2
智利	1990	33.3	38.6	14.9	8.0	10.7	13.0	4.4	2.3
	1998	17.8	21.7	7.5	3.8	4.6	5.6	2.0	1.1
	2003	15.3	18.7	6.3	3.2	3.9	4.7	1.7	1.0
	2009	9.8	11.5	4.0	2.2	3.3	3.6	1.6	1.0
	2011	9.2	11.0	3.6	1.9	3.0	3.1	1.3	0.9
哥伦比亚	1994	47.3	52.5	26.6	17.5	25.0	28.5	3.8	9.1
	1999	48.7	54.9	25.6	15.7	23.2	26.8	11.2	6.9
	2002[f]	42.2	49.8	21.9	12.8	14.3	17.8	6.8	3.7
	2010[f]	30.4	37.3	15.2	8.5	9.6	12.3	4.6	2.6
	2011[f]	27.7	34.2	13.5	7.3	8.4	10.7	3.8	2.0
哥斯达黎加	1990	23.6	26.3	10.7	6.5	10.0	10.1	4.8	3.4
	1999	18.2	20.3	8.1	4.8	7.6	7.8	3.5	2.3
	2002	18.6	20.3	8.4	5.2	7.7	8.2	3.9	2.7
	2010[g]	16.0	18.5	6.8	3.8	5.8	6.8	2.7	1.7
	2011[g]	16.0	18.8	7.1	4.0	6.3	7.3	3.0	1.9
多米尼加	2002	42.2	47.1	20.9	12.6	18.2	20.7	8.8	5.3
	2010	38.0	41.4	18.7	11.1	19.3	21.9	8.2	4.6
	2011	38.7	42.2	18.4	10.8	18.9	20.3	7.9	4.5
厄瓜多尔[c]	1990	55.8	62.1	27.6	15.8	22.6	26.2	9.2	4.9
	1999	58.0	63.6	30.1	18.2	27.2	31.3	11.5	6.3
	2002	42.6	49.0	20.8	11.8	16.3	19.4	6.9	3.7
	2010	31.4	37.1	14.2	7.5	11.9	14.2	4.6	2.4
	2011	27.9	32.4	11.4	5.7	9.0	10.1	3.3	1.7

续表

国家	年份	贫困[b]				赤贫			
		家庭 H	人口 H	PG	FGT2	家庭 H	H	PG	FGT2
萨尔瓦多	1995	47.6	54.2	24.0	14.3	18.2	21.7	9.1	5.6
	1999	43.5	49.8	22.9	14.0	18.3	21.9	9.4	5.8
	2001	42.9	48.9	22.7	14.0	18.3	22.1	9.5	5.8
	2009	41.8	47.9	19.4	10.5	14.1	17.3	5.7	2.7
	2010	40.2	46.6	18.8	10.0	13.3	16.7	5.2	2.3
危地马拉	1989	63.0	69.4	35.9	23.1	36.7	42.0	18.5	11.2
	1998	53.5	61.1	27.3	15.4	26.1	31.6	10.7	5.1
	2002	52.8	60.2	27.0	15.4	26.9	30.9	10.7	5.5
	2006	46.7	54.8	25.5	15.2	22.7	29.1	11.3	5.9
洪都拉斯	1990	75.2	80.8	50.2	35.9	53.9	60.9	31.5	20.2
	1999	74.3	79.7	47.4	32.9	50.6	56.8	27.9	17.5
	2002	70.9	77.3	45.3	31.2	47.1	54.4	26.6	16.2
	2009	60.0	65.7	34.7	22.7	36.2	41.8	19.5	11.8
	2010	61.2	67.4	36.6	24.2	37.0	42.8	20.1	12.1
墨西哥	1989	39.0	47.7	18.7	9.9	14.0	18.7	5.9	2.8
	1998	38.0	46.9	18.4	9.4	13.2	18.5	5.3	2.2
	2002	31.8	39.4	13.9	6.7	9.1	12.6	3.5	1.4
	2010	29.3	36.3	12.8	6.3	9.8	13.3	4.1	1.9

附表9　拉美18个国家的贫困和赤贫指数（1990～2010年）

续表

国家	年份	贫困[b]						赤贫			
		家庭		人口				家庭	人口		
		H	H	PG	FGT2			H	H	PG	FGT2
尼加拉瓜	1993	68.1	73.6	41.9	29.3			43.2	48.4	24.3	16.2
	1998	65.1	69.9	39.4	27.3			40.1	44.6	22.6	15.1
	2001	63.0	69.4	37.1	24.5			36.5	42.5	19.2	12.0
	2009	52.0	58.3	26.1	15.2			25.1	29.5	11.7	6.3
巴拿马	1991[c]	26.1	31.0	12.8	7.6			9.5	10.8	5.0	3.3
	1999[c]	15.8	19.5	7.0	3.8			4.6	5.5	2.2	1.3
	2002	30.0	36.9	16.8	10.2			14.4	18.6	7.6	4.3
	2010	19.4	25.8	10.6	5.9			8.9	12.6	4.7	2.5
	2011	19.8	25.3	10.4	5.9			9.4	12.4	4.7	2.5
巴拉圭	1990[h]	36.8	43.2	16.1	8.0			10.4	13.1	3.6	1.5
	1999	50.3	59.0	29.1	18.4			25.0	31.8	14.1	8.6
	2001	50.7	59.7	28.7	18.0			25.2	31.3	13.7	8.3
	2010	48.0	54.8	25.4	15.5			26.0	30.7	12.9	7.6
	2011	43.8	49.6	23.5	14.5			23.9	28.0	12.2	7.3
秘鲁	1997	40.4	47.5	20.7	12.0			20.3	25.0	10.1	5.6
	1999	42.3	48.6	20.6	11.7			18.7	22.4	9.2	5.1
	2001[i]	48.7	54.7	24.7	14.5			20.4	24.4	9.6	5.2
	2010[i]	27.0	31.3	11.1	5.5			8.2	9.8	2.8	1.2
	2011[i]	24.8	27.8	9.9	4.9			5.5	6.3	1.8	0.8

续表

国家	年份	贫困[b]						赤贫		
		家庭 H	H	人口 PG	FGT2	家庭 H	H	人口 PG	FGT2
乌拉圭[c]	1990	11.8	17.9	5.3	2.4	2.0	3.4	0.9	0.4
	1999	5.6	9.4	2.7	1.2	0.9	1.8	0.4	0.2
	2002	9.3	15.5	4.5	1.9	1.3	2.5	0.6	0.2
	2010	5.0	8.6	2.3	0.9	0.7	1.4	0.3	0.1
	2011	4.5	6.7	1.8	0.7	0.9	1.1	0.3	0.1
委内瑞拉	1990	34.2	39.8	15.7	8.5	11.8	14.4	5.0	2.5
	1999	44.0	49.4	22.6	13.7	19.4	21.7	9.0	5.5
	2002	43.3	48.6	22.1	13.4	19.7	22.2	9.3	5.7
	2010	23.7	27.8	9.9	5.3	9.3	10.7	3.9	2.4
	2011	25.3	29.5	10.5	5.5	10.0	11.7	4.2	2.4
拉丁美洲[j]	1990	41.0	48.4	—	—	17.7	22.6	—	—
	1999	35.4	43.8	—	—	14.1	18.6	—	—
	2002	36.1	43.9	—	—	14.6	19.3	—	—
	2010	24.4	31.0	—	—	9.3	12.1	—	—
	2011	23.1	29.4	—	—	8.9	11.5	—	—

注：a——H＝人头指数，PG＝贫困缺口指数，FGT2＝福斯特、格里尔和托尔贝克指数；b——包括贫困和极度贫困家庭人口；c——城市地区；d——大布宜诺斯艾利斯；e——为8个省会级奥尔托市；f——数据来源哥伦比亚国家统计局，与前些年的数据不具可比性；g——由于调查方法有变化，这些数据与前些年的数据不具可比性；h——亚松森都市区；i——数字来源于秘鲁国家统计局，这些数值不可与前些年的数值进行比较；j——表中的18个国家和海地的估计数值。

资料来源：CEPAL, *Social Panorama of Latin America*, 2012。

附表 10 拉美 21 个国家公共开支总额、社会公共开支以及非社会公共开支分别占 GDP 的比重（2008~2011 年）

单位：%

	公共开支总额[a]				社会公共开支				非社会公共开支			
	2008	2009	2010	2011	2008	2009	2010	2011	2008	2009	2010	2011
阿根廷	38.3	43.2	—	—	24.0	27.8	—	—	14.3	15.4	—	—
玻利维亚（多民族国家）[b]	45.1	—	—	—	18.4	—	—	—	26.7	—	—	—
巴西	33.7	36.2	—	—	24.8	26.6	26.2	—	8.8	9.6	—	—
智利	20.1	23.2	22.1	21.6	13.4	15.6	14.7	14.4	6.7	7.5	7.4	7.2
哥伦比亚	18.1	20.5	19.9	18.1	12.5	14.3	13.7	12.4	5.5	6.3	6.2	5.7
哥斯达黎加	54.2	57.5	57.8	53.2	19.3	22.3	22.7	22.6	34.9	35.1	35.1	30.6
古巴	78.1	75.6	70.0	67.4	40.7	40.7	38.2	36.2	37.5	34.9	31.8	31.2
多米尼加共和国	19.7	17.0	16.4	—	8.6	7.7	7.3	—	11.2	9.3	9.2	—
厄瓜多尔	33.1	36.2	36.0	37.9	7.3	9.4	9.5	9.3	25.8	26.9	26.5	28.5

续表

	公共开支总额[a]				社会公共开支				非社会公共开支			
	2008	2009	2010	2011	2008	2009	2010	2011	2008	2009	2010	2011
萨尔瓦多	—	—	33.1	—	12.3	13.0	13.0	—	—	—	20.0	—
危地马拉	13.6	14.2	14.5	—	7.0	8.1	8.1	—	6.6	6.1	6.5	—
洪都拉斯	22.2	24.3	23.2	23.0	10.7	12.2	12.0	10.6	11.5	12.1	11.2	12.4
牙买加[b]	—	—	43.7	—	11.0	10.9	10.3	—	—	—	33.4	—
墨西哥	18.3	20.7	20.2	20.2	10.0	11.2	11.3	11.5	8.3	9.5	8.9	8.7
尼加拉瓜	22.8	23.6	22.6	—	12.3	13.0	12.4	—	10.6	10.6	10.2	—
巴拿马	20.3	20.5	22.3	—	9.3	10.5	10.9	—	11.0	10.0	11.4	—
巴拉圭	16.3	21.6	19.5	—	8.4	11.0	9.8	—	7.9	10.6	9.7	—
秘鲁	18.5	20.3	19.8	—	8.6	9.8	9.2	—	9.9	10.5	10.6	—
特立尼达和多巴哥[b]	22.9	—	—	—	7.9	—	—	—	15.0	—	—	—
乌拉圭	—	—	28.6	28.3	23.0	24.0	24.2	23.3	—	—	—	5.0
委内瑞拉(玻利瓦尔共和国)[b]	—	—	—	—	11.7	13.2	18.5	—	10.4	—	4.5	—
拉丁美洲加勒比地区	27.3	29.8	29.6	—	16.9	18.7	—	—	10.4	11.1	11.1	—

注：a——公共开支总额数据是官方根据支出的功能分类统计的数据，与使用经济分类获得的数据可能不一致；b——估测数据。
资料来源：CEPAL, *Social Panorama of Latin America*, 2012。

附表11 中拉贸易统计（2007～2011年）

单位：百万美元

	2007年			2008年			2009年		
	进出口额	出口额	进口额	进出口额	出口额	进口额	进出口额	出口额	进口额
全球	2173726.02	1217775.76	955950.26	2563255.23	1430693.07	1132562.16	2207534.88	1201611.81	1005923.07
拉丁美洲	102650.30	51539.40	51110.90	143405.99	71762.04	71643.95	121076.66	57068.76	64007.90
安提瓜和巴布达	395.24	395.24	0.00	529.55	529.48	0.08	493.79	493.69	0.10
阿根廷	9900.85	3566.35	6334.50	14416.08	5054.73	9361.35	7789.26	3484.34	4304.92
阿鲁巴岛	10.55	10.43	0.11	11.21	10.98	0.23	11.85	11.70	0.15
巴哈马	180.73	162.61	18.12	385.95	385.34	0.61	417.93	417.79	0.15
巴巴多斯	35.86	34.73	1.13	29.36	27.94	1.42	93.79	91.55	2.23
伯利兹	26.02	26.02	0.00	42.49	42.46	0.03	32.98	32.97	0.01
玻利维亚	153.07	96.72	56.36	329.16	178.56	150.60	254.35	129.75	124.60
博内尔	0.00	0.00	0.00	0.00	0.00	0.00	0.07	0.07	0.00
巴西	29714.09	11372.26	18341.83	48670.90	18807.46	29863.44	42437.45	14126.25	28311.20
开曼群岛	10.77	10.77	0.00	35.67	35.67	0.00	17.99	17.99	0.01

续表

	2007 年			2008 年			2009 年		
	进出口额	出口额	进口额	进出口额	出口额	进口额	进出口额	出口额	进口额
智利	14696.16	4415.56	10280.60	17359.62	6186.80	11172.81	17496.28	4935.17	12561.12
哥伦比亚	3356.96	2261.17	1095.80	4113.34	2987.93	1125.41	3368.87	2397.33	971.54
多米尼克	104.18	73.57	30.61	77.91	75.75	2.16	23.48	22.32	1.16
哥斯达黎加	2873.42	566.78	2306.64	2889.68	619.16	2270.52	3184.01	537.57	2646.44
古巴	2285.71	1170.25	1115.46	2257.85	1354.80	903.06	1546.61	971.97	574.65
库腊索岛	37.05	37.05	0.00	36.75	36.75	0.00	15.82	15.82	0.00
多米尼加	612.77	512.92	99.84	804.18	657.89	146.29	687.34	592.06	95.28
厄瓜多尔	1083.59	942.40	141.19	2396.03	1547.01	849.02	1742.47	1003.81	738.65
法属圭亚那	3.02	3.02	0.00	3.46	3.46	0.00	4.87	4.87	0.00
格林纳达	3.02	2.97	0.04	3.82	3.78	0.04	3.98	3.95	0.03
瓜德罗普岛	17.93	17.93	0.00	28.67	28.56	0.11	30.07	30.06	0.00
危地马拉	842.43	796.22	46.21	945.92	934.42	11.50	682.23	658.91	23.32
圭亚那	83.40	65.30	18.11	88.34	70.98	17.36	69.85	59.10	10.76
海地	87.93	81.60	6.33	133.38	125.90	7.48	150.49	147.60	2.88
洪都拉斯	289.20	273.11	16.08	339.75	323.61	16.15	262.75	212.15	50.60
牙买加	284.57	246.11	38.46	294.27	288.69	5.57	218.47	196.91	21.56
马提尼克岛	15.13	15.13	0.00	27.21	27.20	0.01	22.19	22.19	0.00
墨西哥	14969.40	11706.11	3263.29	17556.74	13866.49	3690.25	16154.50	12302.51	3851.99
蒙特塞拉特岛	0.67	0.67	0.00	0.07	0.04	0.02	0.17	0.04	0.13

附表11 中拉贸易统计（2007~2011年）

续表

	2007年			2008年			2009年		
	进出口额	出口额	进口额	进出口额	出口额	进口额	进出口额	出口额	进口额
尼加拉瓜	215.62	212.23	3.39	259.08	255.61	3.47	196.14	192.90	3.24
巴拿马	5587.87	5579.98	7.89	7943.65	7893.91	49.74	6541.94	6513.17	28.77
巴拉圭	485.50	465.82	19.68	788.83	763.51	25.32	541.37	513.92	27.46
秘鲁	6016.39	1678.50	4337.89	7266.48	2774.37	4492.11	6268.71	2099.28	4169.43
波多黎各	557.18	420.13	137.05	685.61	459.98	225.63	791.46	479.54	311.92
萨巴	0.02	0.02	0.00	0.00	0.00	0.00	0.13	0.13	0.00
圣卢西亚	6.95	6.84	0.12	6.74	6.69	0.05	6.97	6.79	0.18
圣马丁岛	2.60	2.60	0.00	2.62	2.62	0.00	1.61	1.61	0.00
圣文森特和格林纳丁斯	26.60	26.60	0.00	84.79	58.59	26.20	73.95	73.84	0.10
萨尔瓦多	356.91	352.18	4.73	380.42	374.47	5.95	261.00	257.53	3.47
苏里南	70.23	67.17	3.06	106.39	102.73	3.66	108.14	96.18	11.96
特立尼达和多巴哥	283.56	263.03	20.53	373.76	349.63	24.13	346.84	243.56	103.28
特克斯和凯科斯群岛	0.91	0.91	0	1.38	1.38	0	0.41	0.41	0
乌拉圭	957.34	615.58	341.76	1651.64	1027.69	623.95	1530.50	794.10	736.39
委内瑞拉	5856.81	2832.86	3023.95	9933.04	3365.98	6567.06	7129.17	2811.19	4317.98
英属维尔京群岛	116.37	116.26	0.11	57.83	57.27	0.56	15.88	15.68	0.20
圣基茨和尼维斯	2.59	2.58	0.01	2.79	2.65	0.14	1.25	1.21	0.04
圣皮埃尔和密克隆	—	—	—	—	—	—	0	0	0
荷属安的列斯群岛	31.65	31.65	0	51.80	51.55	0.25	46.69	46.69	0
其他	1.44	1.44	0	1.80	1.60	0.19	0.61	0.61	0

续表

		2010			2011	
	进出口额	出口额	进口额	进出口额	出口额	进口额
全球	2973998.32	1577754.32	1396244.01	3641864.45	18983808.89	1743483.56
拉丁美洲	183639.67	91798.03	91841.64	241387.50	121719.30	119668.20
安提瓜和巴布达	806.21	806.16	0.05	656.82	656.77	0.05
阿根廷	12919.90	6115.76	6804.13	14759.34	8502.51	6256.83
阿鲁巴岛	11.76	11.62	0.14	17.72	17.69	0.03
巴哈马	627.96	627.81	0.15	613.04	550.14	62.90
巴巴多斯	75.17	71.36	3.81	150.57	143.86	6.71
伯利兹	40.57	40.32	0.25	52.39	49.49	2.90
玻利维亚	362.07	172.98	189.09	657.99	384.54	273.45
博内尔	0.03	0.03	0.00	0.03	0.03	#VALUE!
巴西	62585.87	24460.50	38125.38	84231.12	31836.63	52394.49
开曼群岛	13.92	13.60	0.32	29.63	29.54	0.09
智利	25977.71	8024.63	17953.08	31385.29	10816.73	20568.56
哥伦比亚	5923.32	3819.96	2103.36	8233.61	5838.84	2394.77
多米尼克	43.42	40.89	2.53	26.89	26.49	0.40
哥斯达黎加	3794.88	688.04	3106.85	4728.55	884.52	3844.03
古巴	1831.51	1067.22	765.06	1947.81	1043.66	904.15

附表11 中拉贸易统计（2007~2011年）

续表

	2010			2011		
	进出口额	出口额	进口额	进出口额	出口额	进口额
库腊索岛	15.63	15.61	0.03	20.21	20.09	0.12
多米尼加	1035.08	904.34	130.74	1254.27	967.39	286.88
厄瓜多尔	2002.77	1495.61	507.16	2803.50	2223.61	579.89
法属圭亚那	6.79	6.78	0.01	12.86	12.86	0.00
格林纳达	5.12	5.11	0.01	5.91	5.91	0.00
瓜德罗普岛	30.91	30.89	0.02	38.40	38.40	0.00
危地马拉	1054.53	1018.47	36.06	1277.32	1253.97	23.34
圭亚那	100.75	83.47	17.28	147.14	132.61	14.53
海地	261.71	255.76	5.95	311.01	303.64	7.37
洪都拉斯	415.97	322.14	93.83	568.54	421.85	146.68
牙买加	239.33	235.62	3.71	374.88	370.91	3.97
马提尼克岛	23.84	23.82	0.02	27.58	26.52	1.06
墨西哥	24760.12	17872.65	6887.47	33344.46	23975.88	9368.58
蒙特塞拉特岛	0.04	0.01	0.02	0.10	0.02	0.08
尼加拉瓜	306.67	299.55	7.12	446.40	422.03	24.37
巴拿马	11983.57	11958.28	25.29	14598.67	14555.81	42.86
巴拉圭	1096.47	1050.60	45.87	1292.54	1248.05	44.49

393

续表

	进出口额	2010 出口额	进口额	进出口额	2011 出口额	进口额
秘鲁	9934.57	3549.67	6384.90	125.9.99	4653.28	7856.71
波多黎各	1142.66	494.32	648.35	1600.18	557.10	1043.08
萨巴	0.00	0.00	0.00	0.27	0.27	0.00
圣卢西亚	8.24	8.12	0.12	10.44	10.15	0.29
圣马丁岛	2.80	2.80	0.00	3.43	3.43	0.00
圣文森特和格林纳丁斯	73.74	73.72	0.02	78.96	77.94	0.02
萨尔瓦多	372.68	365.17	7.51	456.37	449.99	6.38
苏里南	127.19	113.95	13.23	152.08	136.18	15.90
特立尼达和多巴哥	399.13	291.06	108.07	626.67	286.56	340.11
特克斯和凯科斯群岛	0.42	0.42	0	0.40	0.40	0
乌拉圭	2629.42	1477.58	1151.84	3414.95	2001.53	1413.42
委内瑞拉	10361.47	3648.59	6712.88	18260.11	6521.89	11738.22
英属维尔京群岛	141.83	141.80	0.03	155.47	155.44	0.03
圣基茨和尼维斯	2.97	2.67	0.30	4.86	4.38	0.48
圣皮埃尔和密克隆	0.07	0	0.07	0	0	0
荷属安的列斯群岛	88.44	88.44	0	99.33	99.25	0.08
其他	0.55	0.55	0	0.49	0.49	0

资料来源：《中国统计年鉴》（2007～2012），中国统计出版社。

附表12 中拉非金融类外国直接投资统计（2007~2011年）

单位：万美元

国别(地区)	2007年	2008年	2009年	2010年	2011年
全球	7476789	9239544	9003267	10573235	11600985
拉丁美洲	2011799	2090344	1468433	1352563	1250460
安提瓜和巴布达	—	102	—	—	218
阿根廷	1113	1266	1241	94	732
巴哈马	13493	35141	9868	5592	3961
巴巴多斯	70958	125520	55754	35584	31005
伯利兹	2421	6302	1988	1643	2133
玻利维亚	129	99	338	460	189
巴西	3164	3879	5248	5725	4304
开曼群岛	257078	314497	258189	249880	224139
智利	719	466	323	146	1679
哥伦比亚	5	10	14	5	1
哥斯达黎加	—	119	—	10	22
古巴	63	—	—	727	2300
多米尼克	16	119	176	274	134
多米尼加	182	5	35	50	6
厄瓜多尔	100	49	26	203	3

分表1：拉美对华直接投资

国别(地区)	2007年	2008年	2009年	2010年	2011年
格林纳达	—	250	36	—	—
危地马拉	116	—	—	—	—
洪都拉斯	168	214	—	301	260
牙买加	—	29	110	20	—
墨西哥	566	385	91	1525	453
巴拿马	2580	3539	1797	2481	3845
巴拉圭	58	215	301	234	—
秘鲁	527	267	4	2	87
萨尔瓦多	—	507	63	—	—
苏里南	28	—	48	—	—
特克斯和凯科斯群岛	114	130	92	164	495
乌拉圭	10	—	221	132	63
委内瑞拉	209	237	198	358	209
英属维尔京群岛	1655244	1595384	1129858	1044734	972495
圣基茨和尼维斯	1577	1363	193	418	263
圣文森特和格林纳丁斯	320	507	200	246	13
拉美其他国家（地区）	841	369	2021	1525	1394

资料来源：《中国统计年鉴》（2007~2012），中国统计出版社。

分表2：中国对拉美非金融类直接投资流量与存量

	FDI流量（净值）					FDI存量				
	2007年	2008年	2009年	2010年	2011年	2007年	2008年	2009年	2010年	2011年
全球	2650609	5590717	5652899	6881131	7465404	11791050	18397071	24575538	31721059	42478067
拉丁美洲	490241	367725	732790	1053827	1193582	2470091	3224015	3059548	4387564	5517175
安提瓜和巴布达	—	—	—	—	101	125	—	125	125	484
阿根廷	13669	1082	-2282	2723	18515	15719	17336	16905	21899	40525
巴哈马	3899	-5591	100	—	—	5651	60	160	160	160
巴巴多斯	41	82	87	-211	—	242	325	600	388	313
伯利兹	—	6	—	-8	—	2	8	8	—	—
玻利维亚	197	414	1801	306	867	2303	2862	5565	6485	6632
巴西	5113	2238	11627	48746	12640	18955	21705	36089	92365	107179
开曼群岛	260159	152401	536630	349613	493646	1681068	2032745	1357707	1725627	2169232
智利	383	93	778	3371	1399	5608	5809	6602	10958	9794
哥伦比亚	22	676	574	694	3325	677	1371	2050	2297	5980
古巴	658	556	1293	-1635	7671	6649	7205	8532	6898	14637
多米尼克	—	—	—	—	50	70	70	70	415	815
多米尼加	—	6	6	—	—	—	6	12	12	12
厄瓜多尔	358	-942	1790	2206	-3506	4918	8860	10660	12958	9524

附表12 中拉非金融类外国直接投资统计（2007~2011年）

续表

	FDI流量（净值）					FDI存量				
	2007年	2008年	2009年	2010年	2011年	2007年	2008年	2009年	2010年	2011年
格林纳达	—	12	—	—	—	753	765	—	1452	1454
圭亚那	6000	—	—	2837	20	6860	765	—	18317	13513
洪都拉斯	-438	-90	—	—	—	90	14961	—	—	—
牙买加	—	214	—	221	3545	2	216	216	437	3907
墨西哥	1716	563	82	2673	4154	15144	17308	17390	15287	26388
巴拿马	833	652	1369	2606	116	5531	6738	8109	23658	33087
巴拉圭	—	300	647	2783	557	—	478	1125	3907	4465
秘鲁	671	2455	5849	13903	21425	13711	19434	28454	65449	80224
圣文森特和格林纳丁斯	588	946	-946	905	—	2080	3249	2303	3619	3620
苏里南	1757	242	110	635	—	6528	6670	6880	7884	7884
特立尼达和多巴哥	—	—	—	—	10	80	80	80	80	90
乌拉圭	48	—	498	36	36	211	211	715	751	815
委内瑞拉	6953	978	11572	9439	8177	14388	15596	27196	41652	50100
英属维尔京群岛	187614	210433	161205	611976	620833	662654	1047733	1506069	2324276	2926141

资料来源：中国商务部、国家统计局、国家外汇管理局《2011年度中国对外直接投资统计公报》，中国统计出版社，2011年。

权威报告　热点资讯　海量资源

当代中国与世界发展的高端智库平台

皮书数据库 www.pishu.com.cn

　　皮书数据库是专业的人文社会科学综合学术资源总库，以大型连续性图书——皮书系列为基础，整合国内外相关资讯构建而成。包含七大子库，涵盖两百多个主题，囊括了近十几年间中国与世界经济社会发展报告，覆盖经济、社会、政治、文化、教育、国际问题等多个领域。

　　皮书数据库以篇章为基本单位，方便用户对皮书内容的阅读需求。用户可进行全文检索，也可对文献题目、内容提要、作者名称、作者单位、关键字等基本信息进行检索，还可对检索到的篇章再作二次筛选，进行在线阅读或下载阅读。智能多维度导航，可使用户根据自己熟知的分类标准进行分类导航筛选，使查找和检索更高效、便捷。

　　权威的研究报告，独特的调研数据，前沿的热点资讯，皮书数据库已发展成为国内最具影响力的关于中国与世界现实问题研究的成果库和资讯库。

皮书俱乐部会员服务指南

1. 谁能成为皮书俱乐部会员？
- 皮书作者自动成为皮书俱乐部会员；
- 购买皮书产品（纸质图书、电子书、皮书数据库充值卡）的个人用户。

2. 会员可享受的增值服务：
- 免费获赠该纸质图书的电子书；
- 免费获赠皮书数据库100元充值卡；
- 免费定期获赠皮书电子期刊；
- 优先参与各类皮书学术活动；
- 优先享受皮书产品的最新优惠。

（本卡为图书内容的一部分，不购书刮卡，视为盗书）

3. 如何享受皮书俱乐部会员服务？

（1）如何免费获得整本电子书？

　　购买纸质图书后，将购书信息特别是书后附赠的卡号和密码通过邮件形式发送到pishu@188.com，我们将验证您的信息，通过验证并成功注册后即可获得该本皮书的电子书。

（2）如何获赠皮书数据库100元充值卡？

　　第1步：刮开附赠卡的密码涂层（左下）；

　　第2步：登录皮书数据库网站（www.pishu.com.cn），注册成为皮书数据库用户，注册时请提供您的真实信息，以便您获得皮书俱乐部会员服务；

　　第3步：注册成功后登录，点击进入"会员中心"；

　　第4步：点击"在线充值"，输入正确的卡号和密码即可使用。

皮书俱乐部会员可享受社会科学文献出版社其他相关免费增值服务
您有任何疑问，均可拨打服务电话：010-59367227　QQ:1924151860
欢迎登录社会科学文献出版社官网（www.ssap.com.cn）和中国皮书网（www.pishu.cn）了解更多信息

社会科学文献出版社

皮书系列

"皮书"起源于十七、十八世纪的英国，主要指官方或社会组织正式发表的重要文件或报告，多以"白皮书"命名。在中国，"皮书"这一概念被社会广泛接受，并被成功运作、发展成为一种全新的出版形态，则源于中国社会科学院社会科学文献出版社。

皮书是对中国与世界发展状况和热点问题进行年度监测，以专家和学术的视角，针对某一领域或区域现状与发展态势展开分析和预测，具备权威性、前沿性、原创性、实证性、时效性等特点的连续性公开出版物，由一系列权威研究报告组成。皮书系列是社会科学文献出版社编辑出版的蓝皮书、绿皮书、黄皮书等的统称。

皮书系列的作者以中国社会科学院、著名高校、地方社会科学院的研究人员为主，多为国内一流研究机构的权威专家学者，他们的看法和观点代表了学界对中国与世界的现实和未来最高水平的解读与分析。

自20世纪90年代末推出以经济蓝皮书为开端的皮书系列以来，至今已出版皮书近800部，内容涵盖经济、社会、政法、文化传媒、行业、地方发展、国际形势等领域。皮书系列已成为社会科学文献出版社的著名图书品牌和中国社会科学院的知名学术品牌。

皮书系列在数字出版和国际出版方面成就斐然。皮书数据库被评为"2008~2009年度数字出版知名品牌"；经济蓝皮书、社会蓝皮书等十几种皮书每年还由国外知名学术出版机构出版英文版、俄文版、韩文版和日文版，面向全球发行。

2011年，皮书系列正式列入"十二五"国家重点出版规划项目；2012年，部分重点皮书列入中国社会科学院承担的国家哲学社会科学创新工程项目；一年一度的皮书年会升格由中国社会科学院主办。

法律声明

"皮书系列"(含蓝皮书、绿皮书、黄皮书)由社会科学文献出版社最早使用并对外推广,现已成为中国图书市场上流行的品牌,是社会科学文献出版社的品牌图书。社会科学文献出版社拥有该系列图书的专有出版权和网络传播权,其LOGO( )与"经济蓝皮书"、"社会蓝皮书"等皮书名称已在中华人民共和国工商行政管理总局商标局登记注册,社会科学文献出版社合法拥有其商标专用权。

未经社会科学文献出版社的授权和许可,任何复制、模仿或以其他方式侵害"皮书系列"和LOGO( )、"经济蓝皮书"、"社会蓝皮书"等皮书名称商标专用权的行为均属于侵权行为,社会科学文献出版社将采取法律手段追究其法律责任,维护合法权益。

欢迎社会各界人士对侵犯社会科学文献出版社上述权利的违法行为进行举报。电话:010-59367121,电子邮箱:fawubu@ssap.cn。

社会科学文献出版社

盘点年度资讯　预测时代前程

社会科学文献出版社

2013年
皮书系列

权威·前沿·原创

社会科学文献出版社
SOCIAL SCIENCES ACADEMIC PRESS (CHINA)

社长致辞

我们是图书出版者，更是人文社会科学内容资源供应商；

我们背靠中国社会科学院，面向中国与世界人文社会科学界，坚持为人文社会科学的繁荣与发展服务；

我们精心打造权威信息资源整合平台，坚持为中国经济与社会的繁荣与发展提供决策咨询服务；

我们以读者定位自身，立志让爱书人读到好书，让求知者获得知识；

我们精心编辑、设计每一本好书以形成品牌张力，以优秀的品牌形象服务读者，开拓市场；

我们始终坚持"创社科经典，出传世文献"的经营理念，坚持"权威、前沿、原创"的产品特色；

我们"以人为本"，提倡阳光下创业，员工与企业共享发展之成果；

我们立足于现实，认真对待我们的优势、劣势，我们更着眼于未来，以不断的学习与创新适应不断变化的世界，以不断的努力提升自己的实力；

我们愿与社会各界友好合作，共享人文社会科学发展之成果，共同推动中国学术出版乃至内容产业的繁荣与发展。

社会科学文献出版社社长
中国社会学会秘书长

2013 年 1 月

社会科学文献出版社　皮书系列

"皮书"起源于十七、十八世纪的英国，主要指官方或社会组织正式发表的重要文件或报告，多以"白皮书"命名。在中国，"皮书"这一概念被社会广泛接受，并被成功运作、发展成为一种全新的出版形态，则源于中国社会科学院社会科学文献出版社。

皮书是对中国与世界发展状况和热点问题进行年度监测，以专家和学术的视角，针对某一领域或区域现状与发展态势展开分析和预测，具备权威性、前沿性、原创性、实证性、时效性等特点的连续性公开出版物，由一系列权威研究报告组成。皮书系列是社会科学文献出版社编辑出版的蓝皮书、绿皮书、黄皮书等的统称。

皮书系列的作者以中国社会科学院、著名高校、地方社会科学院的研究人员为主，多为国内一流研究机构的权威专家学者，他们的看法和观点代表了学界对中国与世界的现实和未来最高水平的解读与分析。

自20世纪90年代末推出以经济蓝皮书为开端的皮书系列以来，至今已出版皮书近800部，内容涵盖经济、社会、政法、文化传媒、行业、地方发展、国际形势等领域。皮书系列已成为社会科学文献出版社的著名图书品牌和中国社会科学院的知名学术品牌。

皮书系列在数字出版和国际出版方面成就斐然。皮书数据库被评为"2008~2009年度数字出版知名品牌"；经济蓝皮书、社会蓝皮书等十几种皮书每年还由国外知名学术出版机构出版英文版、俄文版、韩文版和日文版，面向全球发行。

2011年，皮书系列正式列入"十二五"国家重点出版规划项目，一年一度的皮书年会升格由中国社会科学院主办；2012年，部分重点皮书列入中国社会科学院承担的国家哲学社会科学创新工程项目。

权威 前沿 原创

经 济 类

经济类皮书涵盖宏观经济、城市经济、大区域经济，
提供权威、前沿的分析与预测

经济蓝皮书
2013年中国经济形势分析与预测（赠阅读卡）

陈佳贵 李 扬/主编　2012年12月出版　估价:59.00元

◆ 本书课题为"总理基金项目"，由著名经济学家陈佳贵、李扬领衔，联合数十家科研机构、国家部委和高等院校的专家共同撰写，其内容涉及宏观决策、财政金融、证券投资、工业调整、就业分配、对外贸易等一系列热点问题。本报告权威把脉中国经济2012年运行特征及2013年发展趋势。

世界经济黄皮书
2013年世界经济形势分析与预测（赠阅读卡）

王洛林 张宇燕/主编　2013年1月出版　估价:59.00元

◆ 2012年全球经济复苏步伐明显放缓，发达国家复苏动力不足，主权债务危机的升级以及长期的低利率也大大压缩了财政与货币政策调控的空间。本书围绕因此而来的国际金融市场震荡频发、国际贸易与投资增长乏力等经济问题对世界经济进行了分析展望。

国家竞争力蓝皮书
中国国家竞争力报告No.2（赠阅读卡）

倪鹏飞/主编　2013年4月出版　估价:69.00元

◆ 本书运用有关竞争力的最新经济学理论，选取全球100个主要国家，在理论研究和计量分析的基础上，对全球国家竞争力进行了比较分析，并以这100个国家为参照系，指明了中国的位置和竞争环境，为研究中国的国家竞争力地位、制定全球竞争战略提供参考。

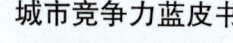

经济类

城市竞争力蓝皮书
中国城市竞争力报告 No.11（赠阅读卡）

倪鹏飞 / 主编　　2013 年 5 月出版　　估价:69.00 元

◆ 本书由中国社会科学院城市与竞争力中心主任倪鹏飞主持编写，汇集了众多研究城市经济问题的专家学者关于城市竞争力研究的最新成果。本报告构建了一套科学的城市竞争力评价指标体系，采用第一手数据材料，对国内重点城市年度竞争力格局变化进行客观分析和综合比较、排名，对研究城市经济及城市竞争力极具参考价值。

城市蓝皮书
中国城市发展报告 No.6（赠阅读卡）

潘家华　魏后凯 / 主编　　2013 年 8 月出版　　估价:59.00 元

◆ 本书由中国社会科学院城市发展与环境研究所主编，以聚焦新时期中国城市发展中的民生问题为主题，紧密联系现阶段中国城镇化发展的客观要求，回顾总结中国城镇化进程中城市民生改善的主要成效，并对城市发展中的各种民生问题进行全面剖析，在此基础上提出了民生优先的城市发展思路，以及改善城市民生的对策建议。

农村绿皮书
中国农村经济形势分析与预测 (2012~2013)（赠阅读卡）

中国社会科学院农村发展研究所　国家统计局农村社会经济调查司 / 著
2013 年 4 月出版　　估价：59.00 元

◆ 本书对 2012 年中国农业和农村经济运行情况进行了系统的分析和评价，对 2013 年中国农业和农村经济发展趋势进行了预测，并提出相应的政策建议，专题部分将围绕某个重大的理论和现实问题进行多维、深入、细致的分析和探讨。

西部蓝皮书
中国西部经济发展报告 (2013)（赠阅读卡）

姚慧琴　徐璋勇 / 主编　　2013 年 7 月出版　　估价:69.00 元

◆ 本书由西北大学中国西部经济发展研究中心主编，汇集了源自西部本土以及国内研究西部问题的权威专家的第一手资料，对国家实施西部大开发战略进行年度动态跟踪，并对 2013 年西部经济、社会发展态势进行预测和展望。

经济类　皮书系列　重点推荐

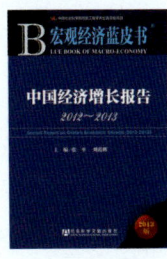

宏观经济蓝皮书

中国经济增长报告 (2012~2013)（赠阅读卡）

张 平 刘霞辉 / 主编　2013 年 7 月出版　估价：69.00 元

◆ 本书由中国社会科学院经济研究所组织编写，独创了中国各省（区、市）发展前景评价体系，通过产出效率、经济结构、经济稳定、产出消耗、增长潜力等近 60 个指标对中国各省（区、市）发展前景进行客观评价，并就"十二五"时期中国经济面临的主要问题进行全面分析。

经济蓝皮书春季号

中国经济前景分析——2013 年春季报告（赠阅读卡）

陈佳贵 李 扬 / 主编　2013 年 5 月出版　估价：59.00 元

◆ 本书是经济蓝皮书的姊妹篇，是中国社会科学院"中国经济形势分析与预测"课题组推出的又一重磅作品，在模型模拟与实证分析的基础上，从我国面临的国内外环境入手，对 2013 年春季及全年经济全局及工业、农业、财政、金融、外贸、就业等热点问题进行多角度考察与研究，并提出政策建议，具有较强的实用性、科学性和前瞻性。

就业蓝皮书

2013 年中国大学生就业报告（赠阅读卡）

麦可思研究院 / 主编　王伯庆 / 主审　2013 年 6 月出版　估价：98.00 元

◆ 大学生就业是社会关注的热点和难点，本书是在麦可思研究院"中国 2010 届大学毕业生求职与工作能力调查"数据的基础上，由麦可思公司与西南财经大学共同完成的 2013 年度大学毕业生就业及重点产业人才分析报告。

国际城市蓝皮书

国际城市发展报告 (2013)（赠阅读卡）

屠启宇 / 主编　2013 年 1 月出版　估价：69.00 元

◆ 国际城市蓝皮书是由上海社会科学院城市与区域研究中心主办、世界经济研究所国际政治经济学研究室协办的关于国际城市发展动态的年度报告，力求为中国城市发展的决策者、操作者、研究者和关注者把握与借鉴国际城市发展动态、规律和实践，提供及时、全面、权威的解读。

皮书系列重点推荐　社会政法类

社会政法类

社会政法类皮书聚焦社会发展领域的热点、难点问题，
提供权威、原创的资讯与视点

社会蓝皮书
2013年中国社会形势分析与预测（赠阅读卡）

汝信　陆学艺　李培林/主编　2012年12月出版　估价：59.00元

◆ 本书为中国社会科学院核心学术品牌之一，荟萃中国社会科学院等众多学术单位的原创成果。本年度报告结合中共"十八大"会议精神，深入探讨中国迈向更加公平、公正的全面小康社会的路径。

法治蓝皮书
中国法治发展报告 No.11(2013)（赠阅读卡）

李　林/主编　2013年3月出版　估价：85.00元

◆ 本书是中国社会科学院法学研究所精心打造的年度报告。在多篇法治国情调研报告中，着力分析中国在立法、依法行政、预防与惩治腐败等方面的进展，并提出原创性箴言。

教育蓝皮书
中国教育发展报告(2013)（赠阅读卡）

杨东平/主编　2013年3月出版　估价：59.00元

◆ 本书由著名教育学家杨东平担任主编，直面当前教育改革中出现的教育公平、高校教育结构调整、义务教育均衡发展、学校布局调整与校车系统建设等热点、难点问题，提供极具价值的学者建言。

社会建设蓝皮书
2013年北京社会建设分析报告（赠阅读卡）

陆学艺　唐　军　张　荆/主编　2013年5月出版　估价:69.00元

◆ 本书由著名社会学家陆学艺领衔主编，依据社会学理论框架和分析方法，对北京市的人口、就业、分配、社会阶层以及城乡关系等社会学基本问题进行了广泛调研与分析，对广受社会关注的住房、教育、医疗、养老、交通等社会热点问题做了深刻了解与剖析，对日益显现的征地搬迁、外籍人口管理、群体性心理障碍等进行了有益探讨。

政治参与蓝皮书
中国政治参与报告(2013)（赠阅读卡）

房　宁/主编　2013年7月出版　估价:58.00元

◆ 本书是国内第一本运用社会科学数据对"中国公民政策参考"进行持续研究的年度报告，依据全国性问卷调查数据，对中国公民的政策参与客观状况和政策参与主观状况作了总体说明，并对不同性别、不同年龄、不同学历、不同政治面貌、不同职业、不同区域、不同收入的公民群体的政策参与客观状况和主观状况作了具体说明。

社会心态蓝皮书
中国社会心态研究报告(2012~2013)（赠阅读卡）

王俊秀　杨宜音/主编　2012年12月出版　估价:59.00元

◆ 本书由中国社会科学院社会学研究所社会心理研究中心编撰，从社会感受、价值观念、行为倾向等方面对于生活压力感、社会支持感、经济变动感受、微博使用行为、心理危机干预等问题，用社会心理学、社会学、经济学、传播学等多种学科的方法角度进行了调查和研究，深入揭示了我国社会心态状况。

城乡统筹蓝皮书
中国城乡统筹发展报告(2013)（赠阅读卡）

程志强　潘晨光/主编　2013年3月出版　估价:59.00元

◆ 全书客观地总结了各地城乡统筹发展进程中的经验，详细论述了统筹城乡经济社会发展的理论基础，从多个角度对新时期加快我国城乡统筹发展进程进行了深入的研究与探讨。

皮书系列重点推荐 社会政法类

环境绿皮书
中国环境发展报告 (2013)（赠阅读卡）

杨东平 / 主编　　2013 年 4 月出版　　估价 :69.00 元

◆　本书由民间环保组织"自然之友"组织编写,由特别关注、生态保护、宜居城市、可持续消费以及政策与治理等版块构成,以公共利益的视角记录、审视和思考中国环境状况,呈现 2013 年中国环境与可持续发展领域的全局态势,用深刻的思考、科学的数据分析 2012 年的环境热点事件。

环境竞争力绿皮书
中国省域环境竞争力发展报告(2010~2012)（赠阅读卡）

李建平　李闽榕　王金南 / 主编　　2013 年 3 月出版　　估价 :148.00 元

◆　本报告融马克思主义经济学、环境科学、生态学、统计学、计量经济学和人文地理学等理论和方法为一体,充分运用数理分析、空间分析以及规范分析与实证分析相结合的方法,构建了比较科学完善、符合中国国情的环境竞争力指标评价体系,对中国内地 31 个省级区域的环境竞争力进行全面、深入的比较分析和评价。

反腐倡廉蓝皮书
中国反腐倡廉建设报告 No.3（赠阅读卡）

李秋芳 / 主编　　2013 年 8 月出版　　估价 : 59.00 元

◆　本书从"惩治与专项治理、多主体综合监督、公共权力规制、公共资金资源资产监管、公职人员诚信管理、社会廉洁文化建设"六个方面对全国反腐倡廉建设进程与效果进行了综述,结合实地调研和问卷调查,反映了社会公众关注的难点焦点问题,并从理念和举措上提出建议。

行业报告类

行业报告类皮书立足重点行业、新兴行业领域，提供及时、前瞻的数据与信息

金融蓝皮书
中国金融发展报告（2013）（赠阅读卡）

李 扬 王国刚/主编 2012年12月出版 估价：59.00元

◆ 本书由中国社会科学院金融研究所主编，对2012年中国金融业总体发展状况进行回顾和分析，聚焦国际及国内金融形势的新变化，解析中国货币政策、银行业、保险业和证券期货业的发展状况，预测中国金融发展的最新动态，包括投资基金、保险业发展和金融监管等。

房地产蓝皮书
中国房地产发展报告 No.10（赠阅读卡）

潘家华 李景国/主编 2013年5月出版 估价：69.00元

◆ 本书由中国社会科学院城市发展与环境研究所组织编写，秉承客观公正、科学中立的原则，深度解析2012年中国房地产发展的形势和存在的主要矛盾，并预测2013年中国房价走势及房地产市场发展大势。观点精辟，数据翔实，对关注房地产市场的各阶层人士极具参考价值。

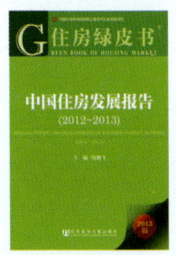

住房绿皮书
中国住房发展报告（2012~2013）（赠阅读卡）

倪鹏飞/主编 2012年12月出版 估价：69.00元

◆ 本书从宏观背景、市场体系和公共政策等方面，对中国住房市场作全面系统的分析、预测与评价。在评述2012年住房市场走势的基础上，预测2013年中国住房市场的发展变化；通过构建中国住房指数体系，量化评估住房市场各关键领域的发展状况；剖析中国住房市场发展所面临的主要问题与挑战，并给出政策建议。

皮书系列重点推荐

行业报告类

旅游绿皮书

2013年中国旅游发展分析与预测（赠阅读卡）

张广瑞　刘德谦　宋瑞/主编　2013年5月出版　　估价:69.00元

◆ 本书由中国社会科学院旅游研究中心组织编写，从2012年国内外发展环境入手，深度剖析20112年我国旅游业的跌宕起伏以及背后错综复杂的影响因素，聚焦旅游相关行业的运行特征以及相关政策实施，对旅游发展的热点问题给出颇具见地的分析，并提出促进我国旅游业发展的对策建议。

产业蓝皮书

中国产业竞争力报告(2013) No.3（赠阅读卡）

张其仔/主编　　2013年12月出版　　估价:79.00元

◆ 本书对中国产业竞争力的最新变化进行了系统分析，对2012年中国产业竞争力的走势进行了展望，对各省、56个地区和44个园区的产业国际竞争力进行了评估，是了解中国产业竞争力、各地产业竞争力最新变化的支撑平台。

能源蓝皮书

中国能源发展报告(2013)（赠阅读卡）

崔民选/主编　　2013年7月出版　　估价:79.00元

◆ 本书结合中国经济面临转型的新形势，着眼于构建安全稳定、经济清洁的现代能源产业体系，盘点2012年中国能源行业的运行和发展走势，对2012年我国能源产业和各行业的运行特征、热点问题进行了深度剖析，并提出了未来趋势预测和对策建议。

 文化传媒类

皮书系列
重点推荐

文化传媒类

文化传媒类皮书透视文化领域、文化产业，
探索文化大繁荣、大发展的路径

文化蓝皮书
中国文化产业发展报告(2012~2013)（赠阅读卡）

张晓明　胡惠林　章建刚/主编　2013年1月出版　估价:59.00元

◆ 本书是由中国社会科学院文化研究中心和文化部、上海交通大学共同编写的第10本中国文化产业年度报告。内容涵盖了我国文化产业分析及政策分析，既有对2012年文化产业发展形势的评估，又有对2013年发展趋势的预测；既有对全国文化产业宏观形势的评估，又有对文化产业内各行业的权威年度报告。

传媒蓝皮书
2013年：中国传媒产业发展报告（赠阅读卡）

崔保国/主编　　2013年4月出版　　估价:69.00元

◆ 本书云集了清华大学、人民大学等众多权威机构的知名学者，对2012年中国传媒产业发展进行全面分析。剖析传统媒体转型过程中，中国传媒界的思索与实践；立足全球传媒产业发展现状，探索我国传媒产业向支柱产业发展面临的路径；并为提升国际传播能力提供前瞻性研究与观点。

新媒体蓝皮书
中国新媒体发展报告No.4(2013)（赠阅读卡）

尹韵公/主编　　2013年5月出版　　估价:69.00元

◆ 本书由中国社会科学院新闻与传播研究所和上海大学合作编写，在构建新媒体发展研究基本框架的基础上，全面梳理2012年中国新媒体发展现状，发表最前沿的网络媒体深度调查数据和研究成果，并对新媒体发展的未来趋势做出预测。

皮书系列重点推荐　国别与地区类

国别与地区类

国别与地区类皮书关注全球重点国家与地区，提供全面、独特的解读与研究

国际形势黄皮书

全球政治与安全报告(2013)（赠阅读卡）

李慎明　张宇燕/主编　　2012年12月出版　　估价:59.00元

◆ 本书是由中国社会科学院世界经济与政治研究所精心打造的又一品牌皮书，关注时下国际关系发展动向里隐藏的中长期趋势，剖析全球政治与安全格局下的国际形势最新动向以及国际关系发展的热点问题，并对2013年国际社会重大动态作出前瞻性的分析与预测。

美国蓝皮书

美国问题研究报告(2013)（赠阅读卡）

黄　平　倪　峰/主编　　2013年6月出版　　估价:69.00元

◆ 本书由中华美国学会和中国社会科学院美国研究所组织编写，从美国内政、外交、中美关系等角度系统论述2013年美国政治经济发展情况，既有对美国当今实力、地位的宏观分析，也有对美国近年来内政、外交政策的微观考察，对观察和研究美国及中美关系具有较强的参考作用。

欧洲蓝皮书

欧洲发展报告(2012~2013)（赠阅读卡）

周　弘/主编　　2013年3月出版　　估价:79.00元

◆ 欧洲长期积累的财政和债务问题，终于在世界金融危机的冲击下转变成主权债务危机。在采取紧急应对危机举措的同时，欧盟还提出一系列经济治理方案。正当欧盟内部为保卫欧元而苦苦奋战之时，欧盟却在对外战线上成功地完成对利比亚的一场战争。关注欧洲蓝皮书，关注欧盟局势。

 地方发展类

地方发展类

地方发展类皮书关注大陆各省份、经济区域，
提供科学、多元的预判与咨政信息

北京蓝皮书
北京经济发展报告(2012~2013)（赠阅读卡）

赵 弘/主编　　2013年5月出版　　估价：59.00元

◆ 本书是北京蓝皮书系列之一种，研创团队北京市社会科学院紧紧围绕北京市年度经济社会发展的目标，突出对北京市经济社会发展中全局性、战略性、倾向性的重点、热点、难点问题进行分析和预测的综合研究成果。

北京蓝皮书
北京社会发展报告(2012~2013)（赠阅读卡）

戴建中/主编　　2013年6月出版　　估价：59.00元

◆ 本书是北京蓝皮书系列之一种，研创团队以北京市社会科学院研究人员为主，同时邀请北京市党政机关和大学的专家学者参加。本书为北京市政策制定和执行提供了依据和思路，为了解中国首都的社会现状贡献了丰富的资料和解读，具有一定的影响力，因持续追踪社会热点问题而引起广泛的关注。

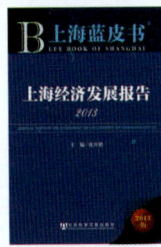

上海蓝皮书
上海经济发展报告(2013)（赠阅读卡）

沈开艳/主编　　2013年1月出版　　估价:59.00元

◆ 本书是上海蓝皮书系列之一种，围绕上海如何实现经济转型问题展开，通过对复苏缓慢的国际经济大环境、趋于紧缩的国内宏观经济背景的深入分析，认为上海迫切需要解决而又密切相关的现实问题是"增长动力转型"与"产业发展转型"两大核心。

皮书系列 重点推荐　地方发展类

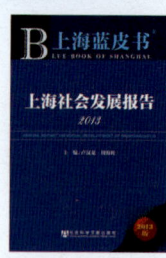

上海蓝皮书
上海社会发展报告(2013)（赠阅读卡）
卢汉龙　周海旺/主编　2013年1月出版　估价：59.00元

◆ 本书是上海蓝皮书系列之一种，围绕机制创新、社会政策、社会组织等方面，对上海近年来的社会热点问题进行了调研，在总结现有状况及成因的基础上，提出了一些建议与对策，关注了上海的主要社会问题，可为决策层制订相关政策提供借鉴。

河南蓝皮书
河南经济发展报告(2013)（赠阅读卡）
喻新安/主编　2013年1月出版　估价：59.00元

◆ 本书是河南蓝皮书系列之一种，由河南省社会科学院主持编撰，以中原经济区"三化"协调科学发展为主题，深入全面地分析了当前河南经济发展的主要特点以及2012年的走势，全方位、多角度研究和探讨了河南探索"三化"协调发展的举措及成效，并对河南积极构建中原经济区建设提出了对策建议。

甘肃蓝皮书
甘肃省经济发展分析与预测(2013)（赠阅读卡）
朱智文　罗哲/主编　2012年12月出版　估价：69.00元

◆ 本书是甘肃蓝皮书系列之一种，近年来甘肃经济社会发展的年度综合性研究成果之一，是对不同时期甘肃省实现区域创新和改革开放的年度总结。全书以特有的方式将经济运行情况、预测分析、政策建议三者结合起来，在科学分析经济发展形势的基础上为甘肃未来经济发展做出了科学预测及提出政策建议。

经济类

皮书系列 2013全品种

城市竞争力蓝皮书
中国城市竞争力报告No.11
著(编)者:倪鹏飞 2013年5月出版 / 估价:69.00元

城市蓝皮书
中国城市发展报告NO.6
著(编)者:潘家华 魏后凯 2013年8月出版 / 估价:59.00元

城乡一体化蓝皮书
中国城乡一体化发展报告(2013)
著(编)者:汝信 付崇兰 2013年8月出版 / 估价:59.00元

低碳发展蓝皮书
中国低碳发展报告(2012~2013)
著(编)者:齐晔 2013年7月出版 / 估价:69.00元

低碳经济蓝皮书
中国低碳经济发展报告(2013)
著(编)者:薛进军 赵忠秀 2013年7月出版 / 估价:98.00元

东北蓝皮书
中国东北地区发展报告(2013)
著(编)者:张新颖 2013年8月出版 / 估价:79.00元

发展和改革蓝皮书
中国经济发展和体制改革报告No.6
著(编)者:邹东涛 2013年7月出版 / 估价:75.00元

国际城市蓝皮书
国际城市发展报告(2013)
著(编)者:屠启宇 2013年1月出版 / 估价:69.00元

国家竞争力蓝皮书
中国国家竞争力报告No.2
著(编)者:倪鹏飞 2013年4月出版 / 估价:69.00元

宏观经济蓝皮书
中国经济增长报告(2012~2013)
著(编)者:张平 刘霞辉 2013年7月出版 / 估价:69.00元

减贫蓝皮书
中国减贫与社会发展报告
著(编)者:黄承伟 2013年7月出版 / 估价:59.00元

金融蓝皮书
中国金融发展报告(2013)
著(编)者:李扬 王国刚 2012年12月出版 / 估价:59.00元

经济蓝皮书
2013年中国经济形势分析与预测
著(编)者:陈佳贵 李扬 2012年12月出版 / 估价:59.00元

经济蓝皮书春季号
中国经济前景分析——2013年春季报告
著(编)者:陈佳贵 李扬 2013年5月出版 / 估价:59.00元

经济信息绿皮书
中国与世界经济发展报告(2013)
著(编)者:王长胜 2012年12月出版 / 估价:69.00元

就业蓝皮书
2013年中国大学生就业报告
著(编)者:麦可思研究院 王伯庆 2013年6月出版 / 估价:98.00元

民营经济蓝皮书
中国民营经济发展报告No.10(2012~2013)
著(编)者:黄孟复 2013年9月出版 / 估价:69.00元

农村绿皮书
中国农村经济形势分析与预测(2012~2013)
著(编)者:中国社会科学院农村发展研究所
国家统计局农村社会经济调查司
2013年4月出版 / 估价:59.00元

企业公民蓝皮书
中国企业公民报告NO.3
著(编)者:邹东涛 2013年7月出版 / 估价:59.00元

企业社会责任蓝皮书
中国企业社会责任研究报告(2013)
著(编)者:陈佳贵 黄群慧 彭华岗 钟宏武
2012年11月出版 / 估价:59.00元

区域蓝皮书
中国区域经济发展报告(2012~2013)
著(编)者:戚本超 景体华 2013年4月出版 / 估价:69.00元

人口与劳动绿皮书
中国人口与劳动问题报告No.14
著(编)者:蔡昉 2013年6月出版 / 估价:69.00元

生态城市绿皮书
中国生态城市建设发展报告(2013)
著(编)者:李景源 孙伟平 刘举科 2013年3月出版 / 估价:128.00元

西北蓝皮书
中国西北发展报告(2013)
著(编)者:杨尚勤 石英 王建康 2013年3月出版 / 估价:65.00元

西部蓝皮书
中国西部发展报告(2013)
著(编)者:姚慧琴 徐璋勇 2013年7月出版 / 估价:69.00元

长三角蓝皮书
全球格局变化中的长三角
著(编)者:王战 2013年6月出版 / 估价:69.00元

中部竞争力蓝皮书
中国中部经济社会竞争力报告(2013)
著(编)者:教育部人文社会科学重点研究基地
南昌大学中国中部经济社会发展研究中心
2013年10月出版 / 估价:59.00元

中部蓝皮书
中国中部地区发展报告(2013~2014)
著(编)者:喻新安 2013年10月出版 / 估价:59.00元

中国省域竞争力蓝皮书
中国省域经济综合竞争力发展报告(2012~2013)
著(编)者:李建平 李闽榕 高燕京
2013年3月出版 / 估价:198.00元

皮书系列 2013全品种 经济类·社会政法类

中小城市绿皮书
中国中小城市发展报告(2013)
著(编)者:中国城市经济学会中小城市经济发展委员会
《中国中小城市发展报告》编纂委员会
2013年8月出版 / 估价:98.00元

珠三角流通蓝皮书
珠三角流通业发展报告(2013)
著(编)者:王先庆 林至颖 2013年8月出版 / 估价:69.00元

社会政法类

殡葬绿皮书
中国殡葬事业发展报告(2013)
著(编)者:朱勇 李伯森 2013年3月出版 / 估价:59.00元

城市生活质量蓝皮书
中国城市生活质量指数报告(2013)
著(编)者:张平 2013年7月出版 / 估价:59.00元

城乡统筹蓝皮书
中国城乡统筹发展报告(2013)
著(编)者:程志强、潘晨光 2013年3月出版 / 估价:59.00元

创新蓝皮书
创新型国家建设报告(2012~2013)
著(编)者:詹正茂 2013年7月出版 / 估价:69.00元

慈善蓝皮书
中国慈善发展报告(2013)
著(编)者:杨团 2013年7月出版 / 估价:69.00元

法治蓝皮书
中国法治发展报告No.11(2013)
著(编)者:李林 2013年3月出版 / 估价:85.00元

反腐倡廉蓝皮书
中国反腐倡廉建设报告No.3
著(编)者:李秋芳 2013年8月出版 / 估价:59.00元

非传统安全蓝皮书
中国非传统安全研究报告(2012~2013)
著(编)者:余潇枫 2013年7月出版 / 估价:69.00元

妇女发展蓝皮书
福建省妇女发展报告(2013)
著(编)者:刘群英 2013年10月出版 / 估价:58.00元

妇女发展蓝皮书
中国妇女发展报告No.5
著(编)者:王金玲 高小贤 2013年5月出版 / 估价:65.00元

妇女教育蓝皮书
中国妇女教育发展报告No.3
著(编)者:张李玺 2013年10月出版 / 估价:69.00元

公共服务蓝皮书
中国城市基本公共服务力评价(2012~2013)
著(编)者:侯惠勤 辛向阳 易定宏 2013年8月出版 / 估价:55.00元

公益蓝皮书
中国公益发展报告(2013)
著(编)者:朱健刚 2013年5月出版 / 估价:78.00元

国际人才蓝皮书
中国海归创业发展报告(2013)No.2
著(编)者:王辉耀 路江涌 2013年6月出版 / 估价:69.00元

国际人才蓝皮书
中国留学发展报告(2013) No.2
著(编)者:王辉耀 2013年8月出版 / 估价:59.00元

行政改革蓝皮书
中国行政体制改革报告(2013)No.3
著(编)者:魏礼群 2013年3月出版 / 估价:69.00元

华侨华人蓝皮书
华侨华人研究报告(2013)
著(编)者:丘进 2013年5月出版 / 估价:128.00元

环境竞争力绿皮书
中国省域环境竞争力发展报告(2010~2012)
著(编)者:李建平 李闽榕 王金南
2013年3月出版 / 估价:148.00元

环境绿皮书
中国环境发展报告(2013)
著(编)者:杨东平 2013年4月出版 / 估价:69.00元

教师蓝皮书
中国中小学教师发展报告(2013)
著(编)者:曾晓东 2013年3月出版 / 估价:59.00元

教育蓝皮书
中国教育发展报告(2013)
著(编)者:杨东平 2013年2月出版 / 估价:59.00元

金融监管蓝皮书
中国金融监管报告2013
著(编)者:胡滨 2013年5月出版 / 估价:59.00元

科普蓝皮书
中国科普基础设施发展报告(2013)
著(编)者:任福君 2013年4月出版 / 估价:79.00元

口腔健康蓝皮书
中国口腔健康发展报告(2013)
著(编)者:胡德渝 2013年12月出版 / 估价:59.00元

皮书系列 2013全品种

社会政法类

老龄蓝皮书
中国老龄事业发展报告(2013)
著(编)者:吴玉韶　2013年4月出版 / 估价:59.00元

民间组织蓝皮书
中国民间组织报告(2012~2013)
著(编)者:黄晓勇　2013年4月出版 / 估价:69.00元

民族蓝皮书
中国民族区域自治发展报告(2013)
著(编)者:郝时远　2013年7月出版 / 估价:98.00元

女性生活蓝皮书
中国女性生活状况报告No.7(2013)
著(编)者:韩湘景　2013年10月出版 / 估价:78.00元

气候变化绿皮书
应对气候变化报告(2013)
著(编)者:王伟光　郑国光　2013年11月出版 / 估价:59.00元

汽车社会蓝皮书
中国汽车社会发展报告(2013)
著(编)者:王俊秀　2013年6月出版 / 估价:59.00元

青少年蓝皮书
中国未成年人新媒体运用报告(2012~2013)
著(编)者:李文革　沈杰　季为民
2013年7月出版 / 估价:69.00元

人才竞争力蓝皮书
中国区域人才竞争力报告(2013)
著(编)者:桂昭明　王辉耀　2013年2月出版 / 估价:69.00元

人才蓝皮书
中国人才发展报告(2013)
著(编)者:潘晨光　2013年8月出版 / 估价:79.00元

人权蓝皮书
中国人权事业发展报告No.3(2013)
著(编)者:李君如　2013年11月出版 / 估价:98.00元

社会保障绿皮书
中国社会保障发展报告(2013)No.6
著(编)者:王延中　2013年4月出版 / 估价:69.00元

社会工作蓝皮书
中国社会工作发展报告(2012~2013)
著(编)者:蒋昆生　戚学森　2013年7月出版 / 估价:59.00元

社会管理蓝皮书
中国社会管理创新报告No.2
著(编)者:连玉明　2013年9月出版 / 估价:79.00元

社会建设蓝皮书
2013年北京社会建设分析报告
著(编)者:陆学艺　唐军　张荆
2013年5月出版 / 估价:69.00元

社会科学蓝皮书
中国社会科学学术前沿(2012~2013)
著(编)者:高翔　2013年9月出版 / 估价:69.00元

社会蓝皮书
2013年中国社会形势分析与预测
著(编)者:汝信　陆学艺　李培林
2012年12月出版 / 估价:59.00元

社会心态蓝皮书
中国社会心态研究报告(2012~2013)
著(编)者:王俊秀　杨宜音　2012年12月出版 / 估价:59.00元

生态文明绿皮书
中国省域生态文明建设评价报告(2013)
著(编)者:严耕　2013年10月出版 / 估价:98.00元

食品药品蓝皮书
食品药品安全与监管政策研究报告(2013)
著(编)者:唐民皓　2013年6月出版 / 估价:69.00元

世界创新竞争力黄皮书
世界创新竞争力发展报告(2012~2013)
著(编)者:李建平　李闽榕　赵新力
2013年11月出版 / 估价:79.00元

世界社会主义黄皮书
世界社会主义跟踪研究报告(2012~2013)
著(编)者:李慎明　2013年3月出版 / 估价:99.00元

危机管理蓝皮书
中国危机管理报告(2013)
著(编)者:文学国　范正青　2013年12月出版 / 估价:79.00元

小康蓝皮书
中国全面建设小康社会监测报告(2013)
著(编)者:潘璠　2013年11月出版 / 估价:59.00元

形象危机应对蓝皮书
形象危机应对研究报告(2013)
著(编)者:唐钧　2013年9月出版 / 估价:118.00元

舆情蓝皮书
中国社会舆情与危机管理报告(2013)
著(编)者:谢耘耕　2013年8月出版 / 估价:78.00元

政治参与蓝皮书
中国政治参与报告(2013)
著(编)者:房宁　2013年7月出版 / 估价:58.00元

宗教蓝皮书
中国宗教报告(2013)
著(编)者:金泽　邱永辉　2013年7月出版 / 估价:59.00元

皮书系列 2013全品种 行业报告类

行业报告类

保健蓝皮书
中国保健服务产业发展报告No.2
著(编)者:中国保健协会　中共中央党校
2013年7月出版 / 估价:198.00元

保健蓝皮书
中国保健食品产业发展报告No.2
著(编)者:中国保健协会
　　　　中国社会科学院食品药品产业发展与监管研究中心
2013年3月出版 / 估价:198.00元

保健蓝皮书
中国保健用品产业发展报告No.2
著(编)者:中国保健协会　2013年3月出版 / 估价:198.00元

保险蓝皮书
中国保险业竞争力报告(2013)
著(编)者:罗忠敏　2013年7月出版 / 估价:89.00元

餐饮产业蓝皮书
中国餐饮产业发展报告(2013)
著(编)者:中国烹饪协会　中国社会科学院财经战略研究院
2013年5月出版 / 估价:60.00元

测绘地理信息蓝皮书
中国地理信息产业发展报告(2013)
著(编)者:徐德明　2013年12月出版 / 估价:98.00元

茶业蓝皮书
中国茶产业发展报告(2013)
著(编)者:李闽榕　杨江帆　2013年11月出版 / 估价:79.00元

产权市场蓝皮书
中国产权市场发展报告(2012~2013)
著(编)者:曹和平　2013年12月出版 / 估价:69.00元

产业安全蓝皮书
中国保险产业安全报告(2013)
著(编)者:李孟刚　2013年10月出版 / 估价:59.00元

产业安全蓝皮书
中国产业外资控制报告(2012~2013)
著(编)者:李孟刚　2013年10月出版 / 估价:69.00元

产业安全蓝皮书
中国金融产业安全报告(2013)
著(编)者:李孟刚　2013年10月出版 / 估价:69.00元

产业安全蓝皮书
中国轻工业发展与安全报告(2013)
著(编)者:李孟刚　2013年10月出版 / 估价:69.00元

产业安全蓝皮书
中国私募股权产业安全与发展报告(2013)
著(编)者:李孟刚　2013年10月出版 / 估价:59.00元

产业安全蓝皮书
中国新能源产业发展与安全报告(2013)
著(编)者:北京交通大学中国产业安全研究中心
2013年3月出版 / 估价:69.00元

产业安全蓝皮书
中国能源产业安全报告(2013)
著(编)者:北京交通大学中国产业安全研究中心
2013年3月出版 / 估价:69.00元

产业安全蓝皮书
中国海洋产业安全报告(2012~2013)
著(编)者:北京交通大学中国产业安全研究中心
2013年3月出版 / 估价:59.00元

产业蓝皮书
中国产业竞争力报告(2013) NO.3
著(编)者:张其仔　2013年12月出版 / 估价:79.00元

电子商务蓝皮书
中国城市电子商务影响力报告(2013)
著(编)者:荆林波　2013年5月出版 / 估价:69.00元

电子政务蓝皮书
中国电子政务发展报告(2013)
著(编)者:洪毅　王长胜　2013年9月出版 / 估价:59.00元

杜仲产业绿皮书
中国杜仲种植与产业发展报告(2013)
著(编)者:胡文臻　杜红岩　2013年8月出版 / 估价:78.00元

房地产蓝皮书
中国房地产发展报告No.10
著(编)者:魏后凯　李景国　2013年5月出版 / 估价:69.00元

服务外包蓝皮书
中国服务外包发展报告(2012~2013)
著(编)者:王　力　刘春生　黄育华
2013年9月出版 / 估价:89.00元

工业设计蓝皮书
中国工业设计发展报告(2013)
著(编)者:王晓红　2013年7月出版 / 估价:69.00元

会展经济蓝皮书
中国会展经济发展报告(2013)
著(编)者:过聚荣　2013年4月出版 / 估价:65.00元

行业报告类 皮书系列 2013全品种

会展蓝皮书
中外会展业动态评估年度报告(2013)
著(编)者:张 敏 2013年8月出版 / 估价:68.00元

基金会蓝皮书
中国基金会发展报告(2013)
著(编)者:刘忠祥 2013年7月出版 / 估价:79.00元

基金会绿皮书
中国基金会发展独立研究报告(2013)
著(编)者:基金会中心网 2013年11月出版 / 估价:49.00元

交通运输蓝皮书
中国交通运输业发展报告(2013)
著(编)者:崔民选 王军生 2013年6月出版 / 估价:69.00元

金融蓝皮书
中国金融发展报告(2013)
著(编)者:李 扬 王国刚 2012年12月出版 / 估价:59.00元

金融蓝皮书
中国金融中心发展报告(2012~2013)
著(编)者:王 力 黄育华 2013年10出版 / 估价:59.00元

金融蓝皮书
中国商业银行竞争力报告(2013)
著(编)者:王松奇 2013年10月出版 / 估价:79.00元

金融监管蓝皮书
中国金融监管发展报告(2013)
著(编)者:胡 滨 2013年5月出版 / 估价:59.00元

科学传播蓝皮书
中国科学传播报告(2013)
著(编)者:詹正茂 2013年6月出版 / 估价:69.00元

口岸生态绿皮书
中国口岸地区生态文化发展报告No.1(2013)
著(编)者:胡文臻 刘 静 2013年8月出版 / 估价:78.00元

"老字号"蓝皮书
中国"老字号"企业发展报告No.3(2013)
著(编)者:张继焦 丁惠敏 黄忠彩
2013年10月出版 / 估价:69.00元

"两化"融合蓝皮书
中国"两化"融合发展报告(2013)
著(编)者:曹淑敏 工业和信息化部电信研究院
2013年8月出版 / 估价:98.00元

流通蓝皮书
湖南省商贸流通产业发展报告No.2
著(编)者:柳思维 2013年10月出版 / 估价:75.00元

流通蓝皮书
中国商业发展报告(2012~2013)
著(编)者:荆林波 2013年4月出版 / 估价:89.00元

旅游安全蓝皮书
中国旅游安全报告(2013)
著(编)者:郑向敏 谢朝武 2013年5月出版 / 估价:78.00元

旅游绿皮书
2013年中国旅游发展分析与预测
著(编)者:张广瑞 刘德谦 宋 瑞
2013年5月出版 / 估价:69.00元

贸易蓝皮书
中国贸易发展报告(2013)
著(编)者:荆林波 2013年5月出版 / 估价:49.00元

煤炭蓝皮书
中国煤炭工业发展报告No.5(2013)
著(编)者:岳福斌 2012年12月出版 / 估价:69.00元

煤炭市场蓝皮书
中国煤炭市场发展报告(2013)
著(编)者:曲剑午 2013年8月出版 / 估价:79.00元

民营医院蓝皮书
中国民营医院发展报告(2013)
著(编)者:陈绍福 王培舟 2013年9月出版 / 估价:89.00元

闽商蓝皮书
闽商发展报告(2013)
著(编)者:李闽榕 王日根 林 琛
2013年3月出版 / 估价:69.00元

能源蓝皮书
中国能源发展报告(2013)
著(编)者:崔民选 2013年7月出版 / 估价:79.00元

农产品流通蓝皮书
中国农产品流通产业发展报告(2013)
著(编)者:贾敬敦 王炳南 张玉玺 张鹏毅 陈丽华
2013年7月出版 / 估价:98.00元

期货蓝皮书
中国期货市场发展报告(2013)
著(编)者:荆林波 2013年7月出版 / 估价:69.00元

企业蓝皮书
中国企业竞争力报告(2013)
著(编)者:金 碚 2013年11月出版 / 估价:79.00元

汽车蓝皮书
中国汽车产业发展报告(2013)
著(编)者:国务院发展研究中心产业经济研究部
中国汽车工程学会 大众汽车集团(中国)
2013年7月出版 / 估价:79.00元

人力资源蓝皮书
中国人力资源发展报告(2012~2013)
著(编)者:吴 江 田小宝 2013年6月出版 / 估价:69.00元

皮书系列 2013全品种 | 行业报告类·文化传媒类

软件和信息服务业蓝皮书
中国软件和信息服务业发展报告(2013)
著(编)者:洪京一 工业和信息化部电子科学技术情报研究所
2013年6月出版 / 估价:98.00元

商会蓝皮书
中国商会发展报告 No.5 (2013)
著(编)者:黄孟复 2013年8月出版 / 估价:59.00元

商品市场蓝皮书
中国商品市场发展报告(2013)
著(编)者:荆林波 2013年7月出版 / 估价:59.00元

私募市场蓝皮书
中国私募股权市场发展报告(2013)
著(编)者:曹和平 2013年10月出版 / 估价:69.00元

体育蓝皮书
中国体育产业发展报告(2012~2013)
著(编)者:江和平 张海潮 2013年5月出版 / 估价:69.00元

投资蓝皮书
中国投资发展报告(2013)
著(编)者:杨庆蔚 2013年3月出版 / 估价:79.00元

物联网蓝皮书
中国物联网发展报告(2013)
著(编)者:黄桂田 张全升 2013年10月出版 / 估价:80.00元

西部工业蓝皮书
中国西部工业发展报告(2013)
著(编)者:方行明 刘方健 姜 凌 等
2013年7月出版 / 估价:69.00元

西部金融蓝皮书
中国西部金融发展报告(2013)
著(编)者:李忠民 2013年10月出版 / 估价:69.00元

信息化蓝皮书
中国信息化形势分析与预测(2013)
著(编)者:周宏仁 2013年7月出版 / 估价:98.00元

休闲绿皮书
2013年中国休闲发展报告
著(编)者:刘德谦 唐 兵 宋 瑞
2013年5月出版 / 估价:59.00元

中国林业竞争力蓝皮书
中国省域林业竞争力发展报告No.3(2012~2013)（上下册）
著(编)者:郑传芳 李闽榕 张春霞 张会儒
2013年8月出版 / 估价:139.00元

中国农业竞争力蓝皮书
中国省域农业竞争力发展报告No.2（2010~2012）（上下册）
著(编)者:郑传芳 宋洪远 李闽榕 张春霞
2013年7月出版 / 估价:128.00元

中国总部经济蓝皮书
中国总部经济发展报告(2013~2014)
著(编)者:赵 弘 2013年9月出版 / 估价:69.00元

住房绿皮书
中国住房发展报告(2012~2013)
著(编)者:倪鹏飞 2012年12月出版 / 估价:69.00元

资本市场蓝皮书
中国场外交易市场发展报告(2012~2013)
著(编)者:高 峦 2013年2月出版 / 估价:79.00元

文化传媒类

传媒蓝皮书
2013年：中国传媒产业发展报告
著(编)者:崔保国 2013年4月出版 / 估价:69.00元

创意城市蓝皮书
北京文化创意产业发展报告(2013)
著(编)者:张京成 王国华 2013年3月出版 / 估价:69.00元

创意城市蓝皮书
青岛文化创意产业发展报告(2013)
著(编)者:马 达 2013年5月出版 / 估价:69.00元

动漫蓝皮书
中国动漫产业发展报告(2013)
著(编)者:卢 斌 郑玉明 牛兴侦
2013年4月出版 / 估价:69.00元

广电蓝皮书
中国广播电影电视发展报告(2013)
著(编)者:庞井君 2013年6月出版 / 估价:88.00元

广告主蓝皮书
中国广告主营销传播趋势报告NO.8
著(编)者:中国传媒大学广告主研究所
中国广告主营销传播创新研究课题组
黄升民 杜国清 邵华冬
2013年11月出版 / 估价:98.00元

纪录片蓝皮书
中国纪录片发展报告(2013)
著(编)者:何苏六 2013年10月出版 / 估价:78.00元

皮书系列 2013全品种

文化传媒类·国别与地区类

两岸文化蓝皮书
两岸文化产业合作发展报告(2013)
著(编)者:胡惠林 肖夏勇 2013年7月出版 / 估价:59.00元

全球传媒蓝皮书
全球传媒产业发展报告(2013)
著(编)者:胡正荣 2013年1月出版 / 估价:79.00元

视听新媒体蓝皮书
中国视听新媒体发展报告(2013)
著(编)者:庞井君 2013年6月出版 / 估价:69.00元

文化创新蓝皮书
中国文化创新报告(2013)No.4
著(编)者:于平 傅才武
2013年7月出版 / 估价:79.00元

文化蓝皮书
中国文化产业发展报告(2012~2013)
著(编)者:张晓明 胡惠林 章建刚
2013年1月出版 / 估价:59.00元

文化蓝皮书
中国城镇文化消费需求景气评价报告(2013)
著(编)者:王亚南 2013年5月出版 / 估价:79.00元

文化蓝皮书
中国公共文化服务发展报告(2013)
著(编)者:于群 李国新 2013年10月出版 / 估价:98.00元

文化蓝皮书
中国文化消费需求景气评价报告(2013)
著(编)者:王亚南 2013年6月出版 / 估价:79.00元

文化蓝皮书
中国乡村文化消费需求景气评价报告(2013)
著(编)者:王亚南 2013年6月出版 / 估价:79.00元

文化蓝皮书
中国中心城市文化消费需求景气评价报告(2013)
著(编)者:王亚南 2013年5月出版 / 估价:79.00元

文化品牌蓝皮书
中国文化品牌发展报告(2013)
著(编)者:欧阳友权 2013年6月出版 / 估价:75.00元

文化软实力蓝皮书
中国文化软实力研究报告(2013)
著(编)者:张国祚 2013年7月出版 / 估价:79.00元

文化遗产蓝皮书
中国文化遗产事业发展报告(2013)
著(编)者:刘世锦 2013年9月出版 / 估价:79.00元

文学蓝皮书
中国文情报告(2012~2013)
著(编)者:白烨 2013年1月出版 / 估价:59.00元

新媒体蓝皮书
中国新媒体发展报告No.4(2013)
著(编)者:尹韵公 2013年5月出版 / 估价:69.00元

移动互联网蓝皮书
中国移动互联网发展报告(2013)
著(编)者:官建文 2013年4月出版 / 估价:79.00元

国别与地区类

G20国家创新竞争力黄皮书
二十国集团(G20)国家创新竞争力发展报告(2013)
著(编)者:李建平 李闽榕 赵新力
2013年12月出版 / 估价:118.00元

澳门蓝皮书
澳门经济社会发展报告(2012~2013)
著(编)者:郝雨凡 吴志良 2013年4月出版 / 估价:69.00元

德国蓝皮书
德国发展报告(2013)
著(编)者:李乐曾 郑春荣 2013年5月出版 / 估价:69.00元

东南亚蓝皮书
东南亚地区发展报告(2013)
著(编)者:王勤 2013年11月出版 / 估价:59.00元

东盟蓝皮书
东盟发展报告(2013)
著(编)者:黄兴球 庄国土 2013年11月出版 / 估价:59.00元

俄罗斯黄皮书
俄罗斯发展报告(2013)
著(编)者:李永全 2013年9月出版 / 估价:69.00元

非洲黄皮书
非洲发展报告No.15(2012~2013)
著(编)者:张宏明 2013年7月出版 / 估价:79.00元

港澳珠三角蓝皮书
粤港澳区域合作与发展报告(2012~2013)
著(编)者:梁庆寅 陈广汉 2013年8月出版 / 估价:59.00元

国际形势黄皮书
全球政治与安全报告(2013)
著(编)者:李慎明 张宇燕 2012年12月出版 / 估价:59.00元

韩国蓝皮书
韩国发展报告(2013)
著(编)者:牛林杰 刘宝全 2013年6月出版 / 估价:69.00元

皮书系列 2013全品种

国别与地区类·地方发展类

拉美黄皮书
拉丁美洲和加勒比发展报告(2012~2013)
著(编)者:吴白乙　2013年5月出版 / 估价:79.00元

美国蓝皮书
美国问题研究报告(2013)
著(编)者:黄　平　倪　峰　2013年6月出版 / 估价:69.00元

欧亚大陆桥发展蓝皮书
欧亚大陆桥发展报告(2012~2013)
著(编)者:李忠民　2013年10月出版 / 估价:59.00元

欧洲蓝皮书
欧洲发展报告(2012~2013)
著(编)者:周　弘　2013年3月出版 / 估价:79.00元

日本经济蓝皮书
日本经济与中日经贸关系发展报告(2013)
著(编)者:王洛林　张季风　2013年5月出版 / 估价:79.00元

日本蓝皮书
日本发展报告(2013)
著(编)者:李　薇　2013年5月出版 / 估价:59.00元

上海合作组织黄皮书
上海合作组织发展报告(2013)
著(编)者:李进峰　吴宏伟　2013年7月出版 / 估价:79.00元

世界经济黄皮书
2013年世界经济形势分析与预测
著(编)者:王洛林　张宇燕　2013年1月出版 / 估价:59.00元

香港蓝皮书
香港发展报告(2013)
著(编)者:薛凤旋　2013年6月出版 / 估价:49.00元

新兴经济体蓝皮书
金砖国家发展报告(2013)——合作与崛起
著(编)者:林跃勤　周　文　2013年3月出版 / 估价:69.00元

亚太蓝皮书
亚太地区发展报告(2013)
著(编)者:李向阳　2013年1月出版 / 估价:59.00元

印度蓝皮书
印度国情报告(2012~2013)
著(编)者:吕昭义　2013年9月出版 / 估价:59.00元

越南蓝皮书
越南国情报告(2013)
著(编)者:吕余生　2013年7月出版 / 估价:65.00元

中亚黄皮书
中亚国家发展报告(2013)
著(编)者:孙　力　2013年6月出版 / 估价:79.00元

地方发展类

北部湾蓝皮书
泛北部湾合作发展报告(2013)
著(编)者:吕余生　2013年7月出版 / 估价:79.00元

北京蓝皮书
北京公共服务发展报告(2012~2013)
著(编)者:张耘　2013年3月出版 / 估价:65.00元

北京蓝皮书
北京经济发展报告(2012~2013)
著(编)者:赵弘　2013年5月出版 / 估价:59.00元

北京蓝皮书
北京社会发展报告(2012~2013)
著(编)者:戴建中　2013年6月出版 / 估价:59.00元

北京蓝皮书
北京文化发展报告(2012~2013)
著(编)者:李建盛　2013年4月出版 / 估价:69.00元

北京蓝皮书
中国社区发展报告(2013)
著(编)者:于燕燕　2013年6月出版 / 估价:59.00元

北京旅游绿皮书
北京旅游发展报告(2013)
著(编)者:鲁　勇　2013年10月出版 / 估价:98.00元

北京律师蓝皮书
北京律师发展报告NO.3(2013)
著(编)者:王隽　周塞军　2013年9月出版 / 估价:70.00元

北京人才蓝皮书
北京人才发展报告(2012~2013)
著(编)者:张志伟　2013年5月出版 / 估价:69.00元

城乡一体化蓝皮书
中国城乡一体化发展报告·北京卷(2012~2013)
著(编)者:张宝秀　黄序　2012年7月出版 / 估价:59.00元

大湄公河次区域蓝皮书
大湄公河次区域合作发展报告(2012~2013)
著(编)者:刘　稚　2013年4月出版 / 估价:69.00元

甘肃蓝皮书
甘肃省经济发展分析与预测(2013)
著(编)者:朱智文　罗　哲　2012年12月出版 / 估价:69.00元

地方发展类 皮书系列 2013全品种

甘肃蓝皮书
甘肃省社会发展分析与预测(2013)
著(编)者:安文华 包晓霞 2012年12月出版 / 估价:69.00元

甘肃蓝皮书
甘肃省舆情发展分析与预测(2013)
著(编)者:陈双梅 郝树声 2012年12月出版 / 估价:69.00元

甘肃蓝皮书
甘肃省县域社会发展分析与预测(2013)
著(编)者:魏胜文 柳 民 曲 玮
2012年12月出版 / 估价:69.00元

甘肃蓝皮书
甘肃省文化发展分析与预测(2013)
著(编)者:刘进军 周晓华 2012年12月出版 / 估价:69.00元

关中天水经济区蓝皮书
中国关中—天水经济区发展报告(2013)
著(编)者:李忠民 2013年7月出版 / 估价:59.00元

广东外经贸蓝皮书
广东对外经济贸易发展研究报告(2012~2013)
著(编)者:陈万灵 2013年3月出版 / 估价:65.00元

广西北部湾经济区蓝皮书
广西北部湾经济区开放开发报告(2013)
著(编)者:广西北部湾经济区规划建设管理委员会办公室
广西社会科学院 广西北部湾发展研究院
2013年7月出版 / 估价:69.00元

广州蓝皮书
2013年中国广州经济形势分析与预测
著(编)者:庾建设 郭志勇 沈 奎
2013年6月出版 / 估价:69.00元

广州蓝皮书
2013年中国广州社会形势分析与预测
著(编)者:易佐永 杨 秦 顾涧清
2013年7月出版 / 估价:69.00元

广州蓝皮书
广州城市国际化发展报告(2013)
著(编)者:朱名宏 2013年4月出版 / 估价:59.00元

广州蓝皮书
广州创新型城市发展报告(2013)
著(编)者:李江涛 2013年4月出版 / 估价:59.00元

广州蓝皮书
广州经济发展报告(2013)
著(编)者:李江涛 刘江华 2013年4月出版 / 估价:69.00元

广州蓝皮书
广州农村发展报告(2013)
著(编)者:李江涛 汤锦华 2013年4月出版 / 估价:59.00元

广州蓝皮书
广州汽车产业发展报告(2013)
著(编)者:李江涛 杨再高 2013年4月出版 / 估价:59.00元

广州蓝皮书
广州商贸业发展报告(2013)
著(编)者:陈家成 王旭东 荀振英
2013年4月出版 / 估价:69.00元

广州蓝皮书
广州文化创意产业发展报告(2013)
著(编)者:甘 新 2013年3月出版 / 估价:59.00元

广州蓝皮书
中国广州城市建设发展报告(2013)
著(编)者:董 皞 冼伟雄 李俊夫
2013年8月出版 / 估价:69.00元

广州蓝皮书
中国广州科技与信息化发展报告(2013)
著(编)者:庾建设 谢学宁 2013年8月出版 / 估价:59.00元

广州蓝皮书
中国广州文化创意产业发展报告(2013)
著(编)者:王晓玲 2013年8月出版 / 估价:59.00元

广州蓝皮书
中国广州文化发展报告(2013)
著(编)者:徐俊忠 汤应武 陆志强
2013年8月出版 / 估价:69.00元

贵州蓝皮书
贵州法治发展报告(2013)
著(编)者:吴大华 2013年4月出版 / 估价:69.00元

贵州蓝皮书
贵州社会发展报告(2013)
著(编)者:王兴骥 2013年4月出版 / 估价:59.00元

海峡经济区蓝皮书
海峡经济区发展报告(2013)
著(编)者:李闽榕 王秉安 谢明辉(台湾)
2013年10月出版 / 估价:78.00元

海峡西岸蓝皮书
海峡西岸经济区发展报告(2013)
著(编)者:福建省人民政府发展研究中心
2013年7月出版 / 估价:85.00元

杭州都市圈蓝皮书
杭州都市圈经济社会发展报告(2013)
著(编)者:辛 薇 2013年7月出版 / 估价:59.00元

河南经济蓝皮书
2013年河南经济形势分析与预测
著(编)者:刘永奇 2013年2月出版 / 估价:65.00元

河南蓝皮书
2013年河南社会形势分析与预测
著(编)者:刘道兴 牛苏林 2013年1月出版 / 估价:59.00元

河南蓝皮书
河南城市发展报告(2013)
著(编)者:谷建全 王建国 2013年1月出版 / 估价:69.00元

23

皮书系列 2013全品种 地方发展类

河南蓝皮书
河南经济发展报告(2013)
著(编)者:喻新安　2013年1月出版 / 估价:59.00元

河南蓝皮书
河南文化发展报告(2013)
著(编)者:谷建全　卫绍生　2013年3月出版 / 估价:69.00元

黑龙江产业蓝皮书
黑龙江产业发展报告(2013)
著(编)者:于渤　2013年5月出版 / 估价:69.00元

黑龙江蓝皮书
黑龙江经济发展报告(2013)
著(编)者:曲伟　2013年5月出版 / 估价:69.00元

黑龙江蓝皮书
黑龙江社会发展报告(2013)
著(编)者:艾书琴　2013年1月出版 / 估价:65.00元

湖南城市蓝皮书
城市社会管理
著(编)者:罗海藩　2013年5月出版 / 估价:59.00元

湖南蓝皮书
2013年湖南产业发展报告
著(编)者:梁志峰　2013年5月出版 / 估价:89.00元

湖南蓝皮书
2013年湖南法治发展报告
著(编)者:梁志峰　2013年5月出版 / 估价:79.00元

湖南蓝皮书
2013年湖南经济展望
著(编)者:梁志峰　2013年5月出版 / 估价:79.00元

湖南蓝皮书
2013年湖南两型社会发展报告
著(编)者:梁志峰　2013年5月出版 / 估价:79.00元

湖南县域绿皮书
湖南县域发展报告No.2
著(编)者:朱有志　袁准　周小毛
2013年7月出版 / 估价:69.00元

江苏法治蓝皮书
江苏法治发展报告No.2(2013)
著(编)者:李力　龚廷泰　严海良
2013年7月出版 / 估价:88.00元

京津冀蓝皮书
京津冀区域一体化发展报告(2013)
著(编)者:文魁　祝尔娟　2013年3月出版 / 估价:89.00元

经济特区蓝皮书
中国经济特区发展报告(2013)
著(编)者:陶一桃　钟坚　2013年3月出版 / 估价:89.00元

辽宁蓝皮书
2013年辽宁经济社会形势分析与预测
著(编)者:曹晓峰　张晶　张卓民
2013年1月出版 / 估价:69.00元

内蒙古蓝皮书
内蒙古经济发展蓝皮书(2012~2013)
著(编)者:黄育华　2013年7月出版 / 估价:69.00元

浦东新区蓝皮书
上海浦东经济发展报告(2013)
著(编)者:左学金　陆沪根　2012年12月出版 / 估价:59.00元

青海蓝皮书
2013年青海经济社会形势分析与预测
著(编)者:赵宗福　2013年3月出版 / 估价:69.00元

人口与健康蓝皮书
深圳人口与健康发展报告(2013)
著(编)者:陆杰华　江捍平　2013年10月出版 / 估价:98.00元

山西蓝皮书
山西资源型经济转型发展报告(2013)
著(编)者:李志强　容和平　2013年3月出版 / 估价:79.00元

陕西蓝皮书
陕西经济发展报告(2013)
著(编)者:杨尚勤　石英　裴成荣
2013年3月出版 / 估价:65.00元

陕西蓝皮书
陕西社会发展报告(2013)
著(编)者:杨尚勤　石英　江波
2013年3月出版 / 估价:65.00元

陕西蓝皮书
陕西文化发展报告(2013)
著(编)者:杨尚勤　石英　王长寿
2013年3月出版 / 估价:59.00元

上海蓝皮书
上海传媒发展报告(2013)
著(编)者:强荧　焦雨虹　2013年1月出版 / 估价:59.00元

上海蓝皮书
上海法治发展报告(2013)
著(编)者:潘世伟　叶青　2012年12月出版 / 定价:69.00元

上海蓝皮书
上海经济发展报告(2013)
著(编)者:沈开艳　2013年1月出版 / 估价:59.00元

上海蓝皮书
上海社会发展报告(2013)
著(编)者:卢汉龙　周海旺　2013年1月出版 / 估价:59.00元

上海蓝皮书
上海文化发展报告(2013)
著(编)者:蒯大申　2013年1月出版 / 估价:59.00元

 地方发展类

皮书系列
2013全品种

上海蓝皮书
上海文学发展报告(2013)
著(编)者:陈圣来　2013年1月出版 / 估价:59.00元

上海蓝皮书
上海资源环境发展报告(2013)
著(编)者:张仲礼　周冯琦　2013年1月出版 / 估价:59.00元

上海社会保障绿皮书
上海社会保障改革与发展报告(2012~2013)
著(编)者:汪泓　2013年1月出版 / 估价:65.00元

深圳蓝皮书
深圳经济发展报告(2013)
著(编)者:吴忠　2013年5月出版 / 估价:69.00元

深圳蓝皮书
深圳劳动关系发展报告(2013)
著(编)者:汤庭芬　2013年5月出版 / 估价:69.00元

深圳蓝皮书
深圳社会发展报告(2013)
著(编)者:吴忠　余智晟　2013年11月出版 / 估价:69.00元

温州蓝皮书
2013年温州经济社会形势分析与预测
著(编)者:胡瑞怀　王春光　2013年1月出版 / 估价:69.00元

武汉城市圈蓝皮书
武汉城市圈经济社会发展报告(2012~2013)
著(编)者:肖安民　2013年5月出版 / 估价:59.00元

武汉蓝皮书
武汉经济社会发展报告(2013)
著(编)者:刘志辉　2013年5月出版 / 估价:59.00元

扬州蓝皮书
扬州经济社会发展报告(2013)
著(编)者:张爱军　2013年1月出版 / 估价:78.00元

长株潭城市群蓝皮书
长株潭城市群发展报告(2013)
著(编)者:张萍　2013年6月出版 / 估价:69.00元

浙江蓝皮书
浙江金融业发展报告(2013)
著(编)者:刘仁伍　2013年4月出版 / 估价:69.00元

浙江蓝皮书
浙江民营经济发展报告(2013)
著(编)者:刘仁伍　2013年4月出版 / 估价:59.00元

浙江蓝皮书
浙江区域金融中心发展报告(2013)
著(编)者:刘仁伍　2013年4月出版 / 估价:79.00元

浙江蓝皮书
浙江市场经济发展报告(2013)
著(编)者:刘仁伍　2013年4月出版 / 估价:79.00元

郑州蓝皮书
2012~2013年郑州文化发展报告
著(编)者:王哲　2013年5月出版 / 估价:69.00元

中国省会经济圈蓝皮书
合肥经济圈经济社会发展报告No.4(2012~2013)
著(编)者:王开玉　等　2013年7月出版 / 估价:79.00元

中原蓝皮书
中原经济区发展报告(2013)
著(编)者:刘怀廉　2013年3月出版 / 估价:68.00元

社会科学文献出版社
SOCIAL SCIENCES ACADEMIC PRESS (CHINA)

社会科学文献出版社成立于 1985 年，是直属于中国社会科学院的人文社会科学专业学术出版机构。

成立以来，特别是 1998 年实施第二次创业以来，依托于中国社会科学院丰厚的学术出版和专家学者两大资源，坚持"创社科经典，出传世文献"的出版理念和"权威、前沿、原创"的产品定位，走学术产品的系列化、规模化、数字化、国际化、市场化经营道路，社会科学文献出版社先后策划出版了著名的图书品牌和学术品牌"皮书"系列、《列国志》、"社科文献精品译库"、"全球化译丛"、"气候变化与人类发展译丛"、"近世中国"等一大批既有学术影响又有市场价值的图书。

在国内原创著作、国外名家经典著作大量出版的同时，社会科学文献出版社长期致力于中国学术出版走出去，先后与荷兰博睿出版社合作面向海外推出了《经济蓝皮书》、《社会蓝皮书》等十余种皮书的英文版；此外，《从苦行者社会到消费者社会》、《二十世纪中国史纲》、《中华人民共和国法制史》等 11 种著作入选新闻出版总署"经典中国国际出版工程"。

面对数字化浪潮的冲击，社会科学文献出版社力图从内容资源和数字平台两个方面实现传统出版的再造，并先后推出了皮书数据库、列国志数据库、中国田野调查数据库等一系列数字产品。

在新的发展时期，社会科学文献出版社结合社会的需求、自身的条件以及行业的发展，提出了新的创业目标：精心打造人文社会科学成果推广平台，发展成为一家集图书、期刊、声像电子和数字出版物为一体，面向海内外高端读者和客户，具备独特竞争力的人文社会科学内容资源经营商和海内外知名的专业学术出版机构。

中国皮书网

发布皮书研创资讯，传播皮书精彩内容
引领皮书出版潮流，打造皮书服务平台

栏目设置：

□ 资讯：皮书动态、皮书观点、皮书数据、皮书报道、皮书新书发布会、电子期刊

□ 标准：皮书评价、皮书研究、皮书规范、皮书专家、编撰团队

□ 服务：最新皮书、皮书书目、重点推荐、在线购书

□ 链接：皮书数据库、皮书博客、皮书微博、出版社首页、在线书城

□ 搜索：资讯、图书、研究动态

□ 互动：皮书论坛

www.pishu.cn

中国皮书网依托皮书系列"权威、前沿、原创"的优质内容资源，通过文字、图片、音频、视频等多种元素，在皮书研创者、使用者之间搭建了一个成果展示、资源共享的互动平台。

自2005年12月正式上线以来，中国皮书网的IP访问量、PV浏览量与日俱增，受到海内外研究者、公务人员、商务人士以及专业读者的广泛关注。

2008年10月，中国皮书网获得"最具商业价值网站"称号。

2011年全国新闻出版网站年会上，中国皮书网被授予"2011最具商业价值网站"荣誉称号。

权威报告　热点资讯　海量资源

当代中国与世界发展的高端智库平台

皮书数据库 www.pishu.com.cn

　　皮书数据库是专业的人文社会科学综合学术资源总库,以大型连续性图书——皮书系列为基础,整合国内外相关资讯构建而成。包含七大子库,涵盖两百多个主题,囊括了近十几年间中国与世界经济社会发展报告,覆盖经济、社会、政治、文化、教育、国际问题等多个领域。

　　皮书数据库以篇章为基本单位,方便用户对皮书内容的阅读需求。用户可进行全文检索,也可对文献题目、内容提要、作者名称、作者单位、关键字等基本信息进行检索,还可对检索到的篇章再作二次筛选,进行在线阅读或下载阅读。智能多维度导航,可使用户根据自己熟知的分类标准进行分类导航筛选,使查找和检索更高效、便捷。

　　权威的研究报告,独特的调研数据,前沿的热点资讯,皮书数据库已发展成为国内最具影响力的关于中国与世界现实问题研究的成果库和资讯库。

皮书俱乐部会员服务指南

1. 谁能成为皮书俱乐部会员?
- 皮书作者自动成为皮书俱乐部会员;
- 购买皮书产品(纸质图书、电子书、皮书数据库充值卡)的个人用户。

2. 会员可享受的增值服务:
- 免费获赠该纸质图书的电子书;
- 免费获赠皮书数据库100元充值卡;
- 免费定期获赠皮书电子期刊;
- 优先参与各类皮书学术活动;
- 优先享受皮书产品的最新优惠。

阅读卡

3. 如何享受皮书俱乐部会员服务?

(1)如何免费获得整本电子书?

　　购买纸质图书后,将购书信息特别是书后附赠的卡号和密码通过邮件形式发送到pishu@188.com,我们将验证您的信息,通过验证并成功注册后即可获得该本皮书的电子书。

(2)如何获赠皮书数据库100元充值卡?

　　第1步:刮开附赠卡的密码涂层(左下);

　　第2步:登录皮书数据库网站(www.pishu.com.cn),注册成为皮书数据库用户,注册时请提供您的真实信息,以便您获得皮书俱乐部会员服务;

　　第3步:注册成功后登录,点击进入"会员中心";

　　第4步:点击"在线充值",输入正确的卡号和密码即可使用。

皮书俱乐部会员可享受社会科学文献出版社其他相关免费增值服务
您有任何疑问,均可拨打服务电话:010-59367227　QQ:1924151760
欢迎登录社会科学文献出版社官网(www.ssap.com.cn)和中国皮书网(www.pishu.cn)了解更多信息

皮书数据库
www.pishu.com.cn

皮书数据库二期全新上线

- 皮书数据库（SSDB）是社会科学文献出版社整合现有皮书资源开发的在线数字产品，全面收录"皮书系列"的内容资源，并以此为基础整合大量相关资讯构建而成。

- 皮书数据库现有中国经济发展数据库、中国社会发展数据库、世界经济与国际政治数据库等子库，覆盖经济、社会、文化等多个行业、领域，现有报告30000多篇，总字数超过5亿字，并以每年4000多篇的速度不断更新累积。2009年7月，皮书数据库荣获"2008~2009年中国数字出版知名品牌"。

- 2011年3月，皮书数据库二期正式上线，开发了更加灵活便捷的检索系统，可以实现精确查找和模糊匹配，并与纸书发行基本同步，可为读者提供更加广泛的资讯服务。

更多信息请登录

中国皮书网
http://www.pishu.cn

皮书微博
http://weibo.com/pishu

中国皮书网的BLOG【编揖】
http://blog.sina.com.cn/pishu

皮书博客
http://blog.sina.com.cn/pishu

请到各地书店皮书专架/专柜购买，也可办理邮购

咨询/邮购电话：010-59367028　59367070　　邮　　箱：duzhe@ssap.cn
邮购地址：北京市西城区北三环中路甲29号院3号楼华龙大厦13层读者服务中心
邮　　编：100029
银行户名：社会科学文献出版社发行部
开户银行：中国工商银行北京北太平庄支行
账　　号：0200010009200367306
网上书店：010-59367070　　qq：1265056568
网　　址：www.ssap.com.cn　　www.pishu.cn